기독교
세계관

기독교 세계관

2017년 5월 24일 초판 1쇄발행
2022년 12월 20일 2쇄 발행

지은이 | 아더 홈즈
옮긴이 | 이승구
펴낸이 | 박영호
펴낸곳 | 도서출판 솔로몬

주소 | 서울시 동작구 사당로 143
전화 | 599-1482
팩스 | 592-2104
직영서점 | 596-5225

등록일 | 1990년 7월 31일
등록번호 | 제 16-24호

ISBN 978-89-8255-557-2 03230

Contours of a World View
1983 ⓒ William B Eerdmans Publishing Co.
Korean Copyright ⓒ 2017
by Solomon Publishing Co., Seoul, Korea

본서의 한국어판 저작권은 알맹2를 통하여 Eerdmans와 독점 계약한 도서출판 솔로몬에 있습니다.
저작권법에 의하여 한국 내에서 보호를 받는 저작물이므로
무단전재와 복제를 금합니다.

Contours of A World View
Studies in a Christian World View

기독교 세계관

이 책에서 저자는 세계관의 중요성과 그 본성을 논의하고, 사상사와 현대 정신과 관련하여서 명백히 기독교적인 세계관의 전반적인 형상을 포괄적으로 그려보고자 한다. 신학과 철학의 상호 관계를 다루면서, 우리 시대의 자연주의적 휴머니즘에 대한 살아있는 대안으로서의 기독교 실재관을 개략적으로 묘사하고 있다. … 오늘날 그리스도인답게 생각한다는 것이 무엇인지에 대하여 포괄적인 관점을 제시할 것이다.

아더 홈즈 지음 | **이승구** 옮김

솔로몬

서문 … 6

제1부 관점의 설정

1 오늘날을 위한 세계관의 필요성 … 13
2 현대의 휴머니즘과 가치의 세속화 … 32
3 세계관의 구조 … 56

제2부 기독교 세계관의 구조

4 하나님과 창조 : 신학적 논의 … 91
5 하나님과 피조계 : 철학적 논의 … 112
6 현대철학에서 본 인간 … 142
7 기독교적 관점에서 본 인간 … 164
8 진리와 지식 : 신학적 논의 … 194
9 진리와 지식 : 철학적 논의 … 211
10 유신론적 가치의 근거 … 236
11 사회와 역사 … 264

CONTENTS

제3부 세계관의 실천적 의미

　12 인간의 창의성　…302
　13 과학과 과학기술　…314
　14 노동　…325
　15 놀이(여가선용)의 문제　…338

결론　…357
역자후기　…359
기독교 세계관 개정역에 붙이는 말　…361
색인　…363

| 서문 |

　오늘날의 세계는 비인간화하는 야만주의에 의해서 황폐되고 이데올로기적인 갈등에 의해 분열되고 있다. 그 야만주의란 잔인무도한 폭력과 무시무시한 핵 대치와 극단의 가난과 자연 자원의 남용과 분파적 목적을 위해 정치력을 독선적으로 휘두르는 것이다. 또 부분적으로는 우리들의 이데올로기 역시 비난되어야 한다. 그것들은 동서양에서 기원한 것이지만 그 주된 전통은 서구 문화의 기반이 된 인간 가치에 관한 유신론적 기초를 버리고서 인간 실존에로 접근하는 '세속적-자연주의적 휴머니즘'이다.
　물론 예술과 과학은 상당히 발전하여서 우리에게 새로운 예술 형태와 새로운 사고 유형을 제공하며 이에 상응하는 새로운 개념들과 이론, 그리고 과학 기술들을 제공하고 있다. 그러나 이것들 역시, 우리 사회에 만연되어 있고 우리 시대의 정신을 형성하며 사상과 행동에 영향을 미치는, 우리 시대 이데올로기들의 가치들과 전제들의 영향을 받는 것이다.
　세계 제2차 대전 종반에, 이런 야만주의에서 분열된 세계와 서로 갈등하는 이데올로기들에 의해서 찢겨진 세계를 재건하는 거대한 과제에 당면하게 되었을 때, 옥스포드의 교수였던 아놀드 내쉬Arnold Nash는 전 세계적인 기독교 학자들의 조직을 구상하였다. 이 단체는 무엇보다도 "실증주의와 마르크스주의, 그리고 자유주의적 휴머니즘의 세계관에 반反하여 대립할 수 있는 20세기를 위한 지적인 종합으로서의 인간의 삶과 운명에 관한 해석을 제공하기 위해 노력하는" 단체였다.[1]

이와 비슷한 이상은 로마 가톨릭 내에서도 나타났는데, 뛰어난 예수회 교단의 학자인 존 커트니 머레이John Courtney Murray가 1955년에 '하나님의 말씀'의 우위성 아래 인간의 모든 지식을 통합시켜 조직화 된 기독교적 관점을 형성해야 한다고 말한 것이 그 대표적인 예이다.[2]

그 이상을 다시 피어오르게 하고 전파하는 것은 오늘날 전략적인 중요성을 지닌다. 기독교는 삶과 사고의 모든 영역에 대하여 아주 중요한 의미를 가지고 있는 바 그 함의들은 더욱 개발될 필요가 있으나, 오늘날 이 세상에서 의미와 소망을 가지고 그리스도인답게 살고 생각한다는 것이 그렇게 쉽게 되는 것은 아니다. 이는 비기독교적 가정假定들의 영향력들을 찾아내어, 그것들 대신에 명백히 구별되는 기녹교석인 전제들을 도입해야 한다는 것을 의미한다. 이런 다른 점들을 개념들의 세계와의 관련해서 조직적으로 찾아내어 분명히 하는 것이 기독교 세계관을 개발하는 것이다.[3] 그런데 나는 기독교에 관한 가장 설득력 있는 주장은 그 세계관의 전반적인 정합성과 사람들에 대한 타당성에 있다고 확신한다. 그 이

---

1. Arnold S. Nash, *The University and the Modern World* (New York: Macmillan, 1944), 292-93.
2. Richard O'Brien 신부가 1977년 1월 21일자 Commonweal 지에서 인용한 것(43)을 재인용.
3. 기독교 세계관에 익숙하지 않은 이들은 다음 책들을 살펴보면 도움을 얻을 수 있을 것이다. James Sire, *The Universe Next Door: A Basic World View Catalog* (Downers Grove: Inter-Varsity Press, 1976), 그리고 *How to Read a Book Slowly* (Downers Grove: Inter-Varsity Press, 1978). 또한 Harry Blamires, *The Christian Mind* (London: S.P.C.K., 1966).

유는 이하의 논의가 진행되면서 분명하게 될 것이다.

이 책은 단지 서론에 불과하다. 나는 이 책에서 세계관의 중요성과 그 본성을 논의하고, 사상사와 현대 정신과 관련하여서 명백히 기독교적인 세계관의 전반적인 형상을 포괄적으로 그려보고자 한다. 신학과 철학의 상호 관계를 다루면서, 우리 시대의 자연주의적 휴머니즘에 대한 살아있는 대안으로서의 기독교 실재관을 개략적으로 묘사해 보려고 한다. 그러면 이 시리즈의 다른 저자들은 그들의 특정한 학문 분과의 영역에서 작용하는 전제들을 밝히는 특별한 과제를 담당하며, 기독교적 관점에서 깊이 있게 그 영역을 다룰 것이다. 그러므로 나 자신의 과제는 좀 서론적이며, 일반적인 것이고, 시사示唆적인 것이다. 즉, 오늘날 그리스도인답게 생각한다는 것이 무엇인지에 대하여 (내가 생각하는) 포괄적인 관점만을 제시하게 될 것이다. 따라서 많은 신학적 문제와 철학적 문제 중 많은 부분은 세세하게 논의하지 못하고 지나가게 될 것이다. 그렇지만 이런 전반적인 관점이 중요한 것은 이것이 공동의 근거를 놓는 일에 한 부분이 되기 때문이다.

물론 유신론적 신앙으로서의 기독교는 최소한 그 개념적 수준에서는 유대교나 다른 형태의 유신론과 많은 점을 공유한다. 나는 그 차이점을 깊이 추구하지는 않을 것이다. 더구나 유신론에 대한 대안은 오늘날의 자연주의적 휴머니즘만은 아니다. 그러나 나 자신의 접근은 모든 것을 다 다루는 것이기보다는 선택적인 것이다. 그렇게 하기로 한 이유가 있다. 그 목적은 단지 현대 휴머니즘의 대표적인 모습과의 비교 가운데서 기독교 세계관을 제시하고, 그렇게 함으로써 과거의 대표적인 견해들을 이끌어내고, 더 깊은 탐구를 위한 방향 제시를 하려는 것이다. 하지만 그 결과는 수학적 형태의 증명은 아니고, 오히려 일종의 제안이며 초청이다. 즉, 기독교 사상이 취하여야 하는 형태에 대한 제안이고, 더 깊이 있게 그 의미를 추구하자는 초청이다. 이는 우리들의 지성에 대한 신뢰성과 지적인 주장에 대한 인간적인 매력 때문에 필요한 것이다.

따라서 우리들은 처음부터 다음 같은 두 가지 잘못된 개념들을 배제해야 한다.

첫째로, 그것은 '기독교가 사물을 보는 관점'(즉, 기독교 세계관)이 다른 견해들과 모든 점에서 다른 것이라는 의미는 아니라는 것이다. 우리는 공동의 인간적 필요와 경험을 가진 공동의 세계에서 살기 때문에 많은 경우에 서로의 의견이 일치하고 종종 같은 이유를 제시한다. 그러나 그럴지라도, 기독교적 사상과 행동의 원천이 되는 근본적 전제들은 무신론자들의 전제들과 완전히 다른 것이다.

둘째로, 그것은 많은 주제에 대한 단 하나의 기독교적인 관점, 즉 유일한 기독교적인 관점이 있다는 것을 의미하지는 않는다. 성경적 신학의 기준은 상당한 변수의 여지를 남기며, 또한 우리는 기독교 사상에 영향을 미치는 역사적-지적인 요인들이 얼마나 중요한지를 잘 알고 있다.

이 책의 제1 부는 우리가 당면한 문제가 무엇인지를 밝히는 역할을 한다. 첫째 장에서 나는 기독교 세계관이 왜 우리 시대에 그렇게도 필요한지에 대해 네 가지 이유를 제시할 것이다. 둘째 장에서는 현대의 비기독교적인 대안 중 가장 대표적인 것인 자연주의적 휴머니즘의 다양한 형태를 살펴볼 것이다. 그리고 셋째 장에서는 세계관을 형성하는 변수들을 지적하고 어떻게 세계관적 신념들이 정당화 될 수 있는지에 대해서 생각해 보려고 한다. 제2 부에서는 역사적 관점에서, 그리고 자연주의적 대안들과 비교하면서 기독교 세계관의 주된 주제들을 다룬다. 마지막으로, 제3 부에서는 네 종류의 인간 활동에 대해 이런 세계관이 어떻게 작용하는지를 살펴보기로 한다.

이 책의 내용 중 대부분은 신앙과 학문을 건설적으로 통합하려는 목적을 가지고, 비교적 단순하고 단편적인 형태로 전달했던 교수단의 워크숍에서의 발표나 미국 전역에 걸친 기독교 대학에서의 강의에서 발전된 것이다. 이제는 충분히 조직적인 형태를 가지게 되었다. 나는 많은 부분에 있어서 동료들에게서 많은 도움을 얻었으며, 대화를 자극시켜 준 많은 학생들에게서도 도움을 얻었다. 특별히 갈렌 존스Galen Johns, 달라스 윌라드Dallas Willard, 케이트 얀델Keith Yandell, 칼 헨리Carl F. H. Henry, 제임스 패커James I. Packer 등 나의 원고를 읽고 비판해 주신 분들에게 감사드리지 않을 수 없다. 그리고 공들여서 원고를 타이핑하여 주고 다시 교정본을 타이핑하여 주신 로즈 쇼우 여사Mrs. Roz Shaw의 공로에 대해 깊이 감사드린다.

1983년
아더 프랭크 홈즈

제1부

관점의 설정

Contours of A World View

Studies in a Christian World View

오늘날을 위한 세계관의 필요성

Contours of a World View
Studies in a Christian World View

인간의 근본적 필요

삶 전체를 보며 그 각 부분에서 의미를 찾을 수 있도록 우리를 도울 수 있는 통일된 세계관의 추구는 인류 역사만큼이나 오랜 역사를 가지고 있다. 고대에는 종교가 이 역할을 감당하였으며, 그 이후에는 좀 더 철학적인 경향의 신앙들도 이러한 일을 했다. 인류학자들은 원시 문화 역시도 그들의 경험을 해석하고 그들의 활동을 인도하는 세계관을 가지고 있었음을 발견한다. 그런데 오늘날의 서구 문화는 과학과 과학 기술의 영향을 많이 받고 있으므로, 오늘날에 있어서 우리는 과학적 세계관, 심지어는 과학 기술적 세계관을 가지고 있다고 할 수 있다. 과학과 그것의 활용이 우리의 사고를 형성하고 우리의 삶에 초점을 부여하고 있는 것이다.

철학자들은 수세기에 걸쳐서 어떤 철학을 가지고 살아가야 하는가 하는 문제를 논의해 왔다. 아리스토텔레스는 말하기를, 철학은 사물의 '무엇' 과 '왜'에 관한 '놀람', 즉 우리 주변 환경의 질서와 통일성에 대한 '놀람'에서 출발한다고 한다. 또 그가 믿기로는 질서 있는 통일성이 삶의 목적을 부여한다는 것이다. 사실 철학은 '수많은 것들'雜多, the many을 통일시키는 '하나'the one를 찾으려는 고대 그리스의 추구에서 시작 되었는바, 거의 26세기에 걸친 그 끈질긴 추구는 이 추구가 인간의 근본적인 필요의 하나임을 증언해 주고 있다. 물질과 정신, 삶과 죽음, 예술과 과학, 신앙과 학문, 이 모든 것들을 하나로 연관시켜 하나의 질서 있는 우주a universe로 만드는 것은 무엇인가? 그것이 바로 사람들이 알기 원하는 것이다. 우리의 인생을 보는 눈을 통일시켜 줄 수 있는 것은 무엇인가? 사물들을 하나의 통일체로서 서로 연관시켜 본다는 것은 인생의 지도를 얻는다는 것이요. 복잡하고 혼란스러운 관념을 정돈할 방도를 찾는 것이요, 우리가 행하는 모든 것의 연관성을 찾는다는 뜻이다.

그러나 세계관에 대한 탐구는 그 이상의 것이다. 그것은 보다 선한 삶을 추구하는 것이요, 공허가 아닌 충만한 삶의 목적에 대한 추구이고, 실망보다는 희망을 가져다주는 약속에 대한 추구이다. 세계관들은 이 점에 있어서 다양한 모습을 보여준다. 어떤 것은 좀 더 낙관적인가 하면 어떤 것은 좀 더 비관적이고, 어떤 것은 아주 윤리적인 면을 보이기도 하지만, 어떤 것은 아주 부분적으로만 그러하다. 모든 세계관이 인간의 추구를 똑같이 충족시켜 주지도 않고 또 다 같은 방식으로 충족시켜 주지도 않는다. 그러나 그 모든 것은 깊이 뿌리박힌 인간의 필요를 표현하고 있다. 아리스토텔레스는 다른 모든 것의 가치와 목적을 부여하는 인간의 '최고선'summum bonum에 대해서도 언급했다. 이 통일적인 '최고 선'에 대한 요구도 세계관에 대한 요청이다.

결국 성경의 기록자들은 우리에게 희망을 약속해 주는 것은 '사람이 어떻게, 무엇을 생각하느냐' 하는 것이 아니라, '하나님 자신이 어떻게, 무엇을 생각하시느냐' 하는 것이라고 주장한다(그리고 과거의 수많은 뛰어난 사람들도 이에 동의한다). 만유의 창조주요 주인이신 하나님께서 인생의 삶과 사상의 통일적인 초점이 되어야만 하며, 예수 그리스도 안에서 행하신 그의 행위가 인류의 목적과 희망을 회복시킨다. "주께서 우리를 당신을 위해 만드셨으니 우리의 마음은 당신 안에 안식하기 전까지는 안식할 데가 없나이다."는 아우구스티누스의 고전적인 말이 이를 잘 요약하고 있다. 또한 "사람의 제일 되는 목적은 하나님을 영화롭게 하는 것과 영원토록 그를 즐거워 하는 것입니다"라고 말하는 웨스트민스터 소요리문답 역시 그러하다. 살아계신 하나님이 우리의 최고 목적이요 최고선이며, 기독교 세계관이란 우리의 모든 사고와 행동에 관한 이런 믿음의 함의를 드러내는 것이다.

또한 세계관은 사고의 지침으로서도 필요하다. 다듬어야 할 수많은 사념들과 모든 것에 대한 다채로운 관념들과 이론들로 가득 찬 세계는 우리로 하여금 어쩔 수 없이 선택적이게끔 한다. 그 누구도 모든 문제를 다 생각할 수 없으며, 모든 이론을 일관성 있게 수납할 수는 없기 때문이다. 또한 어떤 특정한 세계관에 대해서도 어떤 주제는 더 흥미 있고 중요한가 하면 어떤 것은 덜 하고 또 다른 것보다 더 희망을 약속하는 이론들도 있다. 따라서 우리는 '우선 순위'를 정할 필요가 있다. 그렇다면 무엇이 우리의 우선순위를 결정하며 우리의 선택을 지도할 것인가?

니콜라스 월터스토프Nicholas Wolterstorff는, 그의 최근 저서에서 '자료 신념'data beliefs들과 '규제 신념'control beliefs들을 구분하고 있다.[4] 한 학문 분과에서의 선택과 평가, 그리고 이론의 구성은 우리가 타당한 자료들일 것이라고 믿은 바에 의해서 뿐만 아니라, 우리가 주장하는 다른 이론적 신념들에 의해서도 영향을 받는다고 그는 주장한다. 개인의 규제 신념은 과학적인 이론들이나 종교적 신념들일 수도 있고, 세계관을 구성하게 되

---

4. Nicholas Wolterstorff, *Reason within the Bounds of Religion* (Grand Rapids: Eerdmans, 1976).

는 모든 것일 수도 있다. 그것들이 주어진 모든 분야에서 이론을 선택으로 이어지도록 영향을 미친다는 말이다. 그 분야가 예술 비평이든지, 역사학적 설명이든지, 심리학이든지, 철학이든지, 심지어 성경 해석에서 일지라도 말이다. 그러므로 세계관에 대한 탐구는 우리들로 우리들 자신의 규제 신념들을 밝히고 그 결과를 탐구하도록 할 것을 요구한다는 것이다.

그뿐 아니라 세계관은 행동의 지침으로서도 필요하다. 수많은 일과 수많은 방문자와 셀 수 없이 많은 정치·사회적 행동과 또 그런 직업들 가운데서 우리는 무엇을 어떻게 결정할 수 있을까? 가능한 행위들의 순서를 정하고 특정한 바운더리 안에서 가능한 행동의 우선순위를 정하는 세계관이 필요하다. 직업 선택, 도덕적 결단, 시간 활용, 경제적 관리, 가족 생활의 운영 – 이 모든 것들이 세계관의 영향을 받는다. 즉, 나의 세계관은 내가 어떻게 투표에 참여할 것인지, 내가 돈을 어떻게 사용할 것인지, 내가 무엇을 읽을 것인지, 그리고 무엇을 할 것인지에 영향을 미치는 것이다.

성경적 용어로 말하면, 인생이란 하나님께서 우리에게 맡기신 거룩한 소명이다. 따라서 우리의 선택은 바른 목적과 관계에서 이루어져야만 한다. 바로 그 현실이 오늘 우리 삶에 세계관을 요청하고 있는 것이다. 모든 종류의 활동이 모두 도덕적으로 합당한 것은 아니다. 우리는 우리의 행동의 지침이 될 윤리를 필요로 한다. 세계관은 특정한 과제를 명령하고, 전반적인 목적을 부여하며, 도덕적 판단의 근거를 제공함으로써 이 일을 감당한다.

그러므로 세계관을 요청하는 인간의 필요는 네 가지의 큰 흐름으로 나타난다. 즉, ① 사유와 삶을 통일시키기 위하여, ② 선한 생활을 정의定意하고 인생의 희망과 목적을 찾도록 하기 위하여, ③ 사고를 인도하기 위하여, ④ 행동을 인도하기 위하여 세계관이 필요한 것이다.

문제투성이의 어려운 시대

더구나 사물이 전도되고 인생의 기반이 그 힘을 상실하며, 의미가 상실되고 궁극적 희망이 있는가가 의문시될 때에는 특히나 분명하고 믿을 만한 세계관에 대한 요청이 고조高潮된다. 우리들이 살고 있는 시대가 바로 그런 어려운 시대이다. '기독교'post-Christian 이후 시대로 불릴 만큼 우리 시대는 종교적인 색조를 잃었다. 의학과 과학 연구에서의 도덕적 결단은 하나님의 창조에 근거한 윤리적 원리들에 의해서보다도 과학 기술이 가능하다고 하는 것에 의해 결정되며, 이전에는 종교적 세계관을 전달하던 교육은 완전히 세속화되었고, 기업과 정치는 경제적·정치적 정의에 대한 관심보다 '이겨야만 한다'winning is the only thing는 '빈스 롬바르디'Vince Lombardi의 모토에 근거하여서 영위되고 있다. 또한 예술도 종교적 관점을 근본적으로 상실하고 있으며, 심지어 순전히 세속적인 종교가 나타나기도 한다.

이런 어려움은 C. S. 루이스C. S. Lewis의 『인간 폐지』*The Abolition of Man*, 자크 엘륄Jacques Ellul의 『과학 기술 사회』*The Technological Society*, 허버트 마르쿠제Herbert Marcuse의 『일차원적 인간』*One Dimensional Man*과 같은 불편한 제목의 책에 잘 나타나 있다. 루이스는 언어란 엄격히 서술적이고 객관적이며 논리적이어야 하며, 그렇지 않을 때 그 언어는 무의미한 정서의 표출이 되고 만다는 주장으로써, 도덕적-심미적 가치 판단과 가치어를 박탈하는(논리 실증주의의) 설득력 있는 책들에 대하여 자신의 책을 쓴 것이다. 가치가 감정으로 환원되고 나면 사람들은 결국 조작하고 서로 조작당하는 이가 된다는 것이다. 가치를 결여하고 있는 세계관은 인격에 대한 존중을 상실한 세계관이다. 그래서 루이스는 비인간화 된 '가슴이 없는 인간'을 말한다.

뛰어난 프랑스의 사회학자인 엘륄Ellul은 기업과 산업, 정치와 법률에 있어서 과학 기술이 사람들을 어떻게 통제하며, 심지어는 우리의 도덕성과 사유하는 방법에까지 어떤 영향을 미치고 있는가를 묘사한다. 아주 유효한 과학기술이 우리를 얽어매고 있다는 것이다. 즉, 그것이 우리로 하여금 삶의 의미를 탐구하고 반성할 자유를 박탈하며, 좁은 판단을 평가절하하고 책임 있는 자유의 근거를 말살한다는 것이다.

신 마르크스주의 철학자인 마르쿠제Marcuse는 진보된 과학기술 사회가 인간 인격에 미치는 영향에 대해 깊이 슬퍼한다. 노동이 개개인의 자의식을 풍성하게 하였지만, 생산성 원칙은 사람들을 경제적 도구로 축소시키고, 상상력과 여가를 억압하고 박탈했다는 것이다. 따라서 노동은 결국 소외를 낳고 그 결과로 인해 삶은 비인간화되었다는 것이다.

이런 비판들은 세속 사회 안에서 인간적 존엄 가치의 위기를 잘 나타내준다. 그들의 저술 이후에도 도덕적 혁명은 더욱 진전되었으며 과학기술은 좀 더 진보된 방식으로 선악의 가능성을 제공하고 있다. 핵폭발로 인한 대재난이 우리를 기다리고 있으며, 자기도취적 사회는 고갈해가는 에너지 자원의 분배를 요청하며, 가난과 기아飢餓가 계속되고, 자기 사랑적인 개인주의는 바리새 주의적으로 그 가난과 기아를 모른 체하며 한쪽으로 지나가 버리는 것이다.

에밀 브룬너Emil Brunner는 문명의 특성이 다음 세 가지 요소들 ~ 즉, 지리와 같은 외부에서 주어지는 자연적 요소, 내적으로 주어지는 인간의 신체적-영적 성질들, 그리고 종교적인 것처럼 인간 실존의 의미와 목적에 대한 배후의 질문을 취급하는 문화 초월적인 요소들에 의해서 규정된다고 말하고 있다.[5] 그러므로 우리들의 문제점 많은 어려운 시대의 여러 양상들이 사실 언제나 우리 곁에 있어 왔던 것이라는 점에 대해서는 놀랄 필요가 없다. 우리는 이제 새로운 세속주의, 새로운 합리주의, 새로운

---

5. Emil Brunner, *Christianity and Civilization* (London: Nisbet, 1948), 10-11.

상대주의, 새로운 자기-중심주의를 가지고 있다. 그러나 이 모든 것들은 이전부터 있어온 여러 '~ 주의'가 새로운 옷을 입은 것에 불과한 것이다. 현대인들의 마음의 근본적 문제들은 전혀 새로운 것이 아니다. 그것은 사실 결핍의 문제요, 폭력의 문제이고, 도덕의 문제이며, 인생의 희망과 의미의 문제이기 때문이다. 제기되는 질문과 이에 대한 여러 대안들은 인류가 공통적으로 직면하는 문제들이다. 그러므로 최고선最高善을 찾으려 하나 전혀 방향을 잡지 못하고 있는 이 어려운 시대에 있어서 우리가 방향을 돌이켜 찾아야 하는 것은 문화 - 초월적인 가능성 이다. 그러므로 문화적 차이를 초월하는 기독교적 세계관은 적어도 우리가 가치 있게 검토해 볼 만한 유력한 대안이 되는 것이다.

성경의 명령

고대 이스라엘의 유일신론은 인간 활동의 모든 면에 영향을 미치는 신학과 윤리를 포함하고 있었다. 그것은 창조 기사creation narrative에서 시작하여 모세 율법의 다면성multidimensionality에서 구체화되었고 성문서에서 그 생생한 표현을 찾게 되고, 선지자들은 그것을 모든 백성과 그들의 시도자들 앞에서 주장하였다. 이 세계관적 차원에 주의를 기울이는 사람은 구약 성경의 역사와 문헌에서 우리 시대를 위한 성경적 세계관의 구성 요소들도 찾을 수 있을 것이다.

이 세계관이 성경에 얼마나 깊게 뿌리박혀 있는지를 생각해 보라. 아브라함이 약속의 땅을 향하여 갈대아를 떠난 것은 또 하나의 이주에 불과한 것이 아니었다. 그것은 그를 전혀 다른 인생관과 삶의 방식에로 부르신 하나님에 대한 신앙의 행위였다. 또한 이스라엘의 출애굽 역시 정치·경제적 해방만을 위한 것이 아니며, 좁은 의미에서의 특정한 형태의 종교를 유지하기 위한 것도 아니고, 다른 것과는 명백히 다른 유일신론적 세계관을 보존하기 위한 것이었다. 따라서 그 이후의 역사도 이스라엘의 신앙과 가나안 종교(즉, 바알이나 몰록 숭배)의 대립으로 보아야 한다. 이런 여러 소위 신神이라고 하는 것들의 변덕스러운 진노는 때때로 인간의 희생에 의해서만 진정된다고까지 생각하는 이런 종교와 이스라엘 신앙 간에 세계관의 갈등이 계속되지 않을 수 없었다. 그런 종교의 세계관에는 안타깝게도 전지全知하고 옳은 신 개념과 그가 도덕적인 목적을 위해 그의 피조계를 다스리고 있다는 개념이 결여되어 있다. 더 명백한 것은 이스라엘의 세계관과 바빌로니아 세계관의 불균형disparity이다. 바빌로니아 창조 설화는 모든 것이 우주적 투쟁 관계에 있다는 식으로 사물 전체를 파악한다. 예를 들자면, 마르둑Marduk 신은 타이마트Tiamat라는 자신의 어머니 신을 찢어서 그 산산이 찢겨진 몸으로 이 우주를 구성하였다고 한다. 따라서 그들에게는 전능하신 한 분 하나님의 자유로운 행위에 의한 무無로부터의 창조라는 개념은 전혀 낯선 것이다.

이와 비슷한 현상은 그리스-로마 세계에서 자라난 초대 교회에 관한 신약성서의 기록에서도 찾아볼 수 있다. 예를 들어서, 사도 바울이 쓴 골로새서는 창조주와 피조물을 명백히 구분하는 일관된 유신론과 하나님과 이 세상 사이에 중간적 위계가 쭉 펼쳐지는 유출설을 대조시키고 있다. 후자의 견해에서 결과되는 신비주의는 신체적이고 지상적인 것과의 관여에서 벗어남을 통하여 구원을 찾아보려고 한다. 또한 육체와 영혼의 이원론은 선악의 의미를 혼동시키고, 혼인과 노동 등 사회적 관계 일반에 대한 태도에 악영향을 미친다. 그래서 사도는 그런 철학적 전통들을 철저히 기독교적인 신념, 태도, 가치와 대조시킨다. 따라서 우리는 여기서도 현대의 기독교적 세계관을 위한 구성 요소를 찾을 수 있다.

역사적 전통

기독교 세계관을 제시해 보려는 우리의 시도에는 또 하나의 이유가 깃들여 있는데 그것은 사상사 중에서 어떤 것이 특정한 시기의 기독교 세계관이 이끌어 들인 자료들인가를 밝히는 것이다.

예를 들어서, 초대교회는 두 가지 형태의 그리스 정신의 유산인 이원론적 관점과 단일론적 관점에 직면했었다. 이원론은 물질과 정신, 선과 악 등의 '두 가지의 영원한 실재'를 가정한다. 이에 반해서 단일론은 그로부터 모든 구체적인 것들이 파생하는 전 포괄적인 실재를 찾는다. (마니교와 같은) 이원론에 있어서는, 선은 항상 악의 제한을 받으며 정신은 물질의 방해를 받는다. 그런가 하면 (신 플라톤주의자들과 같은) 단일론자들에게 있어서는 악은 단지 유한성 때문에 생기는 것이다. 그것은 선의 결여이고 유일자로부터의 유출의 과정에서 생기는 피할 수 없는 현상이다. 이 두 사상 유형 모두에게 있어서 흔히 고행주의asceticism가 선양되었고 신비적 추구의 행로가 되었다. 그러나 이 세상에서 선이 승리하리라는 희망은 찾을 수 없었다.

희망은 기독교 특유의 것이었다. 유대-기독교적 유신론은 모든 것을 무로부터 창조하신 전적으로 선하신 하나님에 대한 신앙을 확언하였기 때문이다. 어떤 다른 영원한 것이 하나님께서 하시려는 일을 제한하지 않는다. 오히려 하나님은 항상 주권적이시고 그이 피조게에 대하여 자신이 원하시는 대로 행하신다. 따라서 그리스도인들은 궁극에는 선이 승리할 수 있고 또 그러리라는 희망에 관한 확실한 근거를 갖는다. 그러므로 초대교회는 오늘날 유행하는 여러 대안들에 대조되는 기독교 세계관의 개발을 위한 유용하고도 큰 도움이 되는 범주를 제공했는바[6] 이는 다음과 같이 요약해 볼 수 있을 것이다.

---

6. 기독교 사상 내에 이 패러다임(paradigm)에 관하여서는 J. Langdon Gilkey, *Marker of Heaven and Earth* (New York: Doubleday, Anchor Books, 1965)과 필자의 논문 "Christian Philosophy," *Encyclopedia Britannica*, 15th ed. (1974)을 보라.

이원론	단일론	유신론
(1) 영원한 물질로부터의 창조(ex materia)	(1) 하나님의 존재 자체로부터의 창조(ex deo)	(1) 무로부터의 창조 (ex nihilo)
(2) 하나님 자신이 창조하지 않은 조건들에 의해 제한되심.	(2) 창조는 하나님도 선택할 수 없는 필연적인 과정임.	(2) 하나님께서는 창조 하실 수도 있고 창조하시지 않을 수도 있는 자유를 가지셨으며, 이는 그의 피조물들에 대한 계속척인 행위에도 미치는 자유이다.
(3) 악은 사물의 영원한 실제에 내재하는 것임.	(3) 악도 세계 과정상 필연적임.	(3) 하나님께서는 악의 발생을 허용하셨으나, 궁극적으로는 선한 목적을 이루시기 위한 것임.
(4) 우리는 어쩔 수 없이 선과 악의 영원한 갈등과 투쟁에 관여하게 됨. 따라서 궁극적 희망이 없음.	(4) 우리의 유한성은 그 자체가 선의 결여임. 따라서 궁극적 희망이 없음.	(4) 우리는 악과도 관여하고 살지만, 선을 높이시는 살아계신 하나님께 희망을 둠.

결국 기독교 세계관은 모든 것을 이 세상에서 활동하시는 초월적인 하나님의 창조적 활동으로 파악한다. 즉, 유신론의 창조 교리가 전반적인 준거 틀을 제공하는 것이다. (기독교의 창조 교리는 다음 그림과 같이 도해할 수 있다. -역자 주)

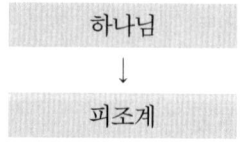

이는 다음과 같은 이원론도 아니고,

정신 ⟵⟶ 물질

다음과 같은 단일론도 아닌 것이다.

> 유일한 하나의 존재

중세 시대에는 하나님이 우리의 최고선으로 인정되셨고 하나님과 그에 의한 창조 교리의 함의가 개인이나 사회, 법과 도덕성, 예술과 과학, 그리고 역사와의 관련에서도 깊이 있게 제시되었었다. 아우구스티누스나 아퀴나스와 같은 기독교 철학자들은 객관적으로 실재하는 보편들이 우리의 경험 세계를 질서 지우며, 하나님께서도 그런 식으로 창조하셨다는 고대 그리스의 견해를 받아들였다. 이것에 근거하여 그들은 사람과 도덕성, 그리고 은총 등 전 포괄적인 세계관에 적용할 형이상학적인 창조관을 구성했다.[7]

그러나 개혁자들은 좀 다른 입장을 취했다. 예를 들어, 마르틴 루터 Martin Luther는 종교적인 소명을 세속적인 것보다 더 높이는 경향이 있던 중세적 경향을 거부하고서, 우리 삶의 모든 영역에서의 우리에 대한 하나님의 소명을 보다 직접적으로 말했다. 그리고 존 칼빈의 신학은 모든 피조계에 대한 하나님의 주권과 모든 삶과 사고의 영역에 대한 그의 주권을 그 핵심으로 삼고 있다. 그도 역시 전 포괄적인 세계관을 구상한 것이다.

> 하나님에게서 나오지 않고 그를 그 원천으로 주장하지 않는 한 조각의 지혜나 빛, 의, 권세, 옳음, 또는 참된 진리는 있을 수 없다. 그러므로 우리는 이 모든 것들을 그로부터 받기를 기대하고 그가 우리에게 주신 것들을 감사함으로 인정해야만 한다.[8]

---

7. Etienne Gilson의 여러 저작을 참조하되, 특히 *The Spirit of Medieval Philosophy* (New York: Charles Scribner's. 1940)를 보라.
8. John Calvin, *Institutes of the Christian Religion*, trans. John Allen (Philadelphia:

어느 정도는 바로 이런 기독교적인 유산이 르네상스 휴머니즘에도 남아 있어서 그 운동이 교회나 국가의 절대적 권위에 반하여 개인과 그의 자유의 가치를 강조하도록 했다고도 할 수 있다. 그러나 18세기의 사상은 이 개인주의를 기계론적 과학의 전반적인 인과적 설명이나 계몽주의적 합리주의의 '이성의 지배'에 대한 오만과 결합시켰다. 그 결과로 나타난 종교 사상이 이신론Deism, 즉 "고정된 법칙에 따라서 피조계를 다스리시는, 따라서 초자연적이거나 구속적인 활동을 하지 않으시는 초월적인 창조자에 대한 믿음"이다. 또한 그 정치적인 결과는 모든 개인이 동의하는 합리적 법칙에 의해 지배되는 이상사회의 구상으로 나타났다. 더구나 19세기의 진화론적 낙관론은 이런 주제를 더욱 발전시켜서 자연과 사회가 모두 우리의 장래를 인도하는 같은 법칙의 지배를 받고 있다고 결론 내리게끔 하였다.

그러다가 낭만주의가 더 조직적이고 역동적인 전망을 갖게 되자 이신론의 이성과 법으로 통치하는 초월적인 신은 창조적으로 투쟁하시는 전적으로 내재적인 신으로 대치되고 말았다. 그의 피조계 내에서 자유롭게 행동하실 수 있는 초월적이나 살아계신 하나님께 대한 성경적 희망은 사라져 버리고, 인간의 본성과 역사에 대한 낙관론만이 횡행橫行하게 되었다. 인간 인격도 자연의 일부가 되어서 그의 의미와 희망도 초월적인 하나님에게서가 아니라 자연에서 찾을 수 있다고 주장하기에 이른 것이다.

에밀 브룬너는 1650년에서 1950년에 이르는 3세기가 서구 문명의 근본적인 개념인 하나님 형상으로서 창조된 인간의 위엄을 점차로 강하시킨 세기라고 말한다.⁹ 이런 경향과 추세는 문학에서도 찾아볼 수 있다. 알렉산더 포프Alexander Pope의 『인간론』Essay on Man은 낙관론적인 용어

Westminster Press, 1949), vol. I, 52.
9. Brunner, *Christianity and Civilization*, 2-3.

로 기계론적 우주에서의 이성의 지배를 그리고 있으나, 알프레드 테니슨 Alfred Tennyson의 '회상' *In Memoriam*에서는 이 확신이 그리 분명치가 않다.

"The stars," She whispers, "blindly run;
A web is woven across the sky;
From out waste places comes a cry,
and murmurs from the dying sun;

And all the Phantom, Nature, stands ...
With all the music in her tone
A hollow echo of my own
A hollow from with empty hands.

And shall I take a thing so blind
Embrace her for my mortal good;
Or crush her, like a vice of blood,
Upon the threshold of the mind?

슬픔은 속삭인다.
별들은 맹목적으로 흐르고
거미집은 하늘에서 종횡무진으로 엮어지고
황량한 곳으로부터 한 외침이 당도하여
저물어가는 태양으로부터 중얼거린다.

그리고 모든 영상, 즉 자연이 서 있다
슬픈 어조의 음악을 띠고 …

나 자신의 공허한 메아리와

공허한 손의 공허한 형상을 지니고

그리고 내가 그렇게도 맹목적인 것을 가져도 될까

당연한 행복으로써 그녀를 포용해도 될까

또는 피를 부르는 악행처럼

마음의 문지방 위에다 슬픔을 짓밟아 으깨도 될까

매튜 아놀드Matthew Arnold도 이 '맹목의 사물'의 영향을 감지하고서는 '도버 해변'Dover Beach에서 다음과 같이 탄식한다.

The Sea of Faith

Was once, too,, at the full, and round earth's shore

Lay like the folds of a bright girdle furled.

But now I only hear

Its melancholy, long, withdrawing roar,

Retreating, to the breath

Of the night wind, down the vast edges drear

And naked shingles of the world.

신앙의 바다 또한

한때는 가득했고, 육지의 둘레에

밝은 띠처럼 겹겹이 감겨 있었소.

하지만 이제 내 귓전에 들리는 건

그 음울하고 가다란 썰물 소리뿐,

밤바람의 숨결에 맞춰

세계의 광대한 가장자리와

헐벗은 자갈밭 해변을 흘러내리는 물소리뿐[10]

그리고 이들의 소리 ~ 즉 테니슨의 황무한 곳에서의 공허한 메아리 hollowecho out of waste places와 아놀드의 '서로가 서로에게 진실하자'let us be true to one another는 외침은 엘리엇T. S. Eliot에 의해서 채용되어 그에게서 다음과 같은 웅변적인 표현이 나왔다.

We are the hollow men
We are the stuffed men
Leaning together
Headpiece filled with straw. ···

우리들은 텅 빈 사람들
우리들은 짚으로 채워진 사람들
서로 기대고 있지만
머리통은 짚으로 꽉 찬 ……[11]

그리고 세상은 '꽝 소리도 없이 흐느껴 울며'not with a bang but a whimper 끝난다는 것이다. 모든 희망이 사라진 것이다. 그리고 그것은 기독교적 세계관이 사라진 결과이다.

---

10. 이 시의 번역은 이상옥. 『도버 해변』, 매튜 아놀드(민음사. 1976). 세계시인선 65를 참조하였다.
11. 엘리엇의 이 작품을 옮기는 데에 있어서는 이창배 역, 탐구신서 164 (서울: 탐구당, 1980), 118-25에 있는 『텅 빈 사람들』The Hollow Men 에 대한 이창배 선생님의 번역을 참조했다.

우리들이 살고 있는 20세기는 참으로 절망적이다. 그래서 희곡작가인 입센Ibsen은 그의 『헤다 가블러』Hedda Gabler와 『대 건축자』The Master Builder에서 낭만적인 영웅적 구주가 나타나기를 기대했으며, 사무엘 베케트Samuel Beckett는 이런 희망에 반해서 『고도를 기다리며』Waiting for Godot를 썼고, 프랑스의 실존주의자인 장 폴 사르트르Jean Paul Sartre는 사람이란 '무의 대양'에서 사라지기까지 피어오르는 작은 의식의 기포라고 표현하였다. 우리는 끝없는 바다 한가운데서 '키'helm도 없고 나침반도 없는 배를 타고 표류하는 것이라는 말이다. 따라서 어디로 노를 저어 가든지 상관이 없다. 출구도, 궁극적 희망도 없는 상황인 것이다.

이와 함께 순전히 물리적인 세계에서 삶이란 우리에게 무슨 의미가 있는지를 생각한 버트란드 러셀Bertrand Russell이 그의 『자유인의 예배』A Free Man's Worship에서 밝힌 감동적인 고백을 생각해 보라.

사람은 그들이 꼭 성취해야만 하는 아무런 목적도 없는 원인들의 산물일 뿐이다. 그의 기원과 성장, 희망과 두려움, 그의 사랑과 신념 - 이 모든 것들은 원자들의 우연한 배열이 가져온 결과일 뿐이다. 그러므로 열정과 영웅주의, 사고나 감정에 집착하는 일이 없어야만 우리는 죽음 너머에까지도 우리의 생명을 보존하는 것이다. 모든 노력, 헌신, 격려, 그리고 천재들의 경탄스러움 - 이 모든 것들도 태양계의 죽음과 함께 사라질 것이고, 사람이 이룩해 놓은 거대한 업적도 결국은 무너진 우주의 조각들 밑에 묻히고 말 것이다. 이 모든 것들에 대해서 논의의 여지가 없는 것은 아니지만 그래도 거의 확실하고, 이를 물리치고 희망을 유지할 수 있는 철학은 없다. 이런 진리들을 자료로 확고한 실망을 기반으로 해서만 이후 영혼의 거처가 확실히 수립될 수 있을 것이다.[12]

---

12. B. Russell, "A Free Man's Worship," in Mysticism and Logic (New York:

그러나 이 경우에도 희망은 사람의 가슴에서 나오고 현대인들은 러셀과 함께 그들의 거처를 순전히 물리적인 세계에만 구축해 보려고 한다. 다음 장에서 우리는 다양한 형태로 휴머니즘적 이상을 제안하는 이 현대의 자연주의를 좀 더 깊이 있게 검토해 볼 것이다. 그러나 이렇게 옛 희망이 붕괴되고 새로운 휴머니즘이 등장할지라도, 기독교 사상가들은 기독교 세계관의 본질들을 계속하여 강조해야만 한다.

지난 세기말에 스코틀랜드의 신학자 제임스 오르James Orr는 비관주의란 기독교 신앙을 저버린 논리적 결과라고 주장하였다. 그의 『기독교의 신관과 세계관』The Christian View of God and the World에서, 그는 기독교 실재관의 전반적 성격을 말하고 있다. 그의 주제는 그가 선언하고 있는 대로 다음과 같다.

> 그 나름의 독특성과 정합성coherence, 통일성을 가지고서 다른 이론이나 사변들과는 날카롭게 대립되는 명확히 기독교적인 실재관이 있다는 것과, 이 세계관은 합리적이며 실재의 현상과 일치하고 역사와 경험의 지평에서 정당화될 수 있다는 것을 밝히는 것이다.[13]

화란의 '신 칼빈주의' 신학자요 정치가인 아브라함 카이퍼Abraham Kuyper는 피조계의 각 영역에 대한 하나님의 주권과 법을 중심으로 세계관을 발전시켰다. 그는 오늘날까지 큰 영향력을 미치고 있는 개혁사상의 전통을 수립했다고 할 수 있다. 로마 가톨릭 사상가 중에서는 자크 마리탱Jacques Maritain이 토마스주의의 자료를 가지고서 유신론과 휴머니즘, 인권human rights과 정치적 정의, 교육과 예술에 대한 저술을 하고 있으

Doubleday, 1929), 45.
13. James Orr, *The Christian View of God and the World*, 5th ed.(Edinburgh: Andrew Elliot, 1897), p.16.

며, 떼이아르 드 샤르댕Teihard de Chardin은 로고스인 그리스도를 우주적 과정의 알파와 오메가, 시작과 끝으로 삼는 진화론적인 관념론을 발전시켰다. 또한 개신교 사상가인 윌리엄 템플 대감독Archbishop William Temple은 명백히 기독교적인 입장에서 철학적·사회적 문제에 대해 언급하는가 하면, 에밀 브룬너Emil Brunner와 라인홀드 니버Reinhold Niebuhr는 계몽주의와 합리주의, 그리고 20세기의 잘못된 개념들에 반하여 개인과 역사 그리고 사회에 대한 기독교적인 이해를 분명히 해보려고 노력한다. 칼 바르트Karl Barth는 현대인들에게 있어서 살아계신 하나님의 말씀에 귀를 기울일 것을 요청한다.

　미국의 복음주의자들도 활발하게 이런 일을 했다. 비록 그들은 근본주의~자유주의 논쟁에 많은 에너지를 소비하면서 달려 나갔지만, 그런 논쟁의 어떤 측면은 명백히 유신론적인 세계관과 앞서 언급한 19세기 사상 사이의 차이와 관련된다는 것을 바로 보는 이들도 있다. 19세기 동안에는 스코틀랜드의 실재론적 철학이 그들의 사고에 중요한 부분을 차지하고 있었는데, 20세기의 첫 50년 동안에는 인격적 관념론의 일반적인 틀을 사용한 복음주의자들도 나타났다. 그리하여 1950년대에는 고든 클락 Gordon H. Clark, 칼 헨리Carl Henry와 같은 이들이 과학-교육-정치 등 여러 부문의 세계관적인 주제에 관하여 직접 언급하기 시작하였다. 그 결과로 다양한 복음주의 학자들의 조직이 결성되고 잡지들이 간행되었으며, 기독교적 관점이 계속하여 타당하다는 강한 변증적인 증거들을 제시하게 되었다. 1970년대에는 새로운 세대가 각각의 학문분야에서 활동적으로 움직이며 예술·법률·사회 활동 등에서 창의적인 일을 하고 있다.

　이와 함께 우리들이 추구하는 가치의 기독교적인 원천과 관련된 희망찬 징조들이 있다는 것을 말하게 된다. 즉 도덕 혁명의 와중에서도 가치 교육에 대한 관심이 증대하고, 비인간화의 시대에서도 인권human rights에 대한 강조가 나타나고, 과학기술이 하늘 높은 줄 모르고 진전하는 듯이 보이는 중에서도 환경적 관심과 생명윤리bioethics에 대한 관심이 고조되는 것이 그러한 예들이다. 그러나 기독교적 사상의 부흥은 더욱 더 넓게 확산되어야 한다는 것을 항상 강조해야만 한다. 기독교 사상의 영향력은 기업과 정치학, 문학과 예술, 과학, 교육, 가정, 삶 전체의 도덕적 성격, 그리고 온 세상의 모든 부분에까지 미쳐야만 한다. 이것을 위해서 또한 기독교적 원리가 20세기를 형성하는 중요한 영향력을 행사하기 위해서는 전체를 아우르는 세계관이 필요하다.

UNUnited Nations의 전 사무총장인 찰스 말릭Charles Malik은 이를 다음과 같이 말하고 있다.

> 나는 철학, 심리학, 예술, 역사, 문학, 사회학, 그리고 인간의 본성과 그의 장래destiny에 대한 해석과 같은 인문학humanities에 대해 우려하고 있습니다. 과학자들 자신들조차도 그 정신, 근본적 태도, 전반적인 인생관이 형성되고 고정되는 것은 바로 이와 같은 영역에서 되는 것입니다.
>
> ……나의 말을 믿으십시오, 나의 친구들이여! 아마 그 어느 때보다도 오늘날을 사는 현대인들의 정신이 가장 큰 혼란을 겪고 있습니다. 그러므로 정신이 형성되고 전달되는 곳의 핵심에서 어떻게 건전한 기독교적 원리들에 근거하여 정신을 질서 있게 하느냐 하는 것이…… (가장 중요한 문제입니다.)[14]

---

14. Charles Malik, *The Two Tasks* (Westchester, IL: Cornerstone Books, 1980), pp. 28, 32.

현대의 휴머니즘과 가치의 세속화

Contours of a World View
Studies in a Christian World View

　역사적으로 유신론적 세계관은 항상 다른 대안들의 도전을 받아왔다. 초대교회 시대에는 헬라적 관점이 지배적인 도전 세력이었고 18세기에는 이신론deism이 이들의 신앙을 유혹하였다. 19세기에는 낭만주의와 그 범신론적인 경향이 상상력을 사로잡고 자유주의 신학 발생에 영향을 끼쳤다. 그리고 오늘날 20세기 후반에 와서는 다양한 자연주의적 대안들이 전면에 나서고 있다. 사실상 적어도 서구의 영향을 받은 사람들에게는 기독교적 유신론과 자연주의적(혹은 세속적) 휴머니즘이 현대의 주된 선택 대상인 것이다.

　우리는 앞에서 삶의 전반적인 의미를 찾는 것이 인간의 기본적인 욕구 중 하나라는 것과 휴머니즘은 이 요구에 대한 자신들의 입장을 제시한다는 것을 확인했다. 우리는 또한 우리 시대의 어려움과 곤란성을 강조했고 이 특성은 휴머니스트들도 인정하는 것이라고 말했다. 그뿐 아니라 성경이 인생의 삶 전체에 대해 말하고 있으며 휴머니스트들의 관점 역시 이 전반적 명령을 함의하고 있음도 살펴보았다. 우리는 기독교 유신론의 전통을 가지고 있으나 세속적 휴머니즘 역시 최소한 고대 그리스까지는 거슬러 올라갈 수 있는 것이다. 그리고 휴머니즘의 전제와 그 기본 특성은 우리 시대의 사상을 인도하고 그 행동을 지도하는 우리 시대의 전제라고 할 수 있다.

그러므로 기독교 세계관을 현대에 말하기 위해서는 휴머니즘의 본질을 그 다양한 형태와 휴머니즘이 강조하는 것들과 함께 이해해야만 한다. 그래서 이 장에서는 현대 휴머니즘을 검토해보고 그 발생 초기로부터의 그 전통을 살린 뒤 현재에까지 이어져 온 여러 형태를 구별하고, 그것들이 그 근본적인 점에 있어서 기독교 유신론과 일치하는지, 긴장 관계를 가지고 있는지를 살펴보려고 한다. 그리고 다음 장에서는 이 긴장 관계를 좀 더 깊이 서술해 보려고 한다.

휴머니즘이란 무엇인가

넓은 의미에서 보면 휴머니즘이란 인격의 가치와 존엄성을 인정하고 인격적 환경을 좀 더 낫게 하고자 하는 관점 모두를 가리킨다. 서구문화 일반과 같이 이 휴머니즘도 그 원천을 그리스 - 로마 전통과 유대 - 기독교의 전통에서 찾을 수 있다. 한편에서는 소크라테스가 가치에 관한 문제에 초점을 두고 있던 그의 선배들의 보다, 사변적인 탐구에서 탐구의 방향을 돌려서 반성해 보지 않은 삶은 살 가치가 없는 것이라고 하였다. 그는 '너 자신을 알라' 고 충고하였으며 자신의 삶과 죽음으로까지도 지혜, 용기, 우정과 정의와 같은 고귀한 인간적 이상의 추구를 강조했다. 이와 마찬가지로 로마의 스토아 철학자들은 종교와 정치, 그리고 사적인 생활을 포함한 삶 전체에 대해 정의적이기보다는 합리적인 접근을 격려하면서 사람이 할 수 있는 최고선을 추구하라고 했다. 예를 들면 당파적

이해나 편협한 민족주의는 마땅히 보편의 법과 세계시민으로서의 책임 앞에서 사라져야 한다는 것이다. 또 다른 세상의 한편에서는, 유대-기독교적 성경이 하나님의 형상으로 지음을 받은 인간에게 무한한 가치를 부여하고 있었다. 개인이 가치 있는 것은 하나님이 인격을 존중하기 때문이 아니라 바로 그가 하나님의 형상이기 때문이라는 것이다. 율법과 선지자가 이것을 강조하며 예수의 삶과 죽음은 그의 가르침이 확실하다는 것을 명백히 한다. 따라서 모든 이에 대한 정의와 사랑이 아주 중요하며, 지혜와 진리를 찾는 것이 인생의 최고선을 위해 본질적인 것이라는 주장을 하게 된다.

중세기 동안 이 두 가지(서로 다른 -역자 주)전통이 결합되었다. 어떤 중세의 사상가들은 아우구스티누스를 따라서 기독교의 희생적 사랑(아가페 $\alpha\gamma\alpha\pi\eta$, agapē)의 이상을 헬라적 휴머니즘의 이상에로 주입시켜 보려고 하였다. 또 어떤 이들은 아퀴나스를 따라서 헬라적 이상을 기독교적 덕목들로 보충하였다. 그런가 하면, 스토아적 자연법 개념을 기독교 윤리사상과 정치사상에 적용시킨 이들도 있다. 이 모든 경우에 있어서 그 결과는 기독교 사상에 의해 교양을 받은 기독교 문화를 추구하는 기독교 휴머니즘이었다. 계시만이 아니라 이성의 역할이 인정되고 하나님의 선하심만이 아니라 그의 법도 자연과 역사에서 찾게 된 것이다. 이런 중세적 종합(medieval synthesis. 14세기에는 다양한 입장이 제기되므로 오히려 '여러 주장'syntheses이라고 할 수 있겠다.)이 와해되자 다시 그리스-로마적 전통에로 초점이 모아졌다. 이탈리아의 르네상스 휴머니즘은 자연과 인간의 자유를 높였으며 고대인들의 창의성을 회복해 보려고 노력했다. 헬라적 이상을 종교적 가치와 동일시하면서도 이탈리아의 르네상스는 어떤 기독교적 공헌도 부식해 버리려는 경향이 있었다. 세속화의 과정이 시작된 것이다. 그리하여 점차 유대 기독교적 특성과 헬라적 특성은 서로 갈라지게 되었고 휴머니즘이 유신론적 가치를 결여한 것이 되게끔 되었다.

결국 오늘날에는 하나는 유신론적이고 또 하나는 자연주의적인 두개의 근본적으로 다른 형태의 휴머니즘이 나타나 주장된다. 마리탱Jacques Maritain은 이들 각각을 '신 중심적인'theocentric 휴머니즘, '인간 중심적인'anthropocentric 휴머니즘이라고 부르면서, 이 중 전자만이 참으로 통합적인 전체가 될 수 있고 참으로 휴머니스트적인 것이 될 수 있다고 논의한다.[15] '게데스 맥그레고르'Geddes MacGregor는 자연주의적 휴머니즘을 '인간주의'hominism라고 명명 하였는데, 이는 그것이 인간적인 것에 대한 본질적 독특성을 부인하기 때문이다. 즉 인격을 물질적인 존재로, 자연의 일부로 다루어 다른 점이 있다면 그것을 순전히 우연적인 것이라고 함으로써 인간의 본성과 운영을 다른 물질적인 것들의 특성과 본질적으로 동일시하기 때문이다.[16]

2) 유신론적 휴머니즘은 종교개혁 특유의 개인에 대한 강조와 문화적 명령에 대한 개혁신학의 강조와 성공회를 포함한 가톨릭의 사상을 특징지어주는 자연과 인간실존에 대한 성례전적 관점에 의해 그 힘을 유지해 왔다. 이에 바해 인간 중심적인, 혹은 자연주의적인 휴머니즘은 계몽주의의 과학적 사고방식과 이신론의 등장, 그리고 19세기의 진화론적 자연주의에게서 그 힘을 얻었다. 유신론적 휴머니즘의 시각에서는 중세의 사상은 인간을 고려하지 않은 것이며 종교개혁은 인간 지성의 한탄스러운 퇴보라고 여겨진다.

세계관으로서의 '현대 세속적 휴머니즘'은 이 둘째 종류에 속한 것이다. 이는 인격을 물리적 세계의 한 부분과 산들로 보며, 가치의 의미를 사

---

15. Jacques Maritain, Integral Humanism, trans. J. W. Evans(New York: Scribner's, 1968).
16. Geddes MacGregor, The Hemlock and the Cross(Philadelphia: Lippincott, 1963). Cf. Paul Kurtz, A Secular Humanist Declaration(Buffalo, NY: Prometheus Books, 1980).

람에게 의미 있는 것으로만 제한시킨다. 프로타고라스의 유명한 말같이 인간이 만물의 척도가 되는 것이다. 이는 (유신론적인데 반하여) 자연주의적이고, (신 중심주의적인데 반하여) 인간 중심 주의적이다. 그리고 이는 실재의 본성과 신의 존재, 그리고 인간사 내에서의 신의 활동에 관하여 유신론적 휴머니즘과는 대조되는 입장을 취한다. 세속적 휴머니즘의 희망은 그 원천을 전혀 자연과 인류에 내재시키며, 따라서 초월적인 하나님 안에서 자연과 인간밖에 존재하지 못하고, 자연의 한계를 초월할 수가 없는 것이다.

미국에서 가장 명백한 휴머니스트의 한 사람인 폴 커츠Paul Kurtz는 두 가지 기본적 휴머니즘의 원리를 정의한다. 〈휴머니즘이란 무엇인가?〉라는 제목의 논문에서 커츠는, 첫째 휴머니즘의 원리는, 사람은 그 실존과 삶이 순전히 물리적으로만 설명될 수 있는 물리적 세계의 한 부분이요 그 산물이라는 자연주의적 입장을 옹호하여 하나님을 모든 존재와 가치의 궁극적 원천으로 보는 초자연적 세계관을 거부하는 데에 있다고 한다.

인간의 정신, 또는 의식과 육체 사이의 구별이란 없다. 인격personality이나 영혼soul의 특별한 지위란 없으며, 이 우주 전체에서 인간 실존이 독특한 것이거나 특권적인 것도 아니다. 그러므로 인간의 독특한 불멸성이나 종말론적인 역사이론들에 대한 주장은 모두 그렇게 되기를 원하는 기원의 표현이요, 인간의 희망과 환상의 성질에 대한 헛된 표현으로 이해되어야만 한다. 휴머니스트들에게 있어서 자연은 인간의 목적에 대해 맹목이며 인간의 이상과는 전혀 관계없는 것이다.[17]

둘째로, 기본적인 휴머니스트의 원리는 "가치란 사람에 대해 상대적인 것이요, 따라서 사람이 그 경험 중에서 가치 있는 것으로 경험하는 것"

---

17. Paul Kurtz, ed., *Moral Problems in Contemporary Society: Essaysin Humanistic Ethics*(Englewood Cliffs, NJ: Prentice- Hall, 1969), p. 3.

이라는 원리이다.[18] 이는 가치에 대한 유신론의 초월적 원천을 거부한 데서 나온 결론이다. 이를 좀 더 적극적으로 진술한다면, 휴머니스트들은 사람들 스스로가 개인의 바라는 바를 만족시키고, 옳고 조화로운 사회를 건설하며 사람들의 창의적 가능성들을 성취하는 선한 생활을 영위해야 한다고 믿는다. 물론 모든 자연주의자들이 이에 대해 낙관적인 것은 아니고 비관적인 이들도 있기는 하다. 또한 모든 휴머니스트들이 같은 가치를 주장하거나 그것을 모두가 필요로 하는 것도 아니다. 그들은 가치를 상대적인 것으로 여기기 때문이다. 사람만이 만물의 척도이므로 프로메테우스처럼 그 자신의 삶을 창조해야만 한다는 것이다.

　이 두 가지 원리인 자연주의와 인간 중심 주의에다가 커츠Kurtz는 두 가지 다른 원리를 덧붙이는데, 이는 모든 휴머니스트들이 동의하는 것은 아니다. 이것 중 하나를 우리는 과학주의scientism라고 부를 것인데, 이는 과학적 지식이 인간의 모든 신념과 도덕 판단을 검토하는 것은 물론 우리의 모든 문제를 해결하는 데에도 적용될 수 있다는 견해이다. 이는 계몽주의에 의해 높여진 '이성의 지배'에 대한 확신에 가득찬 현대적 표현이다. 17세기 초 프란시스 베이컨Francis Bacon도 지식은 힘이라고 말하였으나 그는 유신론적 근거, 즉 피조계와 그 안에서 이루어지는 모든 과정은 우리로 하여금 탐구하도록 하시고 그 힘을 인간의 유익을 위해 사용하도록 하신 합리적인 하나님께서 운영하시는 것이란 근거에서 이러한 주장을 했던 것이다. 그러나 계몽주의는 더 나아가서 인간 이성의 두 가지 자연적인 능력은 하나님의 특별한 도움과는 상관이 없는 것이라고 주장하기에 이르렀다. 그 두 가지 능력이란 '자연과 인간존재, 그리고 그들의 다양한 기능을 이해하는 능력'과 '자연과 인간존재, 그리고 사회를 모두 같이 지배하는 법에 따를 능력'이라고 한다. 그런데 현대의 휴머니즘

---

18. *Ibid*. p. 4.

은 이성에 대한 이런 이중의 확신을 물려받았다. 그래서 커츠Kurtz는 여기에 과학적 추리의 방법이 있다고 했다. 그러므로 과학적 방법과 과학적 발견이 우리들의 희망이 원천이 된 것이다.

커츠가 말하는 또 하나의 원리 역시 모든 휴머니스트들이 동의하는 것은 아니고 일부만이 찬성하는 것인데, 그것은 모든 인류의 복지를 똑같이 증진시켜야 할 의무라고 정의 될 수 있는 '인류 박애주의'humanitarianism에 대한 헌신이다. 따라서 휴머니스트 윤리는 실증적으로 관찰 가능한 결과에 의해서 좌우되는 결과주의consequentialism적이라고 할 수 있다. 과학기술 사회에서의 인간의 비인간화와 전쟁, 기아 질병의 급증하는 문제들에 대해서 같이 애통해 하면서 그들은 우리가 직면한 문제들을 해결할 합리적 방도를 찾는 것이다. 그러나 그들이 말하는 인류 복지를 규정짓는 것은 전통적인 지혜의 문제이다. 따라서 결과주의는 신약성서의 이상들에서도 몇 가지를 이끌어내는 전통적인 윤리와 결합하는 경향이 있다.

30여 년 전 '콜리스 라몬트'Corliss Lamont는 휴머니즘이란 사람이 모든 것의 중심이요, 최종 결재자가 되는 철학이라고 했다. 휴머니즘은 온 인류의 더 큰 선을 위하여 이성과 과학, 그리고 민주주의 등의 수단들을 사용한다는 것이다.[19] 라몬트는 10가지 중심명제를 열거했는데 그 중 첫째는 초자연주의에 반하는 자연주의적 형이상학이라는 것이고, 둘째는 인간이란 전적으로 자연의 산물이요 그 일부라는 것이고, 셋째는 사람이 이성과 과학적 방법으로 자신들의 문제를 해결할 능력을 가지고 있다는 것이다. 결국 우리의 최고 목적은 차세적인 행복과 자유, 그리고 온 인류의 진보이며, 이 목적을 위해서 휴머니즘은 "인류에게 그가 자기 스스로

---

19. Corliss Lamont, *The Philosophy of Humanism*(New York: Frederick Ungar, 1949), chap. 1.

의 구주요 구속주가 될 것을 명한다."는 것이다.[20]

이와 비슷한 진술이 세계관으로서의 자연주의적 휴머니즘을 깊이 표현한 것으로 보이는 크리코리언Y. H. Krikorian이 편집한 〈자연주의와 인간정신Naturalism and the Human Spirit〉이라는 논문집에도 나타난다. 여기에 기고 한 이들 중에는 존 듀이John Dewey, 시드니 훅Sidney Hook, 랜달J .H. Randall, 그리고 허버트 슈나이더Herbert Schneider와 같은 영향력 있는 인물들도 포함되어 있다. 첫 장인 '자연주의의 성질'The Nature of Naturalism에서, 랜달도 역시 자연주의를 초자연주의와 대조시키면서, 사람을 전적으로 자연 안의 존재로 여기며 인간 문제를 해결하는 과학적 지식을 강조한다.

그러므로 자연주의는 자신을 초자연적, 혹은 초월적 '존재의 영역'의 실존을 주장하며 그 영역에 대한 지식이 인류의 삶에서 가장 중요한 것으로 만드는 온갖 형태의 사고에 끊임없이 반하는 것으로 여긴다. 자연을 다루는 방법이 미치지 못할 영역이란 없다는 것이다.[21]

"따라서 우리가 필요로 히는 믿음은 지성에 대한 믿음인바 그것만이 구원을 보장하는 것이다 이것이 그의 결론이다.[22]

앞 장에서 우리는 기독교적 유신론을 초대교회가 직면했던 단일론적 세계관과 이원론적 세계관을 대조시켜 보았다. 그런데 이제 자연주의적 휴머니즘이 또 하나의 단일론적인 세계관이라는 것이 명백해졌다. 어떤 외연적 비판을 하는 것이 우리의 목적은 아니지만 자연주의도 전반적으로는 단일론 같은 문제에 당면 한다는 점은 명백하다. 단일론의 항존적

---

20. *Ibid.*, p. 283.
21. Y. H. Krikorian, *Naturalism and the Human Spirit*(New York: Columbia University Press, 1944), p. 358 에서 재인용.
22. *Ibid.*, p. 382.

문제는 인간의 개성과 악의 극복에 대한 문제이다. 첫째로, 만일에 자연이 인간도 산출해 내어 그 일부분으로 삼는 인과적 과정이라면, 우리는 무엇에 근거해서 개인에게 가치와 책임을 돌릴 수 있으며 그들이 자유를 가진 듯이 보이는 것이 무슨 의미가 있겠는가? 결국 현대 휴머니즘의 자연주의적 근거는 우리가 우리 자신들이 원하는 종류의 삶을 창조하고 유지할 수 있다는 자기 스스로의 희망 외에는 모든 기반을 끊어 버리는 것이 아닌가?

그리고 둘째로, 만일 악이 자연의 과정상 필연적인 것이라면, 그 스스로도 자연의 한 부분이요 그 산물인 유한한 존재가 악을 피하고 그것을 전적으로 극복할 수 있다는 희망을 가질 수 있는가? 아마 우리는 어떤 문제들에서 벗어나고 또 어떤 문제를 해결하는 방안을 제시할 수 있을 것이다. 그러나 자연과 인간이 계속해서 악을 산출하고 있는 한, 영원한 구원에 대한 희망은 절망적으로 보인다. 자연주의가 이런 난점에 봉착하는 데서 바로 그 같은 문제를 다룸에 있어서의 성경적 유신론의 강점이 어느 정도는 드러나는 것이다.

그러나 현대 휴머니즘은 다양하고 언제나 낙관론적이거나 과학적인 정향을 가지고 있는 것은 아니다. 우리는 각기 그 나름의 특성을 지닌, 그러나 커츠Kurtz가 말한 두 가지 기본 원리인 철학적 자연주의와 가치의 인간적 근거를 공유하고 있는 네 가지 형태의 휴머니즘을 구별 할 수 있다.

(1) 과학적 휴머니즘Scientific humanism은 커츠 자신과 라몬트Lamont, 그리고 랜달Randall 같은 이들을 그 대표자로 들 수 있는 것이다. 이런 휴머니즘의 명백한 특정은 커츠의 셋째 원리, 즉 과학적 추리가 우리의 모든 문제를 해결하는 열쇠라는 주장이다. 이는 프랜시스 베이컨Francis Bacon이나 계몽주의의 '이성의 지배', 또는 사상 발전이란 '미신적-종교적 단계'에서 '사변적-형이상학적 단계'를 거쳐 모든 것을 실증적으로만 보는

'실증적-과학적 관계'에 이른다는 오귀스트 꽁트Auguste Comte의 사상 발전의 3단계 구분을 그 기원으로 볼 수가 있다. 따라서 과학적 휴머니스트들은 초자연적 종교를 거부할 뿐만 아니라 실증적 방법을 아끼고 사랑한 나머지 사변적인 형이상학까지도 버린다.

과학적 방법에 대한 이런 주장은 존 듀이John Dewey에게서 강한 자극을 받았다. 예를 들면 그의 『철학의 재건』에서, 듀이는 탐구의 실험적 방법을 모든 삶의 영역에까지 확대시킨 것이다. 과학은 우리에게 자연적 과정을 통제할 수 있는 능력을 줄 뿐만 아니라 이제는 그 방법이 인간의 행동과 사회적 행동을 인도하고, 따라서 비약적인 인간의 진보가 가능하게 되었다는 것이다. 따라서 듀이의 프래그머티즘 - 그는 이를 '실험적 사고'experimental thinking라고 부르는데 - 은 휴머니스트 운동을 보편화시켰고 과학적 지식과 과학적 통제에 대한 확신을 격려하였다. 때때로 이 방법은 '과학주의'scientism라고도 명명되는데, 이는 지식과 행위의 문제에 대해서는 오직 과학적 접근만이 추천할 만한 것이란 의미이며, 때로는 '과학기술주의'technologism라고 명명되는 바, 이는 과학기술의 진보가 우리의 문제를 해결한다고 믿는 데에 대한 명칭이다.

물론 과학적 방법에 대한 듀이의 신뢰 배후에는 인간을 자연주의적으로 보는 견해가 잠재하고 있다. 듀이는 이 자연주의적 인간관을 끝까지 밀고 나갔다. 인간만이 적자생존에 의한 자연적 선택natural selection의 생물학적인 산물인 것이 아니라 사회 역시도 진화적 적응의 과정에 관여한다는 것 이다. 사람은 생각함으로써 성공적으로 적응하기를 배웠는데 과학은 단지 문제 상황에 대한 일상적 반성의 연장일 뿐이라는 것이다. 그것의 성공 여부는 실용주의적으로만 측정된다. 즉, 그것이 실천 가능한가? 이런 접근은 사회의 문제를 해결하는 데 실질적으로 도움이 되는가?

듀이의 실용주의는 과학적 휴머니즘에 큰 영향을 끼친 사상의 하나이며 이는 분석철학의 그 어떤 영향력보다도 인간적 가치를 강조한 사상이다. 여기서는 우리의 경험적 지식에 보다는 순전히 과학적인 인간상을 주장하는 자연주의를 강조하는 데에 초점이 있다. 윌프레드 셀라스Wilfred Sellars의 '물리(학) 주의'physicalism가 그 대표적인 예가 된다. 이는 전반적 세계관에 대한 관심을 갖고 있기 때문이다. 그는 이렇게 말한다. "철학은 상상 가능한 최대 의미에서의 사물들이 어떻게 동일한 의미에서 서로 연관되는가를 이해하는 것을 그 목적으로 한다. 그것은 우리로 하여금 우리 주위에 있는 "수 와 의무, 가능성과 부서짐, 심미적 경험과 죽음"과 같이 서로 연관되어 있지만 서로 다른 것들을 알 수 있도록 도움을 준다는 것이다.[23] 이런 세계관의 핵심은 무엇인가? 그 핵심은 과학적 지식이다. "과학은 존재 하는 것과 존재하지 않는 모든 것의 기준이다."[24] 따라서 과학적 인간관이 상식적 인간관과 심의관view of mind을 압도하는 것이다. 마치 과학이 상식적 자연관을 압도하듯이 말이다. 그리하여 의식은 두뇌의 활동 과정으로 이해되고 개인 의식의 사적인 상태는 외현적 언어 행위와 유사한 '내적 언어' 활동으로 묘사된다. 따라서 '의식의 좌소'로서의 영혼은 필요하지 않게 되고, (두뇌 이외의) 정신이란 고려되지 않는다. 사람은 전적으로 자연의 한 부분이고 순전히 과학적인 방식으로 묘사될 수 있다는 것이다.

암스트롱D. M. Armstrong도 이와 비슷하게 주장하기를, 우리는 과학에서만 사물이 과연 어떤가에 대한 실질적인 의견일치에 이를 수 있다고 하였다. 그렇다면 우리가 가진 더 나은 권위란 무엇인가? 그는 이에 대해 다음과 같이 대답한다. "그것은 철학적-종교적-예술적-도덕적 인간관이 아니라 과학적 인간관이다. 그것만이 우리가 사람의 본성을 알 수 있는 최

---

23. Sellars, Science, *Perception and Reality*(London: Routledge & Kegan Paul, 1963), p. 1.
24. *Ibid.*, p. 173.

선의 열쇠요 단서인 것이다."[25] 이는 사람을 물리화학적으로 설명 하는 것physicochemical account만이 사람을 바로 알 수 있는 것이란 주장이다.

이런 물리(학) 주의에 대하여 철학자들이 제기하는 주된 반박은 의식 상태의 프라이버시에 관한 것이다. 즉 우리네 사람들은 각기 그 나름의 관념과 감정을 가질 수 있어서, 이는 언어행위나 다른 물리적 행위의 공적인 성질과는 대조된다는 주장이다. 다시 말하자면 '내적 언어' 활동이라고 말하는 것만으로는 우리의 의식을 다 묘사할 수 없다는 것이다. 또한 신경생리학적 묘사neurophysiological descriptions로서는 문학과 종교, 그리고 예술이 파악하는 내적 경험의 차원을 모두 묘사할 수 없다는 것이다. 과학적 표현은 기껏해야 겉으로 나타나는 행동에 대해서만 도움을 줄 수 있다는 말이다. 루드비히 비트겐슈타인Ludwig Wittgenstein이 질문한 대로, 내가 고의로 나의 관심을 나의 의식에로 돌리는 것은 단지 두뇌 활동의 과정상의 산물인가 말이다. 또한 내 주위의 모든 이들이 모두 자동기계automata이고 어린이들의 활동성도 단지 자동장치에서 나온 것이라고 말하는 것은 너무 심하고 이상스러운 것이 아닌가 말이냐.[26]

그러나 더욱 근본적인 문제는 이것으로 모든 것을 다 설명하려는 경향이다. 그러나 만일 과학이 모든 것을 다 설명하고 다른 어떤 통찰력도 허용하지 않는다면, 이것은 사람을 참으로 인간적인 데서 비인간화시키는 환원주의를 말하는 것이다. 그러므로 '과학적 휴머니즘'이란 어불성설이 아닌가?

그러므로 기독교 세계관은 마땅히 이 문제에 관심을 두어야만 한다.

---

25. D. M. Armstrong, "The Nature of Mind", in *The Mind-Brain Identity Theory*, ed. C. V. Borst(New York: St. Martin's Press, 1970), p. 69. 또한 *A. Materialist Theory of mond*(London: Routledge & Kegan Paul, 1968)과 Carl Sagan, *The Dragons of Eden*(New York: Random House, 1977)을 보라.
26. Wittgenstein, *Philosophical Investigations*(New York: Macmillan,1953), §. 420.

과학적 지식의 범주에 한계가 있는지, 과학이 말하는 것 이상으로 인간에 대해 말할 필요가 있는지, 종교적-예술적-도덕적 인간관은 과학적 휴머니스트들과 어떻게 다른지, 기독교적 관점에 의하면 신경 물리학적인 설명에서 놓치는 것은 무엇인지, 그리고 과학적 이성의 지배에 대한 과학적 휴머니스트들의 확신에는 어떤 잘못이 있는지, 그리고 과학기술은 어느 정도 희망을 제공할 수 있는지 - 이와 같은 질문들이 아주 중요한 것이다.

(2) 낭만주의적 휴머니즘Romanticist humanism은 넓게 보면 과학주의와 과학 기술주의적 정신 상태에 대한 반발이다. 그 뿌리는 안티스테네스Antisthenes나 디오게네스Diogenes와 같은 고대 그리스의 '견유학파'에서 찾을 수 있다. 그들은 자연의 순진무구한 상태를 옹호하여 제도화된 사회의 부패한 영향력들을 비판했던 것이다. 바로 그와 같은 주제는 거듭 나타나곤 하였는데, 19세기의 낭만주의는 대개 루소Rousseau와 같이 밖으로 보이는 문화의 인위성에 의해서 사람의 본성이 그 본질적 인 선에서 소외되었다고 하면서, 자유로운 정신과 자기 신뢰적인 태도를 옹호하는 사상가들에게서 시작되었다고 할 수 있다. 미국의 초월주의자 소로우Thoreau는 남녀를 사회의 구성원으로보다는 자연의 한 부분으로 여겼고 깨끗한 마음의 자기신뢰에 이르는 필수적인 수단으로서의 자연과의 교제를 옹호하였다. 이렇듯 19세기의 낭만주의자들은 가치중립적인 과학적 객관성과 분석적 정신에 대해 반발한 것이다. 워즈워드Wordsworth는 "우리는 분석하기를 없애버린다."We murder to dissect고 하였다. 그보다는 본능과 직관, 그리고 감정이 더 가치 있는 것 이고 더 존중해야 할 만한 대상이라는 말이다.

현대 심리학 중에서는 아브라함 매슬로우Abraham Maslow의 심리학이 이와 비슷한 관심을 나타낸다. 행동주의와 프로이드 심리학의 양대 세력과는 또 다른 제3의 세력으로서, 아브라함 매슬로우는 참으로 인간적인 것과 인간적인 가치에 관심을 갖는 좀 더 휴머니즘적인 접근법을 제공한다. 그의 주된 강조점은 자아성취self-fulfillment에 있다. 우리 사람들은 진보하는 존재들로서 현재 나타난 것보다 더 넓고 깊이 있게 의식적일 수 있기 때문이다. 자아성취란 존재의 본래적인 가치(그는 이를 존재-가치B-values라고 부른다)를 파악하고, 우리의 최고 절정의 순간을 나타내는 것들; 즉 진리, 선, 온전함wholeness, 생동성aliveness, 완성completion, 쉬움effortlessness과 같은 것들을 의식하는 것이다. 삶을 가치 부가적인 것으로 파악하기 위해서는 사람들과 사물들을 순전히 사실적으로, 객관적으로 다루는 세속화하는desacralizing습관을 버려야 한다고 그는 주장하는 것이다. 즉 우리는 삶을 '다시 거룩하게 하기'resacralize를 배워야 한다. - 삶과 그 경험을 우리가 추구하는 가치의 상징으로 보기를 배워야 한다는 말이다. 우리가 삶을 이렇게 '거룩한 종교적 경험'으로 볼 수 있는 엑스타시ecstasy와 지복의 '절정의 경험'은 섹스sex와 운동경기에서의 승리, 예술적 공연을 관람하는 것, 또는 철학적 통찰력에서도 얻을 수 있다고 매슬로우는 말한다.[27] 그러므로 그의 주장도 초기의 낭만주의자들과 같이 가치란 경험 안에 있으며 이 경험이란 순전히 자연적·심리학적인 원천에서 나오는 것이라는 말이 된다. 결국 그것은 경험을 낭만화 하는 자연주의적이고 인간 중심주의적인 접근이며, 때로는 자연 신비주의nature-mysticism에 접근하기까지도 하는 것이다.

대중문화에서 이에 비슷한 현상으로는 것으로서는 60년대의 '히피'Hippies and flower children와 다른 반문화적 운동을 들 수가 있다. 환경

---

27. Abraham Maslow, *The Farther Reaches of Human Nature*(New York: Viking Press, 1971)과 Religions, *Values and Peak-Experiences*(Columbus, OH: Ohio State University Press, 1964)을 보라. 이 휴머니스트적인 심리학과 그 '자기주의'(selfism)에 대한 비판을 위해서는, Paul Vitz, *Psychology as Religion*(Grand Rapids: Eerdmans, 1977)을 보라.

적 관심도 때로는 과학기술이 얼마나 필요한 것 인지를 잊어버리고 (태양에너지를 사용하려고 해도 과학기술이 필요하며, 농업조차도 이제는 복합산업인 것인데도 말이다), 산업사회의 과학기술적 장치들에게서 벗어나고 싶다는 욕망으로 표현되기도 하는 것이다. 그러나 현대의 삶은 과학과 사회제도와 불가피하게 연관된 삶인 것이다.

인간적 가치를 보존하는 가능한 방법과 전략에 대한 문제가 이 낭만주의적 휴머니즘과 기독교적 실재관의 긴장점은 아니다. 즉 지성 대 감정, 과학기술 대 환경, 개인의 내적 자원 대 문명의 외적 구속의 대립 문제가 핵심이 아니란 말이다. 오히려 문제는 문명과 그 제도들이 본질적으로 선한 사람들의 삶을 부패시키고 있다는 가정에 있다. 그렇게 보면, 과학적 휴머니즘이나 낭만적 휴머니즘이나 모두가 공통적으로 우리네 사람도 자연의 산물이며 모든 가치는 우리에게서 나온다는 전제를 갖고 있는 것이다. 그 둘 모두가 희망의 의미를 자연의 자원을 사용하는 인간의 풍요성resourcefulness에 있다고 보는 데 반하여, 기독교에서는 그 기본적인 문제가 사람 자신의 부패성에 있다고 본다. (물론 부패한 기관이나 제도 역시 문제를 가중시키는 그 나름의 역할을 한다고 인정하지만 말이다)

(3) 실존주의적 휴머니즘Existentialist humanism은 이런 과학주의와 낭만주의에 대한 반동에서 나왔다. 한편에서는 과학적 객관성이 인간적 가치를 무시하며 과학기술적 사회는 우리를 비인간화시키고 있고, 또 한편에서는 낭만적 관점이 생명과 그 진보에 대해 비현실적일 정도로 낙관적이기까지 하다는 상황이 실존주의적 휴머니즘의 탄생배경이다. 그것들은 사람을 자연과 동일시함으로써 우리와 자연의 다른 점, 자연의 인간적 가치에 대한 무관심을 고려하지 못했던 것이다. 이에 대한 반발인 실존주의적 휴머니즘은 프리드리히 니체Friedrich Nietzsche에게서 시작 되였다고 할 수 있는데, 그의 사상은 토마스 만Thomas. Mann이나 헤르만 헤세

Herman Hesse, 그리고 앙드레 지드Andre Gide 같은 이들의 소설에도 잘 반영되어 있다. 『차라투스트라는 이렇게 말하였다』Thus Spake Zarathuscra에서 니체는 동부 유럽의 각 도시와 마을을 돌아다니면서, 신은 죽었다는 뉴스를 전하는 한 노인을 그리고 있다. "그러면 우리는 어떻게 해야 하나요?"라고 사람들이 묻자 그 노인은 대답하기를, "이제 당신네들의 의지will가 말하게끔 하라. 사람이 땅의 의미가 될 것이다"Let your will now say, man shall be the meaning of the earth!라고 하였다.[28]

여기서도 인간 중심주의는 명백히 나타난다. 모든 가치와 희망은 이제 사람에게 달렸다는 것이다. 그리고 유신론에 대한 명백한 거부는 자연주의를 더 선호한다는 것을 표현한다. 심리학의 생물학적인 근거에 호소하면서, 니체는 정적이고 약한 것을 극복하는 에너지가 용솟음치면서 창조력이 자연에 만연되어 있음을 주장하는 것이다. 따라서 이는 사람과 역사에도 나타난다는 것이다. 즉 권력에의 의지가 인간의 삶을 주관하며, 의지가 강한 이가 의지가 나약한 이를 압도한다는 것이다. 그리고 투쟁을 통해서만 어떤 일이 일어난다고 하며, 우리의 관념들도 결국은 우리가 의도하는 바이며, 모든 논의는 결국 합리화라고 한다. 따라서 철학, 종교, 윤리, 그리고 예술도 모두 그런 일의 한 부분이라는 것이다. 물론 모든 실존주의자들이 비관론적인 것은 아니고, 기독교적인 실존주의자도 있으나 장 폴 사르트르Jean Paul Sartre와 알베르 카뮈Albert Camus는 좀 어둡다. 사르트르에게 세계는 끊임없이 내가 원하는 '내'가 되려는 나의 의지를 부정하며, 나는 나의 세계를 정복해야만 한다고 주장한다. 그렇지만 그 정복에는 어떤 보장도, 인생의 전반적 희망도, 신적인 섭리도 없다고 한다. 사르트르는 "만일 하나님이 죽었으면 무엇이든지 다 가능하다"

---

28. Nietzsche, *Thus Spake Zarathustra*(New York: Macmillan, 1902), pp.1-10. 또한 그의 *Beyond Good and Evil*도 보라.

는 도스토예프스키Dostoevsky의 말을 인용한다. 하나님께서 사라지고 나면 나의 의지만이 남게 되고, 그로 인해 자신의 의지적 자유는 무시무시할 정도로 확대된다는 것이다.[29] 결국 사르트르에게 있어서 휴머니즘은 그 희망을 상실하고 만다.

한 가지 중요한 요소를 좀 더 깊이 생각해 볼 필요가 있다. 사르트르에게 있어서 세계는 우리와 우리들의 가치와는 아무런 관련이 없는 것이라는 점이다. 이 땅과 하늘 중에 있는 그 어느 것도 인간의 추구를 도울 수 있는 것이라곤 없다. 이런 전망의 서글픈 애잔함은 과학에 의해 한층 강화되었다. 실존주의자들은 과학을 사실의 세계에서만 작용하는 객관적이고 실증적인 것으로 보기 때문이다. 모든 것을 인과적으로만 설명하는 기계론적인 과학은 이런 결과를 내고 만 것이다. 또한 실증적 검증 가능성 을 주장하는 실증주의는 이를 더욱 강화시켰다. 여기서 사실과 가치는 분리되었고, 이 자연 내에서 우리의 위치가 어떤 것이건 간에 자연도 과학도 우리의 가치 추구를 도울 수 없게 된 것이다. 즉 이 세상은 우리의 안녕이나 사회에 대해서 중립적인 것이 된 것이다.

이는 우리가 그 안에 가정을 만들어야만 하는 참으로 황량한 집이다. 과학적 휴머니스트들은 과학이 우리에게 어떻게 해야 할 것인지를 알려 줄 수 있다고 생각하는 반면, 실존주의자들은 불안과 의혹을 가진다. 우리가 무엇을 하든 간에 죽음과 절망은 항상 우리를 파괴하려고 위협할 것 이라는 의혹이다. 우리는 우리 시대의 이런 사실 - 가치의 분리에 대해서 분명한 태도를 취해야만 한다. 사람인 우리의 가치 추구를 자연이 도울 수 있는가? 우리들의 가정이 건조해진 것은 그 집 탓인가, 아니면 그 안에 사는 사람들 탓인가? 이 세상이나 그 너머에 우리의 가치와 희

---

29. "실존주의는 휴머니즘이다"(*L' Existentialisme est un Humanisme*, 1945)란 강연에서 깊이 논의된 이 주제는 사르트르의 여러 희곡과 소설에 극적으로 잘 표현되어져 있다. 그중에서 가장 잘 알려진 희곡으로는 『출구는 없다』, No Exit를 들 수 있다.

망을 위한 어떤 객관적 근거가 있는가?

(4) 마르크스주의적 휴머니즘Marxist humanism은 1960년대 이래로 서구에서와 제 3 세계에서 상당한 추종자를 얻어가고 있다. 이는 주로 마르크스의 초기 저술에 의존하면서, 자본주의 정권에 대해서 뿐만 아니라 사회주의 정권에 대해서도 비판적인 아담 샤프Adam Schaff나 마르쿠제 Herbert Marcuse 같은 사상가들에 의존한다는 점에서 공산주의 정치와는 구별되어야 한다.[30] 따라서 바로 그 휴머니즘이 기독교와 마르크스주의와의 대화를 발생시켰다는 것은 어쩌면 당연한 것이다.

그들은 소외 문제를 중심으로 관심을 가지고 있다. 원래 인간의 창의적인 활동은 자연히 삶의 기쁨과 자유함을 가져다주는 것인데, 이는 그 노동에 의해서 사람들은 자신들이 사는 세상을 창조하고 자신들의 삶을 형성하기 때문이다. 그런데 이런 건설적인 창의성이 조직적인 탐욕에 의해서 좌절되고, 막대한 부를 축척하려는 강압이 노동자들을 그들의 노동에서 소외시킨다는 것이다. 그렇게 되면 그늘은 자기결성권을 잃고 스스로 창조하지 않은 경제력에 의해 자신의 미래를 조정 당하게 되는 결과를 초래한다고 한다. 따라서 불가피한 갈등이 나타나고 해방이 요청된다는 것이다.

그래서 샤프Schaff는 다음과 같이 쓰고 있다.

사물이 사람을 지배하는 이 비인간적인 세계를 인간적인 세계 - 그들 스스로가 자신들의 운명의 주관자들이고, 인간이 최고선이 되는 자유로운

---

30. Adam Schaff, *Marxism and the Human Individual*, ed. Robt S. Cohen(New York: McGraw-Hill, 1970)과 Herbert Marcuse, *One-Dimensional Man*(Boston: Beacon Press, 1964)을 보라. Ernst Bloch의 *Man on His Own*, trans. E. B. Ashton(London: Herder & Herder, 1971)은 기독교에 대한 마르크스주의적 휴머니즘의 접근을 아주 분명히 나타내고 있다.

인간들의 세계로 변화시키려는 필요[31]

에 대하여 말하였고, 마르쿠제도 이와 비슷하게,

그 내용상, 우리가 그 안에서 말하고 행동하는 기존의 우주를 초월하는 관념이나 목표나 생각은 거부되거나, 그 우주 안의 용어로 환원되는 일차원적 사고와 행위의 양식[32]

에 대하여 불평하는 것이다.

그러나 인간의 삶은 살 만한 것일 수가 있고 또 그렇게 되어야만 한다. 인간적 가치의 실현은 사실상 가능한 것이다.

마르크스주의적인 휴머니즘은 유신론에 대한 헤겔의 주장 방향을 바꾼 포이어바흐의 『기독교의 본질』*The Essence of Christianity*에게서 상당한 영향을 받았다. 그리하여 사람과 역사가 절대 정신의 유한한 과거의 전사가 되는 대신에 하나님이 인간적 이상의 표현인 인간 정신의 투사가 된 것이다. 초월적인 하나님을 부인하고 사람은 자기 자신이 최고의 존재로 여겨져야만 하며, 세계사는 인간의 노동과 인간을 위한 인간의 발전에 의해서 인간의 창조물이 되었다.[33] 이리하여 여기서도 자연주의와

---

31. Schaff, *Marxism*, p. 8.
32. Marcuse, *One-Dimensional Man*, p. 12.
33. L. D. Easton 과 K. H. Guddat 가 편집하고 번역해낸 『철학과 사회에 대한 초기 마르크스의 저술들』*Writings of the Early Marx 0π Philosophy and Society*(New York: Doubleday, Anchor Books, 1967), p.314를 보라. 또한 Robert C. Tucker, *Philosophy and Myth in Karl Marx*, 2nd ed. (Cambridge: Cambridge University Press, 1972), p. 12도 보라.

인간중심주의가 주도적인 것이 되었다.

해방과 인생의 의미, 자유로운 정신, 그리고 인간의 진보 등 이 모든 것들이 현대 휴머니즘의 이상들이다. 이것들은 서로가 그 의미상으로 관련되어 있으며, 따라서 우리는 이것들의 다양한 조합을 경험할 수 있다. 기독교 세계관은 이런 이상들이 나타내고 있는 인간의 필요를 충족시키며 이를 신중하게 다루어야만 한다. 그런데 이 휴머니즘의 두 가지 근원인 자연주의와 인간중심주의가 서로 다른 것을 만들어낸다. 현대 휴머니즘에 있어서는 사람들이 자기들 나름의 세계를 만든다. 그러나 기독교 유신론자들에게 있어서는, 인간은 하나님께서 이 세상에 부여하신 가능성을 찾는 자일뿐이며 자신 안에 계신 하나님의 가능성을 찾는 자인 것이다. 현대 휴머니즘에서는 우리가 우리 자신의 주인이요, 우리 자신의 최고 목적이고, 다른 모든 것을 측정하는 기준점이 되나 기독교 유신론에 있어서 우리는 하나님의 종이요, 최고선은 하나님이시고 주인은 우리가 아니라 하나님이신 것이다. 휴머니즘과 유신론의 차이는 이런 두 가지 최고선 사이의 차이이고, 이는 아주 거나단 차이가 된다.

세속화된 가치들

자연주의와 인간중심주의는 현대 휴머니즘의 기본적 전제들이고, 그 결과는 인간 가치의 세속화에서 쉽게 찾아볼 수 있다.

우리는 포이어바흐Feuerbach와 매슬로우Maslow에서 그 종교적 결과를 간단히 살펴본 일이 있었다. 일단 하나님의 실존과 그의 초자연적인 행위가 무시되고 나면 교훈과 예배, 그리고 성례는 더 이상 큰 의미를 지니지 못하게 되고 만다. 오히려 종교는 인간적 가치에 관심하는 것이 되는 것이다. 렘프레흐트S. P. Lemprecht에 의하면, "… 다양한 관심들과 여러 가지 가치들은 어떤 통일적인 이상과의 연관을 통해 효과적이고도 유기적인 통일체가 된다"[34]고 한다. 또 어떤 신적인 존재의 의지나 섭리와는 독립적인 것으로서의 이런 동일적인 이상은 인간성 자체의 가치이다. 존 듀이John Dewey는 다음과 같이 이 점을 잘 요약하고 있다.

문명 안에 있는 것들 가운데서 우리가 가장 높여야만 할 것은 우리 자신의 것이 아니다. 그것들은 우리가 서로 연관되어 있는 계속적인 인류 공동체의 행함과 고통의 은총에 의해 존재하게 된 것이다. 우리는 단지 우리가 물려받은 유산으로서의 가치를 보존하고, 전달하고, 교정하고, 더 확대할 책임을 가질 뿐이다. … 종교적 신앙의 요소도 여기에 있다. … 인류의 공동적 신앙에 내재되어 있는 것이다.[35]

이런 종교적 휴머니즘의 관점에서 보면, 1960년대의 신~죽음의 신학(사신 신학)은 새로운 것이 아니다. 그 '종교성 없는 기독교'는 초자연적인 하나님이나 온갖 종교적 형식과는 상관없이 활동했던 것이다. 그런 하나님은 현대인들의 마음에 아무런 타당성을 갖지 못하는 것이 되고, 하나님의 말씀은 죽은 언어가 되고 만다. 새로운 요소가 있다면 이 사신 신학은 30년대의 실용주의보다는 순전히 경험적인 사실에만 자기를 제한시키는 50년대의 실증주의의 영향을 더 받았다는 점이다. 그렇게 되면 결국 하나님은 제외되고, 그리스도는 인간성의 가치만을 가지게 되고, 세속적인 종교로 변화되고 만다.

이런 세속화는 윤리학에서도 분명하게 드러난다. 그리하여 카이 닐센 Kai Nielsen은 종교성 없는 기독교를 말한다. 우리는 이 세상에서 하나님 없이도 삶이 제공하는 행복과 정의적 평화, 인간적 사랑과 창의적 활동, 그리고 심미적 만족을 높이고 칭찬해야만 한다는 것이다. 왜냐하면 이런

---

34. S. P. Lamprecht, "Naturalism and Religion," in Krikorian, *Naturalism*, p. 20.
35. John Dewey, *A Common Faith* (New Haven: Yale University Press. 1934), p. 87.

인간적 목적들로도 개인에게 목적과 의미를 부여하기에 충분하기 때문이다. 따라서 그리스도인들도 인격의 가치가 기독교적 교리에 의존한다고 해서는 안 된다고 한다. 인격의 존엄성을 안정하는 칸트의 윤리도 종교와는 상관없는 독자적인 것이라고 말하는 것이다. 결국 닐센Nielsen은 "하나님이 죽었다 해도, 그것은 문제가 안 된다"고 말한다.[36]

그리하여 영국 국교회의 철학자 엘리자베스 앤스컴Elizabeth Anscombe은 1958년 "이제 하나님의 율법은 윤리인 이론에서 조직적으로 배제 되었다"고 말할 정도가 되었다.

윤리에서 법 개념을 가진다는 것은 … 신의 법에 따르는 것이 필요하다고 주장하는 것이다. 따라서 하나님을 율법의 수여자로 믿지 않는다면 법 개념을 가질 수 없게 된다. … 그러나 시지윅(Sidgwick, 1900년에 사망) 이후의 모든 학문적 철학들은 이런 윤리를 배제하는 방식으로 쓰여졌다.[37]

물론 앤스컴이 이렇게 진술한 후에, 철학자들은 소위 윤리학에서의 '신 명령설'과 자연법에 새롭게 주목하기 시작했다. 그렇지만 앤스컴의 불평은 분명히 공리주의와 이 세기의 다른 윤리적 결정론의 혼란에 잘 적용되는 말이다. 모든 가치는 인간 중심적인 것일 뿐, 초월적 근거를 가지지 않은 것처럼 여겨지고 있기 때문이다.

이제 우리가 눈을 돌려 사회철학을 살펴보아도 이런 세속화가 명백히 드러난다. 도덕적인 이상들은 바라는 결과들과 관련되어 있으므로 시드니 훅Sidney Hook은 그것들을 과학과 과학의 경험적 탐구에 의해 통제할 수 있는 가정들로 여긴다. 예를 들자면, 민주주의란 불변하는 자연권

---

36. Kai Nielsen, "Ethics Without Religion," in Kurtz, *Moral Problems*, p. 31. Cf. *The Jefferson Bible*, 이는 신약성경 기록 중에서 종교적인 것과 초자연적인 모든 요소들을 제거해 버리고, 토마스 제퍼슨이 뽑은 윤리적 자료들이다.
37. Elizabeth Anscombe, "Modern Moral Philosophy," *Philosophy* 33 (1958): 1-19.

이나 도덕법의 연장이 아니라 인간관계를 어떻게 하면 우리가 바라는 목적들에 맞도록 조직화할 수 있을 것인지에 대한 가정 일 뿐이라는 것이다.[38] 또한 혼인에 대해서도 그것은 하나님께서 제정하신 제도라는 종교적 견해는 혼인이란 전혀 인간적인 처사요, 사회적 계약으로서 우리가 없앨 수도 있고, 개정할 수도 있으며, 따라서 법적인 계약만 이를 성립시킨다는 '계약관'에 의해 극복될 것이라고 한다. 폴 램지Paul Ramsey가 지적한 대로 이는 성과 낙태, 입양, 불임 등에 대하여 상당한 영향을 미칠 것인데, 이는 혼인이 순전히 사회적 계약이요, 그 약정에 이런 것들이 고려되지 않았다면 혼인은 이 모든 문제에 대해 아무런 윤리적 함의도 가지지 않게 되었기 때문이다.[39]

휴머니즘의 전제들은 마치 세속 사회의 철학이 세속화된 가치들과 연관하여 움직이는 것과 같은 폭넓은 결과를 낸다. 하비 콕스Harvey Cox는 그의 고전적인 작품인 『세속 도시』*The Secular City*에서 이런 세속화가 어떻게 일어나게 되는지를 아주 극적으로 묘사하고 있다.[40] 종교적인 관점에서 보면 삶은 신비로 가득 차 있다. 즉 그것은 있는 것 이상의 것, 거룩한 것에 대해 말하며, 존재와 함께 그 이상의 것(혹은 그 이상의 존재)에 대한 증언을 하는 것이다. 그러나 자연은 그렇게 황홀한 것이 아니라, 오히려 과학과 과학기술이 작용하는 영역이라는 것이다. 정치도 하나님에 의해 맡겨진 권력을 행사하는 신성한 소명이 아니라, 순전히 인간적인 세력을 가지고 순전히 인간적인 목적을 위한 사람들 간의 투쟁이라고 한다. 따라서 우리들의 가치는 하나님의 거룩함을 반영하는 것이 아니라,

---

38. Sidney Hook, "Naturalism and Democracy," in Krikorian, *Naturalism*, 제3장.
39. Paul Ramsey, *Ethics at the Edges of Life* (New Haven: Yale University Press, 1978), pp. 9-18을 보라.
40. Harvey Cox, *The Secular City* (New York: Macmillan, 1966), 제1장. 또한 F. L. Baumer, *Religion and the Rise of Scepticism*(New York: Harcourt Brace, 1960)도 보라.

이는 우리들 스스로가 그것들을 우리들을 위해 만들었기 때문이라고 한다. 바로 이것이 세속화secularism이다.

현대의 휴머니즘은 이 어려움 가득한 시대에 세속화된 의미와 목적을 제공한다. 자연주의나 과학주의, 상대주의, 낭만주의, 또는 마르크스주의의 철학적 비판을 다시 하는 것으로서는 충분하지 않다. 분명히 우리는 그 비판들 중 얼마를 좀 더 신뢰할 수 있을 것이다. 그러나 우리는 무엇보다도 '창조계의 거룩함', 특히 '인격의 거룩함'에 대한 기독교 유신론의 주장이 어떻게 가치의 다른 근거나 사회제도에 대한 다른 개념 등에 대한 기독교적 휴머니즘의 지평을 열어 주는가 볼 수 있어야만 한다. 이를 위해서는 선행 작업이 필요하다. 세계관을 평가하고, 그 깊이를 드러내기 위해서는 그 세계관의 형성과 평가에 어떤 요소들이 관여되어 있는지를 살펴보아야만 한다. 세계관의 구조에 대한 이해는 우리로 하여금 기독교 유신론을 보다 분명히 하고, 현대에 있어서 합리적이고도 타당한 대안으로서의 기독교 휴머니즘을 그려볼 수 있도록 도와줄 것이다.

세계관의 구조

Contours of a World View
Studies in a Christian World View

———

이제는 세계관의 구조를 좀 더 깊이 살펴볼 때가 되었다. 기독교 세계관은 사상과 행동을 어떻게 통일하며 인도하고, 최고선을 무엇이라고 정의하는가? 우리는 이 통일적인 관점과 특정한 역사의 순간에 나타나는, 또 특정한 철학적 환경으로 말미암은 변수들을 구별할 줄 알아야 한다. 자연주의적 휴머니즘은 역사적으로 여러 형태를 가진다. 우리는 그 중 네 가지 형태에 주목하고자 한다. 그러나 과학주의나 실존주의 등 그 각각의 특정한 형태보다는 (자연주의와 인간중심주의로 특정 지을 수 있는) 그 통일적 관점에 대해서 더 근본적이고 지속적인 주장을 할 수 있다. 환언하자면, 자연주의적 휴머니즘은 다원주의적 전통을 가진다. 그러나 그 다원성 안에 있는 각각의 요소들은 그들이 공통적으로 가지는 통일적인 관점을 공유한다.

그러나 대개 자연주의적 휴머니즘은 어느 특정한 한 형태를 취하게 된다. 과학적인 교육을 받은 서구인들에게는 아주 매력적인 과학주의 scientism도 그런 것의 하나이고 낭만주의, 실존주의, 마르크스주의 등도 각각 그런 것들 중 하나이며, 이들은 각각 그 독특한 성격을 가지고 있다. 그러므로 우리는 전체 전통의 통일적인 관점과 그 각각의 특정한 변수 모두를 생각해야만 한다.

통일적인 관점

세계관은 철학적인 수준에서부터 시작된다. 아직 체계적인 설명이나 이론적인 의도는 없다 할지라도 세계관은 '사람들의 행동'에 근거가 되는 신념이나 태도, 가치로부터 시작하는 것이다. 또 이런 신념이나 태도, 가치 외에도 세계에 대한 어떤 특정한 감정이 있다. 이런 의미에서는 모든 사람이 이미 세계관을 가지고 있는 것이고, 바로 이런 비분석적이고 비조직적 인 것에 대한 성찰로부터 더 예리하게 검토되고 조직적으로 발전 된 관점이 형성된다.

이런 과정을 처음으로 면밀히 조사해보려고 했던 자가 독일 철학자 빌헬름 딜타이Wilhelm Dilthey이다. 그는 이 이론적으로 체계화되기 전의 수준의 것을 '세계상'Weltbild이라고 하면서, 이는 각자의 생활세계 Lebenswelt에서 발생하며, 이는 후에 보다 공식화된 '세계관'Weltanschauung 으로 발전된다고 했다. 우리와 우리가 사는 세계는 많은 것을 공유하고 있으므로 우리 가운데서 형성될 수 있는 세계관이 그렇게 다양할 수는 없다. 딜타이는 역사 전체를 통해 반복하여 나타나는 세 가지 근본적인 형태를 말한다. 즉 과학적인 태도가 지배하는 곳에서 나타나는 자연주의, 감정과 이상이 주도적인 곳에서 나타나는(플라톤이나 헤겔에서와 같은) 객관적 관념론, 그리고 개인의 자유나 의무 감각이 앞서는 곳에서 나타나는(스토아 학파나 칸트에서와 같은) 자유의 관념론이 그것이다. 이는 18세기 심리학이 강조했던 인간의 세 가지 기능 즉 이성과 감정, 그리고 의지 각각에 부합하는 것으로서 세계에 대한 인간의 대표적인 반응을 표현한다. 이에 반해 화란의 기독교 철학자인 헤르만 도예베르트Herman Dooyeweerd는 개인의 내면생활을 통일하는 것을 생각하면서, 세계관의 체계화 이전 상태의 중심은 종교적인 것이며, 이것이 모든 것의 통일적인 핵을 제공한다고 주장한다. 그래서 그는 근본적으로 두 종류의 세계관이 있다고 한다. 그 하나는 창조와 은혜의 하나님께 대해 순종하는 믿음에서 나오는 것이고, 다른 하나는 근본적으로 배교적 동기에서 나오는 것이다. 그의 주장은 개인의 사상 이전의 신념과 태도, 그리고 가치관의 통일적인 관점은 본질적으로 '종교적인 것'이라는 것이다. 물론 이것은 어떤 외적이고 제도적인 의미의 종교적인 것은 아니나 사실상 종교와 차이가 거의 없는 것이다. 생명과 사상의 문제는 항상 개인의 '마음'(통일적인 핵)으로부터 나오는 것이기 때문이다.

도예베르트가 말하고자 하는 바는 단편화된 사상이나 단편화 된 삶을 재결합하고 연합시켜 주는 것이 종교의 본질이라는 것이다. 마르크스주의자들은 사회 종교적인 것이 이런 기능을 한다고 했는데, 그렇게 되면 사회경제적인 것이 유사종교적인 기능을 하므로 그들은 이런 자연주의적이고 인간중심적인 관점에서 그의 모든 삶의 문제를 생각하고 행동하게 되는 것이다. 그러므로 그들이 이를 '종교'라고 부르든지 그렇지 않든지를 막론하고, 통일적인 관점으로서의 그 기능은 종교적 신앙의 기능과 같은 것이다. 과학적인 휴머니스트 역시 과학에 대한 자연주의적 신뢰를 중심으로 그의 삶과 사상을 통일하는 것이다. 랜달Randall의 다음과 같은 두 가지 진술은 그들의 신뢰가 유사종교적인 성질을 가진 것임을 분명히 드러낸다. "'자연을 다루는 방법'이 적용될 수 없는 영역은 없다." "우리가 필요로 하는 신앙, 구원을 약속하는 신앙은 지성에 대한 신앙이다." 또 윌프레드 셀라스Wilfred Sellars는 이렇게 말한다. "과학이란 만물의 척도이다. 무엇이 참된지 아닌지를 알 수 있는 기준이 되는 것이다."

자연주의적 세계관은 유사-종교적 기능을 함으로써 과학적인 것과 사회경제적인 것에 너무 큰 비중을 둔다. 그러나 기독교 세계관에 있어서는 종교에 너무 과장된 비중을 두기보다는 종교가 통일적인 관점으로서의 그 자연스런 역할을 하게 된다. 그러나 그 두 경우를 막론하고 사상과 행동을 통일하고 인도하는 것, 또 최고선을 정의하는 것은 종교적인 것이거나 유사종교적인 것이다. 그러므로 모든 세계관은 다 자기 관점적이다. 말하자면 세계관이란 그런 통합적인 관점에서 발전하는 것이기 때문이다.

나는 여기서 이를 '신념'이라고 하기보다는 '종교'라고 말한다. 왜냐하면 종교란 신학이나 일련의 개념이나 교리, 그 이상의 것이기 때문이다. 종교는 태도와 가치, 그리고 희망을 포함한다. 그리고 종교는 그 신앙을 기념하며 그것을 수행할 '문화적' 행동까지도 포함한다. 사실 참된 신자에게 있어서는 종교란 개인의 지각, 기대, 행함, 그의 전 '생활세계'를 모두 포함하는 것이다. 과학적인 휴머니즘이나 마르크스주의에도 이에 대한 유사한 비교 지점은 분명히 있다. 그것을 믿는 사람들의 생활세계를 통일시키는 '살아 있는 종교'lived religion에는 포괄적인 관점, 또는 '세계상'이 있는 것이다. 이것을 시작으로 하여 좀 더 반성적이고도 개념적인 구조가 형성된 것을 우리는 '세계관'이라고 한다. 이안 램지Ian Ramsey는 시사하기를, 유신론적인 언어 가운데서 '하나님'이라는 말은 학문관을 포함한 모든 사고와 삶을 포괄하는 개념적 틀을 통일시키는 '통합적인 단어'integrator word라고 한다. 모든 것들에 대한 유신론적 언어는 모두 하나님에 대한 말과 연관된다는 것이다. 폭넓은 경험을 해석하는 개념적 틀로서의 유신론적인 세계관은 그 유신론적 관점에 의해 통일된다.[41]

---

41. Ian Ramsey. ed., *Prospect for Metaphysics* (London: Allen and Unwin, 1961), 제 10장 인간의 사고를 통일시키는 이 일반적인 관점에 대해서는 많은 철학자들이 논의한 바 있다. 도로시 에메트(Dorothy Emmet)는 어떤 경험의 양식에서 이끌어낸 것

그러므로 세계관은 포괄적인 관점에 대한 고백이고, 이 고백적 성격은 세속적 세계관이나 종교적 세계관 모두에 공통적으로 있는 성격이다. 또한 앞으로 살필 것처럼 어떤 세계관의 신뢰성credibility 여부는 그 통일적인 관점이 사고와 삶의 모든 측면을 어느 정도 유의미하게 통일시켜 줄 수 있는가에 달려 있다고 할 수 있다.

기독교 세계관 형성에 대한 신학의 기여

넓은 의미에서 신학은 특정한 종교의 가르침을 연구하는 학문이다. 기독교 신학은 기독 종교에 있어서 기본적인 성경의 가르침을 설명하는 것이다. 그렇다면 기독교 세계관 구성에 있어서 기독교 신학은 어떤 역할을 하는가?

첫째로, 가장 명백한 것은 기독교 신학이 기독교 세계관의 통일적인 관점에 있어서 구성요소가 되는 신념들이 참으로 무엇을 뜻하는지를 해명함으로써, 초보적인 '세계상'Weltbild을 기독교 '세계관'Weltanschauung으로 발전시키는 공헌을 한다. 예를 들면 성경의 하나님, 예수 그리스도 안에서 계시되신 하나님을 구체화하며 하나님의 피조물에 대한 관계, 특히 책임 있는 주체, 역사 안에서 수행해야 할 역할을 가진 존재로서의 인

을, 유비의 방법으로 모든 것에 적용하는 것을 '조정적 유비'(coordinating analogy)라고 하였다. (*The Nature of Metaphysical Thinking* [New York: Macmillan, 1945], 제1장). 스테판 페퍼(Stephen Pepper)는 '근원적 은유'(root metaphors)를 말하면서, 네 종류의 일반적인 세계관의 형태에 숨어 있는 네 종류의 '근원적 은유'를 지적하고 있다. (*World Hypotheses* [Berkeley: University of California Press, 1942]). 카썰리(J. V. L. Casserley)는 통일적 관념이란 인간 경험의 일반형에 근거 하고 있는 것이 아니라 그리스도 안에서 하신 하나님의 행위와 같은 특정한 역사적 사건 안에 근거하는 것이라고 한다.(*The Christian in Philosophy* [New York: Charles Scribne's, n.d.], 제2부, 제2장)

간과 하나님의 관계를 성경을 기초로 하여 개념화한다. 또한 조직신학 전반도 이것과 관련된다. 창조와 섭리에 대한 교리는 기독교적 자연관을, 일반계시와 특별계시에 대한 교리는 기독교 지식관을, 죄와 은총, 그리고 우리 안에 있는 하나님의 형상에 대한 교리는 기독교 인격관 과 자유관, 그리고 인간의 도덕적-문화적 책임을, 또 교회에 대한 교리는 우리의 인간 관계관과 역사관을 제공하는 것이다. 더구나 (하나님-피조물 관계나 성육신과 같은) 포괄적인 주제에 의해 유효하게 통일된 조직신학은 그 조직화로써 세계관의 통일에 기여할 수 있다. 신학이 다루는 모든 주제들은 그 통일적인 주제들과 관련되기 때문이다.

그러나 신학이 항상 이런 식으로만 기능한 것은 아니다. 때로는 전문적인 신학자들이 세계관에 대해서 거의 무관심하다. 신학은 그 나름의 문제와 과제와 방법론을 지닌 전문적인 학문이기 때문이다. 그러므로 우리는 '신학자들의 신학'과 '세계관적 신학'Worldview-ish theology을 구분할 수 있다. 전자는 일반적으로 신학자들이 신학자들에게 하는 말로 이루어진다. 그것은 조심스러운 주해와 해석학과 비판적 기법을 사용하여 신학적인 목적을 가지고서 신학적인 문제를 다룬다. 그러므로 신학자들의 신학은 그것이 아무리 중요한 것이라고 해도 신학자들 외에는 거의 얽히거나 이해되지도 않는다. 이에 반해 세계관적 신학은 세계관에 대해 말하고, 세계관 안에서 특정한 문제를 다룬다. 세계관적 신학은 예를 들어서 창조의 교리가 삶과 도덕적 가치의 객관적인 근거에 대해 무엇을 말하는지를 묻는다. 또 인간 본성에 대한 신학적 이해가 심미학과 문학비평 이론과 인격 이론에 대해 어떤 의미를 지니는지를 묻는다. 그리고 그것은 노동과 상업과 여가 선용과 예술과 대상의 인식과 자연과 과학기술과 사회변동과 사회제도와 성과 우정과 정치와 교육 등의 신학적 의미에 관심을 가진다. 그러므로 신학이 세계관에 기여하는 둘째 공헌은 세계관이 마땅히 포괄해야 하는 다양한 사상과 생활영역에 신학적 의미를 부여한다는 점이다.

　신학의 세 번째 공헌은 기독교 신학 내에 존재하였고, 지금도 존재하고 있는 다양성을 인식할 때 곧 나타난다. 신학이 기독교 세계관에 공헌한다면, 신학적 다양성은 기독교 세계관 형성의 다양성도 말해준다. 역사적으로 말해서 기독교는 다원적인 종교이다. 다원주의적 신학성은 세계관의 다양성도 말해주는 것이다. 성경적 본질과 (사도신경과 같은) 보편적 신조 배후의 '핵심'은 기독교 신학과는 다른 것으로서 다양한 기독교 세계관의 통일적인 관점을 제공해 준다. 그러나 기독교 신학은 다양하게 형성되었으므로 기독교 세계관 역시 그런 다양성을 가진다.

　나는 이런 다양성이 유용하다고 생각한다. 물론 때로 이는 너무 과장되어서 분열적인 것이 되고 너무 논쟁적인 것이 된다. 그러나 유한한 존재로서 우리는 일면적으로만 생각하는 경향이 있으므로 그리스도인들이라도 성경의 가르침을 다르게 해석하고, 다른 강조를 하며, 다르게 조직화하는 사람들의 비판을 받아 균형을 유지할 필요가 있다. 비판은 우리로 하여금 부당하게 사물을 왜곡하지 않도록 한다. 또 다른 강조점은 우리 자신의 의견을 보완한다. 이 모두가 우리 자신의 결론을 겸손하게 주장하도록 하며, 어느 한 가지 문제나 강조점에만 갇힌 분파주의를 벗어나도록 한다. 아마 더 중요한 것은 다양성이 기독교 사물관의 다양함을 보여줄 수 있으며, 우리로 지적으로 깨지기 쉬운 한 그릇에 모든 것을 다 담으려 하지 않도록 해준다. 또 다른 비유를 사용하자면, 신학적 대안들이 각각 특정한 체계로 발전해야 하는 배후 체계를 제공하는 것이다. 결국 각각의 체계는 사람이 만든 것이다. 단지 성경 계시만이 무조건적인 하나님의 계시를 전달하는 것이다.

　물론 성경 저자들이 서로 다른 강조점을 가질 수 있다. 그러므로 우리는 구약 선지자들의 관점과 요한의 관점을 구별하고 공관복음서의 신학과 바울의 신학을 구별할 수 있는 것이나, 이 모든 것이 성경 신학의 상호 보완적인 요소가 된다. 성경이 관심하는 영역은 아주 광대하다. 인간의 영원한 파멸과 영복, 역사와 전기, 기쁨과 슬픔, 정치적 문제와 경제적 문제, 전쟁과 평화, 도덕적 문제와 다른 종교와의 관계 개념 등등이 다 성경이 관심하는 영역이다. 또한 다른 역사적 상황에서 다른 저자가 다른 문제에 관심하는 것 또한 다양함의 원인이 될 수 있다.

그러나 내가 생각하는 이런 신학적 다양성은 성경 역사 이후 시대에 일어난 것이고, 서로 다른 기독교적 전통에서 나타난 것이다. 예를 들자면 리처드 니버H. Richard Niebuhr가 쓴 그의 책『그리스도와 문화』*Christ and Culture*에서 논의한 바와 같다. 니버는 기독교 역사상 문화에 대한 접근의 5가지 '이상형'ideal types을 제시하여 신학적 다원론의 고전적 패러다임을 제공하였다. (그가 말하는 '이상형'은 다음과 같다)

(1) 문화에 대립하는 그리스도 Christ against culture
(2) 문화의 그리스도 The Christ of culture
(3) 문화 위의 그리스도 Christ above culture
(4) 역설 관계에 있는 그리스도와 문화 Christ and culture in paradox
(5) 문화의 변혁자이신 그리스도 Christ the transformer of culture

그 첫 이상형은 문화 자체가 아니라 그 당시 존재하는 문화(또는 철학 등)에 대립하는 기독교적 전통을 뜻한다. 즉 기독교 세계관을 비기독교적 세계관이나 그들의 문화적 사역과는 전혀 대조되는 것으로 보는 것이다. 예를 들어서, '터툴리안'Tertullian은 "예루살렘과 아덴이 무슨 관계가 있는가?"라고 물었다. 그리고 그리스도인들은 정치, 예술, 철학 등과 같은 문화의 '방법'이 아니라 선지자들과 선포자들의 '방법'을 사용해야 한다고 했다. 이런 입장의 신학적 근거는 사상과 삶 전반에 나타나는 인간의 '타락과 다른 삶의 방식'에 대한 '기독교적 증언'에 있다. 결국에는 모든 사상과 행동의 영역이 다 그 영향을 받는 것이다. 이런 입장의 현대적인 예를 들자면, '아미쉬 생활방식'Amish life-style이나 '지저스 피플'Jesus people 운동의 기독교 '반Anti- 문화' 운동을 들 수 있다.

이런 관점은 '문화의 그리스도'라고 명명된 둘째 관점과는 전혀 상반되는 것으로서, 둘째 관점은 기독교를 기존의 문화관이나 행동의 프로그램과 동일시하는 것이다. 이는 (터툴리안이 반대 했던) 영지주의 운동과 19세기의 자유주의 신학, 사회주의나 자본주의 경제제도, 자유주의나 보수주의 정책, 또는 제 3세계에서의 혁명적 운동과 기독교를 동일시하는 경향을 특징짓는 것이다. 이런 전통의 사상과 행동은 첫 이상형과는 다른 인생관을 갖게 하며, 그 배후에는 인간과 죄에 대한 낙관론적인 신학과 철저하지 못한 복음 이해가 있다.

이 두 종류의 흐름이 서로 대립하는 양 극단이라면 나머지 세 가지 이상형은 중재적인 신학적 전통을 나타낸다고 할 수 있다. '문화 위의 그리스도'는 이성만으로 알 수 있는 것에 계시가 가르치는 것을 더하며, 자연만으로 가능한 것에 하나님의 은총의 도움을 더하는 토마스주의적 접근을 뜻한다. 그것은 하나님께서 우리에게 부여하신 자연과 이성의 능력을 높이 보려는 시도이다. 그러나 이는 죄에 의한 피조계의 철저한 전도와 '그리스도 안에 있는 새 사람'과 '오는 하나님 나라의 근본적인 새로움'을 약간 평가절하 하는 듯하다.

'역설관계'로 명명된 넷째 이상형은 루터교 신학과 어떤 재세례파 운동을 나타낸다. 여기서는 자연과 은총, 옛 사람과 새 사람 사이의 긴장이 널리 인정된다. 따라서 강조점은 쉽게 타협하지 않고서 서로 갈등하는 두 왕국의 시민으로서의 요구를 가지고 살아가는 데에 있게 된다. 현대 학자들 가운데에는 라인홀드 니버Reinhold Niebuhr와 같은 '기독교 실재론자'와 자크 엘뤨Jacques Ellul이 이런 입장을 취한다고 할 수 있다. 니버는 한편으로, 우리가 정의와 사랑에로 부름을 받았다고 본다. 그러나 또 한편으로는 공정한 법과 사랑의 행위를 죄가 무력하게 함을 본다. 그러므로 우리는 실재적으로 정치적-경제적인 힘뿐만이 아니라 군사력도 유용하게 사용해야만 한다는 것이다. 아우구스티누스와 개혁신학은 제 5이상형인 '문화의 변혁자로서의 그리스도' 유형에 들어간다. 여기서 신학적인 주지는 '창조와 율법, 죄와 은총'이다. 죄가 하나님의 법에 의해 다스려지는 피조계를 왜곡시켰으나, 은총이 사람들을 회복시켜 그들로 문화명령 가운데서 하나님께 복종하도록 한다는 것이다. 그러므로 예술과 학문, 노동과 여가로 이루어지는 인간의 문화는 하나님께서 제정하신 것이요, 하나님의 율법에 복종하는 것이라고 본다. 따라서 기독교 세계관은 사물을 개선하는 문화적 참여를 명한다는 것이다.

이 5가지 이상형은 모두가 역사적 기독교 내에 그 정당한 위치를 가지며 역사적 기독교의 다원주의를 나타내준다. 여기서의 요점은 다음 두 가지이다. 첫째로, 기독교 세계관은 서로 다른 신학의 대표자들에 의해 각기 다르게 형성된다. 둘째로, 그러므로 우리 자신이 그들 중 어느 한 전통에 확실히 속했을지라도 다른 강조점을 유의해 보지 않는 신학적 편협성을 나타내서는 안 된다. 사실 이 5가지 강조점은 모두 어느 정도의 성경적 근거를 가진 것이고, 어느 정도는 균형 잡힌 주장들이다. 물론 그들 중에는 아주 우월한 주장도 있기는 하지만 말이다. 나 자신은 개인적으로 개혁신학에 보다 가깝다. 그러나 나는 독자들이 내가 말하는 것에서 다른 전통들의 영향들도 들을 수 있었으면 한다.

우리는 이제까지 신학이 기독교 세계관 형성에 미치는 영향을 세 가지로 설명했다. 그러나 신학 외의 다른 것들도 기독교 세계관 형성에 참여한다. 신학 자체도 다른 요소들과 떨어진 것이 아니기 때문이다. 신학사와 신학자들의 관례는 해석학과 신학적 용어, 개념형성, 신학 방법론 등에 철학의 영향이 있음을 보여준다. 그 외에 사회학적, 역사학적 영향도 있다. 신학이라고 해서 지식사회학이 가르쳐 주는 것과 전혀 분리된 것이 아니며,[42] 신학자들이라고 개인의 주관성이나 역사적 의존성에서 아주 벗어나 있는 것도 아니다. 신학은 다른 모든 것과 독립해 있는 자율적인 학문이 아니다. 그러나 기독교 세계관 형성에 있어서는 기독교 신학의 성경적 핵심이 다른 어떤 학문의 내용보다 더 큰 영향력을 가지며, 또 가져야한다.

기독교 세계관 형성에 대한 철학의 기여

기독교 세계관 형성에 있어서 철학은 어떤 기여를 하는가? 이는 철학과 신학 사이의 폭넓은 관계의 한 면이다. 앞서 지적한 바와 같이 신학이란 '하나님'과 '인류에 대한 하나님의 관계'에 대한 특정한 종교의 가르침을 연구하는 것이다. 이에 반해 철학이란 오늘날의 용어로서 정의한다면, 종교와 그 밖의 모든 영역의 경험과 사상에 내재하는 개념과 논의의 논리를 분석하는 학문이다. 종교철학은 종교적 개념과 논의를 분석하고, (철학적) 윤리학은 윤리적 개념과 논의에 관심하며, 과학 철학은 과학적 개념과 과학적 논의에 집중하는 것이다. 그런데 이들 개념과 논의들은 철학의 주된 분야를 형성하는 몇 가지 그룹으로 나누어진다. ① 논리와 방법론, 진리의 주장(인식론), ② 실재한다고 가정되는 것의 전반적이고도 다양한 성질(형이상학), ③ 도덕, 예술, 정치 등의 인간 활동에 개재하는 가치들(가치론). 이런 종류의 철학적 분석은 삶과 사상의 모든 영역과 관련이 있기에 여기서 다음의 두 가지 결과가 나온다. 첫째, 철학적 문제는 어디에나 있다. 둘째, 결국 종합적이고도 체계적인 성질을 지닌 포괄

---

42. 이는 그 시대 시대의 신학이 그 시대의 다른 문화적 요소의 영향을 받는다는 것에 대한 인정 이기는 하나, 지식사회학의 진리 주장이 전적으로 옳다는 뜻은 아니다. -역자 주

적인 철학적 입장이 발생한다. 따라서 우리가 아는 바와 같이 자연주의적 신념으로 통일된 철학적 입장이 있는가 하면, 유신론적 신념으로 통일된 철학적 입장도 있는 것이다. 그리고 후자는 유신론적 철학과 기독교 철학의 주된 역사적 전통을 이룬다.[43]

다시 말하자면, 철학은 신학과는 다른 초점을 가지고 있다. 그것은 종교나 신학에만 한정된 것이 아니라, 그것을 포괄하면서 삶과 사고의 모든 영역에 있는 근본적인 개념과 논의의 초점이다. 그러므로 이 초점은 학문과 역사, 예술, 그리고 신학 배후에 있는 근본적인 문제들의 이해에 기여하는 것이다(인식론-형이상학-가치론). 그러므로 사고의 통합 integration of thought은 모든 학문에서 공통적으로 요구되는 가장 기초적인 학문적 기반이다. 즉, 종교철학, 과학철학, 교육철학, 예술철학, 정치철학 ~ 이 모든 것들은 공통된 철학적 기반을 가지고 있는 것이다. 신학은 철학과 비슷한 위치에 있다. 왜냐하면 신학 역시 이론적인 학문theoretical discipline이기 때문이다.

그러므로 사실 철학의 통합적 역할은 이중적이다. 첫째로, 철학적 탐구의 활동은 모든 학문과 그들의 상호 관계와 기인한다. 둘째로, 철학적 탐구의 역사는 거의 모든 주제와 거의 모든 형태의 세계관에 대한 다양한 '개념'과 '논의'의 레퍼토리repertoire를 제공해 준다. 그러므로 세계관에 대한 신중한 논의는 철학적 문제와 철학적 전통 모두를 깊이 의식하도록 한다. 그러나 철학도 신학과 마찬가지로 전문화되고 기술적인 것이 되어 항상 세계관적 사고에 기여하는 것은 아니다. 사실 어떤 철학자들은 세계관에 대해 전혀 관심이 없다. 그러므로 우리는 여기서도 '철학자들의 철학'과 '세계관적 철학'을 구별할 수 있다. 전자는 철학자들이 철

---

43. 필자의 논문, "Christian Philosophy," in *Encyclopedia Britannica*, 15th ed., 1974를 보라.

학자들에게 대하여 말하는 것으로서, 주로 전문적인 목적을 가지고 복합적인 과정을 거치는 철학 내의 (전문)기술적인 문제technical manners를 다룬다. 그러므로 이 철학자들의 철학은, 그것이 아무리 중요하고 결정적인 것이라고 해도, 대개 철학자들에 의해서만 이해된다. 반면, 세계관적 철학은 '철학자들의 철학'의 결과를 세계관과 세계관 내의 특정한 주제들을 형성하고 평가하는 데 사용한다. 예를 들어서, 세계관적 철학은 자연주의나 유신론이 인생의 의미에 대해 어떤 함의를 지니는지를 물으며, 그들의 관점을 강화하고 비판하는 논의를 형성한다. 마치 세계관적 신학과 같이, 세계관적 철학도 노동과 여가선용, 예술과 기술공학, 사회변동과 정치 등 모든 문제의 철학적 의미를 탐구한다. 그러므로 세계관적 철학은 믿을 만한, 현대 기독교 세계관의 형성에 큰 기여를 한다고 할 수 있다.

내가 철학에 대해 말한 바에 함의되어 있는 것은 그 다원론적 성격에 대한 인정이다. 자연주의적 철학도 다원론적 전통을 가진다. 이것은 유신론이나 기독교 철학사에도 동일하게 적용된다. 기독교 사상가들도 다양한 철학적 접근법을 채용하여 자신들의 사상을 펴나갔기 때문이다. 플라톤주의나 토마스주의는 물론이고, 르네상스나 계몽주의적 관점도 그러하다. 특히 미국에서는 18세기 스코틀랜드 상식 학파Scottish common sense realism의 큰 영향력이 있었으니, 이는 프린스턴 학자들에 의해 수용되어서 이로부터 많은 복음주의자들에게도 그 영향력을 미치게 된 것이다. 미국에 있는 또 하나의 중요한 철학적 전통은 보스턴의 브라이트만E. S. Brightman에 의해 대중화된 로체Lotze와 바운Bowne의 '인격적 관념론'personal idealism이다. 물론 오늘날에는, 이들은 소수의 주장일 뿐이고 현상학과 분석철학의 방법과 강조점이 기독교 사상에도 현저하게 나타난다. 그러므로 이렇게 다양한 철학자들의 영향을 받은 기독교적 세계관의 전통도 다원론적인 것이다.

이 책에서 강조하고자 하는 바는 기독교 세계관 형성에 있어서 신학과 철학 양자가 상호작용을 한다는 점이다. 그러나 철학자들도 다른 역사적 변수에서 벗어나거나 신학자들과는 달리 주관적 요소들의 영향을 벗어날 수 있는 것은 아니다. 그러면 이제 세계관 형성에 있어서 다른 측면을 살펴보기로 하자.

기독교 세계관 형성에 대한 과학의 기여

신학과 철학 다음으로는 자연과학과 사회과학이 세계관 형성에 있어서 큰 기여를 한다. 나는 두 가지 제한점을 밝히고서 이 논의를 하려고 한다. 첫째로, 우리는 이론적 작업으로서의 과학에 의해 개념화되지 않은 문화에 대해서 말하는 것이 아니다. 따라서 덜 정교화 된 자연이나 세계의 개념으로 말할 수는 없다. 둘째로, 과학이 세계관에 기여하기는 하지만 그 자체가 세계관을 형성할 수는 없다. 그런데도 루돌프 불트만Rudolph Bultmann은 순전히 실증적인 '과학적 세계-개념'을 추구하던 1920년대 비엔나 그룹의 실증주의적 열망을 반영하면서, 성경적 초자연주의를 현대의 과학적 세계관으로 대치할 것을 주장했다. 이를 들어서 안 현대의 많은 대중들은 간혹 과학은 무한한 것이라고 가정하며, 이 위에다 과학적 휴머니즘을 건설한다.

그러나 과학이란 자연의 과정이나 관계에 대한 실증적, 이론적 탐구이다. 그런 것으로서의 과학의 영역에는 인간 실존의 의미와 목적, 그리고 통일적인 세계관에 대한 설명이 포함되지 않는다. 그리고 과학은 실증적, 통계학적인 방법과 연관하여서 일정한 범위의 자료에만 제한된 이론적 모델을 사용한다. 이런 점에서 과학적 방법만을 용인하는 '과학적 세계관'은 너무도 지나치게 제한된 것이다.

만일 우리가 실증주의자들이나 많은 실존주의자들과 함께 과학을 순전히 실증적인empirical 것으로만 보면, 과학이 제공할 수 있는 최대의 것은 상당한 일반성을 지닌 실증적 일반화(혹, 경험적 일반화)일 뿐이다. 실증적으로(경험적으로) 관찰 가능한 것만을 모든 것으로 생각하는 것은 논리적인 추론이 아니다nonsequitur. 반면, 최근의 과학 철학자들과 함께 우리가 과학을 어떤 모델이나 범례paradigms를 사용하는 창조적인 이론화로 여긴다면, 과학적 세계관에 대한 주장은 자연적 과정이나 관계에도 적용할 수 있는 전반적인 모델에 대한 주장이라고 할 수 있다. 그리고 여기에 감추어진 전제가 있으니, 그것은 실존하는 모든 것은 다 같은 관계나 과정을 나타내므로 같은 모델에 의해 포함될 수 있다는 것이다. 이는 단일론monism의 주장인 바, 특히 이 경우에는 철학적 자연주의의 단일론의 주장이다. 그러므로 이런 과학적 세계관은 단순한 과학이라기보다는 '과학주의'scientism인 것이며, 사실은 자연주의적 철학이다.

그런데 세계관은 단순히 사물의 현재 상태일 뿐만 아니라, 사물이 마땅히 어떻게 되어야만 한다는 가치와도 관련이 있다. 심리학자들과 사회학자들도 사람들이 추구하는 가치를 묘사한다. 그러나 그들의 묘사는 단순히 사물의 현재 상태가 어떻고, 어떻게 될 수 있는가에 대한 것 이지, 특정한 결과들과는 상관없는 이상적인 당위를 말하는 것이 아니다. 사실 세계관의 궁극적인 가치가 우리가 원하는 특정한 결과를 규정하는 것이지 그 반대가 아니며, 궁극적인 가치는 가치중립적인 실증적-통계적 수단에 의해 수립되는 것은 아니다. 과학자들조차도 그들의 가치를 그들의 과학에 적용하는 예는 많다. 예를 들어서, 아브라함 매슬로우Abraham는 '자아-성취'라는 가치를 심리학에 적용했다. 이처럼 완전히 가치-중립적인 과학이란 없다.

그렇다면 즉 가치나 통일적 관점에 대해 전체를 아우르는 신념들로서가 아니라면, 과학이 세계관에 대해 정당하게 기여하는 바는 무엇인가? 지성사를 살펴보면 그 대답이 명백해진다. 지성사를 통해 보면 과학사는 모든 다른 것의 역사와 밀접하게 연관되어 있다. 한 시대의 과학적 개념은 모든 예술가들의 기호에 반영된다. 즉 그것은 문학에도 나타나고 (단테의 '연옥편'Infemo과 포프Pope의 『인간론』Essay on Man을 비교하라) 철학에도 그 영향을 미치며 (데카르트와 화이트헤드의 철학을 비교하라), 정치적 이념과 심지어는 신학적 이념에도 반영된다.

과학적 혁명에 의해 생성되는 패러다임(범례paradigms)의 변화에 대한 토마스 쿤Thomas Kuhn의 강조가 이에 대해 대단히 효과적인 통찰을 제시한다.[44] 우리는 과학사에서 네 가지의 중요한 범례나 모델을 찾아 볼 수 있다. 자연이 수학적인 질서를 가지고 있다는 것에 근거한 피타고라스의 모델은 플라톤에 의해서 '보편적 형상'의 이론으로까지 발전했으며, 이는 합리적 성찰과 정의와 미로 나타나는 조화로운 통일, 그리고 신적인 것과의 신비적인 연합에 대한 강조와 함께 고전적 세계관을 형성시킨 것이다. 아리스토텔레스는 자연과 인간 예술 내의 변화에 더 큰 주의를 기울였으며 최종 원인이나 목적에 대하여 강조하였다. 그 결과로 모든 피조세와 사회 내의 위계적 배열을 세시하며, 인간의 본질적 목적에 근거한 자연법 윤리를 시사하는 목적론적 세계관이 형성되었다. 하지만 이와 다르게 르네상스와 뉴턴의 과학은 최종목적을 거부하고, 사물을 물질과 운동만으로 설명해 보려고 했다. - 이런 기계론적 모델은 간혹 '당구공 우주'billiard ball universe와 동일시된다. 운동 법칙에 의해 결합된 물질에 대한 관념은 연합의 법칙에 의해 연관된 원자론적 지각의 심리학 (연상심리학 -역자 주)이나, 사회계약에 의해 서로 연관된 고립된 개인들에 대한 사회철학(사회계약설 -역자 주)과 연관된다. 19세기와 20세기의 과학은 특히 에너지 물리학에 있어서 아인슈타인Einstein의 상대성 이론

---

44. Thomas Kuhn, *The Structure of Scientific Revolutions*(Chicago: University of Chicago Press, 1962)를 보라. 이 부분을 보다 세밀하게 설명 하는 일에 대해서 필자는 물리학자요 동료인 조셉 스프래들리(Joseph Spradley) 교수에게 힘입은 바 크다.

과 발달 생물학developmental physics에 의해서 '역학장'force-field과 '생물계'biosystem와 같은 유기적인 성격의 관계적인 과정에 대한 이해로 바뀌었다. 이제 예술은 더 이상 뉴턴적인 시·공간의 형식과 통일성에 매달리지 않게 되었다. 그리고 공동체 개념이 - 특히 국가 공동체 개념이 - (중세의) 위계적 구조를 대신하게 된 것이다. 그리고 소외alienation와 화목reconciliation과 같은 주제들이 전면에 나서게 되었다.

이와 같은 피상적 관찰만으로도 과학적 개념의 변화가 어떤 영향을 마치며 어떤 결과를 내었는지를 보여주기에 충분하다. 우리에게 있어서는 단일론 적이거나 유신론적 전통이 그들의 세계관을 정교화 하는 데 있어서 이들 다양한 과학적 모델들을 채용함을 생각한다는 것은 아주 중요하다. 예를 들어서, 유신론자들 가운데서도 아우구스티누스Augustine는 플라톤주의자였고, 아퀴나스Aquinas는 아리스토텔레스주의자였으며, 데카르트나 로크, 그리고 버틀러 감독은 기계론자들이었고, 윌리엄 템플William Temple이나 떼이아르 드 샤르댕Teihard de Chardin에게서는 유기적인 모델이 아주 명백히 드러난다. 이에 반해, 단일론 안에서도 플로티노스Plotinos와 스토아학파Stoics를 스피노자Spinoza와 같은 기계론자들이나 스키너B. F. Skinner와 같은 행동주의자들과 헤겔, 듀이, 화이트헤드Whitehead와 같은 '과정 사상가'process thinkers들을 서로 대비해 볼 수 있다. 다음 그림은 과학적 모델의 도움으로 조직적으로 개발된 통일된 관점을 나타낸 그림이다. 역사적인 세계관의 전통은 변천하는 과학적 모델들을 채용한다는 말이다.

	M1	M2	M3	M4
W-Y1				
W-Y2				
W-Y3				

그 각각에 철학자들과 심리학자들과 정치이론가들과 경제이론가들, 예술가들과 심지어 신학자들을 채워 넣음으로써 이 칸을 다 채워 넣는 것은 어려운 일이 아니다. 예를 들어서, 모차르트Mozart는 계몽주의의 한 편(M3)에 속하지 현대음악이나 추상적 예술(M4)에는 속하지 않는다. 예술에 있어서 삼차원적 대상의 붕괴는, 어떤 비평가들의 의견과는 달리 파괴된 세상을 의미하는 것이 아니고 단지 다른 공간 개념을 의미하는 것이다. 그리고 양성 간의 위계적 질서의 파괴는 전통적 세계관의 상실이라기보다는 개념 모델에 있어서의 변화를 반영한다고 할 수 있다.

이 세계관적 관점과 과학적 모델의 구별은 나의 논의 중에서 항상 반복될 것이다. 왜냐하면 이는 우리가 논의 할 모든 주제에 영향을 미치기 때문이다. 자연에 대한 과학적 개념은 모든 자연과정과 인간활동에 대한 우리의 사고에 영향을 미치며, 결국에는 하나님에게까지 영향을 미치게 된다. 그러므로 세계관에 대한 조심스러운 평가는 '그 세계관의 모델이 되는 방식에 대한 비판'과 '그 배후의 관점에 대한 비판'을 구분 해야만 한다. 또한 기독교 사고는 그것이 채용하는 모델에 관하여 자기 비판적이어야만 한다. 멀지 않아서 우리는 과학적 모델이 자연현상이라는 그 원래의 영역을 넘어서까지 확대되면 거짓되다는 것과, 그러므로 사람의 어떤 측면과 하나님께 대한 사고에 필요한 다른 모델, 즉 '인격주의적 모델'이 필요하다는 것을 시사하게 될 것이다.

토마스 쿤Thomas Kuhn의 과학적 혁명에 대한 논의는 이 점의 여지를 만들 뿐이다. 그의 주된 의도는 패러다임의 변화가 순전히 논리적이고 경험적인 이유에서 일어나는 것이 아님을 보이는 데에 있었다. 상당히 많은 역사적 전례를 보이면서, 그는 사회학적인 요소가 더 중요한 것임을 논한다. 즉 과학적이고 합리적 사고의 정책 입안자들(시민)이 받아들이는 것과 그들에게 깊은 영향을 주는 전문 매체들의 비중이 매우 크다는 것이다. 쿤의 비판자들은 그가 자신의 경우를 너무 강조했으며, 혁명적인 변화 가운데에서도 '정상과학'normal science에서와 같은 객관적인 것의 통제가 있다는 것을 주장한다. 그러나 요점은 분명하다. 과학사의 견지에서 보면, 과학은 우리가 생각하듯이 객관적이고 경험적인 것만은 아니고, 주관적인 요소들의 개입이 있다는 것이다. 영국의 과학자인 마이클 폴라니Michael Polanyi도 역시 신념이나 이해, 능력, 과거 경험, 훈련 등 개인적인 영향력이 과학에 미친다는 것을 지적했다.[45] 과학적 발견scientific findings은 과학자에게 의존된다. 절대적인 권위를 가진 과학적 세계관도 없고, 모든 것을 설명하는 유일한 최종적인 과학적 범례paradigm가 있는 것도 아니다. 오히려 과학 자체도 신념과 태도, 가치 – 또 세계관에 – 의존하는 '인간적인 활동'이며, 과학자들 자신도 과학을 단순히 자신들의 탐구에서 찾아내기 보다는 과학에 자신을 가져가야 하는 것이다. 이렇게 과학은 세계관에 영향력을 미친다. 그러나 세계관 역시 과학에 영향을 미치는 것이다.

(기독교 세계관 형성에 있어서의) 다른 영향력들

신학, 철학, 그리고 과학만이 세계관 형성에 영향력을 행사하는 유일한 요소는 아니다. 주어진 시간에 집중을 요하는 특정한 문제는 특정한 방식으로 기독교 세계관 형성에 큰 영향을 미칠 수 있다. 경제적-정치적-사회적 조건은 우리의 인생관에 영향을 미치며, (예술과 철학과 같은) 특정한 영역에서의 새로운 기법도 상당한 차이를 만드는 것이다. 부유한 재정 후원자가 있으면 그는 음악사에 영향을 미치며, 물질의 종합적 발전은 예술에 영향을 미치고, 미국 정부의 무상원조의 형편은 현대 대학

---

45. Polanyi, *Personal Knowledge*(Chicago: University of Chicago Press, 1958)

과 학문적 과제의 성취에 뿐만 아니라 과학과 인간성에도 영향을 미치는 것이다.

이 모든 현상이 논란의 시작이 될 수 있다. 이렇게 여러 변수들이 작용하고 따라서 모든 주관적인 것들과 상대적인 영향력들이 용인되며, 기독교 세계관조차도 다원론적인 것이라면, 우리는 모든 사람에게 타당한 것은 아무것도 없다는 상대주의에 빠지게 되는가? 결국은 주관주의만이 남게 되는가?

주관주의의 문제점

윤리학에 있어서 주관주의는, 우리의 도덕적 판단이란 단지 개인의 내적 태도와 감정을 묘사하는 것이라고 보는 관점이다. 예를 들어서 "도적질은 잘못된 것이다"라는 명제는 도적질과 관련된 우리의 심리적 상태에 대한 말이지, 사물의 객관적인 상태나 옳고 그름에 대한 객관적 기준에 대한 말이 아니 라는 것이다. 'C. S. 루이스'C. S. Lewis는 『인간 폐지』 The Abolition of man이라는 그의 저서에서 이런 관점을 비판하면서, "그것은 아주 장엄한 폭포이다"라는 말은 "나는 그 폭포에 대해서 장엄하다는 느낌을 갖는다."는 말로 옮기는 것이라고 한다.

이와 비슷하게, 세계관을 갖는다는 것은 마치 사물에 대한 어떤 감정을 갖는다는 것이라고 세계관에 대해 주관주의적 접근을 하는 입장을 취하는 이들이 있다. 또 어떤 이들은 주관주의적 신념을 적용하여 무엇을 믿는다는 것은 그에 대하여 객관적 진리 주장을 하기보다는, 단지 그것에 대해 어떤 심리적인 상태를 가진다는 입장을 취한다.

신화 개념도 비슷한 방식으로 사용된다. 어떤 의미에서 신화는 중요한 진리를 표현하는 상징적인 이야기이고, 또 다른 의미에서는 신화란 전혀 객관적인 진리를 배제한 상상력의 허구이다. 때로는 '이데올로기'란 용어도 그런 방식으로 사용된다. 즉, 사상과 행동 모두에 영향을 미치는 '허구a fiction'라고 하는 것이다.

세계관은 신념과 가치를 구현하는 것이고, 때로는 (예를 들어 창조기사와 같이) 우리가 외적으로 묘사하는 것 이상의 진리를 상정하는 이야기를 구현하는 것이다. 따라서 일종의 이데올로기가 나타난다. 주관주의자들은 이 모든 것은 객관적인 근거나 진리가 없는 순전히 주관적인 것이라고 말한다. 신념과 가치, 그리고 세계관이 사람이나 문화에 따라 다르므로 그것들은 그 문화, 역사, 인격, 그 밖의 다른 조건들에 따라 달라진다는 것이 일반적인 논의이다. 이렇게 다원주의는 상대주의를, 상대주의는 주관주의를 서로 지지하며 힘을 실어주는 것이다.

그리하여 오늘날에는 이에 대해 심리 분석적 설명을 하는 데까지 나아가는 학자들도 있다. 물론 하나님께 대한 믿음이란 부모에 대한 잠재의식적인 고착이라고 주장한 사람이 프로이드Freud라는 것은 잘 알려져 있다. 위즈덤J. O. Wisdom에 의하면, 18세기 철학자 조지 버클리George Berkeley는 오물과 배설물에 대한 병리학적인 혐오 때문에 사물의 독립적 실재를 부인하였다고 한다.[46] 좀 더 일반적으로 말하자면, 모리스 라제로비츠Morris Lazerowitz의 말과 같이, 형이상학은 결국 소원으로서의 – 성취wish - fulfillment를 강조하는 주장이다. 즉, 의식적인 수준에서 형이상학은 세계에 대한 이론적 환상과 관련되지만, 전 의식적 수준에서는 형이상학이 잠재의식적 두려움에 반하거나 무의식적인 소원을 성취시키기 위해 '용어 사용의 변화'를 제안하는 것 이라는 뜻이다.[47] 프리드리히 니체

---

46. J. O. Wisdom, *The Unconscious Origins og Berkeley's Philosophy*(London: Hogarth Press, 1953).
47. Morris Lazerowitz, *The Structure of Metaphysics*(New York: Humanities Press, 1955), 제 2장.

Friedrich Nietzsche 역시 이런 관점을 취하였다. 철학은 실재를 묘사한다기보다는 철학자들의 편견을 드러내며, 논리logic란 일정한 삶의 형식을 안정시키려는 생물학적인 요구로부터 나오는 것 이고, 실증주의는 자신들을 그들의 주인으로부터 자유롭게 한 사람들의 지적인 기만이며, 회의주의는 일종의 신경성 질환이라는 것이다.

이렇게 보면 주관주의자들의 오류가 명백해지는데, 그것은 신념과 가치가 전혀 객관적인 것이 아니고 모두가 주관적인 것이라고 가정하는 일이다. '브루투스, 너까지도'et tu, Brute라는 시저의 말로 대답할 수 있는(아주 명백한) 것에 대해서도 '이것이냐 저것이냐'의 사고방식mentality이 적용된다는 것이다. 그러므로 주관주의적 이론은 그들의 말대로 전혀 주관적인 일이 된다. 그렇지 않고 주관주의가 진리라고 주장한다면 그 주장은 주관주의 자체의 규범에 대한 예외가 된다. 그러므로 일반 이론으로서의 주관주의는 스스로 모순되며, 거짓이 된다. 결국 주관주의나 상대주의자들은 이런 '자기-준거적 논의'self - referentiality argument를 벗어나기가 쉽지 않다.

필자가 다른 책에서[48] 논의했던 '인식론적 객관성 / 주관성'과 '형이상학적 객관성 / 주관성'의 구별이 이 논의를 하는 데 도움이 될 것이다. 인식론적 주관성이란 개인의 사고와 인식에 있어서 개인의 태도와 가치 등 그의 전인격 모두를 관여시키는 것을 뜻한다. 인식론적 객관성이란 그런 관여를 하지 않는 것이다. 내가 생각하기로는 후자는 명백히 잘못된 것이다. 그러므로 인식론에 관한 한 주관성을 갖지 않을 수 없다. 반면 형이상학적 주관성이란 객관이나 대상이 개인의 마음 밖에 존재하지 않으며 우리가 그것을 믿느냐, 믿지 않느냐 와는 상관없이 참된 것은 없다는 것이다. 그러나 형이상학적 객관성이란 대상(혹, 객관)은 '인식자'와는 독립

---

48. Holmes, *All Truth is God's Truth*(Grand Rapids: Eerdmans, 1977). pp. 5-7.

하여 그 나름의 객관성을 갖고, 진리는 우리가 원하고 생각하는 바와는 상관없이 참되다는 것이다. 그렇게 놓고 보면 인식론적인 주관성이 형이상학적 객관성과 결부된다는 것은 자연스럽다. 즉, 우리 사고에 미치는 개인적·문화적 영향이 논리적으로 우리가 어떤 것이 참으로 있다고 생각하는 것을 흔들리게 하는 것은 아니라는 말이다. 우리는 '진리라고 믿는 것'과 '그렇게 생각하게 되는 방법'(즉 그것이 진리라고 믿는 것을 정당화하는 것)을 구분해야만 하는 것이다.

그러므로 주관적 감정을 인정하고 우리의 신념과 가치에 대한 상대적인 영향력을 용인하는 것이 꼭 전적인 상대주의나 주관주의를 함의한다고 생각할 필요는 없다. 또한 세계관의 다양성과 (신념과 가치의 갈등) 안에서도 '일정한 형의 관점'과 '논의의 양식'을 찾아볼 수는 있다. 따라서 사물에 대한 객관적인 고려가 가능하고, 공적인 사실을 말하는 것도 가능하다. 또한 다원론이 반드시 확고한 상대주의를 가지고 있을 이유는 없다. 더구나 다원론이 주관주의를 주장하는 것도 아니다. 다만 증거의 불완전함과 부족은 논리적으로 다른 여러 결론의 가능성을 허용할 뿐이다. 그러므로 대부분의 사상은 객관적인 것과 주관적인 것, 보편적인 것에 대한 고려와 상대적인 것에 대한 고려의 혼합물이다. 따라서 그런 것들을 풀어내는 것이 바로 이성이 해야 할 과제이다.

사실은 바로 이 문제 때문에 현상학적 철학이 발생했다고도 할 수 있다. 에드문드 후설Edmund Husserl은 그것이 심리주의적인 것이든지(psychologistic - 모든 것을 심리적 과정의 산물로 설명하는 것), 역사주의적인 것이든지(historicist - 모든 것을 역사적 과정의 산물로 설명하는 것), 인간 사고에 대한 모든 자연주의적 설명에 관심을 기울였다. 그의 주장에 따르면 만일 이런 설명이 용인된다면 과학이란 어떤 보편적인 것에 대한 확고한 근거를 전혀 가지지 않은 것이 되며, 따라서 보편적 진리에 대한 주장 자체가 논지에서 제외된다고 한다. 그래서 그는 인간 사고와 의식 가운데서 보편적인 것에 집중하고자 했다. 즉 모든 구체적인 대상과 심리적·역사적 조건을 모두 '괄호에 넣고서' 그 보편을 찾아보자는 것이다. 결국은 현대 후설 연구가의 한 사람이 말한 것처럼, 후설이 내린 주관주의에 대한 유일한 치유 처방은 '주관성의 한계 자체를 보여주게 될' 더 분별적이고 자기 비판적인 주관성이었다.[49] 객관성은 우리들의 주관성 내에 존재하며 주관성은 우리들의 객관성 내에 존재한다. 그러므로 우리는 객관척이고 보편적인 것을 찾아내어 그것을 순전히 상대적인 것으로부터 분리 시켜야만 한다.

이렇게 현상학이 우리의 주관성 안에 있는 것으로부터 보편적인 것을 구분해내려고 노력하는 옳은 길에 서 있다고는 생각하지만, 나는 현상학 자체를 변호할 생각은 없다. 그러나 우리가(문화적 상대주의cultural relativism에 반하여) 모든 문화에 같은 가치가 나타난다고 주장하건 그렇지 않건 간에, 적어도 생명과 건강, 성과 혼인, 재산과 경제적 필요 등과 같은 보편적 '가치 영역'이 있다는 것은 명백하다. 또한 (아리스토텔레스와 칸트가 가정하는 바와 같이) 자연이 보편적으로 나타나며 같은 설명적 범주는 보편적이라고 하는 것을 정확히 논의할 수는 없어도, 어떤 인과적, 또는 준 인과적 개념이나 양적인 개념 등의 - 보편적 '범주의 영역'이 있다는 것도 명백하다. 우리는 또한 '보편적 기본신념'universal basic beliefs이 있다는 것도 정당히 말할 수 있다. 즉 우리의 실존에 대한 신념, 우리 의식 밖의 참으로 실재하는 세계에 대한 신념, 내가 그냥 무시해 버릴 수 없고, 궁극적인 분석에 의해서 인식해야만 하는 '궁극적 실재'에 대한 신념 등이 그런 신념들이다. 물론 이런 신념들은 아주 기본적인 것이고 대부분의 사람들이 좀 특정한 방식으로만 그것을 알 수 있지만, 그것들은

---

49. Herbert Spiegelberg, "How Subjective is Phenomenology?" *Prospect of the American Catholic Philosophical Association* 33 (1959) : 35.

인간 반성에서 피할 수 없는 요소들인 것이다. 또한 우리가 논리법칙의 실제 근거에 대하여 어떤 생각을 하건 간에 - 형이상학적이든지, 언어학적이든지, 다른 방식으로든지 - 적어도 비모순율law of noncontradiction은 지적 사고의 보편적 조건이 된다. 아리스토텔레스의 그 유명한 '부정적 증명'negative proof은 그 법칙(비모순율)을 부정하는 사람은 결국 말하기를 거부하는 것이 아니냐고 물음으로써 이를 명백히 하고 있다. 이 법칙이 없이는 마치 원을 네모나다고 하는 것과 같이 무의미하고 불가능한 말만을 할 수 있을 뿐이다. 그러나 이런 말과 발언은 이해할 수 있는 intelligible 유의미한 말이라고는 할 수 없는 것이다. 이 논리 법칙이 무시되면 모든 논리와 의미는 사라지고 만다. 적어도 이런 형태의 보편성은 모든 세계관 내에 다 있다. 그 세계관들이 다 다르고, 그 안에 아무리 많은 주관적·상대적 요소가 있다 해도 이것은 타당한 말이다.

그러므로 사람들이 하는 진리 주장을 정당화하려면, 이 공동의 우주 안에 있는 인간 실존만의 특이한 성질에 근거하고 있는 전 철학적 요소 prephilosophical factors인 이런 보편적 요소들에 호소해야만 한다.

우리는 칸트Kant가 이런 보편적인 것들을 인간의 정신으로 옮겨, 그것들을 사고의 주관적인 원칙에로 축소시켰다고 그를 비판할 수 있다. 여기서 우리가 칸트 철학을 깊이 논의하지는 않더라도 다음 두 가지는 말할 수 있다.

첫째로, 우리는 인식론적인 주관성이 꼭 형이상학적인 주관성을 필요로 하는 것이 아님을 이미 말한 바 있다. 적어도 우리 사고에 대해 독립적인 보편적 범주 영역과 기본 신념의 영역과 논리법칙은 있을 수 있는 것이다.

둘째로, 우리가 언급한 보편적 가치의 영역이란 단지 주관적인 이론의 틀인 것이 아니라 인간의 보편적인 '행동 영역'에 적용되어서, 우리를 둘러싼 세계 내에서의 활동과 관련된다. 만일 사고가 참으로 행동과 연관된다면, 칸트가 비판했던 '순수 이성'은 철학적인 허구가 되어 버린다. 따라서 외적 행동과 연관된 '실천 이성'이 그 나름의 형이상학적 요청을 할 수 있게 되고, 여기서 진리에 대한 질문이 제기되는 것이다.

진리의 문제

다원론은 논리적으로 주관주의나 상대주의를 함의하지 않는다. 또한 여러 가지 다른 세계관의 다양성이나 다른 개념 규정들이 있다는 사실이 세계관이란 전적으로 상대적이라는 함의를 가지지는 않는다. 여러 가지 진리 주장이 있을 수는 있다 그러나 우리는 그 중에서 어떤 특정한 세계관이 객관적으로 옳다는 것을 평가할 방법을 찾아내야만 한다.

우리는 앞에서 '세계관의 통일적인 관점'과 '다른 요인들의 영향으로 나타나는 구체적인 것들'을 구별해야만 한다고 말했었다. 정교하게 구체화 된 것들은 그 배후의 관점으로부터 논리적으로 인출해낸 것이다. 그러나 때로는 창의적으로 제안된 이론이 우리의 전체적 이해를 돕기도 한다. 그러므로 우리는 통일적인 관점이 옳다는 주장과 그 안의 특수한 설명의 각 부분이 옳다는 주장을 구별해야만 한다. 어떤 강력한 진리의 주장은 그 구체적인 설명에 대해서보다는 전반적 관점에 대해서만 가능하다. 그러므로 유신론자로서 나는 (나의 통일적인 관점인) 성경적 유신론이 내가 이 책에서 옳다고 제시하는 어떤 특정한 설명들보다 더 옳고 중요하다 는 것을 안다. 이제 내가 이 책의 제 7장이나 제 8장에서 말하려는 구체적인 것들은 어떤 특정한 형태의 기독교 유신론적 관점에 비해 더 잘못될 가능성 이 많은 것이다. 이렇게 구체적인 설명은 바뀔 수가 있고 어느 정도의 융통성이 있는 것이다. 그러나 그 기본이 되는 성경적 유신론은 그렇지가 않다. 그러나 그 밖의 수많은 문제에 대해서는 어느 한 결론에만 머무르지 않고 다양한 많은 설명을 할 수 있는 것이다.

그러나 물론 나는 내가 제시하는 것이 참되며 중요하다고 생각한다. 그렇지 않다면 나는 이를 말하거나 이에 동의하지 않을 것이다. 그러므로 중요한 것은 각 진리 주장의 '평가 방법'을 아는 일이다. 이에 대해 간단히 말하자면, 신앙 지상주의fideism, 기초 주의foundationalism, 정합 주의coherentism라는 세 가지 전략이 현재 제시되어 있다.

첫째로, 신앙 지상주의fideism는 그 진리 주장을 바로 수납하여 믿음에 의해 무비판적으로 받아들이는 것이다. 더 이상의 증거와 논의를 필요로 하지 않는다. 마르크스주의자들은 마르크스의 관점을 무비판적으로 받아들일 수 있다. 그 이유는 그가 믿는 대상이 무엇이건 간에 상관없이 마르크스주의의 신뢰도를 개인적으로 확신하기 때문이다. 마찬가지로 그리스도인들도 그 내용이 무엇이든 상관없이 그 신실성을 개인적으로 확신하면서 무비판적으로 기독교적 신념을 받아들여야 한다는 것이다. 그는 다른 이들의 견해와 자신의 견해를 비교하지도 않고 자신의 일관성이나 자기 원칙의 적용 범위도 검토하지 않는다. 아마 그는 누군가의 권위에 의존하여 그것들을 받아들일 것이다. 그때도 그는 그 권위의 능력을 산정해 보지 않고서 그저 수납한다. 한 마디로 말하자면 신앙 지상주의의 핵심은 '무비판적인 수용'이다.

결국 신앙 지상주의는 여러 대안의 복수성(다원성), 주관성의 문제, 진리의 문제를 신중하게 다루려고 하지 않는다. 또 서로 갈등하는 주장을 비교해 보기를 거부하는 것이다. 그러므로 이는 맹신적 신앙 이상의 것이 될 수 없다. 그러나 우리의 신념이 다져지려면 우리는 서로 갈등 하는 권위나 관점들을 평가해 보아야만 한다. 자신들의 가정assumption을 검토할 준비를 가져야만 하는 것이다.

둘째 전략인 기초 주의foundationalism는 그 정반대 편에 서 있다고 할 수 있다. 현대 철학에서 이 기초 주의foundationalism란 말은 아무런 의혹

거리가 안되며indubitable, 더 고쳐질 필요가 없는incorrigible 가장 기초적 전제로부터 출발해서 자신들의 모든 신념들을 인출해 내는 과정에 대해 사용된다. 물론 이 과정은 데카르트가 그의 『성찰』에서 취한 입장이다. 이 책에서 그는 명석 판명한 출발점을 찾기까지 모든 것을 의심했던 것이다. 그래서 그가 찾은 것이 '나는 생각한다.'는 '코기토'cogito였다. 그는 이로부터 영혼의 실존과 영혼의 성질, 하나님의 실존과 풍성, 그리고 물질세계의 실존과 그 성질 등과 같은 철학 전체의 범위를 연역해 내었다. 스피노자Spinoza도 같은 과정을 따라서, '윤리학'을 마치 기하학 서적과 같이 공리와 계(추론), 그리고 정리와 증명을 써서 진술하였다. 이런 기초 주의는 결국 계몽주의적 합리주의의 표준적인 방법이 되었다. 현대에 들어와서도 에이어A. J. Ayer나 버트란트 러셀Bertrand Russell, 로데릭 치좀 Roderick Chisholm과 같은 논리적 실증주의자들은 좀 변형된 것이긴 하지만 이런 방법을 사용한다.

　기독교 사상가들 가운데서도 이런 전략을 취하는 사람들이 있으며, 자연신학의 전통은 신 존재에 관한 논리적 증명과 함께 이 경우에 속한다. 그러나 이를 전반적인 세계관으로 택할 경우에는 어려움이 따른다. 물론 이 전략은 특정한 명제를 증명하는 데에는 적합한 전략이다. 그런데 세계관이란 단순한 일련의 명제적 신념이 아니기 때문에 문제가 생긴다. 만일 세계관이 연역적인 체계가 아니라면 이는 기초주의자들이 필요로 하는 그 순간에 한 번의 논리적 추리의 결과로 세워질 수는 없다. 그러나 또 세계관이 연역적인 체계라면 충분히 명석, 판명한 첫 전제는 논리적으로 그 통일된 관점과 구체적 설명을 포함할 수 있어야만 한다. 그리고 그것은 지금 우리가 가지고 있는 것보다는 더 분명하고 의심할 여지가 없는 기초를 요구하게 될 것이다. 그런 어려움을 각오하고서도 기초주의적 전략을 시도해 보려는 이들이 있을 수는 있다. 그러나 나는 이것이 가능한지 확신하기가 어렵다. 필자는 다른 책에서 자세히 논술한 일이 있거니와 데카르트식의 철학뿐만이 아니라 현대철학도 역시 그들이 주장 하는 대로 전혀 전제가 없는 것은 아니기 때문이다. 철학이란 항상 어느 정도는 '자기 관점적'perspectival인 특징이 있다.⁵⁰

세 번째 전략인 정합 주의coherentism는 필자가 취하는 전략인 바, 이러한 신념은 우리가 알고 믿는 것들 전 체계와의 내적 정합coherence에 의해서 정당화된다는 것이다. 다른 두 가지 대안에서 발견했던 문제들과는 달리 이 전략을 정당화할 수 있음은, 우리가 '진리의 통일성'unity of truth이라고 부를 수 있는 것, 즉 전체in toto로서의 진리는 서로 연관되어 정합적인 유기체coherence whole를 이루고 있다는 것 때문이다. 나는 이를 지지할 수 있는 세 가지 이유를 들고자 한다. 그 이유는, 첫째로 논리에서의 보편적 원칙인 비모순률the law of noncontradiction은 우리가 진리라고 주장하는 모든 것의 논리적 일관성을 주장하기 때문이다. 적어도 비교는 할 수 있어야 하기 때문이다. 둘째로, 우리가 제 1장에서 밝힌 바와 같이 이해의 추구quest for understanding란 다양성 가운데서 통일성을, 다수 가운데서 하나를 찾아가는 것인데, '진리의 통일성'은 바로 그런 추구의 이상을 표현해 주는 것이기 때문이다. 셋째로, 유신론자들은 전지하신 하나님께서는 모든 것을 자신의 창조적 능력과 목적과 관련하여 보신다고 생각한다. 즉 모든 것을 서로 연관된 전체로 보신다고 믿는다. 그런데 이 '사물의 상호 연관된 통일성'은 우리가 믿는 바 전반적 정합성이 증언할 진리의 통일성을 함의하기 때문이다.

---

50. 필자의 *Christian Philosophy in the Twentieth Century*(Nutley, NJ: Craig Press, 1969)을 보라. 이론이 개념에 의존하는 경향과 증명의 상대적인 성질에 대한 다른 이들의 논의를 위해서는, G. Mavrodes, *Belief in God*(New York: Random House, 1970); Stephen, *Foresight and Understanding*(London: Hutchinson University Library, 1961)을 보라. 기초 주의(foundationalism)의 문제점은 N. Wolterstorff의 『종교의 한계 내에서의 이성』*Reason Within the Bounds of Religion*(Grand Rapids: Eerdmans, 1976), pp. 24-58에 잘 요약되어 있다.

이 정합적인 통일성 안에서 특정한 신념들이 서로 뒷받침을 받지만, 이것이 꼭 논리적인 함축의 방식에 의한 것일 필요는 없다. 한 이론이 그것이 말하는 기초적인 원리 전반과 다른 이론들이 주장하는 모든 것에 대해 책임을 가진다고 생각해 보라. 앞서 언급한 바 있는 월터스토프Wolterstroff는 다른 이론들을 '규제 신념'control beliefs이라 하고, 기초적인 원리data들을 '기초적 신념'data beliefs이라고 하면서 무엇이 어떤 특정한 이론에 의해 수납되려면 그 이론 내의 이 둘 모두와 어울려야 한다고 말한다. 그가 이 둘을 모두 신념이라고 부른 이유는 이론도 기반도 모두가 기초 주의자들이 생각하듯이 그렇게 확실하고 변경될 수 없는 것은 아니기 때문이다. 오히려 이들 다양한 신념들이 서로를 보조하고 있는 것이다.

특정한 과학적 이론의 경우에는 이렇게 단순화된 규정이면 충분할 것이다. 그러나 세계관은 사고와 행동을 인도하고 통일하기 위한 아주 복잡한 성질의 이론이므로, 세계관에서의 '정합' 역시 다소 복잡해질 수밖에 없다. 그러나 우리는 여기서도 '형이상학적 객관성'과의 항상 연관되는 정합을 분명히 하면서 논의했던 '보편적 순거점'을 유용하게 사용할 수 있다. 보편적 논리의 법칙은 그 논리적 함의를 이끌어냄으로써 일련의 신념이 자기모순에 빠지지 않도록 할 수가 있다. 세계관은 내적인 일관성을 지녀야 하고, 그 세계관이 받아들이는 더 일반적인 신념들과도 일관성을 유지해야만 한다. 또한 보편적 가치의 영역은 한 세계관이 반드시 관련해야 하는 인간 관심의 모든 범위와 다양성을 나타내준다. 세계관이 확언하는 최고선은 보편적 가치 영역 내의 여러 선good, 善들에 가치를 부여해야 하고, 이 모든 가치들을 일관성 있는 통일체로 만들어야 한다. 이것이 바로 세계관의 성질이다. 또한 세계관은 보편적 행동 영역에 지침도 부여해야 한다. 그러므로 세계관은 인간행동의 목적과 수단을 말하고, 각 영역과 인간의 삶 전반에 의미를 부여해야만 한다. 그뿐 아니라 보편적 사고의 범주도 설명적 원칙으로서의 기능을 하는 세계관이 제공하는 명백한 형식화와 상호 연관성을 필요로 한다. 그러나 이 범주들을 상호 연관시킬 때, 세계관은 환원적인 방법을 사용하여서 그 범주들의 경계를 무너뜨려서는 안 된다. 예를 들자면, 역사적인 사건의 원인을 순전히 물리적이거나 심리적인 것으로 환원시켜서는 안 된다는 말이다. 정합coherence은 환원이 없는 통합이다. 보편적 기본 신념은 너무나 기본적인 것이어서 그 자체로서는 사고와 생활의 지침을 제시할 수 없지만, 세계관의 일반적인 관점에서 그 내용을 부여받고, 그 세계관이 선택하는 특정한 역사적 구조 안에서 자라나게 된다. 정합coherence이란 그렇게 기본적인 것 안에서는 명백하지 않지만 세계관에 의해서 나타나게 되는 것이다. 그런데 각기 다른 관점은 각기 다른 통일적 초점을 제공하므로 전반적 정합의 정도도 각기 다르게 된다.

이런 점들은 세계관의 포괄적인 성질과 그 세계관이 '정합적인 전체'로 만들어내려는 신념과 가치의 범위 때문에 나오는 결론들이다. 세계관의 의도는 인간 경험의 전 영역을 궁극적으로 실재적인 것에 의존하여 설명하려는 데에 있다. 그러므로 인간 경험 중의 보편적인 것을 지적함으로써, 우리는 그들의 '일관성'과 그 대안이 사물을 통일되고 의미 있는 전체로 '통합시키는 정도'를 기준으로 하여 각 대안을 평가 할 수 있게 되는 것이다.

이 접근이 세계관의 성질에 의존한 것인 한, 이는 원칙상 '메타-관점적'meta-perspectival이고 다른 것에 의존하지 않으며, 유신론적 세계관과 자연주의적 세계관 모두를 평가하는 데 사용될 수 있는 것이다. 더구나 이 접근법은 논리적이고 이론적인 것에만 관심하는 것이 아니고, 인간의 가치와 행동, 포괄적인 삶의 의미에도 관심하고 있다. 그것은 가장 그럴듯한 사고와 가장 그럴듯한 삶, 그리고 지적으로도 가장 적절하고 인간적으로도 타당한 세계관을 추구한다. 세계관이란 철학의 전체를 아우르는, 즉 인간 실존과 반성의 전인격적인 문맥에서 생긴다는 것을 늘 기억해야만 한다. 그러므로 기독교 세계관의 진리 주장도 이런 전체론적인 틀 안에서만 정당화될 수 있을 것이다.[51]

---

51. 이 접근법은 필자의 *All Truth is God's Truth*, 제 7장에 좀 더 자세히 설명되어 있다. 이 책의 제 9장 결론 부분에 있는 보편적 신념(universal beliefs)에 대한 논의도 참고하라.

제2부

기독교 세계관의 구조

Contours of A World View

Studies in a Christian World View

하나님과 창조 : 신학적 논의

Contours of a World View
Studies in a Christian World View

　우리가 참조해 보아야 할 보편적 기본 신념 중에서 어떤 궁극적인 실재를 인정한다는 것은 가장 중요하고 근본적인 일이다. 보다 구체적으로 말히지면 우리가 인징해야 할 이 실재의 본성은 어떠한 것인가? 그것은 물질인가, 자연법칙인가, 무관심하고 비인격적인 세력 인가? 아니면 그것은 우리가 그 한 부분이 되는 진보하는 어떤 우주적 의식인가? 그것도 아니라면 모든 것의 실존과 운명이 그의 현명하고도 자애로운 의지에 달려 있는 인격적인 하나님이신가? 이 문제에 대한 대답은 서로 다른 세계관을 분명히 나누어 주는 분수령이 될 것이다.

　"(나는) 전능하사 천지를 만드신 하나님 아버지를 믿사오며"라고 사도신경은 확언하였고, 수 세기를 통하여 신자들에 의해 반복하여 고백되어 왔다. 사도신경은 처음부터 하나님과 그의 피조물 사이의 차이와 관계를 인정한다. 그 차이에 우리의 희망이 있다. 그리고 하나님께서는 그 관계에서 활동하신다. 그래서 사도신경은 그리스도의 성육신과 성신, 교회, 그리고 우리의 영원한 운명에 대해 말하는 데로 나아간다. 하나님과 피조물의 관계와 차이는 인류 사회 전 드라마와 희망의 무대를 제공하기 때문이다. 그것은 기독교 신앙의 전반적인 문맥이고 모든 궁극적 의미의 근거이다. 사도신경은 살아계신 하나님에 대해 말한다. 하나님은 이 세상과 그 이루어지는 일들을 초연한 태도에서 관망만 하시는 것이 아니라, 그 모든 일을 주도하시는 자이시다. 전능하신 그가 주도권을 가지고 그것을 행사하신다. 이처럼 이는 기독교 세계관의 가장 근본적인 주제이다.[52]

뚜렷하게 구별되는 관점

다른 모든 것은 이 주제의 확대이므로, 이것을 발전시키면 기독교적 인생관과 비기독교적 인생관, 기독교 신앙과 비기독교적 종교의 차이가 드러나게 된다. 나는 하나님과 피조물의 차이와 관계 모두를 말한다. 이 두 가지가 모두 중요하기 때문이다. 예를 들어, 제 1장에서 우리는 기독교 유신론을 단일론적 견해나 이원론적 견해와 구별했었다. 단일론 Monism은 (신플라톤주의나 범신론 그리고 어떤 동양 종교에서처럼) 피조계를 하나님께 흡수시키거나 (물질주의나 철학적 자연주의, 그리고 세속적 휴머니즘에서와 같이) 하나님을 피조물에로 흡수시켜서 하나님과 피조계의 차이를 무시한다. 반면, 이원론은 하나님과 물질 모두가 영원하다고 하거나 정신과 물질 모두를 그렇게 여기고 동의하여서 그의 피조세계 내에서 충분한 자유를 가지시고 활동하시는 하나님께서 모든 것을 만드신 전

---

52. 아래 특별히 언급된 문헌 외에도 이 주제에 관하여 특별한 관심을 지난 것들을 들자면, J. Langdon Gilkey, *Maker of Heaven and Earth*(New York: Doubleday, 1959); James Houston, *I Believe in the Creator*(Grand Rapids; Eerdmans, 1980); 그리고 L. Berkhof, *Systematic Theology*, 4th ed.(Grand Rapids: Eerdmans, 1949) pp. 126-140을 들 수 있다.

능하신 분임을 부인하여 하나님과 피조물의 관계를 혼동한 것이다. 그러므로 하나님과 피조물이란 주제는 기독교 유신론과 다른 세계관을 구별시키는 것이며, 모든 것에 대하여 기독교적으로 사고하는 핵심이 된다.

논의의 진행에 따라서 이 주장을 좀 더 구체화해 보려고 한다. 예를 들어서, 18세기의 이신론deism은 하나님과 피조계의 차이를 확인하지만, 그 관계의 기독교적 해석에는 미치지 못하는 견해를 표현하였다. 즉 자기 계시와 구속에서 역사하시는 살아계신 하나님이 이 이신론적 사상에서는 잊혀진 것이다. 19세기의 낭만주의는 이와는 극단의 다른 방향으로 나아가서 하나님과 자연의 차이를 무시하고, 자연의 생동성vitality에 궁극적 의미 부여의 역할을 부여하여 그것을 기독교적 관점에서는 하나님께서만 가지실 수 있는 위치에까지 올렸다. 우리가 제 2장에서 본 바와 같이 현대의 자연주의적 휴머니즘은 단일론 적이다. 하나님과 피조물의 차이를 잊고서 모든 것을 자연으로 환원시킴으로써, 자연주의적 휴머니즘은 신 중심적이기보다는 인간 중심적이다. 즉 희망을 사람 안에다 두는 것이다. 존 커트니 머레이John Courtney Murray가 이 문제를 요약한 바와 같이 단일론은 하나님의 그의 피조물에 대한 관계의 문제를 하나님이냐, 피조계냐 하는 선택의 문제로 바꾸어 버렸다. 구별되는 피조세계 없이 하나님을 선택하는 것은 범신론으로 가기가 쉽다. 또한 하나님 없이 피조세계만을 선택하는 것은 자연주의naturalism로 가기가 쉬운 것이다.[53]

그러나 성경적 견해는 사람이 그 스스로 우주 안에 있는 것이 아니라고 주장한다. 전능하신 이가 하늘과 땅을 만드신 자이기 때문이다. 범신론자에 대하여 성경은 하나님께서 우주의 필연성이나 제한에 묶여 있는 것이 아니라 우주를 초월하신다고 대답한다. 또한 이원론자에게 대해서

---

53. John Courtney Murray, S. J., *The Problem of God, Yesterday and Today*(New Haven: Yale University Press, 1964). p. 95.

는 하나님이란 다른 것과 영원히 투쟁하시는 분이 아니라 최고의 책임자이시라고 대답한다. 전능하신 이는 활동하시는, 살아계신 인격적인 하나님이시다.

하나님이 창조주이시라면 고대와 현대 세계에 널리 퍼져 있는 운명이나 운명성에 대한 모호한 개념은 그 근거를 잃게 된다. 우리를 결정하시는 이는 운명이나 비인격적이고 추상적인 결정력이나 법칙, 그리고 현재 존재하고 일어나는 모든 것을 초월하는 그 어떤 것이 아니라 창조적인 신이시오, 창조주 자신이신 하나님 그분이신 것이다.[54]

구약성경은 다른 종교에 대한 언급에 있어서 성경적 유신론과 다른 세계관을 명확히 대조시킨다. 살아계신 창조의 하나님은 끊임없이 다른 신들이라 일컫는 것들과 대조되시는 것이다. 다른 종교들은 신들을 자연현상이나 자연의 거주자들에게 붙어 있는 피조계의 한 부분으로 본다. 예를 들어서 메소포타미아에서는 하늘의 천체들을 신들로 여겼다. 특히 달의 신과 태양의 신이 높여졌고, 하늘의 새들의 행동이나 '땅 아래' 있다고 생각되는 심연the deep waters도 신으로 여겨졌다.[55] 그러나 창세기의 창조 기사는 고대 바빌로니아의 창조 기사와는 대조적으로 천체와 물들, 그리고 공중의 새와 모든 생명체가 모두 하나님에 의해 피조된 것이며 그 안에 신성이 깃들여 있지 않다고 선언한다. 다른 종교들은 그런 것들을 섬길 수가 있다. 그러나 성경적인 종교는 유일하신 하나님을 알고 다른 이를 섬길 수 없는 것이다. 시편 기자는 하늘과 땅이 살아계신 하나님의 영광을 선포하며, 그의 구원하시는 행위의 선하성과 능력도 또한 증거해 보인다고 덧붙이고 있다.

출애굽 당시의 애굽에 임한 재앙은 그 땅의 신들에 대한 직접적인 대

---

54. Emil Brunner, *Christianity and Civilization*(London: Nisbet, 1948), p. 18.
55. 좀 더 자세한 것을 알려거든, Helmer Ringgren, *Religions the Ancient Near East*(Philadelphia Westminster Press, 1977)을 보라.

적이었다. 애굽인들은 태양신을 섬기고 있었고, 나일 강을 찬미 했으며, 나일 강 주변과 그 안에 있는 생물이나 피조물들을 거룩한 것으로 여겼다. 그들에게 있어서는 개구리나 메뚜기도 종교적 의미를 가지고 있었다. 가축들도 사랑의 여신과 관계되며 우상으로 받들려졌다.[56] 그러나 바로 이런 대상들은 재난을 받게 되었다. 태양 빛은 어두워져 흑암이 되었으며, 나일 강은 피로 변하였고, 개구리와 메뚜기는 재난 거리가 되었고, 가축들은 죽었다. 이 요점을 강조하시기 위해서 이스라엘 백성이 시내 산에 모였을 때, 하나님께서는 자신이 그들을 애굽에서 건져 내었다고 선언 하시고, 자기 자신 외에는 다른 신을 섬기지 말라고 하시며, 하늘에 있는 것이나 땅에 있는 것이나 물에 있는 그 어떤 형상으로도 예배하지 말라고 하셨다. 그는 하늘과 땅을 만드신 자시오, 주권적인 역사의 주 이시고, 살아계신 하나님이신 것이다.

창조의 살아계신 하나님은 구약 전체를 통해서 묵묵부답의 죽은 이교의 신들과 대조되었다. 여호수아는 이스라엘 백성에게 가나안에 들어갈 때에 살아계신 하나님께서 함께 하심을 확증하셨다(여호수아 3:10). 골리앗은 다윗을 통하여 자신을 드러내신 살아계신 하나님의 군대를 무시했던 것이다(삼상 17:26). 또한 갈멜산 상에서 바알의 선지자들과 대립하여 엘리야는 그들의 신은 깊은 잠을 자고 있다고 비웃었다. 그들이 하는 그 어떤 행위도 그들의 신을 깨워 반응하게 할 수 없었기 때문이다. 그러나 여호와께서 역사하실 때에, 백성들은 그가 유일하신 하나님이시며, 살아계시고 전능하신 하나님이심을 보았다(왕상 18:17-39). 시편 기자들은 살아계신 하나님을 사모하고 그에게 부르짖었다(시 42:2; 84:2). 심지어 페르시아의 왕 다리오 Darius도 여호와께 대해 말하기를, "살아계신 하나님

---

56. Henry Frankfort. *Ancienl Egyptian Religion* (New York: Columbia University Press. 1948)을 보라.

은 영원토록 변개함이 없으시다"고 했다(단 6:26). 이런 대조는 성경적 신앙과 다른 종교를 구별시켜 주는 것이다.

또한 기독교는 하나님과 피조물의 관계를 충분히 인정하는 유대주의나 이슬람과 같은 다른 유신론적 종교와도 다르다. 이런 점에서 구약은 불완전하고, 하나님께서 피조계로 스스로를 성육신 시키셔서 유신론적 가능성과 충분히 조화될 수 있도록, 이후에 활동하실 신약을 예견하는 것이다. 예수의 어떠하심과 행하심, 그가 가능케 하신 것은 하나님의 그의 피조물에 대한 활동적인 관계라고 볼 수 있다. 그의 삶과 죽음, 그리고 부활, 그의 가르침과 사도들의 가르침, 그의 교회와 이 세상에서의 교회의 역할, 성령을 통한 그의 능동적인 임재, 영광으로 임할 것이나 지금도 우리와 함께 있는 그의 나라 – 이 모든 것이 하나님의 피조물에 대한 관계를 나타내는 것이다. 그리스도께서는 유대적 희망을 성취하셨으며, 이슬람의 희망을 능동적으로 활동하신 하나님 안에서 먼저 이루신 것이다. 더구나 철학적 신학의 명목적인 유신론은 많은 내용을 얻게 되고 하나님께서는 아주 가끔씩만 자신이 만드신 이 세상 안에서 행동하실 수 있다고 생각하는 '더듬거리는 이신론'은 수치를 당하게 된다. 이와 같이 충분한 의미의 기독교는 자기 일치적self-consistent인 것일 뿐만 아니라 유신론을 이전보다 더 완전하게 하며, 내적인 수미일관성을 더 가지도록 하는 것이다. 이런 범위와 내적인 연관성, 자기일관성은 우리가 제 3장에서 살펴본 진리의 특징들이다.

그러나 그렇다고 해서 다른 종교들의 주장이 완전히 잘못된 것만은 아니다. 우리는 우리가 그것을 인정하든지 인정하지 않든지를 막론하고 하나님의 피조계라는 같은 우주 안에서 같은 필요와 같은 인간성을 가지고 함께 살기 때문이다. 모든 사람은 이 '일반계시'에 접근할 수가 있다. 하나님께서 자신에게 대해 증거 하셨기 때문이다. 어떤 종교는 다른 종교보다 이것의 의미를 더 깊이 의식할 수 있다. 또 이를 오해하고 왜곡시키며, 거부하기도 하고 전적으로 잘못된 요소를 더하는 종교도 있는 것이다. 그러나 창조와 그것의 창조주에 대한 증언은 이 세상 종교 이해에 있어서 충분하지는 않으나 필요한 것이다.[57] 바울은 이에 근거 하여 설교하고, 자연의 증언은 모든 사람을 하나님께 대해 책임지도록 한다고 덧붙이고 있다.(행 14:15-17; 17:22-31; 롬 1:15-32)

유대-기독교적 전통 역시 성경적 계시에 근거하여 나온 것이나, 기독교는 충분한 계시에 근거한 것이다. 신약의 내용은 예수 그리스도 안에서 우리에게 제시된 하나님의 우리에 대한 관계를 충분히 이해하는 기독교의 이해의 근거가 되는 것이다. 칼 바르트Karl Barth가 창조에 대한 그의 고전적인 언급에서 말한 바와 같이 예수 그리스도께 대한 신앙은 그리스도 안에서 우리에 대한 하나님의 주재(주인 되심)권과 사랑을 인정하면서 창조주의 면전에서 사는 것이다.[58]

기독교 세계관은 비기독교적 세계관과 비슷한 점이 있고, 기독교가 비기독교적 종교와 비슷한 점이 있다. 그러나 기독교와 그 세계관의 특이성은 근본적으로 하나님과 피조물의 차이와 관계에 대한 근본적인 기독교적 이해에 근거한다는 점을 가지고 있기에, 이를 좀 더 상세히 논의해 보기로 하자.

---

57. 이 주제에 대해서는 Hendrik Kraemer, *The Christian Message in a Non-Christian World*(New York: Harper and Bros., 1947)과 *Religion and the Christian Faith*(Philadelphia: Westminster Press, 1975)를 보라. 또한 E. C. Dewich, *The Christian Attitude to Other Religions*(Cambridge: Cambridge University Press, 1953)도 참고하라.
58. Karl Barth, *Church Dogmatics*(Edinburgh; T. &. T. Clark, 1958), III, 1, p. 32. 또한 제 III 권 3부에 나오는 기독교 윤리에 대한 그의 취급을 참고하라.

기독교 창조론의 구성요소

　기독교 세계관은 그 통일적 관점에 대한 기독교적 교리를 이끌어 낸다. 창조 교리는 하나님께서는 전능하신 만물의 창조주이시라는 사실의 의미와 함의에 집중한다. 사실 성경은 하나님이 누구시며, 그가 왜 이 일을 하셨는가에 보다 더 많은 관심을 가지고, 어떻게 하셨는가에는 덜 관심한다. 즉 성경의 초점은 신학에 있지, 생물학이나 지리학·연대기에 있지 않은 것이다. 그러므로 창세기의 창조 기사는 이 세상과 그 가운데 있는 모든 것에 대한 하나님의 관계를 나타내는 것이다. 즉 인간 실존은 그 가운데서 이해하고, 그 가운데서 살아야 할 삶의 장context을 제시한다. 사람의 의미는 자기 자신에게서나 자연 환경 가운데서 찾을 수 있는 것이 아니라 창조주와의 관계 가운데서 찾아야만 한다. 하나님께서는 모든 존재뿐만 아니라 가치와 희망, 그리고 목적의 원천이시기 때문이다. 이것이 성경 전체의 강조점이다.

　❶ 이 창조 교리의 구성요소를 알기 위해서는, 우리가 먼저 유신론을 단일론이나 이원론과 구별하기 위해서 제 1장에서 사용했던 용어를 살펴보는 것이 좋다. '무로부터의 창조'creation ex Nihilo란 용어는 "보이는 것은 보이지 않은 것으로부터 만들어졌다"는 히브리서 11:3에서 이를 시사 할 뿐 성경에서 사용된 용어는 아니다. 그러나 이 말은 오직 하나님만이 모든 것의 원천이라는 – 즉 다른 어떤 영원한 물질이나 존재와 상관없이 다른 모든 것의 원천이라는 성경의 주장과 잘 어울리며 그것을 잘 나타내준다. 그러므로 그는 다른 어떤 것에 종속된 이가 아니시기에, 범신론적이거나 이원론적 주장과는 반대로 자유롭게 행할 수 있는 분이시다. 창조와 피조세계는 하나님께 속한 것이다. 그와 그가 만드신 것 외에는 아무것도 없기 때문이다. 의존이란 일방적인 것이고 균형적인 것이

아니다. 하나님께서는 그의 피조계를 필요로 하지 않으신다. 그는 어떤 강요로 인하여 창조하신 것이 아니며 창조를 해야만 했던 것도 아니다.

여기서 우리는 하나님의 초월성이 무엇을 의미하는지 알 수 있게 된다. 첫째로, 하나님께서는 그의 피조세계와 분명하게 구별되기에, 어떤 의미에서도 그 피조계의 한 부분도 아니고 피조계가 그의 한 부분인 것도 아니다. 둘째로, 그는 피조 되었거나 의존적이기보다는 영원하고 자존적 인분으로서 피조세계와는 질적으로 다른 분이시다. 셋째로, 피조세계는 전적으로 그에게 의존하므로 그는 주권적으로 활동하신다.

❷ 따라서 창조교리의 둘째 요소는 하나님의 계속적인 '창조적인 활동'이다. 그는 지금도 그의 피조세계에서 활동하시는 살아계신 하나님이시기 때문이다. 그는 제 7일에 안식하셨을 때 창조하시는 모든 일을 그만두신 것이 아니고 계속 능동적인 관여를 하셨다는 말이다. 그는 끊임없이 그의 피조물들에게 실존을 부여하신다. 피조물은 자기 스스로 자기 유지를 계속할 수 없기 때문이다. 성경 기록자들은 그 하나님께서 자신이 만드신 질서 있는 활동을 유지하시며, 섭리적인 배려를 하시고, 구속사를 주재하시며, 그의 나라의 현재성과 미래적 성격을 모두 주관하신다고 말한다. 이 모든 것은 옛 창조와 새 창조 모두에서의 하나님의 창조적인 활동을 포함한다. 그는 우리의 모든 상황에서 '우리와 함께 하시는 하나님'이시며 그의 사역에 내재하시는 분이시다.

모세가 하나님의 이름을 물었을 때, 하나님께서는 "나는 나다"I am who I am고 말씀하셨다(출 3 : 14, 한역에서는 그 뜻을 살려서 "나는 스스로 있는 자니라"고 옮겼다 -역자 주).이 말이 무엇을 뜻하는가를 분명히 하려는 시도는 여러 가지일 수 있다. 이 말은 여호와Jehovah or Yahweh라는 이름과 관련하여 '존재한다.'(to be, '하야' הָיָה, hāyāb) 동사를 가지고 만든 말장난인가? 그렇다면 이는 에티엔느 질송Etienne Gilson이 주장한 대로 헬라인들이 이해한 바와는 근본적으로 다른 개념인 하나님은 존재의 본질이시라는 형이상학적 주장인가?[59] 아니면, 그것은, 존 커트니 머레이John Courtney Murray가 더 선호하는 것처럼 하나님께서는 영원히 존재하시며, 따라서 여기서 우리와 함께 하시는 전능자이시라는 약속인가?[60] 하나님께서 그 어떤 것을 의도하셨든지 간에 - 내가 볼 때에는 머레이의 주장이 상당히 설득력 있다고 생각된다. - 모세는 여기서 하나님의 끊임없이 계속되는 활동에 대한 약속을 찾았다고 할 수 있다.

이런 주제는 성경 전체에 다 퍼져 있다. 이사야는 유대에 대하여 아주 놀라운 격려의 말을 했다.

> 누가 손바닥으로 바닷물을 헤아렸으며 뼘으로 하늘을 쟀으며 땅의 티끌을 되에 담아 보았으며 접시 저울로 산들을, 막대 저울로 언덕들을 달아 보았으랴 누가 여호와의 영을 지도하였으며 그의 모사가 되어 그를 가르쳤으랴 … 영원하신 하나님 여호와, 땅 끝까지 창조하신 이는 피곤하지 않으시며 곤비하지 않으시며 명철이 한이 없으시며 피곤한 자에게는 능력을 주시며 … (사 40:12, 13, 28, 29)

또한 욥도 창조주의 계속적인 관여를 상기시키면서, 창조의 살아계신 하나님께 종속해야 함을 말하고 있다. (욥 38-41장)

❸ 하나님께서는 자유롭게 목적을 가지고 창조하신다. 한편으로 그는 전적으로 무제약적이시다. 그를 떠나서는 아무 것도 있을 수 없기 때문

---

59. Etienne Gilson, *God and Philosophy*(Bloomington, IN : Indiana University Press, 1941), 제 2장.
60. Murray, *Problem of God*, 제 1장. 또한 Claude Tresmontant, *Christian Metaphysics*(London : Sheed and Ward, 1965)을 보라.

이다. 또한 그는 창조를 필연적으로 해야 하는 내적 충동력을 가지신 것도 아니다. 그는 자충족적이시며, 필요를 느끼시지도 않고, 자기 자신의 만족밖에는 그 무엇도 요구하시지 않으신다. 그러므로 그는 창조하실 것인지, 아닌지를 자유롭게 선택하시고, 또한 무엇을 창조해야 할 것인지도 그리하시는 것이다. 그러나 하나님은 변덕스러운 분이 아니시다. 그의 선택은 마구잡이로 되는 것이 아니라 유목적인 것이다. 창조와 계속적인 창조 행위에 있어서 그의 선하신 목적은 항상 동일하다는 말이다. 그의 이 은혜로운 목적은 역사 전체를 통하여 표현되며, 피조물을 통하여 그의 선하심과 영광을 나타내시는 것이다. 여기서 신약성경의 창조 이해는 구약성경의 창조 이해를 초월하여 더 깊이 있게 된다. 창조주는 그리스도 자신이시며, 모든 것은 그에 의하여, 그를 위하여 창조되었고 만물이 그 안에 함께 선 것이 되는 것이다(골 1:16, 17). 그러므로 창조는 그 목적이 되는 그리스도의 나라와 분리할 수 없다. 하나님의 초월성은 우리들의 사소한 목적과 시간들을 초월하는 목적에서 명백히 나타난다.

그러므로 이 세상을 어떤 비인격적인 원인에 의해 움식여지는 메커니즘이나, 하나님이 창조하신 메커니즘으로 보아서는 안 된다. 살아계시고, 사랑하시는 하나님께서 그 안에서 역동적으로 끊임없이 역사하시기 때문이다. 전체의 목표나 궁극적 목적이 없는 끊임없는 순환의 계속으로 보는 고대 그리스의 시간개념과는 대조적으로 역사는 목적을 추구하시는 하나님의 활동이며, 그의 은혜로우신 목적이 실현되는 장이다. 이렇게 창조 교리는 아주 독특한 시간관과 역사관의 근거가 된다.

그렇다면 이 우주는 정해진 목적을 이루기로 작정되어 있으며, 인도되어가는 목적론적인 우주이다. 그것은 어떤 그리스인들이나 19세기 진화론적 사상가들이 주장한 바와 같이, 지금 그대로의 세상 안에서 이미 우리에게 주어진 과정만을 이루어 가는 내재적인 힘의 비인격적인 목적론이 아니다. 오히려 그것은 초월적인 창조주께서 자신의 피조세계를 위하여 선한 목적을 이루어 가신다는 '인격적인 목적론'이다. 그가 섭리와 은총 가운데서 사용하시는 수단은 여러 가지일 수가 있다. 그는 살아계신 하나님이시기 때문이다.

❹ 창조 교리의 넷째 구성요소는 '아드 엑스트라'ad extra라는 라틴어로 요약해 볼 수 있다. 하나님께서는 자신 '밖으로' 창조하신다. 즉 그는 자신의 피조물에 독자적인 실재를 부여하고, 그것에게 위임된 권력의 행사를 맡기신다. 바르트Barth가 말한 바와 같이, "그(하나님 -역자 주)는 자신 밖으로 창조하신 피조물 그 나름의 실재나 성질, 그리고 자유를 시기하지 않는다."[61] 그러나 그것들은 신적인 실재와는 달리 의존적이고, 부수적이며, 유한한 피조물적인 실재인 것이다. 또한 피조물의 자유도 의존적이고 제한된 것으로서 하나님의 자유와는 다른 것이다. 제한된 존재는 그 누구도 절대적으로 자유로울 수는 없다. 정의상, 유한한 것은 제한되고 다른 것에 의존하는 것이기 때문이다. 그럼에도 불구하고 우리의 자유는 실재적이다.

하나님께서 권력을 위임하셨다는 것은 하나님께서 자신이 만드신 여러 수단 - 즉 물리적 수단, 심리적 수단, 경제적 수단, 정치적 수단을 통하여 역사하신다는 것을 의미한다. 이 모든 것들이 위임된 권력의 영역이기 때문이다. 하나님께서는 그의 일반 섭리 가운데서, 그의 제한된 가능성 내에서 역사 하신다. 그러나 그는 특별 섭리의 행위로 자신만의 목적을 이루시며, 피조물의 과정을 초월하는 이적을 일으키시는 것이다. 그러나 그 어느 것도 변덕스럽게 일어나는 것은 아니다. 하나님께서는 이 모든 것에 대해 목적을 가지고 계시기 때문이다.

---

61. Karl Barth, *Dogmatics in Outline*(London: SCM Press, 1949). p.54.

❺ 이렇게 하나님께서 그의 피조물에 대해 권력을 위임하셨으므로 이 세상은 선한 목적을 위한 질서 있고, 구조적이며, 법칙-통제적인 세상이 되는 것이다. 구약성경 기자들은 이런 자연의 질서 있음을 잘 인정하고 있다.

> 날은 날에게 말하고 밤은 밤에게 지식을 전하니 (시 19:2)

> 범사에 기한이 있고 천하 만사가 다 때가 있나니 날 때가 있고 죽을 때가 있으며 심을 때가 있고 심은 것을 뽑을 때가 있으며 죽일 때가 있고 치료할 때가 있으며 헐 때가 있고 세울 때가 있으며 울 때가 있고 웃을 때가 있으며 슬퍼할 때가 있고 춤출 때가 있으며 돌을 던져 버릴 때가 있고 돌을 거둘 때가 있으며 안을 때가 있고 안는 일을 멀리 할 때가 있으며 … (전 3:1-5)

그들은 피조계 내의 질서가 지식과 심지어는 지혜를 가능하게 한다는 것을 말한다. 왜냐하면 이는 사물을 서로 구별할 수 있게 하고, 우리로 어떻게 행동해야 할 것인지를 배울 수 있게 해주기 때문이다. 지식은 우리가 그 한 부분이 되는(생태계나 생물권을 포함하는) 전반적 질서에 대한 의존성을 나타내 준다. 우리의 일상 생활을 지도하는 지혜는 창조계의 질서를 관찰하고 주의를 기울여 보면 얻을 수 있다. 그런 종류의 지혜는 사물이 만들어진 방식에 관한 것이다. 어떤 이는 그것들을 우연의 산물로, 우리가 원하는 바에 따라 채용하고 개발할 수 있는 것으로 여길 수도 있다. 그러나 성경적 태도는 하나님의 은혜로우신 행동으로서의 자연의 질서에 주의하고 그것에 귀를 기울이는 것이다. 그러므로 여호와를 경외하는 것이 지혜의 근본이다(시 111:10). 바울이 로마서 1장에 묘사한 사람들, 즉 창조주 대신에 피조물을 섬기고 하나님의 진리를 거짓 것으로 바꾸어 버린 사람들은 이런 태도를 빠트리고 있다.

우리는 하나님의 법 지배하에 있는 하나님의 세상에서 살고 있다. 윤리학에서 이든지, 과학에서이든지, 자연법 개념은 자연과 사회가 모두 창조의 주님께 복종한다는 사실을 강조한다. 정치-경제-가족 등등의 서로 다른 창조질서를 묘사함으로써 이 주제를 다루려고 하는 신학자들이 있다. 즉, 이것들은 서로 다른 것으로 환원될 수 없고 주어진 그 나름의 순수성을 지켜야만 한다는 것이다. 헤르만 도예베르트Herman Dooyeweerd는 그 각각이 과학적 탐구의 대상이 되며, 그 모든 것이 다 궁극적으로는 창조주에게 귀결되는 다양한 법 영역law sphere에 대해 말한다. 비록 불신자들은 그것들의 종교적 의미와 세계관적 중요성을 무시한다 해도 각 영역에서의 본질적인 법essential laws은 모든 이를 규제하는 것이다.[62]

비록 윤리학이나 정치학으로부터 법이란 명백히 성경적인 주제의 산물이라기보다는 스토아 철학의 산물이라고 말하는 사람들이 있지만, 법 개념은 성경적인 근거를 가지고 있는 것이다. 그러므로 요한복음의 서언이나 창조적 그리스도에 대한 바울의 골로새서의 주제를 선택하여 피조계에 있는 로고스 구조에 관하여 말하기를 원하는 자들도 있다.

> 태초에 말씀이 계시니라 이 말씀이 하나님과 함께 계셨으니 이 말씀은 곧 하나님이시니라 그가 태초에 하나님과 함께 계셨고 만물이 그로 말미암아 지은 바 되었으니 지은 것이 하나도 그가 없이는 된 것이 없느니라 그 안에 생명이 있었으니 이 생명은 사람들의 빛이라 (요 1:1-4)

> … 만물이 그에게서in him 창조되되 하늘과 땅에서 보이는 것들과 보이지

---

62. H. Dooyeweerd, *Roots of Western Culture*(Toronto: Wedge Publishing Foundation, 1979), 제 2장을 보라.

않는 것들과 혹은 왕권들이나 주권dominion들이나 통치자들principalities이나 권세들authorities이나 만물이 다 그로 말미암고 그를 위하여 창조되었고 또한 그가 만물보다 먼저 계시고 만물이 그 안에 함께 섰느니라 (골 1:16, 17)

로고스에 대한 구약의 선행어는 사물들을 존재하도록 명령하신(창세기 1장), 또한 그의 피조물들에게 '하나님의 법'이 된 하나님의 '말씀'이다. 그러나 로고스 개념은 창조 교리를 창조에 관한 신약성경의 독특한 주제라고 이미 살펴본 바 있는, 그리스도의 인격과 다가오는 그의 나라를 밀접히 이어주는 장점이 있다. 물론 초기 헬라의 개념에서 온 로고스 구조 개념도 있다. 예를 들어서, 헤라클리투스Heraclitus는 비인격적인 로고스 원칙이 끊임없이 변화하는 세상에 합리적 질서를 부여한다고 제안하였다. 그런가 하면 스토아 학자들은 모든 생명체 안에서 적은 '로고이'*logoi*들을 통하여 다스리는 우주적 로고스에 대하여 말하며, 필로philo는 이 우주적 로고스가 하나님에게서 유출된 것이며, 따라서 그것도 종속적인 신이라고 한다. 요한이 로고스에 관한 이런 용법을 염두에 두고 '로고스'라는 용어를 사용했을 수도 있다. 그러나 그는 세심한 주의를 기울였으니 이는 마치 바울이 골로새서에서 그리스도를 사람들의 생각과 삶을 밝히시며 생명을 주는 살아계신 로고스라고 말하면서 그리스도께 인성과 온전한 신성을 부여한 바와 같다.[63]

교부들은 이런 로고스 개념이 확고히 서 있었으며, 그것은 그들의 발전하는 신학에 있어서 아주 중요한 부분이 되었다. 예를 들어서, 그리스도의 본성에 대한 아리안 논쟁에서는 그가 아버지와 다른 성질heterousios

---

63. 이 주제에 대해서는, Carl F. H. Henry, *God, Revelation and Authority*(Waco: Word Books, 1979), vol. III, 제 10-15장을 보라.

을 가졌다고 말하는 사람들과 비슷한 성질homoiousios을 가졌다고 말하는 이들에 의해서 로고스의 온전한 신성이 도전된 것이다. 그러나 그 결과로 나타난 니케아 회의는 동일 본질homoousios임을 확인하였다. 그렇지 않으면 하나님과 피조계의 모든 관계는 중재적인 존재에 의해서 혼동되고, 아들 하나님이 우리의 구속을 위해서 성육신하셔서 움직이시는 살아계신 하나님이 아니게 되기 때문이다.

그러나 창조의 로고스는 창조의 질서와 구별되기가 어렵다. 그것은 '질서성'orderliness으로부터 '질서'orders를 추론하는 것과 같다. 에밀 브룬너Emil Brunner가 지적한 바와 같이 근본적인 개념은 하나님에 의해서 피조된 자연의 모든 측면에는 성수가 있다는 것이며, 그것들에 관해 무엇을 안다는 것은 하나님의 뜻에 대하여 무엇을 안다는 것이다.[64]

❻ 하나님의 창조 사역에 있는 하나님의 목적은 모든 가치의 근거가 된다. 이것은 '좋다'고 하신 창세기 1장의 가치판단 의해서 나타났다. 그 마지막의 종결적인 가치판단은 '심히 좋다'는 것이었다. '좋다'는 것은 그것이 하나님께서 정확히 의도하신 것이었으며, 창조의 모든 부분이 그의 은혜로우신 목적과 조화되며, 따라서 가치를 가지고 있다는 것을 말한다. 하나님께서는 자신이 만드신 것에 대하여 '긍정하신 것이다'(Yes!).[65] 이것은 물질적인 것에 대한 플라톤의 경시나 동양이나 서양의 어떤 신비주의의 현세 부정적 측면과는 현저히 대조된다.

이와 마찬가지로, 시편 기자들도 창조주를 찬양하여 자연의 경이들을 끊임없이 노래한다. 젖과 꿀이 흐르는 땅은 분명히 '좋은' 땅이다. 이는 심미적, 경제적, 그 밖의 다른 가치의 객관적 근거가 된다. 그리고 하나님

---

64. Emil Brunner, *The Christian Doctrine of Creation and Redemption*(Philadelphia: Westminster Press, 1952), pp. 24 - 26.
65. Barth, *Church Dogmatics*, III. 1, p. 330.

께서 사물을 만드신 방식은 도덕적 지표 구실도 한다. 예수께서는 '처음부터' 이혼은 금지된 것이라고 지적하셨으며(마 19:8), 바울은 동성애 행위는 부자연스러운 것임을 선언하였다(롬 1:24-27). 그럼에도 그는 식물과 성관계 모두를 포함하여 "하나님이 지으신 모든 것이 선하다"고 주장한다(딤전 4:4). 그는 금욕주의를 명백히 거부했다. 바로 그 같은 문맥에서 그가 창조 교리를 확증하였음에도 불구하고 말이다(골 2:20-23). 하나님의 창조와 피조물이 가치 있는 것 이라면, 그 유익의 향유는 하나님의 선하심을 기념하며, 즐기는 것일 수 있다. 사실 인생의 모든 것은 이런 기념이 되는 것이다. 이 세상을 참으로 선하게 만드신 이를 인정하는 영혼이라면 말이다.

바로 이런 이유로 초대교회는 예수께서 육체적인 몸을 가지신 것처럼 보였을 뿐이라는 가현설주의자들의 주장을 거부했던 것이다. 육체적인 것(물리적인 것)은 악한 것이 아니라 선하기 때문이다. 성육신으로 말미암아 하나님이 손상 받으시는 것은 아니다. 악은 창조 그 자체 내에 내재해 있는 것이 아니기 때문이다.

여기서 악의 문제가 제기된다. 하나님께서 현세를 창조하시고, 선하다고 하지 않으셨던가? 이에 대해 긍정적으로 말하는 것은 이 세상을 너무 낙관적으로 보는 것이며, 자연과 인생 모두의 본질을 무시하는 것이다. 그러나 이 질문에(고대의 영지주의자들이 했던 바와 같이) 부정적으로 대답하는 것 또한 기독교 세계관의 핵심인 창조 교리 전체를 폄하 하는 것이다. 하나님께서는 악행을 하시지도 않으셨고 하나님의 피조물들을 완전히 악하게 만드신 것도 아니다. 오히려 선하게 만들어진 피조계에 악이 발생한 것이다. 이것이 기독교 신앙의 근본적인 주장이다. 대개는 자연적인 악과 도덕적인 악을 구별하여 자연적인 악은 회오리바람tornado과 같은 자연적 과정이나 욥을 괴롭힌 역병 등에서 기인하는 것이며, 도덕적인 악은 사람 자신의 잘못됨과 비행을 포함하는 것으로 여기는 것이 일반적이다. 자연의 과정이 때로는 선한 가능성의 실현을 막는다. 그것들은 우리의 유한성과 의존성과 관련된 한정적인 요소들인 것이다. 그러므로 하나님께서 자유롭게 목적을 가지고 자연적 과정으로 창조하셨다면, 문제는 이 모든 것에 있어서 하나님의 목적이 무엇인가 하는 것이다. 그렇지만 그 문제는 자연적인 악이 아무런 목적이 없는 것도 아니고, 반목적론적인 것도 아니며, 그것이 있음에도 불구하고 하나님께서 선하신 목적을 가지셨음을 가정한다. 아퀴나스는 하나님께서 더 큰 선을 위하여 악을 허용 하셨으며, 기독교 사상사는 하나님께서 고통을 사용하셔서 신앙을 세우시며, 우리 삶의 성격을 정립하도록 하셨다는 신정론을 포함한다고 주장했다.[66] 결국 그것이 욥의 경우이고, 나면서부터 소경된 이(요 9장), 바울이 가졌던 "육체의 가시"(고후 12:7-10) 등 신약에 나오는 여러 사람들의 경우인 것이다.

반면, 도덕적인 악은 우리 자신들이 행하는 것이다. 인간의 책임에 대한 성경의 강조는 성 아우구스티누스가 그 대변자로 알려진 '자유 의지'적인 신정론을 일으키게 된다. 때때로 그것은 인간의 잘못이나 사탄적 기관의 악행 이상의 자연적인 악에까지 적용되기도 한다. 그 어떤 경우이든지 자유로운 주체자들은 그에 대해 책임이 있다.[67] 하나님께서 그것을 허용하신 목적은 무엇인가? 여기서 우리는 다시 하나님의 자비와 은총을 기억하게 된다.

---

66. John Hick은 그의 『악과 사랑의 하나님』*Evil and the God of Love*(New York: Harper and Row, 1966)에서 이러한 전통의 기원을 찾고 있다. 그러나 그는 이를 자연적인 악과 도덕적 악 모두에게까지 적용 시키고 있다. Cf. *Aquinas, Summa Theologica*, I. 48-49.

67. Augustine, *On Free Choice of the Will*을 보라. 또한 Alvin Plantinga, *God, Freedom and Evil*(New York: Harper &. Row, 1974; 이것은 Grand Rapids: Eerdmans, 1977에 재판됨), Hugh Sylvester, *Arguing With God*(Downers Grove: Inter Varsity Press, 1971); 그리고, C. S. Lewis, *The Problem of Pain*(London: Geoffrey Bles, 1940; New York : Macmillan, 1962)을 참고하라.

첫째로, 일반 은총이 있다. 즉, 하나님의 피조계의 은사들에 아주 넓게 확대되어서 모든 이에게 적용되는 하나님의 선하심이 있어서 악을 제한하시는 것이다. 그러나 예수 그리스도 안에서 아주 극적으로 계시된 하나님의 특별은총도 있다. 성육신은 살아계신 하나님의 계속되는 활동과 창조에서의 그의 목적, 그리고 그가 그의 피조물을 가치 평가하시는 방법에 대한 명백한 재확인이다. 더구나 그리스도께서는 인류를 괴롭히는 자연적, 도덕적 악과 접촉하셨으며, 그는 사람과 사람 사이의 관계에 대한 비인간화와 하나님께 대해 감사치 아니함의 희생 제물이 되셨던 것이다. 그렇지만 그의 십자가는 하나님의 은총을 나타내며, 그의 부활은 죄와 죽음에서의 악에 대한 하나님의 승리를 선포한다. 부활은 그것이 육체적인 부활이라는 점에서 우리가 그 한 부분으로 지음을 받았고, 그 자신도 그 한 부분으로 성육신하신 물질세계의 가치를 재확인하는 것이다. 그러므로 그리스도인들은 가장 근본적인 악이 있음에도 불구하고 피조계의 선함을 확인할 수 있는 것이다. 그는 그리스도 안에서의 하나님의 선하심을 확증하는 분이기 때문이다.

이것은 우리가 사는 세계가 인간이 살았던 시대 중에서 가장 좋은 세상이라는 주장이 아니라, 우리의 희망을 다시 확인하는 것일 뿐이다. 그것은 하나님의 선하신 목적이 주도적이며, 하나님의 나라가 임하리라는 초월적인 목적론까지 다시 살펴보는 것이다. 그러므로 악에 대한 기독교의 접근은 인간 중심적인 것이 아니라 신 중심적인 것이다. 악이 위협하고 있는 가치가 유신론적 근거를 가진 것이기 때문이다. 우리들의 최고선, 우리의 참된 복지는 그 어떤 다른 것이 아니라 하나님의 선하신 목적을 섬기는 것이다. 그러므로 우리는 악이 어떻게 우리에게 유익이 되는지를 항상 깨달을 수 없다는 것은 이해할 만한 것이다. 그것은 그렇게 직접적으로 나타나지 않으며 때로는 전혀 보이지 않기 때문이다. 이것은 전혀 인간 중심적인 우주가 아닌 것이다. 욥의 문제는 항상 남는다. 그러나 이 우주는 항상 목적을 가지며, 하나님은 그의 모든 선하심으로 주권적이시다. 이것이 그리스도의 죽음과 부활이 선포하는 것이고, 그렇기 때문에 신자들은 지금도 자신들의 마음을 다하여 삶의 과제를 수행해 갈 수 있는 것이다.

❼ 그러므로 기독교 창조 교리에 포함된 마지막 구성요소는 창조 과제나 창조 명령에 대한 관심이다(창 1:26-28). 앞서 말한 바와 같이 세계관은 일정한 책임을 부과한다. 하나님께서 그의 피조물들에게 권력을 위임하셨다는 것은 우리가 사물의 본성에 포함된 의무에 대한 책임이 있다는 것을 뜻한다. 이 세상이 법칙에 의해 통제되는 피조계라는 사실은 우리가 그 법칙에 중시해야 함을 요구한다. 이 피조계의 질서성orderliness은 우리가 그것을 이해하려고 하고, 우리가 아는 바에 따라서 행동해야만 할 것을 명령한다는 말이다. 피조계가 선하게 창조되었다는 것도 우리가 이 피조세계에 대해 적극적인 가치평가를 해야 함을 요구한다.

우리는 이 책의 제3부에서 이런 것은 인간의 과학과 경제적 과제, 기술공학의 유익하고도 현명한 사용, 그리고 인간의 창조성에 대해 어떤 함의를 지니는지를 살펴볼 것이다. 이 모든 영역에서 우리는 주인이기보다는 종이다. 즉, 하나님의 창조세계 안에서의 질서와 하나님께서 만드신 것의 선한 가능성들을 찾아내는 종들인 것이다. 그러나 창조주를 섬기며, 그를 증언하는 이런 과제들에는 우리의 유한성이라는 약점이 끼어들며, 우리의 부패성 때문에 왜곡되기도 한다. 악과 오류는 늘 과학과 예술, 그리고 사회의 밑바탕에 깔려있다. 우리의 사람됨과 행동, 그리고 우리 인간의 문화 전체는 하나님의 은총을 갈구하는 것이다. 온 피조계가 지금도 그 창조주를 찬양하고 있기는 하지만 그와 동시에 하나님 나라의 영광의 임재를 기다리고 있다는 말이다.

우리 그리스도인들은 이런 문맥에서 살며 생각한다. 삶에는 성과 속의 합법적인 구분이 있을 수가 없고 가치와 사실의 구분, 하나님의 목적과 사람의 목적의 따로 떨어져서는 안 되는 것이다. 인간 중심주의는 모든 일에 대한 전적인 신중심주의와 반대되는 것이다. 그리고 이는 이제 살필 바와 같이 윤리와 사회, 노동과 과학기술, 예술과 놀이에 대한 결과를 갖게 된다. 이 세상과 역사를 이루어 가는 것은 비인간적인 자연이나 자의적인 운명, 그리고 인간의 고안이 아니라 하나님의 창조적인 활동인 것이다.

하나님과 피조계 : 철학적 논의

Contours of a World View
Studies in a Christian World View

―――

    우리는 세계관의 구조를 살피면서 신학이 포괄적인 기독교적 관점에 포함된 기본 신념을 설명하는 데 반하여, 철학은 모든 탐구의 영역 아래 있는 형이상학적 문제들을 취급함으로써 특정한 진술을 하려고 한다는 것을 확인했다. 그러므로 철학사는 세계관 형성에 도움이 되는 다양한 개념들을 제공한다. 이 장에서 우리는 창조 교리에 함의를 가진 형이상학적 개념들을 살펴보려고 한다.

    철학 자체는 자연을 이해하는 계속적인 과학적 모델들의 영향을 받으며, 이제 우리가 살펴볼 형이상학적 모델들은 서로 다른 네 가지 과학관에 따라 형성된 것들이다. 그것들이 제기하는 문제들은 우리가 자연적인 과정을 생각하는 것과 같은 방식으로 모든 것들을 파악하려고 한다는 데서 나오는 문제들인 것 같다. 그렇지만 항상 이런 비교가 가능한 것은 아니다. 그러므로 환원주의적 경향은 종종 하나님과 사람을 자연의 형상을 따라 만드는 결과를 초래한다. 결과적으로, 나는 철학적으로 적절한 세계관을 형성하는데 도움이 되는 좀 더 인격적인 모델을 제시 하고자 한다.

창조에 대한 과학적 모델

❶ 우리의 사고에 지금까지도 영향력을 행사하는 중요한 철학적 견해의 하나는 플라톤적 모델이다. 플라톤의 자연관은 주로 수학적 질서가 우주 전체를 지배하여, 변화와 부패만이 주도적인 이 세상을 조화롭고 잘 정비된 체제가 되게끔 한다는 피타고라스의 이론에서 도출된 것이다. 플라톤에게 있어서는 물질이란 피조 되지 않은 혼돈이며, 구체적인 사물들은 세계에 질서 있는 외형을 부여하는 (기하학적 양식이나 대수적 관계와 같은) 영원한 형상의 영향으로 조성된 것이다. 또한 구체적인 것들이 붕괴되지 않고 그 외형을 유지하는 것도 그것들이 선과 미의 유일한 원천인 불변하는 형상들에 참여하기 때문이다.

이런 설명에는, 한편에는 영원하고 불변하는 형상이 있고, 또 한편에는 현세적이고 가변적인 구체물이 있다는 이원론이 함축되어 있다. 사람의 영혼은 영원하고, 육체는 일시적이라는 것이다. 또한 시간적인 것들은 상당히 열등한 것이고, 역시는 영원한 것을 찾을 수 없는 계속적인 순환으로서만 특징 지어진다는 것이다. 영원만이 선한 것인데, 그것은 시작도 끝도 없으며, 변화하는 것도 없는 '무無 시간'timeless이기 때문이다.

고대 그리스의 신들은 무시간적이지도 않고 완전하지도 않다. 그들은 변덕스럽고 가변적이며, 따라서 영원한 형상보다는 열등한 자연적인 존재와 유사한 존재들이다. 플라톤이 말하는 최고의 완전한 존재는 사물에 질서와 통일성을 부여하는 '선의 이데아'이다. 그러나 이 '선의 이데아'가 사물을 무로부터 창조한 것도 아니고, 계속하여 섭리적인 활동을 하는 것도 아니며, 창조를 선하다고 선언하거나 창조를 명령하지도 못한다. 그것은 단지 궁극적 완전성과 조화로운 통일성의 '이상'인 비인격적이고, 무 반응적이며, 소외되어 있고, 무력한 것일 뿐이다. 그것은 전혀 종교적 헌신의 대상이 아닐 뿐만 아니라, 단지 합리적인 소수 귀족들의 지적 성찰의 대상일 뿐이다. 플라톤의 『티메우스』*Timaeus*에 나오는 '데미우르고스'Dēmiourgos는 기존하는 물질들을 영원한 형상에 따라서 조성한 이 세상의 원인이다. 그러므로 플라톤의 궁극적 이원론에서 물질과 형상은 모두가 피조 되지 않은 요소들인 것이다.

그러나 기독교는 이런 생각을 바꾸었다. 영혼의 영원성에 대한 강조와 선의 불변성에 대한 강조를 높이 사면서 플라톤의 지혜를 온갖 빛의 원천인 영원한 로고스로까지 돌린 교부들도 있기는 하다. 아우구스티누스는 플라톤을 기독교 사상에 가장 잘 채용한 대표적인 사람이다. 시간과 영원, 육체와 영혼의 이원론을 유지하고, 불변하는 형상을 가변적인 구체물들과 구별하면서 아우구스티누스는 '선의 이데아'를 하나님과 동일시하여 그를 모든 존재와 선의 유일한 원천으로 말한다. 영원한 형상들(이데아들)은 피조계에 나타난 하나님의 영원한 경륜들로 바뀌었다. 사물들을 무로부터 존재하게 하시며, 그것들의 존재를 명하신 하나님의 명령fiat은 신적인 말씀인 로고스라고 아우구스티누스는 주장하였다. 형상이 없는 물질에 형상을 부여하심으로써 – 땅은 "혼돈하고 공허하였으므로"without form and void(창 1:2) – 하나님께서는 변화가 있는 질서 있는 세계를 창조하셨고, 이로써 시간이 시작되었다는 것이다.

이렇게 플라톤적 모델을 상당히 많이 사용 했음에도 불구하고, 아우구스티누스는 창조 교리의 요소들은 명백히 하였다. 즉, 하나님께서는 '무로부터 창조하셨고'*creatio ex nihilo* 자유롭게 창조하셨으니, 이는 형상이 없는 물질도 하나님께서 창조하신 것이며, 하나님께 의존하는 것이고, 창조는 신플라톤주의의 필연적 유출과는 다른 것이고, 하나님께서는 자연에 그 나름의 질서와 권능을 부여하셨기 때문이다. 하나님께서는 모든 것을 선하게 만드셔서, 악은 유한한 존재의 본질적인 부분이라기보다는 일탈aberration이며, 이원주의적으로 선에 영원히 대립하는 것은 아니다.

그러나 아우구스티누스에게 플라톤주의는 피조계를 향하고 있다. 그

것이 아우구스티누스를 금욕적인 성향으로 나아가게 하고 무미건조하던 것의 삶을 신비적인 방향으로 바꾸게 하였다. 현세적인 것과 가변적인 것을 평가절하 함으로써 아우구스티누스는 창조 자체를 평가절하 하는 데에까지 나아간 것이다. 무시간적인 것이 시간보다 더 나은 것이고, 불변하는 것이 변하는 것보다 더 나은 것이므로, 자연적 식욕으로부터의 자유와 변화로부터 자유 하는 것이 '이상'이 되었다. 아우구스티누스는 시간과 영원이라는 플라톤의 비교적 단순한 구분을 정교화 하여 사물을 위계적으로 배치하는, 그가 살던 당시의 신플라톤주의에 가까이 있었다. 이 위계 개념은 중세의 사고에 영향을 미쳐서 중세에는 선과 악도 위계화하고 자연과 사회의 구조도 위계화 하여, 정치적·교회적·가정적 구조까지도 위계화하기에 이르렀던 것이다. 그리고 그것은 오늘날 우리들의 사고에도 영향을 미치고 있는 것이기도 하다.

기독교 사고에 있는 플라톤주의적 전통은 다음과 같은 이중적 평가를 받을 수 있다. 한편으로는 이 플라톤 주의적 전통이 창조의 질서를 설명하는 형이상학을 제공하며, 가치의 객관적 근거를 제공한다. 그러나 또 한편으로는, 그것이 존재 자체의 은사를 손상시키는 불변하는 질서, 고정 된 위계구조를 받아 들인다. 즉 한편으로는 영원한 것을 가치 있는 것으로 인정하게 해주지만 또 한편으로는 시간적인 것을 평가절하하게 하는 일도 한다는 말이다. 그것은 변화를 악이라고 보며 불변성을 선이라고 보기 때문이다. 플라톤주의는 불변하는 진리와 하나님 지식에 대한 관조를 강조한다. 그러나 지상 경험의 다양한 과학화를 강조하지는 않는다. 그럼으로서 플라톤주의적 전통은 일상의 과제를 능숙한 관리자답게 처리하는 것과 삶의 물리적 향유에서 벗어나도록 할 수 있는 것이다.

❷ 13세기에는 플라톤의 뛰어난 제자인 아리스토텔레스가 재발견되어서, 토마스 아퀴나스와 같은 그리스도인들은 플라톤의 모델보다는 아리

스토텔레스의 모델을 더 좋아하였다. 존재의 위계적 구조와 불변하는 형상 개념은 그대로 보존되었으나, 변화는 더 이상 혼돈적인 것이거나 무목적적인 것으로 생각되지 않게 되었다. '내 눈이 둘러보는 모든 것이, 결국 다 변하고 썩는 것이네'라는 찬송 가사는 변화를 썩음과 동일시하는 플라톤적인 것이다. 그러나 아리스토텔레스와 아퀴나스에게 있어선 그렇지가 않다. 오히려 변화는 더 좋은 목적을 위해 질서 있게 배치된 것으로 본다. 아리스토텔레스의 형이상학은 보다 목적론적인 형이상학 이였던 것이다. 그러므로 모든 존재와 모든 변화의 과정은 '물질적인 원인'이거나 그것을 만들어낼 '유효한 원인'이며, 그 구조를 설명하는 '형상적 원인' 이기만 한 것이 아니라, 그것이 향하는 '최종의 원인'이요 '선한 목적'인 것이다. 자연계와 인간계, 그리고 신계의 모든 존재의 수준 사이에는 유비가 있으므로 아퀴나스에게 있어서는 피조계 역시 그런 것이었다. 하나님께서는 자신의 능력으로 창조하시는 '유효한 원인'이시고, 존재하는 모든 것들이 그를 위해 존재하는 '최종 원인'이신 것이다. 창조는 선한 목적을 이루기 위한 것이다. 그것은 하나님의 사랑과 선하심의 발로이다. 그는 자유롭게 창조하시기로 작정하셨으며, 선하게 창조하신 것이다. 그러나 기존의 물질이나 창조의 물질적 원인이 있었던 것은 아니니, 창조는 무로부터 존재되는 것이기 때문이다.

그러므로 여기에는 유한한 것과 변하는 것도 선하게 보는 더 적극적인 견해가 나타난다. 현세적이고 시간적인 존재가 더 이상 평가 절하 되지 않는 것이다. 모든 존재가 거룩하며, 하나님의 축복을 받은 것이며, 하나님의 목적과 그의 사랑에 참여하는 것이다. 이런 토마스주의적 관점이 만연하게 되자 플라톤적인 고행과 신비적 경향이 점차 완화되고 학문과 예술에 대한 적극적인 결과가 나타나게 되었다. 문학과 예술이 활발하게 되었고, 자연의 유목적적인 질서에 대한 확신은 과학적 탐구를 자극하여 현대 과학의 발흥을 가능하게 했다고 말하는 이도 있다.

이런 진전 중에서도 고대 그리스의 모델은 또 다른 문제를 야기 시켰으니 중세인들의 치열한 논쟁은 시간문제였다. 사물의 위계적 구조 가운데서 구체물 들은 보편적 형상이라는 원행에 의해서 지배되는 것이라면, 개성을 어떻게 설명해야 하며, 개개인이 어떻게 자유로울 수 있을까? 또한 만일 하나님께서 보편적 형상에 따라 창조하셨다면, 하나님의 창조 행위를 참으로 자유로운 것이라고 할 수 있는가? 그러면 하나님께서도 플라톤의 '데미우르고스'처럼 형상(혹, 이데아)에는 복종하신단 말인가? 그렇지 않다면 하나님과 다른 수준의 존재들 간의 간극이 파괴되고 마는데 그렇다면 다른 모델이 필요하지 않은가?

(이런 문제들을 생각하여서) 14세기의 윌리엄 오컴 William of Occam은 플라톤이나 아리스토텔레스적인 것을 막론하고, 보편의 실재성을 일체 거부하였다. 주로 하나님의 주권에 대한 찬양의 의미에서, 창조와 그 질서를 하나님께서 그렇게 의도하신 것이며, 따라서 선 good, 善이란 하나님께서 작정하신 것일 뿐이라고 설명하였다. 그러나 고대 그리스의 모델들은 쉽게 시러져버리지 않는 문제를 제기한다. 이 세상은 목적론적인 우주인가 아닌가? 자연의 제일성(혹, 질서성)은 하나님의 권능에 의해서 외부로부터 부과된 것인가 아니면 하나님께서 만드신 사물들의 본질 안에 내재한 것인가? 하나님의 선하신 목적은 피조계의 보편적 측면에 계시된 것인가, 아니면 사실과 가치는 본래 서로 연관된 것인가? 르네상스 시대의 자연관은 물질에 부과된 질서에 의한 기계론적 우주, 즉 가치중립적인 세계를 지지했다. 그리고 기독교 사상은 그것을 탐구하였으나 플라톤과 아리스토텔레스적 특성은 계속하여 남아 있었으며 후기에는 새로운 형태로 나타나게 되었다.

❸ 르네상스 과학은 흔히 '당구공 우주' billiard ball universe라고 불리는 것을 만들어 내었다. 그것은 영원한 형상이나 내적 목적력이 없이, 인과

적 기계장치를 정착시켰다. 자연력은 물질의 입자들에 영향을 미쳐서 새로운 것을 만들어내고, 모양을 바꾸도록 한다는 것이다. 이는 아이작 뉴턴Issac Newton에 의하여 깊이 있게 발전되었으며, 그 철학적 함의는 데카르트Descartes나 토마스 홉스Thomas Hobbes, 그리고 존 로크John Locke와 같은 사상가들에 의해 논의되었는데, 그들은 하나님의 창조 행위를 이전에는 없던 사물을 존재하게 하며, 또한 자연 질서를 주재하는 힘을 작동시킨 초 자연력으로 보았다. 그러므로 신 존재에 대한 논증들은 다양한 인과적 연쇄의 첫 원인을 지적하기도 하며 (소위 '우주론적인 증명'), 자연 질서의 원인을 지적하기도 한다. ('목적론적인 증명'). 그러나 이 모델은 하나님의 창조의 유목적성, 그의 계속적인 창조적 행위 사실과 가치의 관계라는 세 가지 강조점들은 설명하지 않는다. 그 결과로 기독교의 하나님은 기계론적 철학의 하나님과 비슷한 존재가 되어버렸다.

하나님을 첫 원인으로 보는 것이 성경의 창조주에 대한 충분한 설명이 아님은 이신론deism에서 분명하게 된다. 이 이신론은 볼테르Voltaire나 토마스 페인Thomas Paine, 제퍼슨Jefferson, 그리고 벤자민 프랭클린Benjamin Franklin과 같은 18세기의 지식인들이 가졌던 종교적 견해이다. 그들은 '하나님께서 이 자연과 자연법칙'을 만드셨다고 인정하기는 하지만 특별계시, 이적, 그리고 구원의 은혜saving grace에서 나타나는 하나님의 계속되는 창조성을 수납하지는 않는다. 그들의 하나님은 골로새서에 나오는 성육신하신 그리스도가 아니며, 온 피조계의 구속주이신 '로고스'가 아니다. 그러므로 하나님을 모든 것의 원인으로 생각하는 것이 아무리 유용할지라도, 그것으로 충분한 것도 아니며, 그것이 명백히 기독교적인 것도 아니다. 그들의 동시대인들은 더 극단적으로 나아가서 첫 원인에 대한 개념을 의심하고 거부하며, 그 결과로 물질주의와 회의주의의 흐름을 가져오게 하였다. 하나님께 대한 인과적 증명은 논리적으로 유력한 것으로 보이지 않으며, 그들에게 있어서는 그것을 필요로 할 만큼 강한 종교적 요구가 없었다.

이 기계론적 모델은 학자들에 의해서 심리학, 생물학, 그리고 오늘날 우리가 사회과학이라고 부르는 학문에까지 확대되어 적용되었다. 의지의 자유와 인간행동의 본성에 대한 질문을 제기하면서, 그들은 가치란 근본적으로는 욕망들로서 물리적으로 생성되며, 규범적 요소가 없는 것이며, 정치학이나 경제학은 도덕적 원칙과는 관계가 없으며, 수반하는 모든 요소를 지배하는 법칙과만 관계된다고 주장하였다. 그 결과로 역사에 대한 결정론적 설명의 길이 열려졌다. 뒤에 가서 이런 것들을 살펴볼 것이다.

그러나 이에 동의하지 않는 철학자들도 있었다. 그 대표적인 사람은 물질의 실재를 부인한 철학파의 비조로 알려진 아일랜드의 감독 조지 버클리Geoge Berkeley였다. 사실, 그는 뉴턴이 주장하는 모델의 구성요소들 - 물질, 힘, 절대 공간, 절대 시간 - 모두의 독립적인 실재를 부인 하면서, 이 모든 것들은 비 경험적인 추상물들이라고 논의하였다. 우리의 물리적 시물에 대한 경험은 기계적인 힘들에 의해서가 아니라 직접 하나님에 의해서 가능하게 되므로, 하나님께서는 끊임없이 그의 피조물들의 삶과 관계를 가지시는 것이다. 또한 독일의 철학자 라이프니츠Leibniz는 물질과 운동의 배후를 파고들어 각기 그 자체의 선한 목적을 가진, 끊임없이 하나님에 의해서 생성되는 힘의 단위들units of force에까지 나아갔다. [그는 이를 '모나드'monad(전자)라고 불렀다. -역자 주] 라이프니츠와 버클리는 모두 그들 시대의 기계론적인 견해에 대하여 더 적절한 기독교적인 대안을 제시하려고 하였던 것이다. 하나님께서는 첫 원인 이상이시고, 피조계에 대한 하나님의 관계는 오래 전에 시작된 자연력의 지배 이상인 것이기 때문이다.

❹ 19세기의 과학적 개념들은 하나님과 그의 피조계에 대하여 다른 사

고의 모델을 제시하였다. 생명력이 없고, 사람들과는 거리가 먼 기계론적 자연관에 불만을 느끼고, 그런 견해와 함께 제출된 이신론의 생명이 없는 하나님께 대해 만족하지 못했음은 낭만주의에서 명백히 나타났다. 또한 과정과 변화에 대한 새로운 의식이 일어나고, 역사학과 발달 생물학이 발생되었다. 이와 함께 미시적 수준에 대해서는 유전학genetics이 시작되었고, 거시적 수준에 대해서는 진화론이 점차적으로 관심의 대상이 되었다. 또한 물리학은 얼마 안가서 사물의 상호연관성에 대한 새로운 이해를 제공하였으니 먼저는 전자기장 이론electromagnetic field theory에서이고, 그 뒤에는 상대성 이론에 의해서였다. 그 결과로 나타난 것이 유기체적 성장과 자연 안에서의 통일성에 대한 이해였다.

그리하여 하나님과 피조계에 대해서도 이에 병행하는 개념이 나타나 내재주의적이고 진화론적 신학이 발전되었다. 내재주의immanentism는 전적으로 초월적인 하나님의 소원성에 대한 반발로 등장한 것으로, 하나님이란 자연과 인간 정신에 내재해 있다는 단일론적 형이상학을 함의한다. 그 첫 대표적인 해설가는 슐라이어마흐Schleiermacher로서, 그에게 있어서는 하나님은 전체로서의 자연에 대한 개인의 내적 의존의 경험에서 계시 되신다고 한다. (신적인) 자연과의 합일감이라는 낭만주의적 감정과 에머슨Emerson의 'Oversoul'과의 합일이라는 미국 초월주의자들에게서도 이와 비슷한 모습을 쉽게 찾아볼 수 있다. 결국 하나님은 무로부터 세상을 존재케 하신 초월적인 창조주가 아니신 것이 되며, '무로부터의 창조'creatio ex nihiho는 명백히 거부되었다. 그와는 달리 하나님은 인간의 의식과 문화에 나타난 전 포괄적인 창조적 정신이 되고 만 것이다.

자연 자체와도 같은 소위 '세계정신'은 역사과정 안에서 자기를 실현하여 가는 것이다. 헤겔Hegel에게 있어서, 절대정신은 예술과 종교, 철학이라는 인간-문화의 전개에서 가장 명백하게 나타난다. 이것은 전통적 유신론이라기보다는 형이상학적 단일론 이므로, 기독교 신학은 더 이상

문자적으로 취급될 것이 아니라 절대자의 창의성에 대한 상징적인 표현이라고까지 주장하게 된다. 그리고 계시는 인류의 최고 사상에 나타난다. 성육신은 우리 안에 로고스가 있음을 말해 주고, 따라서 기독교는 다른 종교보다 더 진보된 것이기는 하지만 다른 종교와 질적으로 다르거나 그것만이 유일한 진리는 아닌 것이다.

이로부터 한 걸음 더 나간 것이 최근의 과정 신학process theology이다. 이는 화이트헤드A. N. Whitehead의 유력한 형이상학에서 시사를 받아 새로운 과학에 근거하고, 찰스 하트손Charles Hartshorne이나 존 콥John Cobb과 같은 이들에 의해서 신학적으로 명백히 정리된 입장이다. 여기서도 역시 만유재신론panentheist적 형태의 단일론이 주도적이다. 즉, 모든 것은 하나님 밖에 있거나 무로부터 *ex Nihilo* 창조 된 것이 아니라 하나님 안에 존재하며, 그의 경험 안에 구성요소가 된다고 주장하는 것이다. 그러므로 하나님과 피조물의 관계는 비균형적인 것이 아니라 대칭적이고 균형적인 것symmetrical이 되었다. 즉, 창조주가 그의 피조물들과 함께 그 경험과 운명을 공유하며, 어떤 점에서는 그 스스로도 바뀐다는 것이다. 이는 이신론의 동떨어진 신에게로서 나온 결과의 하나이다. 하나님은 자연을 최고의 목적에로 이끌어 들이는 '최종의 목적'이시지 행동하시는 '유효한 원인'은 아니시라는 것이다.[68]

과정 신학의 모델은 다음 몇 가지 이유에서 어떤 그리스도인들에게는 매혹적으로 보이기도 한다. 첫째로, 그것은 하나님과 피조물의 관계를 고립 된 '사물의 첫 원인'으로 보기 보다는 계속적인 역사적 목적론으로 본다. 둘째로, 그것은 모든 유한한 것들이 변화하며 우연적인 것임을 안

---

68. 떼이아르 드 샤르댕(Teilhard de Chardin)에 의해서 발전된 또 다른 과정 신학은 창조의 점진적 전조(the progressive divination of the creation)에 대해 말한다. 전 피조계의 운명은 일종의 진화적인 과정이라는 것이다. 왜냐하면 그것은 점차적으로 하나님의 존재에 흡수되어 구속된다고 보기 때문이다. 여기서 동방 정교회와의 유비가 발생한다.

정한다. 즉, 어떤 고정된 형상을 상정하지도 않고, 변화를 평가절하하지도 않는다. 셋째로, 그것은 플라톤이 신학에 남겨준 시간과 영원의 철저한 이원론을 극복하여 하나님으로 하여금 우리의 경험에 더 가까운 분이 되게 한다. 마지막으로, 그것은 현대 과학과 잘 조화된다. 그러나 성경적 신학의 관점에서 볼 때에는 여기에도 문제가 있다. 과정 신학자들은 하나님께서 자연의 창조성을 이끌어갈 목적을 제공하시고, 그 목적을 이루도록 이끌어 들이신다는 의미에서 하나님을 창조주라고 부른다. 그러나 자연은 과정 - 하나님 안에 내재하며, 하나님의 경험의 한부분이며, 하나님에 의해 무로부터 *ex nihilo* 하나님 밖으로 *ad extra* 창조된 것이 아닌 것이 된다. 또한 하나님은 결코 자연을 초월하지 못하시며, 역사 안에서 전능한 힘을 행사하시지 못하시는 것이 되는 것이다.

성경에 기록된 하나님의 행위는 우리의 창조적 능력 안에 하나님께서 내재하심에 대한 상징이며, 자연과 은총, 일반계시와 특별계시 사이의 차이가 있다는 것은 잘못된 것이 된다. 또한 유일하게 단회적인 하나님의 성육신이 일어나는 것도 아니다. 그리고 우리와 자연 모두가 하나님의 경험의 한부분이라면 선과 악의 차이는 사라지며, 희망은 하나님의 구원하시는 행위에 있는 것이 아니라 자연적-역사적 변화에 근거하는 것이 된다. 이렇게 전혀 다른 세계관, 즉 유신론적이기보다는 단일론적인 세계관이 결과 되는 것이다. 그의 시대의 내재주의 신학에 대한 키에르케고어 Kierkegoard의 불평은 여기에도 적용될 수 있다. "사도는 천재로, 계시는 창의성으로 환원되고 말았으며, 하나님과 사람 사이의 본질적인, 질적 차이는 사라지고 말았다. 하나님과 사람이 마치 왕이나 종과 같이 동등하게 된 것이다."[69]

---

69. Soren Kierkegaard, *"The Difference Between a Genius and an Apostle," The Present Age*와 함께 출판됨 (New York: Harper & Row, Harper Torchbooks, 1962).

과정 신학의 내재 주의와 하나님 자신도 변화를 겪으신다는 주장은, 적어도 화이트헤드의 전통에서는 배후의 존재론에서 기인한다. 화이트헤드에게 있어서는 실재란 모두 서로 연관되어 있고, 연속되는 일련의 사건들로 이루어진 복합 경험과 유비적인 것이다. 하나님께서도 초월적이거나 불변하시는 존재가 아니고, 적극적인 활동주체도 아니며, 단지 전 포괄적인 경험이라는 것이다. 그러므로 하나님의 경험이 세계 - 과정과 함께 변하여 간다고 말하는 것은 하나님 자신이 변하신다고 말하는 것이다. 하나님의 경험은 전 포괄적이므로 선악 간에 일어나는 모든 것을 조화로운 전체로 이루어간다. 그러나 하나님께서는 변화하시며, 만족하시는 경험을 가지신 분이시지, 불변하는 본질적 존재는 아니시라는 것이다. 존재는 경험이라고 가정하기 때문이다. 그러므로 그런 하나님은 성경적 유신론의 초월적이고, 자유로우며, 독립적인 하나님은 아닌 것이며, 자신이 무로부터 *ex nihilo*, 자신의 밖으로 *ad extra* 창조하신 세상에서 활동하시는 초자연적인 활동의 주체가 아닌 것이다. 이렇게 과정 신학은 선과 악, 자연과 인간 그리고 하나님과 그의 피조물을 구별하지 않는 단일론 적인 견해에 가깝다. 사실 화이트헤드는 하나님과는 상관없이 창조성에 대해 말하는 것이며, 과정 신학의 상당한 부분에 의존하는 진화 개념은 무엇인가? 이에 대해서 많이 논의한다는 것은 문제의 핵심을 흐리는 것이 된다. 종을 고정시키는 것은 성경적이지 않고, 우리를 참된 문제에서 벗어나도록 하는 아리스토텔레스적 교훈이다. 질서 있는 창조는 고정된 종을 요구할 수도 있고 그렇지 않을 수도 있기 때문이다. 하나님께서 궁극적으로 모든 것을 창조하셨으며, 그가 모든 것의 창조주라는 사실 외에는 생물학적 생명의 기원에 관한 문제는 성경적인 문제꺼리가 아닙니다.

생물학적인 의미의 '생명'은 상당히 복합적인 화학적 과정의 기능을 하는 것으로 보는 것이 옳다.[70] 또한 지구가 얼마나 오래되었는가 하는 것도 문제가 안 된다. 성경은 이런 문제에 관심하는 것이 아니기 때문이다. 우리가 그것으로부터 벗어나지 말아야 할 성경적 초점은 하나님께서 만물의 초월적인 창조주이시라는 것과 그의 만드신 것들의 선하심과 인류의 그 창조적인 독특성과 우리가 그의 형상대로 창조함을 받았다는 사실에 있다. 물론 이는 진화론적 설명이 전혀 문제가 되지 않는다는 말은 아니다. 화석 기록의 불완전성, 진화적 변화의 단속적인 성격, 서로 다른 유전자들과 서로 다른 해부적·행동적 구조 사이의 불확실한 관련성 - 이런 요소들은 적자생존의 자연적·점진적 과정보다는 다른 변화의 양상의 가능성을 열어 놓는 것이다. 그리고 진화는 궁극적 기원의 문제는 대답하지 않은 채 남겨두는 것이다. 더구나 이 논리는 진화적인 설명이 보편화될 때에 중요한 긴장이 일어난다. 첫째로, 사람과 하나님을 포함하여 모든 것이 전적으로 진화적 기원과 발달에 종속한다고 할 때에, 그들의 초월성을 - 그들의 독특성, 독립성, 그리고 자유를 - 상실하게 되기 때문이다. 이것이 과정 신학과 내재주의 신학에서 일어나기 쉬운 영향이다. 둘째로, 모든 것을 물리적으로만 설명하게 되면 진화론은 진화주의evolutionism가 되고, 형이상학적 이론이 되며, 모든 문제를 단일론적으로만 보는 자연주의적 단일론이 된다. 이것이 자연주의적 휴머니즘에서 일어나고 있는 일이다. 그리하여 유신론과 제국주의적, 과학적 환원주의 사이에 틈새가 생겼다. 그러나 정확히 말하자면, 과학을 형이상학과 혼

---

70. 그러나 이에 대한 또 하나의 대안은 삶이란 순전히 물질적인 것과는 다른 세력이나 에너지라고 보는 생동주의(vitalism)이다. 이런 견해는 아리스토텔레스에게까지 거슬러 올라갈 수 있지만, 20세기 초에 앙리 베르그송(Henri Bergson)에 의하여 대중화되었고, 오늘날에는 한스 요나스(Hans Jonas)에 의해 대변되고 있다. Cf. Hans Jonas, *The Phenomenon of Life*(New York: Harper and Row, 1966). 때때로 그것은 모든 자연이 어떤 의미에서는 살아있는 것이라는 찰스 하트숀(Charles Hartshorne)에 의해 표현된 견해인 범심리주의(panpsychism)와 연관되었다.

동하고 제한된 범위의 이론을 보편화하는 것은 '과학'이 아니라 '과학주의'scientism인 것이다.

인류가 진화적인 방법으로 하나님에 의해서 창조되었는가 하는 문제는 또 다른 문제이다. 창조교리는 하나님께서 자연에 위임하신 권력의 사용을 포함하는 것이기 때문이다. 그 과정을 하나님께서 창조적으로 인도해 가시는 인간 기원에 대한 특수한 진화론적인 설명으로 받아들이는 기독교 학자들도 있다. 또한 (나 자신을 비롯하여) 자연에 대한 우리의 관계는 우리로 하여금 적은 규모의 진화적 과정을 인정하게끔 하지만, 창세기의 창조 기록과 우리의 독특성에는 하나님의 특별한 창조 행위가 시사되어 있다고 주장하는 이들도 있다. 여기에서의 문제는 부분적으로는 (창세기를 어떻게 해석해야 하느냐 하는) 해석학적인 문제이고, 또 부분적으로는 (사람 안에 있는 하나님의 형상을 어떻게 진화론적으로 적절하게 설영할 수 있는지의 여부에 대한) 형이상학적인 문제이다. 그것은 명백히 성경적인 진술과 과학적인 이론 사이의 선택이 아니라 이 둘을 연관시키는 신학적, 철학적 이론들 사이의 선택의 문제이다.

그러므로 이 논쟁에 있어서 근본적인 것은 하나님과 피조물의 차이이다. 진화론적 철학자들은 자연 자체 안에, 대개는 자연-사람-도덕성, 그리고 사회를 하나의 계속되는 유대로 보는 순전히 자연주의적 틀 안에 내재해 있는 발전적 가능성을 강조한다. 과정 신학자들은 자연에 대한 하나님의 관계와 인류의 역사와 경험에 대한 하나님의 임재를 중시한다. 마치 하나님으로부터 인간 영혼과 물질적인 것들 간에 일련의 연속성이 있고, 이 모두가 하나의 같은 존재의 여러 등급인 것처럼 말하는 것이다. 그렇게 되면 하나님의 초월성과 그의 질적인 타자성, 내재적 과정만으로는 생산해 낼 수 없는 방식으로 자유롭게 창조하실 수 있는 독특성을 잃게 되는 것이다. 그들은 초월적인 하나님이 아니라 내재적인 목적론을 강조한다. 그러나 기독교 유신론자에게 있어서는 피조된 세계란 유한하고, 더 포괄적인 실재의 사라져버릴 상징적 의미만은 아니다. 그것은 하나님께 의존되어 있는 것이기는 하지만, 그 자체로서 실재적인 것이다.

우리는 이제까지 하나님과 피조물의 관계를 보는 네 가지의 개념화를 살펴보았다. (그것은 다음과 같이 정리해 볼 수 있을 것이다 -역자 삽입)

기 원	개념적 특성	창조주 하나님
플라톤	초월적인 형상들, 시간과 영원의 이원론	물질에게 형상을 부여함
아리스토텔레스	내적 목적론	존재와 그것의 목적을 부여함
르네상스	인과적 기계론	현존하는 것의 원인이 됨
19세기	과정적, 유기적 단일체	존재 자체임

이는 방법론적인 질문을 제기한다. 즉, 만일 하나님(또 사람은 좀 덜하긴 하지만)이 자연과는 질적으로 다르시다면, 자연과학에서 이끌어 낸 모델들이 얼마나 도움이 될 수 있겠는가? 우리는 하나님을 자연의 형상으로 파악하려 한다는 질문을 해야 하지 않겠는가?

이 방법론적인 질문에 답하기 위해서, 자연적 모델에 따른 하나님이 충분히 인격적이신 존재이신지를 생각해 볼 필요가 있다. 단일론적인 철학들은 대부분 여기서 어려움을 가진다. 이는 온갖 형태의 자연주의에도 해당되는 말이다. 자연은 생각하지도 않고, 사랑하지도 않으며, 선택하지도 않는 것인데 반해서, 창조주이신 하나님께서는 생각하시고, 사랑하시며, 선택하시는 분이시기 때문이다. 그런데 어떻게 자연이 우리로 하여금 인격을 이해하도록 도울 수 있겠는가? 특히 우리와는 달리 이 자연적 세계의 한 부분이신 인격적이신 하나님을 이해하게 할 수 있겠는가? 하나님은 우리와는 달리 자연과 연속선을 거의 가지시지 않으신 분이시다. 또한 그는 우리가 할 수 없는 방식으로 자연을 초월하시는 분이시다. 관념론적 형태의 단일론도 여기서 어려움을 겪는다. 인격이란 자의적인 행동의 가능성과 능력을 함의하며, 이는 또한 그가 활동하시는 상황을 초월하는 주체라는 것을 함의하기 때문이다. 대부분의 내재주의 신학의 배후에 있는 관념론적 단일론은 초월적인 하나님을 거부한다. 헤겔에게 절대자는 사랑하거나 선택하여 행동하지 않고, 오직 끊임없이 자기 자신의 개념을 외적으로 나타낼 뿐이다. 하트손Hartshorne도 하나님의 인격성을 인정했다. 그러나 그는 자연이나 역사의 일상적인 과정을 초월하는 방식으로 활동하실 수 있는 능력은 가지지 못한 전 포괄적이고 동정적인 의식인 반편의 인격만을 인정했을 뿐이다. 그리고 독일의 내재주의적 전통에 의해 형성된 철학을 가진 폴 틸리히Paul Tillich는 인격적 하나님 개념이란 행동하시는 인격적 존재이신 하나님을 의미하는 것이 아니라 우리들의 존재의 근거이신 우리가 인격이 되려는 '존재의 용기'의 근거가 되는 분이란 의미라고 하였다. 그러나 우리에게는 좀 더 인격주의적인 모델이 필요하다.

피조계에 대한 인격주의적 모델

인과적 기계론에 의해 규정되는 자연적 과정과 의무에 대한 존중에서 행동하는 자유로운 도덕적 주체에 대한 임마누엘 칸트의 명백한 구분의 결과로서 인격의 개념이 새로운 관심을 얻게 되었다. 인격을 특정 짓는 것은 이론적인 사유나 반성적 사유라는 의미에서의 합리성이 아니라 자기 자신의 뜻대로 행동할 수 있는 자유라는 것이다. 이런 강조점은 다양한 방식으로 발전되었는데, 그것들은 인격이론이나 '인간학'에는 공헌을 할 수 있었어도, 하나님께 대해서는 적어도 자연과학이란 의미에서는 비과학적인 사고를 할 수 있는 모델을 제공했다.

❶ 그 하나의 모델은 미국의 인격주의 관념론personal idealism, 특히 바운B. P. Bowne, 브라이트만E. S. Brightman, 그리고 피터 베르토치Peter Bertocci와 같은 이들에게서 제출되었다.[71] 베르토치는 논의하기를 무로부터의 창조creatio ex nihilo는 유신론을 이원론이나 단일론과 구별하는 것일 뿐만 아니라, 그 안에서 우리가 살고 자유로운 인간의 경험을 하는 질서 있는 세계를 설명하는 데에 그 본질이 있다고 하였다. 이원론이 어떻게 질서 있는 통일체를 이룰 수 있으며, 단일론이 어떻게 내적으로 규정된 전체 안에서의 개인의 자유를 보장할 수 있는지가 의문이다. 그러나 하나님과 그의 창조 행위는 어떤 것인가? 고든 알포트Gordon Allport의 인격 이론을 상당히 채용한 베르토치의 모델은 인격이란 '계속적으로 알고 의도하며 - 돌아보는 통일체a knowingwilling - caring unity in continuity라고 한다. 그러므로 하나님도 그 구조적 통일성과 그 인격의 본질에 있어서 불변 하시며, 따라서 그의 창조적인 활동을 인도하는 사랑의 의도에 있어서 불변하시지만 의식awareness과 그 만족의 정도에 있어서는 그가 창조하셔서 위임된 권한을 맡기시는 유한한 인격들과 같이 변화를 경험하신다는 것이다. 하나님도 자기-정체성은 계속 가지시지만 다른 인격들과 같이 시간적인 존재이나 다른 시간적 존재들과는 달리 영원하다고 한다.

이 '시간적 존재'로 보는 견해temporalistic view는 어느 정도는 플라톤의 시간 - 영원의 이원론과 함께 하는 것이다. 그러나 이 견해는 인격적인 앎과 의지와 사랑뿐만 아니라 일종의 불변하는 정체성과 피조물에 대한 하나님의 초월성을 인정한다는 점에서 과정 신학과는 다르며, 유신론적 요구에 가깝다는 특징을 가진다. 그러나 문제는 이 견해가 형이상학적 관념론을 띠고 있다는 데서 발생한다. 브라이트만Brightman이 인정하

---

71. Peter Bertocci, *The Person God Is*(New York: Humanities Press, 1970), 특히 제 1장과 11장을 보라. E. S. Brightmen, Person and Reality(Ronald Press, 1958). 그리고 그의 *A Philosophy of Religion*(Englewood Cliffs: Prentice-Hall, 1940)을 보라.

는 대로 피조된 인격 들은 하나님과는 다른 정체성을 가지며, 따라서 그런 점에서 하나님의 초월성을 인정한다. 그러나 자연 세계는 그 자체로서 하나님과 구별되는 실재가 아니라 하나님 안에서 계속되며 변화하는 피조계라는 것이다. 그것은 하나님과 우리 외적인 세계가 아니라 하나님 자신의 자기-창조적인 경험에 대한 우리와 하나님의 직접적인 경험이다. 그러므로 신적인 초월성과 무로부터의 창조가 타협되고, 자연에 위임된 권력이 더 이상 자연적인 악을 설명하는 요인이 되지 못하게 되었다. 더 나아가서, 하나님의 경험은 우리가 자연세계에서 경험하는 것 에 달려 있어서, 하나님은 그의 동역자가 되는 우리들의 협력 없이는 그 자신과 우리에 대해서 그가 의도하신 경험을 이루시기 위하여 힘을 사용하시는 데에 제한을 받으시는 것이 된다.

또한 베르토치Bertocci는 목적론에 강조점을 둔다. 그의 유신론 주장은 자연의 질서성(제일성)에 대한 우리의 경험뿐만 아니라 생활이 제공하는 풍성한 도덕적-심미적-사회적-종교적 경험에도 호소하는 포괄적인 목직론적 논의이나. 즉, 이 모든 경험 배후에 있는 실재가 이 모든 것들의 가치를 평가해야 하며, 그는 하나님 자신이어야만 한다는 것이다. 더구나 종교적인 경험은 악이 가져오는 불안정 가운데 있는 창조적인 투쟁이며, 사람들로 하여금 더 가치 있게 살도록 하는 더 풍성한 투쟁이다. 이 '영혼을 형성하는 신정론'soul-making theodicy에도 전반적인 신정론이 주도적이다. 악이 하나님의 목적을 좌절시키고, 하나님 목적 성취의 요소가 되지 않기 때문이다.[72] 문제는 이런 목적론적 주장 자체에 있는 것이 아니라 그 배후에 있는 두 가지 특성에 있는 것이다. 첫째로, 그것은 우리가 알고 있는 온갖 극단적인 형태의 악이 사물들 자체에 있는 것이지만

---

72. *Religion as Creative Insecurity*(Westport CT: Greenwood Press, 1958), and *Introduction to the Philosophy to the Religion*(Englewood Cliffs: Prentice-Hall, 1951).

자연적인 과정에 의해 소거될 것이라고 가정하는 지나친 낙관론을 가진다. 베르토치는 정통적 기독교가 악의 문제를 취급하듯이 사람들의 의도적인 타락과 전능하신 신의 개입을 허용하지 않는다. 따라서 원 창조의 선함과 하나님의 초월적인 능력에 대해 문제가 제기되는 것이다. 하나님과 사람이 결국은 선 할 자신들의 세계를 창조하려고 투쟁한다는 것이다. 이런 낙관론은 그것의 역사적인 원천이 되는 진화론적 신학의 낙관론과 상당히 밀착해 있는 것이다.

둘째로는, 자연이 하나님과 다른 인격들의 창조적인 경험에 의해서만 존재하게 되었다는 그 배후의 주장은 시인하기 어렵다는 것이다. 이는 조지 버클리George Berkeley가 처음으로 제안한 바 있는 일종의 현상학이고, 19세기 관념론의 어떤 형태 가운데 번지게 된 것이다. 그러나 사실의 증거the prima facie evidence는 이것을 아주 불리한 입장에 있도록 한다. 첫째로, 실재론적 인식론이 우리들의 일상적인 자연 경험에 더 부합한다. 물질적인 것들과 인과적 과정들은 독립적으로 실존하는 것들과 '그 나름의 힘'을 가진 것들 모두의 외형을 제공하며, 또한 여러 현상학적 철학자들이 논의한 바와 같이 우리 자신의 '참여' 경험은 우리로 하여금 이 세상의 인과율(모든 결과에는 원인이 존재한다는 의미)을 직접 경험하게 한다. 둘째로, 자연과학에는 좀 더 실재론적인 인식론이 적절하다. 과학적 지식은 그 자료를 해석하며 언제나 잠정적인 것으로 남아있지만, 과학적 발견의 반복 가능성과 예언 가능성, 그리고 과학기술의 광대한 구조들은 물리적인 것들의 실재에 대한 증거가 되는 것이다. 셋째로, 실재론적 자연관은 창조교리를 가장 잘 해석하는 것이다. 구약성서의 기자들이 나타내는 물리적인 것들의 전적인 수납과 하나님께서 자신의 외부로 창조하신 하나님의 권력 위임은 실재론적 입장을 분명하게 표현한다. 논리적 일관성만을 문제 삼는다면 형이상학적 관념론도 가능할 수 있다. 그러나 그렇게 보는 것은 사람의 경험을 인정 할 수 없는 형태로 구분 없이 혼합해 버리는 것을 감수해야 한다. 더구나 그것이 시인될 수 없는 것이라면 악은 하나님의 경험밖에는 근거가 없는 것이며, 따라서 하나님이 그 능력에 있어서 제한된 분이라는 것은 시인될 수 없는 것이다. 그러므로 다른 형태의 형이상학이 필요하다.

❷ '자연주의 '모델과는 다른 인격주의적 모델은 다른 문맥에서도 나타난다. 키에르케고어Kierkegoard와 사르트르Sartre와 같은 실존주의자들은 자유를 인격의 특성으로 중시한다. 사르트르는 어떤 보편적인 것, 어떤 자연 질서, 어떤 법의 구조, 그리고 어떤 의미나 목적의 궁극성을 부인함으로써 자유를 중시하였다. 그에게는 내재주의적 신학이나 초월적인 목적론이 없다. 실존이란 그에게 있어서 온갖 규정된 형태의 본질에 앞서는 것이기 때문이다. 사르트르는 기독교 철학자들이 사물들은 질서 있는 세계 내에서 본질을 가진다는 개념과 그것들이 합리적 창조주의 만드신 바라는 개념을 아주 잘 연결시켰다고 보았다.[73] 그런데 그는 하나님의 존재를 부인했다. 하나님이 죽었다면 모든 것이 가능하며, 따라서 우리의 자유는 절대적이라는 것이다. 사르트르에게 있어서는 이것이 아주 중요한 것이었다. 그는 참으로 인도주의자였다. 그는 가치란 우리 자신이 만드는 것이라고 믿었기 때문이다. 그러나 그는 여기에 어떤 궁극적인 소망을 두지 않았다.

반면에 키에르케고어Kierkegoard는 피조물들이 향유할 수 있는 자유의 한계를 인정한 유신론자였다. 나의 내면에 따라서 선택하고 행동할 수 있는 자유, 어떤 행위의 단순한 대상이기보다는 자신의 행동을 주관할 수 있는 주체가 될 수 있는 자유 - 이런 종류의 자유는 신앙과 사랑에 있

---

73. 이 점에서 E. L. Mascall, *The Importance of Being Human*(New York: Columbia University Press, 1958), pp. 22f.

어서 본질적인 것이다. 내면적으로 믿을 때에, 그가 내적으로 사랑할 수 있기 때문이다. 따라서 마르틴 부버Martin Buber는 인격 간의 '나와 당신'의 관계와 비인격적인 '나와 그것'의 관계의 차이를 말하였다. '나-당신'의 관계는 신앙과 사랑, 동감과 친화, 상호 이해와 인격에 깊은 영향을 미치는 교제로 특징지어진다. '나-그것' 의 관계는 객관적이며 초연한 것이고, 아마도 사람들의 목적을 위한 수단으로써 사용될 수 있는 것이다.

기독교 신학자들은 이런 제안들을 들어서 하나님께 그것을 적용하였다. 바르트Barth와 같은 이들은 하나님을 자신의 피조물들에 대해서 자유롭게 행동하실 수 있는 주체라고 말한다. 또 에밀 브룬너Emil Brunner와 같은 이들은, 하나님께서는 객관적인 '나-그것'의 진리로 자신을 계시하시기보다는 '나-당신'의 관계로 자신을 계시하신다고 시사한다. 그러나 다른 이가 무엇을 좋아하는가 하는 것을 알지 못하고서 인격적인 관계의 성립이 가능할까? 우리는 우리 자신에 대한 것들을 우리가 말하는 것과 우리가 행하는 것을 통해 계시한다. 그리고 인격에 대한 지식이 관계를 성립시키기도 하며, 관계를 파괴시키기도 하는 것이다. 항상 다양한 정도의 객관성이 존재한다. 따라서 계시 역시도 인격적이며, 또한 객관적으로 정보적인 것일 수도 있는 것이다.

그러나 실존주의자들은 그의 피조물들과의 관계에서 자유롭게 행동 하시는 인격적인 하나님 개념을 강조함으로써 중요한 주제를 발견해내었다. 예를 들어서, 쇠렌 키에르케고어의 『결정적, 비과학적 후서』 Concluding Unscientific Postscript는 철학적 지식과 역사적 지식을 막론하고 객관적 지식이 그리스도인이 되는 데 불충분함을 밝히고, 예수 그리스도 안에서 성육신하신 인격적인 하나님의 극적인 행동에 의하여 얼마나 충분하고도 내면적인 열정적인 신앙이 나오는가 하는 것을 밝히 보여주었다. 신학자인 토마스 토랜스Thomas Torrance와 고든 카우프만Gordon Kauffman은 이와 비슷한 모델을 채용했는데, 이는 칸트로부터 능동적 주체로서의 인격 개념을 찾아낸 스코틀랜드의 철학자 요한 맥머레이John Macmurray에게서 이끌어낸 것이다.[74] 이 모든 학자들에게 있어서는 자유롭고 인격적인 행동 모델이 하나님과 피조물의 관계를 명백히 하는 데 도움이 되었다.

❸ 일상 언어가 밝혀주는 인간 경험에 근거하여 사건들과 행동들을 구별하는 최근의 분석철학에서 제출된 인격주의 모델도 있다.[75] 사건은 원인에 의해 결과한 것이며, 따라서 이는 사물의 자연적인 과정의 결과로 일어나는 것이다. 행동은 내적 의도를 가진, 자기 나름의 이유를 가진 주체에 의해서 수행되는 것이다. 그들의 논의에 의하면, 행동은 도덕적 권유에 의해서 영향을 받지만 사건은 그렇지 않다고 한다. 행동은 인격적이고 자유로운 것이나 사건은 그렇지 않다는 것이다.

기독교 유신론이 말하는 살아계신 하나님은 살아서 역사하시는 주체이시다. 창조는 자연적 원인에 의해 일어난 자연적 사건이 아니다. 이는 성육신이나 예언의 말씀, 또한 그리스도의 교리 성립 역시 그러하다. 이런 일들은 모두가 하나님께서 자신의 이유를 가지고 행하신, 하나님의 의도적인 행위였다. 신약성경에서는 이적을 우리로 하여금 하나님의 권능과 목적에 대해 놀라고 생각하게 하려는, 하나님의 행위에 대한 표적

---

74. John Macmurray, *The Self as Agent*(London: Faber&Faber, 1957);T. F. Torrance, *Theological Science*(New York: Oxford University Press, 1969); G. Kauffman, *God the Problem*(Cambridge Harvard University Press, 1972)을 보라. 또한 Helmut Thielicke, *The Evangelical Faith*, vol. I(Grand Rapids: Eerdmans, 1974)과 Robert Blaikie, *Secular Christianity and The God Who Acts*(Grand Rapids: Eerdmans, 1970)을 참조하라.
75. 예를 들어서, L. W. Beck, *The Actor and the Spectator*(New Haven: Yale University Press, 1975)과 G. E. M. Anscombe, Intention(London): Blackwell, 1957)을 생각할 수 있다. 그 차이점의 구별은 아리스토텔레스의 니코마코스 윤리학에까지 거슬러 올라간다.

이라고 언급하고 있다. 이런 사건들은 자연적 과정에 대한 유비가 아니라 인격적인 관심을 요구하는 것이다.

더구나 그 모델은 시간과 영원의 구분을 하지 않고 작용하는 것이다. 하나님의 초월성과 주권은 변화하지 않으며, 연속되지 않는 플라톤적 무시간의 영원성을 보존하지 않는다. 어떻게 무시간적인 하나님이 목적을 가지시고 행동하시며, 그 결과를 기뻐하실 수 있는가? 인격적 행동모델에서는 하나님의 주권은 그의 능하신 행위에 의하여 보존된다. 창조주이신 로고스께서는 섭리와 계시와 성육신, 구원의 은총, 교회, 그리고 최후의 승리의 일을 하시는 것이다. 행동하시는 주체라는 개념은 그런 확실한 말씀의 근거됨을 분명히 드러낸다.

영원은 무시간성을 의미할 필요가 없다. 단지 영원한 지속일 뿐이다. 그러나 영원은 피조물적 제한을 가진 것이 아니고 완전한 기억과 기대, 좌절된 목적이나 마음과 의도의 변화를 겪지 않는 의식의 흐름을 가진 것이다. 하나님께서는 '최고의 주체'로서 다른 모든 것을 초월하시며 영원히 모든 것에 대한 주권적 창조주로 남아 계시는 것이다.

그렇게 보면, 하나님을 포함하여 모든 존재의 계열에 속한 존재들이 질적으로는 다르지 않고, 정도의 차이만이 있을 뿐이라는 결론이 분명해진다. 하나님의 초월성은 그가 다른 존재들과 양적으로 다를 뿐만이 아니라 그가 질적으로 다른 분이라는 것도 의미한다. 우리는 모든 피조물 가운데서 사람만이 그 창조자의 형상을 따라 만들어진 것이란 말을 듣는다. 그러나 하나님은 우리가 가진 형상 이상의 분이신 것이다.

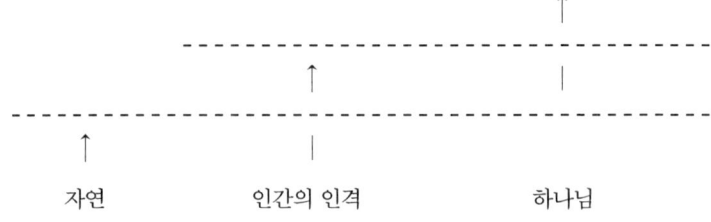

위의 그림이 시사해 주듯이 우리는 어떤 점에서는 자연계와 같은 이들이다. 그러나 다른 면에서는 아주 다른 것이다. 우리들은 자유로운 주체인 인격으로서 다른 모든 것을 지배하는 인과적 과정을 초월할 수 있는 존재들이다. 이런 점에서 우리는 하나님의 형상 노릇을 하는 것이다.

그러나 하나님께서는 결코 자연에 그 근거를 가진 분이 아니시다. 그러므로 하나님과 인간의 인격 사이의 유비가 있을 수 없는 것이다. 하나님께서는 절대적으로 자유로우신 분이시다. 그는 요리문답이 가르치듯이 그 지혜와 선하심, 사랑과 능력에 있어서 무한하신 분이시나, 우리는 이 모든 점에서 유한한 존재들인 것이다. 그러나 하나님께서는 이 모든 점에서 질적으로 우수하신 것이다. 그는 독특하신 분이시고, 유일하시며, 자존적인 분이시기 때문이다.

그러므로 19세기 모델의 과정 범주는 자연의 한 부분으로서의 사람에게는 적용할 수 있는 것이나, 인격으로서의 사람과 하나님에게까지 적용하는 것은 문제가 된다. 하나님이 과연 과정 중에 계신가? 성경은 '동인 모델'agent model이 함의하는 것을 시사한다. 즉, 모든 연속 되는 행위들은 하나님께서 예기하신 것이며, 결국 그가 성취하셔서 그 결과를 좋다고 하신 것이라는 의미인 것이다. 그러나 하나님 자신은 그 성품과 성격에 있어서 불변 하시는 분이시다. 이것은 하나님과 세계가 모두 변한다고 보는 과정 신학process theology의 대칭적 관계가 아닌 것이다.

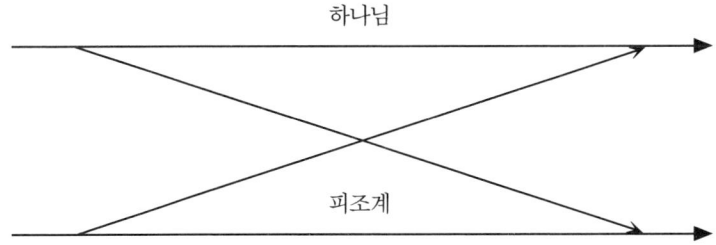

또한 그것은 이원주의적 플라톤주의나 계몽주의적 이신론의 부동의, 부동하신 신도 아니다.

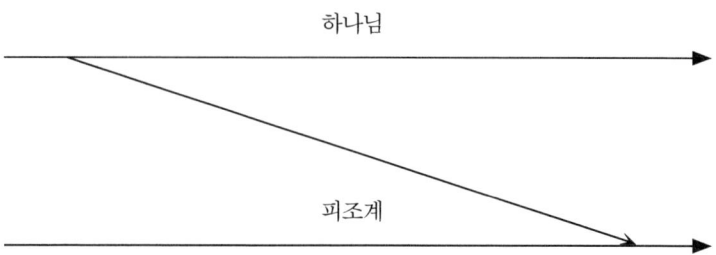

오히려 그것은 하나님께서 백합과 참새를 돌보시며 죄인들이 회개할 때에 기뻐하시는, 하나님을 인정하는 비대칭적인 관계an asymmetrical relationship인 것이다.

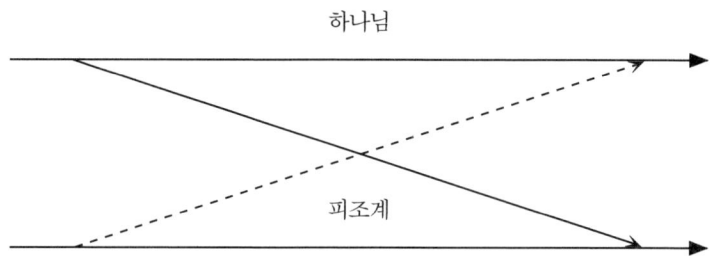

그러므로 하나님과 피조물의 관계에 대한 기독교적 견해는 최근의 종교 사상이 그에 대해 지나치게 반응한 유혹을 피할 수 있으며, 과정 철학자들과 실존주의 사상가들이 다시 도입해 보려고 애썼던 것들로부터도 배울 수 있는 것이다. 실제로 행동하시는 이는 우리와 함께 계시는 살아계신 하나님이시며 그가 모든 삶의 영역에서의 희망의 원천이시기 때문이다.

철학적 신학

첫째로, 이제는 우리가 적어도 질적으로 다른 세 가지 종류의 존재 즉 자연, 인간, 그리고 하나님을 구별해야 한다는 것이 명백하다(이제 다음 장에서 좀 더 구체적으로 살펴보겠지만). 자연과 인간 사이에는 제한 된 유비 관계가 성립한다. 그리고 하나님과 사람 사이에는 또 다른 서로 간의 동일하거나 유사한 관계가 존재한다. 그러나 그들 모두가 존재한다는 사실 이상의 전반적인 질적 유사성이 그들 사이에 있다는 것은 아니다.[76] 모든 것을 질적으로 비슷한 것으로 만드는 단일론적인 형이상학은(관념주의에서처럼) 자연과, (자연주의에서처럼) 인간과, ('무로부터의' 창조를 인정하는 유신론이 아닌 모든 것에서처럼) 하나님에 대한 모습을 왜곡시킨다. 이처럼 단일론은 부인하기에는 너무 실재적인 차이를 제거하는 환원주의적 효과를 낸다.

둘째로, 자연을 하나님께서 질서 있게 창조하신 것이라 생각하는 것은 서구 사상을 깊이 수관해 온 어떤 과학적 모델과 맞아 들어 갈 수 있다. 사실 기독교 유신론자들은 그 각각에 대해 관여하였고, 그 함축적인 문제를 다루기 위해서 중요한 시도를 하였다. 현대 과학이 보는 자연 자체에 대한 설명에서 보면 과정 모델이 가장 설득력 있다. 질서 있고, 법칙에 의해 지배되는 과정에 대해 주장하는 것은 아주 중요하다. 따라서 보편 이론a theory of universals이 작용해야만 한다. 자연 자체는 상당히 많은 가능성을 허용한다. 그것들 중의 일부만이 실현되는 것이기는 하지만 말이다. 이때 가능성 이란 특정한 사건들에 대한 가능성이라기보다는 보편

---

76. 즉, 이 세 종류의 존재들의 차이점은 그들 모두가 존재하는 사실을 미리 배제하는 것은 아니다. 스콜라 철학의 형이상학은 초월적인 성질, 즉 온갖 차이를 초월하는 성질이란 용어로서 모든 존재들 사이의 유비를 말한다. 둔스 스코투스(Duns Scotus)는 존재의 단일성(univocity)을 확인한다. 그러나 하나님께 대해서는 그가 유일한 자존적인 분이심을 말해야 한다.

적 가능성이다. 그러나 자연은 다른 가능성들은 거부한다. 세계를 다스라는 법을 인정하면 이 법과 일치하지 않는 것이 있기 때문이다. 이런 점에서 보면, 우리들이 사는 세계는 그 많은 가능성들 가운데서 나온 하나의 질서 있는 세계이다. 독특한 종류의 사실들과 정의할 수 있는 제일성 uniformites, 그리고 복잡하게 얽힌 사건들의 세계라는 말이다. 이것은 보편적 형상들이 구체적인 세계보다 더 실재적인 것이고, 따라서 보편은 가능성으로 파악할 수 있고, 구체적인 것들은 그 가능성 중의 어떤 것이 실현되어 지금의 세계를 이룬다고 보는 플라톤적인 구상을 뒤엎는 것이다.[77]

셋째로, 인간 인격은 자연 그 자체로서는 성취해 낼 수 없는, 자신들과 그들의 세계 안에 있는 가능성들을 실현시키는 자유로운 주체자 들인 것이다. 이것은 육체에 대한 정신의 관계, 자유와 결정론의 문제, 우리가 파악할 수 있는 가능성들에 대한 인간적 가치의 관계에 대한 해묵은 질문을 제기한다. 우리는 뒤에서 이런 질문들을 다루어 볼 것이다.

넷째로, 하나님과 그의 피조물에 대한 관계에 대하여 인격주의 적으로 사고하는 모델은 우리가 초월적 목적론a transcendent teleology이라고 부르는 것과 잘 맞는다. 말하자면, 사물들의 목적-성취적 성격은 단지 자연과 역사의 일상적인 과정에 기인하는 것이 아니라 초월적인 인격신의 섭리적

---

77. 화이트헤드의 형이상학적 범주들은 사람의 인격과 특히 유대-기독교적 하나님에 관하여서는 아주 불충분함에도 불구하고 자연에 대해서는 잘 적용될 수 있다고 생각된다. 화이트헤드는 보편을 영원한 가능성으로 취급한다. 월터스토프(N. Wolterstorff) 역시 그러하다. cf. on *Universals*(Chicago: University of Chicago Press, 1970). 그리고 앨빈 플라팅가(Alvin Plantinga) 그의 *The Nature of Necessity*(Oxford: Oxford Universtiy Press, 1974)에서 유신론과 관련해 '가능한 세계들'의 존재론을 발전시켰다. 이에 관심하여 다른 이들도 있으나 Nelson Pike, *God and Timelessness*(London: Routledge & Kegan Paul, 1970)과 Wolterstorff, "God Everlasting", in *God and the Good*, ed. L. Smedes and C. Orlebeke(Grand Rapids: Eerdmans, 1975), pp. 181-203을 보라.

행위와 구속적 행위에 기인하는 것이다. 악은 선한 목적을 위해 허용되며, 이 목적을 이루기 위한 하나님의 힘 있는 행위에 의해서 일어나는 것이다. 궁극적인 분석을 해보면, 역사와 이 세상의 전 과정은 그 발생하는 악들에도 불구하고 더 악화되어간다는 것이 아니라 목적론적인 것이다.

마지막으로, 이는 신 존재에 관한 자연신학의 고전적 논의에 대해 무엇을 시사해 주는가? 우리가 살펴본 철학적 논의들의 형식 각각은 그 나름의 논의의 형식을 가지고 있고, 따라서 비판을 받게 된다. 안셀무스가 발전시킨 존재론적인 논의는 플라톤적인 성격을 가지고 있다. 그는 아주 완전한 존재라는 본유적인 개념을 중심으로, 그런 존재는 반드시 실존해야만 한다고 주장했던 것이다. 그 완전한 존재는 플라톤의 '선의 이데아'에 유비되는 존재이다. 플라톤의 '선의 이데아'는 전 존재의 위계 중에서 가장 실재적인 존재이기 때문이다. 그러므로 안셀무스의 존재론적 증명은 그의 플라톤주의의 산물이며, 또한 그가 자연적 대상들을 전부 무시하게 된 것도 플라톤적인 자연에 대한 멸시 때문인 것이다. 반면, 토마스 아퀴나스의 증명은 자연과 변화에 대한 아리스토텔레스적인 개념을 가지고서 하나님의 어떤 성품들은 전 존재의 위계 안에 그 유사성을 가지고 있는 것이라고 논의했다. 또한 기계론자들은 인과적 논의를 강조하여 이 질서 있는 우주는 지적인 원인을 요구한다고 주장하였던 것이다. 그런가 하면 19세기와 20세기의 내재주의자들은 전 포괄적인 존재의 근거를 논의하기 위해 종교적 경험과 도덕의식, 심미적 경험, 그리고 실존적 관심에서 증거를 찾으려고 하였다.

이런 논의들에서 가장 인상적인 것은 여기에 개입된 신 개념과 여기에 제시된 논의들이 모두 어떤 체계에 의존한다는 것이다. 즉, 그들은 그들이 사용한 형태를 철학적 구조의 영향 하에서 찾았던 것이다. 그들은 철학적으로 발전된 모델에 근거한다. 하나님은 '완전한 존재'ens perfectissimum이며 '선의 이데아'이시다. 그는 필연적인 존재이시면서,

부동의 동자이시기도 한 것이다. 또한 그는 전 자연적 과정의 첫 원인이시다. 그는 내재적인 존재의 근거이신 것이다. 그러나 창조주 하나님에 대한 성경적 설명은 이런 철학자들의 하나님을 뒤로 물러가게 한다. 사람을 구원하시기 위해 성육신하신, 아브라함과 이삭과 야곱의 하나님이 자연신학에 있는가? 자연신학은 기껏해야 불완전하고, 살아서 행위 하시는 하나님의 자기 계시를 필요로 하는 것이다. 자연신학의 하나님은 기독교적인 하나님이 아니기 때문이다.

유신론증은 대개 그 논리에 초점이 맞추어진다. 그들이 증명하는 것은 무엇인가? 그것들의 가치는 무엇인가? 여기에 두 가지 문제점이 있다.

첫째로, 그 전제들은 결론을 함의하기에 충분하며 선결문제를 남기지 않은 충분히 중립적인 것인가? 그것들은 그 결론을 확실시 할 정도로 확실히 참된 것으로 알려졌는가? 둘째로, 그 논의 자체는 논리적으로 타당한 것인가? 흄과 칸트는 그 배후의 인식론에 도전하면서 그 전제와 논의의 타당성 모두를 의심했다. 그 논의가 논리적으로 결정적인 것이 아니라면 그 논의의 가치는 무엇인가?

그러나 이런 체제-의존성은 또한 그 논의의 장점이기도 하다는 것이 나의 의견이다. 왜냐하면 체제에 의존함으로써 그들의 철학적 체제에서의 신 개념의 중심적인 역할이 드러나기 때문이다. 그 각각의 구조는 창조주-하나님 없이는 불완전한 것이다. 그러나 그는 마지막의 부가물 addendum은 아니시다. 왜냐하면 신 개념은 다른 모든 것들을 통일시키고 서로 연관시켜서, 전반적인 수미일관성을 제공하는 것이기 때문이다. 그리고 우리가 상기하거니와 이런 일관성coherence은 진리를 증거 하는 것이다.

기독교 세계관의 수미일관성은 앞서 논의한 자연-모델보다 더 완전하고, 인격주의적 형식과 잘 들어맞는다. 플라톤주의자들은 사실 자신들의 체계를 완전히 하고 통일하기 위해서는 완전한 존재를 필요로 한다. 또한 토마스주의자들은 필연적인 존재와 최초의 동자를, 기계론자들은 최초의 원인을, 그리고 관념론자들은 내재적인 존재의 근거를 필요로 하는 것이다. 그렇게 인식된 하나님은 자신들의 이해를 완전하게 하고 통일시키는 철학적 요구를 만족시킨다. 그러나 어떤 철학적 신 개념이든지 인간의 가치와 목적들을 통일시키며, 삶에 궁극적인 의미를 제공하는 최고선supreme good으로서의 기능을 다할 수 있을까? 이 구조들 가운데 우리가 필요로 하는 살아계신 하나님은 어디에 계신가? 인격적 주체 모델이 충족시키는 것이 바로 이 요구이다. 이는 추상적 사고의 이론적 요구를 삶과 희망의 보다 실존적 요구에까지 확장함으로써 가능해진다.[78] '주체로서의 하나님에 대한 논의'는 그것이 어떤 것이든지 간에 체계 종속적인 것이 되어 버린다. 조지 마버디이스George Mavrodes는 논의는 똑같이 설득적이지 않다는 의미에서 인격과 관계된다고 시사한다.[79] 살아계셔서 행동하시는 하나님만이 생명을 통일시키며, 온전함과 희망을 주신다는 것을 보는 사람들에게는 '주체로서의 하나님 논의'가 가장 효과적인 것이나. 이 주관석인 보든 조건은 논의의 가치에 영향을 미친다. 예수께서 말씀하신 대로 "사람이 하나님의 뜻을 행하려 하면 이 교훈이 하나님께로서 왔는지 내가 스스로 말함인지 알리라"

---

78. 이 점에 있어서 아주 독특한 입장은 *The Existence of God*(New York: Oxford University Press, 1979)에서 과학적 형태의 인과적 설명에 근거하지 아니하고, 인격의 의도에 관련하여 설명하는 것을 모델로 삼아서 인격적인 주체로서의 하나님의 존재에 대하여 직접적인 귀납논법(a cumulative inductive argument)을 발전시키는 리처드 스윈번(Richard Swinburne)의 입장이다. 그는 유신론적 신앙의 내적 정합성(inner coherence)과 유신론적 설명의 우위성에 호소한다. 그의 『유신론의 정합성』 *The Coherence of Theism*(New York: Oxford University Press, 1977)을 참조하라.
79. George Mavrodes, *Belief in God* (New York : Random House, 1970), 제 1, 2장.

현대철학에서 본 인간

Contours of a World View
Studies in a Christian World View

　　기독교 세계관의 제일 되고 가장 포괄적인 주제는 하나님과 피조계의 차이와 그 관계성에 대한 것이다. 즉, 우리는 모든 것을 이런 틀framework 안에서 생각하고, 활동하시는 하나님과의 관계에서 모든 삶의 영역을 살아가는 것이다. 그런가 하면 둘째 주제는 인간과 관련된다. 즉, 우리가 다른 것과는 달리 어떤 존재이며, 인간의 실존은 어떤 의미를 지니는가 하는 것이다. 이것이 전 포괄적인 하나님과 피조물의 관계 뒤에 오는 것은 기독교가 자연주의적 휴머니즘과 다름을 분명히 해준다. 자연주의적 휴머니즘에서는 인간존재가 제일 먼저 오고, 다른 모든 것은 그 뒤에 오며, 하나님과 사람들이 모두 비인격적인 과정이나 사건에도 흡수되기 때문이다. 그러나 우리는 이것 이상의 대조를 찾아볼 필요가 있다. 그래야만 기독교 인간관이 우리에게 제공하는 것을 확실하게 볼 수 있는 것이다. 따라서 본장에서는 이 주제에 대한 자연주의적 휴머니즘 사고의 두 측면인 인간의 자유와 인간의 실패를 살펴보려고 한다. 이 논의는 자연주의적 휴머니즘이 역사적으로 취해온 몇 가지 모델들을 검토하면서 진행될

것인데 이는 기독교적 관점에서 보았을 때, 이 입장이 어떤 점을 놓치고 있는 것인가를 보기 위해서이다. 그리고 다음 장에서는 좀 더 깊이 기독교적 인간관을 생각해 보려고 한다.

인간의 자유

현대인들에게 자유란 하나의 수수께끼이며 새디스트적인 거짓말 sadistic lie이기도 하다. 우리 들은 자신들을 우리가 스스로 통제할 수 없는 세력들 - 즉, 그것들이 지금의 우리를 만든 것과 같이 보이는 생물학적 역사적 세력들 - 의 지배 아래 있는 존재로 파악하여 우리를 비인격적인 과정에로 이끌어가고 있는 것으로 보는 것이다. 즉, 유전학 - 심층심리학 - 행동주의적 조건화와 사회경제적 조건은 우리들의 삶에서 거부될 수 없고, 우리들의 사고에서 무시될 수도 없다는 것이다. 마치 무기력한 방관자로서 인생이란 영상을 바라보는 것과 같이, 우리는 정치 지도자들의 끊임없는 명멸과 불가항력적인 사회세력들의 파동, 억압받고 특권이 없는 이들의 감정의 폭발, 좌우 세력들의 어쩔 수 없는 갈등들을 바라보게 된다고 한다. 이런데도 우리는 자유로운가? 어떤 의미에서, 또 얼마나, 무슨 목적에서 자유롭다는 말인가? 그렇지 않다면 자유란 이와 연관되어 있는 모든 희망들과 함께 하나의 환상일 뿐인가?

(1) **합리주의적 모델**The rationalist model 자연주의적 휴머니즘은 우리가 앞에서 살펴본 바와 같이 몇 가지 형태로 나타난다. 그것들 중에는 고대 그리스인들에게서부터 내려온, '이성의 자유롭게 하는 능력'을 강조하는 것도 있다. 아리스토텔레스의 생각에 의하면, 사람이 다른 것들과 구별되는 점은 그가 합리적 존재rational animal라는 데에 있으며, 따라서 자연

가운데서 우리들만이 자유로울 수 있다고 한다. 내가 '자유로울 수 있다' 고 말한 것은 합리성의 가능성이 항상 현실화되지는 않으며, 자유란 그 것의 현실화 없이는 불가능하겠기 때문이다.

사실 아리스토텔레스는 자유를 사려 분별deliberation과 결단decision이 라고 정의한다.[80] 본질상 우리는 선한 목적을 추구하는데, 이 목적을 이 루기 위해 가능한 수단들을 신중히 고려하여 어떤 수단이 가장 실제적인 가를 선택한다는 것이다. 우리가 사용할 수단을 선택한다는 것은 그 행 위가 자발적이라는 것과 우리가 자발적으로 습관을 개발할 수 있다는 것 을 함의한다. 즉, 덕virtue과 악vice은 우리의 능력 하에 있다는 것이다. 즉, 그것은 우리의 합리성에 의존한다. 그런데 어린 아이들, 여자들, 그리고 성품상 노예가 되도록 태어난 이들 세 종류의 사람들은 자유로울 만큼 충분히 합리적이지 않다고 한다. 이들은 자유로운 존재들로 취급되기보 다는 다른 이들에 의해 지배받아야만 한다는 것이다.

분명히 무지는 큰 문제꺼리이고, 이해의 정도는 의미 있는 '자유'에 있 어서 본질적인 것이다. 만일 그렇지 않다면, 우리는 변덕스럽게 활동하 고 쉽게 변화하며, 감정이나 변덕, 그리고 과거 조건에 의해 움직이게 되 는 것이기 때문이다. 아리스토텔레스가 어떤 사람을 충분히 합리적인 사 람이라고 보았는가 하는 기준은 상당히 귀족주의적이고, 쇼비니스트적 이지만 두 가지의 기본적인 가정은 분명하다. 첫째로, 그는 자연히 선을 추구 하는 이들이 합리적인 사람들이라고 했다. 물론 그들도 사실 어떤 목적이 최선의 것인가를 말하는 데에 대해서 실수할 수는 있다. 그러나 이것은 이성이 고칠 수 있는 무지의 문제라는 것이다. 그러나 만일, 선이 란 항상 그들이 실재적으로 욕망하는 것이라면 여기에는 다른 목적을 위 해서 옳은 것을 무시하도록 하는 도덕적인 전도, 혹은 칸트가 표현한 대

---

80. Aristoteles, *Nicomachean Ethics*, III, 1-5.

로 '근본적인 악'radical evil의 여지가 없는 것이다. 그러나 사실 사람들은 종종 자기 유익을 위해서 도덕적인 문제는 무시하며, 심지어는 자신들의 정열에 포로가 되며, 그들이 선한 것이라고 인정한 것으로부터 멀어지기에 익숙해진다. 아리스토텔레스는 이것이 본성에 거스르는 것이라고 말하며 도덕적 약점, 또는 비정상적 상태라고 할 것이다. 그러나 도덕적인 기울어짐으로부터의 자유는 수단을 찾는 합리적인 숙고에 의해서 쉽게 얻을 수 있는 것만은 아니다. 사리분별deliberation도 위선적이고 자기 기만일 수가 있으며, 감정이 선이 아닌 악한 목적을 향할 때는 결단도 자기를 섬기는 것일 수가 있는 것이다.

그리고 둘째로, 아리스토텔레스는 이성이 비합리적인 욕망과 감정을 능히 지배할 수 있다고 가정한다. 그는 인간의 부패에 대한 기독교적인 이해가 우리를 일깨우며, 후에 헤겔이 묘사한 이성의 자기기만self-deceptions of reason을 드러내지 않는다. 또한 그는 우리가 아는 것과 원하는 것 사이의 도덕적인 투쟁을 경험한다는 사실에 대해서 충분히 실재적이지 않았다. 그는 도덕적인 약함과 도덕적인 강함의 차이를 인정하며, 도덕적인 강함을 개발할 필요성이 있다고는 하지만 그런 과제가 이성에 있다고 하며, 이성이 감정적 혼란을 통제할 수 있다고 생각한다. 따라서 갈등은 단지 이성과 감정 사이의 갈등일 뿐이라며, 우리가 동물을 합리적으로 지배할 수 있듯이 이성은 항상 이 갈등에서 승리할 수 있다고 한다. 기독교 신학과 인간의 경험은 이런 인간관과 이와 함께 오는 너무 안이한 낙관론을 항상 문제 삼는다. 아우구스티누스가 지적한 바와 같이, 우리들은 우리가 아는 것보다는 우리가 가장 사랑하는 것에 의해 큰 영향을 받으며 지배되기 때문이다.

인간의 자유와 연관하여 이성의 역할을 강조하는 이런 견해는 스토아학파에 의해서도 주장되었으며, 계몽주의의 정치이론과 윤리 이론에서도 재현되었고, 오늘날에는 이런 견해가 인류와 그 장래에 대한 과학적 휴머니즘이 가진 희망의 양식이 되고 있다. 그러나 현대 자연주의적 형이상학에서는 또 하나의 문제가 발생한다. 아리스토텔레스는 이성이 지배할 수 있는 능력을 가진 것은 그것이 그 자체로서 몸이나 몸의 기능과는 질적으로 다른, 인간 영혼의 특별한 기능이기 때문이라고 믿는다. 그런가 하면 스토아철학자들은 이성이 전 우주를 지배하므로 이 이성이 우리를 지배할 수 있다고 믿는다. 계몽주의자들도 이와 비슷한 근거 - 즉, 자연법칙과 자연의 하나님은 하나님의 이성을 반영하며, 그것은 우리의 육체가 아닌 인간 영혼의 독특한 기능인 우리 사람의 이성에도 반영되어져 있다는 근거 - 에서 이성이 모든 것을 지배할 수 있다고 믿는다. 그러나 자연주의는 우리에게 영혼이 그렇게 고귀한 것이라고 생각하지 않는다. 오히려 우리는 전국적으로 물리적 세계의 한 부분이며 그 산물이라고 한다. 즉, 우리에게는 다른 물질적인 것이 가진 것과 본질적으로 다른 비물질적인 부분이나 그런 요소가 없다는 것이다. 만일 이렇게 이성이 행동을 주관하고 통제할 수 있는 독립적인 세력이 아니고, 우리가 충분히 통제할 수 없는 두뇌활동의 기능일 뿐이라면 이성이 자유에 대한 충분한 근거일 수가 있을까?

자유를 이해하는 합리주의적인 모델은 그것이 서구사상에서 아주 오래고도 영향력 있는 역할을 해 왔음에도 불구하고 충분한 설명으로 보이지 않는다. 우리는 추론reasoning에 의하여 우리가 처한 상황을 객관화하고, 비 반성적이고도 무의식적인 관여에서 어느 정도 자유로울 수 있다는 것은 사실이다. 이것은 우리의 자유를 위해 필요한 조건이다. 그러나 이것으로서 충분할까? 이성을 지도하고 지배하는 영향력들은 무엇인가? 지식 사회학에 의해서 알려진 바에 따르면, 이성은 거의 독립적이거나 자율적이지 않고, 우리들의 사고에는 문화적인 조건과 그 밖의 역사적-개인적 영향력들이 작용하는 것이다. 그리고 이 밖에도 행동과학의 인과적 설명은 이성의 지배와 자유에 대해 여러 가지 문제점을 낳는다.

(2) **기계론적 모델**The Mechanistic Model 언어적 행동과 인지적 행동을 포함한 인간의 모든 행동을 인과적으로 설명 하려는 것은 행동과학 behavioral science의 필수적인 측면이다. 엄격하게 말하자면, 우리는 연속되는 사건들의 실제의 인과적 관계actual causal connections보다는 사건들의 과정들이 일정한 틀에 따라 일어남을 묘사할 수 있을 뿐이다. 그러나 이런 규칙성regularity은 인과적 필연성을 시사하며, 그래서 어떤 자연주의자들은 인간의 행동은 자유롭게 취해지며 개발되기보다는 기계적인 방식으로 엄격히 결정된다고 결론짓는다. 적어도 그 함의에 있어서 이것은 스키너B. F. Skinner와 급진적인 행동주의자들의 입장이다.

그러나 이런 기계론적 결정론은 새로운 것이 아니다. 고대에도 데모클리투스Democritus와 같은 물질주의자들은 17세기의 영국의 사상가 토마스 홉스Thomas Hobbes와 '엄격한 결정론'hard determinism을 제창한 것으로 알려진 프랑스 사상가인 '돌바흐'D'Holbach와 같이 이런 결정론을 주장했던 것이다. 물론, 이런 고대의 선행자들의 이론 보다는 현대의 행동주의가 더 교묘하고 복잡하여 그 실증석인 승거에 있어서 훨씬 설득력이 있기는 하지만, 그 개념적 모델은 같은 것으로서 원인-결과의 메커니즘이 사람의 사장이나 가치 그리고 그 행동을 통제한다는 것이다.

그러므로 자유는 문제 꺼리가 된다. 어떤 이들은 자유의 현실성을 아예 부인해 버렸다. 스키너의 『자유와 존엄의 피안』beyond Freedom and Dignity이란 책의 제목을 주의하라! 자유를 안정하는 사람들은 자유를 비결정적인 것으로 보며, 자유로운 결단이나 그런 행동을 전혀 원인을 가지지 않은 것으로 본다. 예를 들어서, 하이젠베르그Heisenberg의 불확정성의 원리principle of indeterminacy에 호소하며, 행동의 두 가지 결과를 다 예언하면서 문제를 제시하고, 분자적 소립자의 속도는 실제적 비 결정에 기인한다는 것이다. 현대 물리학도 때로는 양자의 비약을 말해 인간 자유의 여지를 말하기도 한다. 이런 것들은 사실 미세한 영역에서는 기계론적 결정론의 주장이 불완전함을 시사 할 뿐, 자유에 대한 설명으로서는 불충분하다. 사람의 선택이란 신체와 일상적 사건에 영향을 미치는 큰 영역micro-level에서 작용하는 것이므로 물리학적 비결정론이나 양자의 비약은 이에 대한 충분한 증거가 되지 못하기 때문이다. 그러나 그것뿐만이 아니라 자유란 단순한 비 결정, 즉 '인과적 연관성이 작용하지 않는 것'이 아니며 무의식적인 원인 – 결과의 메커니즘 만이 사건의 발생에 영향을 미치는 것은 아니다. 자유란 일종의 자기결정으로서, 여기서는 비 기계론적인 인격적인 요인들이 작용하는 것이다. 즉 우리가 존경하고 사랑하는 다른 사람들의 영향력, 인간관계의 역동성, 우리가 그것에로 이끌리는 이상들, 그리고 우리가 취하는 목적들과 같은 것들이 이에 해당한다. 어떤 물질주의적인 견해에서는 '원인'cause이란 용어가 단순히 기계적인 것만을 지칭하는 것이 아니라 그것 이상의 이 모든 것들을 다 포괄한다.

내가 여기에서 제시하려는 대안은 자유를 좀 더 인격주의 적으로, 또한 목적론적으로 보는 모델이다. 여기서는 우리가 의도적으로 채용한 목적과 가치가 중요한 역할을 한다. 목적론이란, 어떤 과정이나 활동은 단순히 이전 것들에 의해서 좌우되는 것이 아니라 목적 정향적이라는 것이다. 따라서 의도와 이상이 우리가 행하는 것에 영향을 미친다는 것을 의미한다. 사람의 행동은 어떤 계획을 추구할 것인가 하고 생각하는 자유에서 시작한다. 그렇게 되면, 그 계획의 성질은 다양한 인과적 메커니즘이 부과하는 제한에 비추어서 무엇이 실제로 가능한가를 정의해 준다. 그러므로 원인이란, 자유가 활동하는 상황을 만들기도 하며, 그 행동의 가능성과 제한을 만드는 두 측면의 활동으로 작용한다. 물리적 상황, 유전학적 상속과 같은 것들은 인과적으로 주어진 것들로서, 가능한 것들의 한계를 지어주고, 우리로 하여금 한 방향을 향하게끔 해준다. 그러나 때로는 우리가 다른 방향에서 보는 가치가 더 매혹적이고 유혹적인 것이 되며, 그 방향이 우리가 아무것도 하지 않았을 때에 결과 될 것을 우선한다. 그렇게 되면 우리는 이전의 과정을 떠나서, 우리의 목적을 추구하기 위한 다른 사건의 과정이 일어나게 된다. 이전에 우리는 우리가 행했던 것 외에 우리가 달리 행할 수 있었다. 즉 우리가 다른 선택을 할 수 있는 능력이 있다는 말을 한 적이 있다. 여기서 사물을 결정짓는 것은 대개 우리가 내면화한, 그리고 우리가 추구하는 계획에서 우리 자신의 것으로 만든 가치이다. 어떤 경우에는 습관을 교정하는 것이 의지의 주된 노력이 되고, 캠벨C. A. Campbell이 지적한 바와 같이 우리 자신의 본성의 유혹을 저항하는 것이다.[81] 그러므로 이는 전적으로 자연에 내재된 목적론이 아니고 때로는 내재적 과정을 초월하도록 하는 목적론이다.

이것은 대개 우리가 서로에게 영향력을 미치는 방식과도 같다. 다른 사람을 그 자체로서 목적으로 취급하는, 그리고 그 자체로서 가치 있는 존재로 여기는 '나-너' 관계에서는 다른 사람이 기계적인 방식으로 조작 되거나 그런 영향력을 받게 되지 않는다. 오히려 그들은 내적, 외적 압력에서 자유롭게 되어 스스로 사유롭게 생각하고 행동하는 것이다. 그 '나-너' 관계는 그들이 자유롭게 포용할 수 있는 가치를 제공한다. 이 모델에서는 자유란 인과적 기계론만으로서 만들어 내는 것을 초월하는 능력, 내적인 자기결정력을 가지고서 목적을 위해 행동할 수 있는 능력이다. 이런 자유론적인 대안은 완전히 비결정론도 아니고 인과적 필연성의 문제도 아니다.

기계론의 문제는 그것이 사람을 자연과만 연관된 자연적 대상의 하나로만 보지, 인격과 관련된 하나의 인격으로는 보지 않는다는 점이다. 이

---

81. C. A. Campbell, *In Defense of Free Will*(London: Allen and Unwin, 1967), 제 1장~제 3장. 또한 A. I. Melden, *Free Action*(London: Routledge & Kegan Paul, 1961), Richard Taylor, *Action and Purpose*(Englewood Cliffs: Prentice-Hall, 1966), 그리고 Gerald Dworkin, ed. Determinism, *Free Will and Moral Responsibility*(Englewood Cliffs: Prentice-Hall, 1970)을 보라.

런 단일론적인 전망은 개인을 인격 이하의 것으로 축소시키고, 그 과정에서 자유란 거의 불가능하게 하거나 원인들 간의 간격에서 작용하는 것은 비결정적인 어떤 것으로 남기고 마는 것이다

(3) **낭만주의적 모델**The Romanticist Model 이것이 어떤 이들에게는 생명 없는 기계론과 합리주의적 모델에 대한 아주 매혹적인 대안이다. 자유란 결정론적 연쇄에서 빠진 고리여서 아무 것이나 일어날 수 있도록 하는 것도 아니고 이성만의 산물인 것도 아니다. 오히려 자유란 인간 정신에 고유한 것이고 모든 자연을 통해 나타나는 내적 창의력의 생동성에 내재하는 것이다. 어떤 초기의 낭만주의자들, 예를 들자면 콜리지Coleridge는 이 생동성을 전 포괄적 정신an all-encompassing Spirit으로 여기는 철학적 관념론자였지만, 다른 이들은 자연과 인간의 창의성을 자연 자체의 생동성으로 여기는 자연주의자들이였다. 생명이란 불활성(다른 대상과 쉽게 반응하지 않는 성질)의 물질이나 기계적인 원인들과는 다른 힘이라고 보는 생물학적 생동성이 그 대표적인 근거였고, 인간의 자유는 생명의 최고 발전적 표현이라는 것이다. 그러므로 자유는 새로운 관념과 행동으로 우리를 놀라게 하는, 생물학적으로 근거된 자발성이다.

그러나 나는 인간의 자유가 자연 안의 예측할 수 없는 사건들과 그 정도에서만 다른 자발적인 새로움이나 창의적인 충동일 것인지에 대하여 다시 의문을 표한다. 더구나 생물학적 생동성은 현대 유전학과 생화학 발생 이전에 생명의 기능을 설명하기 위하여 도입된 가설이였다. 오늘날 자연주의자들은 이런 생동 주의를 좀 더 심하게 거부하려고 하고, 생명의 새로움을 다른 생명력으로보다는 복합적인 화학적 과정으로 돌려 설명하려고 한다. 또한 많은 현대 과학자들은 생명을 독립된 힘으로 보지 않고 어떤 유기적인 복합체의 기능이라고 본다. 그러므로 인간의 자유는 생물학적 에너지의 산물로서, 그 원인의 복합성을 제외한다면 다른 물리

적 효과와는 질적으로 다른 것이 아닌 것이 된다.

낭만주의자들에게는 자유란 창의적 에너지의 발휘였다. 그러나 생물학적 현상으로서의 자유는 다른 심리학적 충동이 그럴 수 있는 것보다 더 교묘하게 방향 지어지거나 질서 있는 것일 수는 없다. 이성이나 형식에 대항하여 새로움을 위하여 새로움을 추구하는 것은 충동적이고 자발적인 것이다. 프로이드는 이를 성 에너지sexual energy로 돌려 설명하고, 니체Nietzsche는 이를 억압 될 수 없는 권력에의 의지로 높여 찬양 하였다. 라인홀드 니버Reinhold Niebuhr는 사탄적인 것에게 제재권을 준다는 이유에서 낭만주의를 비판하였다. 생동성이 모든 형식을 빼앗고 이성의 것을 지배하게 되면, 합리주의자들의 경우에서처럼 형식이 생동성을 빼앗을 때보다 그 결과가 더 나쁜 것이 된다는 것이다.[82] 그는 주장하기를, 자유는 형식과 생동성의 조화를 요구한다고 하며, 책임 있는 자유는 질서를 부여하고, 사람의 선택을 좌우하고, 목적 추구의 방향을 제시 한다고 하였다. 그러나 만일 자유가 생물학적 충동으로 환원되고 나면, 책임은 정의하기가 어려워진다.

(4) **변증법적 모델**The dialectical Model 실존주의적 휴머니스트들과 마르크스주의적 휴머니스트들은 모두 자유의 변증법적 모습을 발전시킨다. 이는 헤겔에게까지 소급되는 것인데, 그에게 있어서는 자연과 사상 내의 모든 과정은 서로 갈등하는 두 대립물이 새롭게 출현하는 종합으로 나아가는 것이었다. 헤겔 자신은 자유가 이런 방식으로 나타난다고 보았다. 즉, 인간의 진화와 가족과 국가의 발전으로서 출현한다는 것이다.

장 폴 사르트르Jean Paul Sartre 역시 모든 삶과 그 모든 관계를 변증법적인 용어로 묘사하였으니, 이미 그 자체인 것*l'en-soi*은 그가 될 수 있는 것*le*

---

82. Reinhold Niebuhr, *The Nature and Destiny of Man*(London: Nisbet, 1941), 제 2장.

*pour-soi*에 대립한다고 하였던 것이다. 자유는 현존하는 세계를 부정하며, 그 대립을 이해하며, 나의 행동으로 나의 정열까지도 형성하도록 하며, 독자적인 자기 자신이 되도록 한다는 것이다. 그런가 하면 마르크스주의자들은 역사란 서로 대립하는 사회 경제력의 알력을 통하여 진보하여, 궁극에는 노동계급을 자유롭게 하여 계급 없는 사회에 이를 것이라고 보았다. 그러므로 대립과 갈등은 모두 자유에 이르는 길이라는 것이다. 따라서 대립은 1960년대의 급진주의자들의 전술이 되었던 것이고, 마르크스주의의 지정학에서는 지금도 그러한 것이다.

이런 변증법적 모델에서도 문제는 발생한다. 사르트르는 자유란 절대적이고 온갖 종류의 구조와 한계를 초월하는 두려워할만한 책임이라고 보아서 결국 이에 대해 비관적이었다. 그리고 궁극적인 분석에 의해 보면 나를 다른 사람들에 대한 한 객체로 만드는 죽음이라는 실재 자체the brute reality에 의해서도 자유는 부정된다는 것이다. 따라서 자유란 덧없는 것이고 새디스트적인 농담일 뿐이라고 한다. 결국 우리를 기다리고 있는 것은 행복한 종합이 아니라는 것이다. 그러나 마르크스주의자들은 사람들의 집단적인 노력에 의해서 다가오게 될 종합을 기대한다. 즉, 소외가 극복되고, 억압으로부터의 해방이 실재화 될 때를 기다리는 것이다.『해방론』*An Essay on Liberation*에서 허버트 마르쿠제*Herbert Marase*는 그 억압이 생성되게 된 생산성의 원리를 부정하면서, 결국 어떤 종류의 사회로 귀결케 될 것인지를 기다리면서 동서방의 대립을 분명히 하였다. 그 결과 그의 자유는 그 내용을 상실한 것이고, 적극적인 방향을 가지지 않은 것이다. 그렇다면 그것은 어떻게 사람에게 희망을 줄 수 있으며, 사람에게 무엇을 의미하는지를 분명히 할 수 있겠는가!

이 빈약한 낙관론보다 더 근본적인 것은 변증법 자체이다. 그것은 자연과 인간의 실존을 자의적이고 노예화하는 철장에 가두는 것이다. 헤겔은 관념론자로서, 절대자의 변증법적 사고과정 위에서 변증법의 기초를 놓았다. 그러나 자연주의자들은 포괄적인 절대자를 인정하지 않으며, 그런 형이상학적 근거를 가지고 있지 않다. 그들은 관찰 가능한 자연의 과정에 근거하여 자신들의 변증법을 세웠으며, 따라서 경험적 일반화로서의 그 변증법은 불완전하고 인위적인 것으로 보이며, 그렇게까지 말할 수는 없다고 해도 어떤 특별한 종합을 예언하기는 불가능하다. 소외와 이런저런 억압으로부터의 자유는 때때로 어느 정도 나타날 수 있으나, 완전히 갈등이 없는 사물의 상태가 이르리라고 할 수는 없다. 신 마르크스주의자인 아담 샤프Adam Schaff가 그렇게 완전히 될 수는 없다고 인정하였지만 말이다.[83] 그렇다면 무엇이 인류를 위해 포괄적이고 통합적인 목적이며, 어떤 선을 최고의 것이라고 말할 수 있겠는가? 소외의 종국으로서의 해방은 소극적인 주제이다. 우리는 어떤 긍정적인 목적을 추구해야 하며 우리의 삶에는 어떤 통일적인 초점을 가져야 하는가? 인격은 그 자체로서 최고선이며, 인간의 행복을 위한 최고의 가능한 조건이 목적이어야만 한다는 것이다. 그런데 마르크스주의자들의 묘사에는 이런 행복이나 인간의 자유가 어떤 긍정적인 내용을 갖지 못하고 있다.

  자유를 자연주의적으로 생각하는 것은 모두 이런 문제를 가진다. 즉, 우리가 자유를 자연과의 관계에서만 볼 때는 인간에 대해 구별되고도, 긍정적인 의미를 잊어버리기가 쉬운 것이다. 인간을 자연만의 형상으로 보면 인간의 독특성과 자유의 의미가 사라진다. 그렇게 되면 우리는 결코 독특하지 않으며, 우리가 그 한 부분을 이루는 이 세상을 초월할 수 없기 때문이다. 그러므로 좀 더 인격주의적인 이해가 요청된다. 우리는 어떤 다른 것으로 환원시키지 아니하고서, 인격을 좀 더 긍정적으로 받아들이는 이해가 필요한 것이다. 이것은 앞서 우리가 창조에 대해 생각했을 때 도달했던 결론 그 자체이다. 즉, 좀 더 명백한 인격주의적 모델이

---

83. Adam Schaff, *Marxism and the Individual*(New York: McGraw Hill, 1970), 제 4장.

필요하다는 것이다. 자유에 관해서는 칸트 이후에 키에르케고어와 같은 실존적 사상가들과 피터 베르토치와 같은 관념론적 사상가들에 의해서 이런 시도가 이루어졌다.[84] 기독교 관점에서 볼 때 요점은 인격은 자연의 형상으로서가 아니라 인격적 하나님의 형상으로 지음을 받았다는 것이다. 즉, 인격과 그의 자유는 무엇보다도 하나님과 관련시켜 보아야만 하며, 그런 뒤에라야 자연과 관련시킬 수 있다는 것이다. 이는 다음 장에서 제시 하게 될 기독교적인 관점의 출발점이 될 것이다. 성경적으로 볼 때, 인간의 자유는 절대적인 것도 환상적인 것도 아니고 하나님께만 의존하는 것이며 하나님께 대한 특정한 관계에만 의존하는 것이며 자유는 여기서 출발한다. 그 제한과 실패 역시 그러한 것이다.

인간의 실패

인간의 실패에 대한 자연주의적 설명도 인간의 자유를 설명하는 것과 같은 개념적 모델에 의해 제시되었다.

(1) **합리주의적 모델**The Rationalistic Model을 주장하는 이들은 도덕적인 약함을 말한다. 예를 들자면, 아리스토텔레스는 이 도덕적인 약함이란 이성이 그 과업을 제대로 수행할 수 없도록 하는 감정의 경향이라고 보며, 합리적 습관을 형성케 하는 도덕교육을 통하여 이를 극복할 수 있다고 본다. 교육은 인지적인 것만이 아니라 정의적인 생활과도 관련하여 주어지며, 예술은 이성의 지배를 거부할 두려움과 동정의 감정을 정화시

---

84. 예를 들어서, Soren Kierkegaard, *The Sickness Unto Death*(New York: Doubleday, Anchor Books, 1954), pp.146-175와 Bertocci, *The Person God is*(New York: Humanities Press, 1970), 제 2부를 보라.

키는 일을 한다는 것이다. 결국 도덕적인 강함은 감정과의 투쟁을 통한 이성의 지배를 확실시함으로써 얻어질 수 있다는 말이다.

인간의 문제에 대한 이런 분석은 휴머니즘 내의 합리주의적 전통의 특성이다. 스토아주의는 인간이 경험하는 이성과 감성 간의 긴장을 묘사함으로써 같은 입장을 취했다. 자연의 질서는 우리가 어떻게 느끼는 가와는 상관없는 것이며, 우리의 욕망과는 관련이 없는 합리적인 질서라는 것이다. 그러므로 현재 있는 것과 싸우며, 현재에 있지 않은 것을 요청하거나 그래서 고통과 두려움과 싸우는 대신에 사물의 현재 상태를 받아들이고, 자신을 그에 따라 훈련시키는 것만이 합리적임을 말한다. 열정이 지배할 때 악이 생성되며 이성이 지배할 때만 덕이 생성된다는 것이다.

교회도 5세기경에 이 합리주의의 유혹을 받은 일이 있었다. 펠라기우스Pelagius는 도덕적인 실패와 죄와 같은 류는 어떤 유전적인 악에 기인하는 것이 아니라 나쁜 사람의 예에 대한 감정적 영향력 아래서의 의지의 약함에 기인한다고 주장하였다. 따라서 이런 도덕적 약함은 성경의 가르침을 이해함으로써 극복할 수 있고, 좋은 사람의 예, 특히 예수의 모범에 의해서 극복할 수 있다는 것이다. 옳은 것에 대한 인식은 그 옳은 것을 선택할 수 있는 의지를 강화한다고 본다. 헬라적 특성에서는 이성이 진리의 가르침을 받게 되면 승리를, 무지와 비합리적 열정은 도덕적 실패를 가져 오게 된다고 보기 때문이다.

우리는 이런 견해가 얼마나 인간 중심적이며, 인간과 자연적 자원에만 한정한 설명인가를 쉽게 찾아 볼 수 있다. 그러므로 이는 세속적 휴머니즘의 자연주의적이고 인간중심주의적인 전제에는 잘 들어맞으나, 유신론적 견해와는 아주 명백히 대립된다. 유신론적 견해에 의하면 인간의 실패는 이성과 정열 간의 긴장에서의 자연적인 의지의 약함 이상의 것에 기인하는 것이다. 우리들의 유한성은 참으로 우리를 전염 가능한 위치에 놓는다. 즉, 우리는 다른 사람들과 다른 것들에 의존하며, 감정적 혼란과 망상에 처할 수도 있는 것이다. 그러나 우리의 의존은 사람이나 사물들에 대한 것만이 아니고 더 근본적으로는 하나님께 대한 것이다. 그리고 안식을 깨뜨리는 것은 합리적인 집중으로부터의 분리가 아니라 바로 이 하나님께 대한 의존인 것이다. 그러므로 우리의 궁극적인 소망은 우리 자신의 합리적인 자기 훈련에 있는 것이 아니라 창조주의 은혜로우신 활동에 있는 것이다. 참으로 인간의 이성은 많은 오류 가운데 있으며, 정의적인 생활과 같이 죄에 의해 영향을 받을 수 있는 것이다. 결국 도덕적인 실패는 선한 이성과 악한 감정의 갈등에서 비롯되는 것이 아니라, 보다 근본적인 하나님께 대한 의존을 기부하는 데서 발생한 도덕적인 왜곡에서 비롯되는 것이다.

더구나 합리주의적 모델은 인간의 실패를 원래 사물에 내재해 있는 결점에서 찾으려고 한다. 이성과 감정의 긴장이라는 가정의 배후에는 실재의 본질 가운데 질서와 혼돈, 선과 악의 이원론이 있다. 그런 세상에서 사람과 동물들에게 어떤 희망의 여지가 있겠는가? 이런 이원론은 정신과 물질, 영혼과 육체라는 플라톤의 이원론을 반영하고 있는 것으로서 물질을 초월하며 영원한 정신이나 영혼에 희망을 두는 것이다. 그러나 자연주의적 휴머니즘은 이런 비물질적인 영혼이나 자연을 초월하는 것의 실재를 부인한다. 유신론적 입장에서 본다 하더라도 영혼이란 영원할 수 없는 의존적이고 제한된 능력을 가진 피조된 것 일 뿐이다. 그러니 이성의 지배력에 대한 확신의 근거가 어디 있을 수 있겠는가?

이에 대한 대답은 흔히 이론적이기보다는 실용적인 것으로서 주어지는데 이성의 지배는 우리가 행하는 것의 결과를 예견하는, 따라서 우리의 행동을 지도하는 이성의 능력에 있다는 것이다. 물론 우리가 충분히 아는 경우, 우리가 아는 것에 근거하여서 행동하려고 하는 영역에 대해서는 이것이 옳을 것이다. 그러나 많은 경우에 있어서 우리는 우리가 필요로 하는 것보다 훨씬 미량으로 알고 있는 것이다. 예를 들어서, 재결합 된 DNA의 경우 경제적 예측과 통제에 대하여 단순히 개인의 행동을 예측할 경우에 있어서 그러하다. 더구나 어떤 경우에 우리는 우리가 아는 것에 따라서 행동하려고 하지 않는다. 즉 지식의 양이 우리의 가치를 바꾸도록 해 주지는 않는다. 이런 경우도 예를 들어보자면 환경문제, 대체 불가능한 자원의 불필요한 소비, 핵무기의 축적 등과 같은 것이다. 흔히 우리가 아는 것은 우리가 원하는 것과 갈등한다. 그러나 인간의 타락이란 의지의 일시적인 약함 이상의 것이다. 그래서 칸트는 근본적인 악radical evil을, 또 다른 이는 사탄적인 것demonic을 말한 것이다. 그런가 하면 체스터튼G. K. Chesterton은 원죄란 거의 증명될 수 있는 기독교 교리 중의 하나라고 주장하였다.[85] 인간의 실패에 대한 합리주의적 이해는 이런 점에 있어서 너무 피상적이고 단순한 것으로 나타난다. 그러나 이것은 또한 비관적이기도 하니 악을 실재의 본성으로까지 말함으로써 희망을 발 아래로 끌어내려 버렸기 때문이다.

(2) **기계론적 모델**The mechanistic model은 인간의 실패를 심리학적, 환경적 영향들에로 돌려 설명하여 개인이 그가 행동한 것에 대하여 책임질 수 없다고 주장한다. 합리주의자들은 잘못 행하는 자들을 교육시키라고 말하는 반면, 기계론자들은 그들의 환경 요건을 변화시키라고 한다. 이런 접근의 특정은 처벌punishment을 교정요법therapy으로 바꾸려는 최근의 시도에 나타난다. 예를 들어서 스키너B. F. Skinner는 죄책이나 책임의 모든 관념을 거부한다. 그는 동물 행동에 관한 실험 연구에서 이끌어낸 결론을 가지고, 처벌이란 단지 뒤에 다시 나타나게 될 행동을 억압하는 것이라고 주장한다. 왜냐하면 처벌은 처벌받는 이가 원하는 것을 제거하

---

85. G. K. Chesterton, *Orthodoxy*(1908; New York : Doubleday, Image Books, 1959), p. 15.

고, 그가 싫어하는 것을 가하는 것이기 때문이다. 그러나 그런 욕망이나 혐오는 계속 남아 있게 되므로 우리는 사람들이 원하는 자극을 제공하고 그들이 저항하는 것들을 제거함으로써 우리가 원하는 행동으로 그들을 변화(교정reinforce)시킬 수 있다는 것이다.[86] 영국에서는 바바라 우튼Babara Wooton이, 범죄자는 정상적인 정신 상태에 있는 자발적인 주체자로서 자신의 행위에 대해 책임이 있으며, 따라서 죄책이 있다는 법적인 '의존 정신'(mens rea)개념을 거부했다. 책임, 교정, 그리고 수치라는 말은 가치가 없다는 것이다. 그 대신에 우튼은 범죄자들을 환자로, 형무소를 병원으로, 그리고 형벌학을 의학으로 다루기를 원했다. 범죄란 비난보다 치료가 요구되는 정신적, 사회적 질병이라는 것이다.[87]

그러나 그 자신도 자연주의자이며 휴머니스트인 토마스 차스Thomas Szasz는 이 '정신병 신화'myth of mental illness란 감금된 개인 주의자들과 사회 비판자들을 정당화하면서 그들의 행동을 수정하는 기법을 동원하여 그들의 따르지 않음을 시정하려는 포괄적인 제목이라고 비판하였다.[88] 범죄와 다른 일탈행위의 구별이 없어지고 도덕적인 책임이 부정되면, 자유에 대하여 어떤 일이 일어나고 어떤 종류의 '멋진 신세계'가 도래하게 될까? 주전파들의 세계에서 반전운동을 하는 이들이나 인종차별주의자들의 세계에서 마르틴 루터 킹Martin Luther King, 그리고 아모스나 세례 요한 그리고 심지어 예수께 어떤 일이 일어날 수 있었을까? 도덕적인 실패에 대한 개인의 책임을 부인하는 것은 가공할 만한 억압과 개혁의 금지, 그리고 선지자들을 침묵 시키는 결과를 낳게 된다.

---

86. Skinner, *Science and Human Behavior*(New York: Macmillan, 1953).
87. Wootton, *Crime and The Criminal Law*(London: Stevens and Sons, 1963), 특히 pp. 33-57을 보라. 또한 Karl Menninger, *The Crime of Punishment*(New York: Viking Press, 1968)과 그의 *Whatever Became of Sin?*(New York: Hawthorn Books, 1973)을 보라.
88. Szasz, *The Myth of Mental Illness*(New York: Harper and Row, 1961).

형벌제도는 분명히 범죄자들을 개혁시키는데, 적어도 반복적인 범죄를 막는 데 관심을 두어야 한다. 그러나 더 근본적으로는 범죄자들로 하여금 자신들의 행위에 대해 개인적으로 책임지도록 하려는 방법이어야만 한다. 이것이 없이는 개혁의 노력이란 겨우 사회적 조건이나 행동방식에 관여하며, 때로는 유전적 수정에 관여하게 된다. '치료요법'theraphy의 유용성은 개인이 자기 자신과 그들이 스스로 선택한 것으로부터 자유롭게 행동할 수 있을 때는 거의 제한적이다.

루이스C. S. Lewis는, 치료요법에 대한 '휴머니즘 이론'은 비인간화하는 것이라고 옳게 지적하였다. 왜냐하면 치료요법은 범죄자들을 자신의 행동에 대해 책임이 없는 자들로 여기기 때문이다. 또 다른 이는 '처벌받을 권리'the right to be punished를 요구했는데, 왜냐하면 이 권리는 다른 이들의 수단으로 사용되기보다는 인격으로 대우받을 권리와 같은 것이기 때문이다.[89] 사회로의 복귀를 위해 강요된 '치료요법'theraphy은 개인의 권리를 파괴시키고 그의 자유를 말살하며, 범죄자에게 그는 참으로 비난받을 수 없다고 믿는 것이니, 그것은 모든 사람을 이미 왜곡된 사회 안에 기존하는 도덕으로 몰아넣는 것이다. 이렇게 자연주의적 휴머니즘은 또다시 사람을 바로 보지 못하는데, 처음에는 사람을 자연의 형상으로 만들고, 그를 다시 사회 자체의 왜곡된 형상대로 만들어 사람됨을 바로 구현하지 못하게 하는 것이다.

(3) **낭만주의적 모델**The romanticist model은 기계론적 모델의 극단에 대한 반동으로, 자연의 생동성의 표현으로서의 자유롭고 창의적인 정신에 초점을 맞춘다. 자연은 다양한 방식으로 새로움을 내어 놓는데, 따라서

---

89. C. S. Lewis, *"The Humanitarian Theory of Punishment"*. in *God in The Dock* (Grand Rapids : Eerdmans, 1970) 또한 Herbert Morris, *"Persons and Punishment,"* The Monist 52 (1968) : 475-501을 보라.

인간의 생동성도 이성에 호소하거나, 사회법이나 기준의 부과로서는 제한될 뿐이다. 따라서 인간의 실패는 이런 생동성의 퇴화, 침체, 또는 상상력의 부족과 창의성의 둔화 등에 기인한다는 것이다. 자유로운 정신은 '이 모든 것을 널리 전파되게' 하는 것이기 때문이다. 따라서 창의성 자체를 위한 창의성은 칭찬받아야 하며, 비인습적이고 새로운 것을 높이 평가하는 일종의 심미주의aestheticism가 높여져야 한다는 것이다.

이런 견해의 배후에는 우리가 살펴본 바와 같이 새로움이 물질적인 것이고, 창의성이 최고의 가치라는 일종의 진화론이 있는 것이다. 옛것은 항상 새것에게 자리를 내어 준다고 한다. 그러므로 실패는 과거의 구조와 가치를 고집하면서 여전히 그 자리에 남아 있는 것이다. 그런데 변화와 창의성은 유용할 수도 있고, 악마적일 수도 있다. 그러므로 문제는 이렇게 창의성이 우선권을 갖게 되면, 성공과 실패에 대한 불변하는 도덕적 규범이 있을 수가 없게 되며, 인생의 길과 인류의 진보를 인도해 줄 확고한 가치가 없어진다는 것이다. 또한 어떤 종류의 것이든 진보가 불가피해지는데, 이렇게 변화로만 환원되는 진보는 의미가 없다는 점이다.

그 자체를 위한 변화와 창의성은 너무 쉽게 혼란에 빠지고 마는 것이다. 이런 논리는 오스카 와일드Oscar Wilde와 같은 문학자의 생애에서나, 권력에의 의지로 모든 것을 주장한 철학자 니체Nietzsche의 사상에 명백히 나타난다. 그것은 악마적인 히틀러 정권의 가능성을 허용하였고, 창의적인 광포의 '나치의 대학살'이란 지옥을 가져왔던 것이다. 그러나 실용주의자들은 창의성도 이성과 질서로 다듬어져야 한다고 주장한다. 그들은 실제에 있어서 실패는 창의성에서보다는 타성inertia과 성공에서 발생한다는 것을 발견했기 때문이다.

물론 창의성은 많은 것에 대하여 필요조건은 된다. 그러나 그것이 충분조건은 아닌 것이다. 창의성 그 자체는 선과 악, 성공과 실패의 모든 가능성을 가지고 있기 때문이다. 그러므로 창의성은 책임 있게 수행되어야만 한다. 그러나 낭만주의자들은 창의성과 자유에 대해서는 높은 가치를 부여하지만, 그의 자유를 책임 있게 수행해야 한다는 것에 대해서는 그의 높은 가치를 두지 않는다. 특히 자연주의자들은 이런 난점을 가지고 있다. 자연만이 존재하는 모든 것이고, 사람도 그 자연의 한부분이라면, 또 창의적 자유가 자연의 최고 목적이라면, 창의적이고 자유로운 것 이상의 목적은 없으며 다른 모든 것은 이 목적을 위한 것이어야 한다는 것이다. 그런 것이 최고 목적의 본성이라는 것이고, 니체는 이 점에 있어서 아주 일관된 태도를 유지하였다. 그러나 기독교 유신론자들에게 있어서는 자연이 모든 것이 아니고, 최고 가치와 창의성은 먼저 하나님께, 둘째로는 하나님께서 만드셔서 높이 가치 평가하신 사람에게 근거하며, 그들에게 대해 책임 있게 수행되어야만 하는 것이다.

(4) **변증법적 모델**The dialectical model에는 마르크스적인 것이 있고 실존주의적 휴머니스트들의 것이 있는데, 이들은 인간의 실패를 또 다르게 본다. 마르크스에게 있어서는 실패란 반동적이고 반혁명적인 행위이다. 즉, 이는 변증법적인 과정의 나쁜 측면이라는 것이다. 따라서 그것은 어떤 항존적인 도덕규범에 반한다기보다는 사람들에 반하는 범죄라고 본다. 왜냐하면 사회의 도덕은 그것을 형성시킨 계급투쟁 안에서 그 위치를 가지는 것이기 때문이다. 그들에 의하면, 사람은 자연의 형상이므로 삶의 물질적인 조건 이외에 다른 것에 대해 생각하는 것은 불가능 하다는 것이다.

실존주의의 변증법에서도 역시 실패란 변증법적 과정의 나쁜 측면에 있는 것이다. 사르트르Sartre에게 있어서 변증법이란 나 자신과 내가 반드시 부정해야만 하고 그리하여 독자적인 나 자신이 되어야만 하는 세계 사이에 있는 것이다. 그러므로 자유롭게 행동하기를 실패한다는 것은, 즉 실수한다고 하는 것, 생명이 우리에게 던지는 것을 그대로 수납한다고 하는 것은 나쁜 신앙mauvais foi의 포로가 된 것이라는 것이다. 그것은 비독자성inauthenticity이다. 왜냐하면 내가 될 수 있는 자유로운 자아가 되기에 실패하는 것이기 때문이다. 그러나 결국 독자성과 비독자성은 그리 큰 차이가 없는 것이니, 이 세상은 결국 나를 부정할 것이고, 나는 다른 것의 일부분이 될 것이며, 나의 자유는 우리 모두를 쓸어버릴 냉혹한 변증법 내에서 소진될 것이기 때문이다. 그리고 다른 이들이 우리를 도울 수가 없다. 왜냐하면 그들도 그들 나름l'en soi 일 뿐이고 부정되는 세계의 한 부분이기 때문이다. 이렇게 사람을 자연의 형상으로 생각하는 것은 성공과 실패가 결국은 같은 결과를 내는 것이라고 봄으로써 인간의 실패가 지닌 항구적인 의미를 없애는 것이 된다.

그러나 모든 휴머니스트적인 실존주의자들이 그렇게 비관론적인 것은 아니다. 그러나 알베르 카뮈Albert Camus조차도 인간의 실패와 희망에 이것 이상의 의미를 부여하지 않는다. 예를 들자면, 『페스트』에서 사람들은 흑사병으로 황폐화되어 가는 오란Oran 시와 그들 스스로 싸워야 하는 것이다. 범죄자와 부랑아 그리고 의사 – 이것이 그들의 마지막이었다. 그러나 일단 변증법적인 대립이 끝나게 되면 그들은 술과 자살과 직무태만, 그리고 헛된 일상사로 돌아가 버리는 것이다. 그 이상의 종합이 나올 수 없으므로 그들의 독자성은 실패하는 것이다.

물론 사르트르와 까뮈에게 있어서의 궁극적 실패의 이유는 정thesis과 반antithesis의 변증법이 어떤 좋은 결과의 합synthesis을 산출하는 것이 아니라 무에로 인도한다는 데에 있다. 헤겔과 같은 관념론자는 그의 절대 정신의 자유를 통한 승리에로 나아 갈 수 있었지만 자연주의자들은 그럴 수 없다는 것을 그들이 알고 있었던 것이다. 대립의 변증법으로는 우리의 꿈을 이룰 수 있다는 보장이 없는 것이다. 더 이상의 희망이 없는 갈등만이 있는 것이다. 우리의 삶 가운데서의 사소한 성공들이란 잠정적인 것일 뿐이고 결국은 실패와 같다는 것이다. 우리가 자연과의 관계에서만 존재한다면 결국은 자연이 승리하고, 우리의 명멸하는 희망을 소진시켜 버릴 것이기 때문이다.

> … 우리의 모든 지난 날들은 항상 어리석은 자들이
> 흙으로 돌아가는 죽음의 길을 밝혀준다
> 꺼져라, 꺼져라, 잠시 동안의 밝음이여!
> 삶이란 흔들거리는 그림자
> 무대 위에 있는 잠시 동안 우쭐거리며 떠들어대지만
> 그 이후에는 그 누구도 알아주는 이 없는 가련한 배우!
> 그것은 백치가 지껄인 한 마당의 이야기
> 소리와 정열이 가득하지만 아무 뜻도 없는 것들이다.[90]

이렇게 실패란 우주적인 것이고 불가피한 것이다. 최후의 통치할 최고의 목적도, 최고선도 없다는 것이다. 까뮈와 사르트르에게 있어서는 이것이 사물의 실상이다.

이런 여러 형태의 휴머니즘에 공통된 문제들은 이제 명백하다. 사람을 자연주의자들이 보는 바와 같이 자연과의 관계에서만 보면, 자유와 실패에 대해 어떤 의미를 찾아보기가 어려운 것이다. 참으로 책임 있기 위해서는 우리가 자연의 한 부분이나 그 산물 이상의 존재여야 할 것이 요구된다. 다음 장에서는 사람을 하나님과의 관계에서 볼 때에 얼마나 많은 차이가 나타나는가를 살펴볼 것이다. 이와 함께 자유에 대한 인격주의적 모델이 제시되고, 하나님께서는 우리가 다른 사람들이나 자연을 다룰 때에도 책임 있게 활동하기를 요구하신다는 것이 밝혀질 것이다.

---

90. Shakespeare, Macbeth, V. v. 22-28.

기독교적 관점에서 본 인간

Contours of a World View
Studies in a Christian World View

　자연주의적 인간관과 기독교적 인간관의 대조는 다음 두 가지 본질적인 문제에서 분명해진다. 즉, 우리 인간의 독특한 자유는 궁극적으로 자연과 연관하여 이해할 것인가, 아니면 하나님과 연관하여 이해 할 것인가 하는 문제와, 우리는 어떻게 우리의 실패에 대한 책임을 주장할 수 있는가 하는 문제이다. 이 장에서는 기독교적 관점에서 이 두 가지 점을 설명하고, 성경적이면서도 인문학과 행동과학에도 적절한 인간관을 제시하려고 한다.

　우리는 성경이 그 명백한 주장에서 뿐만 아니라 인류의 역사와 개인들의 실재적인 묘사에서 인류에 대해 말하고 있다는 것을 염두에 두어야만 한다. 더구나 성경은 예수 그리스도를 이상적인 사람으로, 즉 완전한 사람이요, 완전한 신이신 '하나님의 아들'이요, '사람의 아들'로 제시하고 있다. 그분 안에서 우리는 창조주께서 우리가 어떤 사람이 되기를 의도하셨는가를 알 수 있게 된다. 인류는 모두 하나님의 형상으로 만들어졌지만 아담의 아들과 딸들 중에서 예수 그리스도만이 살아계신 하나님의 형상을 완전히 구현한 것이다. 따라서 기독교적 인간관은 명백히 그리스도 중심적이다.

첫째로, 우리는 인간을 '관계적인 존재'로 보며, 그 뒤에 '책임적인 존재'로 보고 마지막으로는 그 관계와 책임에 있어서 죄와 은총의 영향을 받고 있는 존재로 보아야 한다. 이 삼중의 이해 중에서 둘째 것은 첫째 것을 포함하며, 셋째 것은 앞의 두 가지 것을 포함한다.

관계적인 존재로서의 인간

사람은 아주 넓고 복합적인 상호 관계의 체계 안에서 존재한다. 우리 모두를 포함한 모든 개인은 고립되어서는 살 수가 없다. 우리는 개인적으로나 집단적으로나 우리 밖의 것에 의해 시작되었고, 유지되고 있기 때문이다. 물리적으로나 심리학적으로나 그 어떤 방식으로도 우리는 우리가 참여하는 사물 전체의 구조에 의존한다. 그 누구도 그 자신으로서 충족한 개체가 아니며, 나 스스로 나의 운명의 주인이고 내 영혼을 주관할 수 있는 것은 아니다.

오늘날 과학에 의하여 알려진 것이나 생태학과 환경문제과 같이 점차 증가하는 의식에서 볼 때에도 이것은 옳다. 세속적인 휴머니스트들도 이것은 쉽게 받아들이고 이에 따라서 그들의 낙관론을 조정한다. 그러나 유신론자들은 인간의 의존성과 유한성을 확신하는 데 있어서 최근의 지식과 정보들을 기다릴 필요가 없다. 비록 그것이 일상의 경험에서 언제나 명백한 것은 아니지만, 그것은 명백히 성경에서 가르쳐지고 있는 것이기 때문이다. 피조성은 의존성을 의미한다. 따라서 우리는 '관계적인 존재'relational beings인 것이다. 이런 점에서 유신론은 자연주의가 할 수 있는 것 이상의 일을 하는 것이다. 나는 자연이나 다른 사람들에게만 의존하는 것이 아니고, 하나님께로 의존하는 것임을 밝히기 때문이다. 직접적으로는 우리가 그의 피조물이기 때문이고, 간접적으로는 내가 의존하는 사물과 사람들의 세계 역시 피조된 것이기 때문이다. 분명히 나는 하나님, 자연, 그리고 다른 사람, 또한 나 자신과의 관계 가운데서 존재함을 피할 수 없는 것이다.

❶ 무엇보다도 먼저 그리고 근본적으로 우리는 창조주이신 하나님과의 관계에서 존재한다. 그로부터 우리는 우리의 실존과 삶, 능력과 자원, 우리 실존의 모든 좋은 성질, 목적, 의미, 그리고 희망 등 – 창조 교리가 함의하고 있는 모든 것을 부여받은 것이다. 또한 우리는 그 안에서 살며, 행동하고 있으며, 그에게서만 이에 대한 참된 해석을 찾을 수 있다. 이것이 성경의 전반적인 주제이고, 기독교 신학과 세계관의 중심적인 주제인 것이다. 우리는 우리의 존재와 우리의 행위에 있어서 향상 하나님 앞에서 실존한다. 우리가 이를 인정하든지 인정하지 않든지 간에, 하나님께서 만물의 창조주이시라면 우리는 항상 모든 점에서 그에게 의존한다는 것은 필연적인 것이다.

그러나 이 관계는 의존성 이상의 것이다. 왜냐하면 우리 인간은 하나님의 형상으로 피조 되었기 때문이다. 하나님의 형상으로 지음 받은 인간은 그 초점과 의미를 그들 밖에서 찾을 수밖에 없다. 즉, 그들의 독특성은 신 중심적 실존임에 있고, 따라서 그들은 자연주의적 방식으로 이해되어서는 안 되는 것이다. 성경은 인간의 어떤 특정한 부분이나 독특한 측면을 하나님의 형상이라고 하지 않으며 좀 더 전체론적인 견해 wholistic view를 취한다. 영적인 것과 육적인 것을 포함하는 전 존재로서의 사람이 그 개인으로서나 역사적인 활동에서나 인격적이며, 역사적으로도 행동하시는 하나님을 반영하는 것이다. 어떤 학자는 왕을 '신의 형상' 즉 이 땅에서의 신의 대리자라고 말하고 있는 고대의 용법에 따라서, 우리 안에 있는 하나님의 형상이란 영적으로는 존재하시지만 육적으로는 보이지 아니하시는 하나님을 우리가 대리해야만 하는 것이라고 시사하기도 한다. 즉, 우리는 이 지상적인 삶에서 영과 육을 결합하는 방식으로 그의 현존을 상정해야 한다는 것이다.[91]

신약성경도 비슷한 지적을 한다. 신약에는 보이지 아니하시는 하나님의 형상이신 '그 사람의 아들'이 계시기 때문이다. 그는 성육신하신 영원한 신이시며 동시에 육체적이고 완전한 하나님이시며, 완전한 사람이시고, 따라서 창조 일반의 가치뿐만 아니라 특별히 인간 인격의 가치를 재확인 하시는 분이시다. 따라서 인간됨의 가치는 궁극적으로 이 세상에서 하나님의 형상을 가짐에 있다. 그러므로 형상됨이란 정말 놀라운 소명인 것이다.[92]

이를 보다 더 특정한 방식으로 설명하려는 신학자들도 있었다. 오리겐 Origen이나 알렉산드리아의 클레멘트 Clement of Alexandria는 '형상'을 인류의 독특한 성격으로 여기고서는, 헬라적 사고 방식에 따라 이를 '이성'이라고 부른다. 토마스 아퀴나스나 많은 스콜라학자들은 이 형상이란 아담의 "하나님 '모양'likeness"과는 다른, 죄로 인하여 파괴된 원의righteousness로 보는 것이다. 반면, 개혁자들은 이 원의란 하나님 형상의 한 부분이라고 보며, 원의는 상실되었고 형상 전체는 아주 심하게 손상되었다고 본다. 그래서 웨스트민스터 소요리문답은 다음과 같이 말한다. "하나님께

---

91. D. J. A. Clines, "*The Image of God in Man*," Tyndale Bulletin(1968), 53-103절만이 아니라, 모든 인간 존재를 이 땅에서 하나님을 나타내는 것으로 말하는 다른 고대의 용법과 대조시키는 데에 까지 나아간다. 하나님의 형상에 대한 일반적인 이해를 위해서는, G. C. Berkouwer, Man : *the Image of God*(Grand Rapids: Eerdmans, 1962)를 보라. 성경적 인간론에 대한 다른 주제에 대해서는, Werner Kümmel, *Man in the New Testament*, 개정판(London: Epworth Press, 1963): H. Wolff, *Anthropology of the Old Testament*(Philadelphia: Fortress Press, 1974); 그리고 G. Carey, *I Believe in Man*(Grand Rapids: Eerdmans, 1980)을 보라.
92. 예를 들자면, 창 9:6, 약 3:9, 엡 4:24, 골 3:10, 히 1:1-3.

서는 그 지식과 의와 거룩에 있어서 자기의 형상대로 사람을 창조하시되 남자와 여자를 창조하시고 모든 피조계를 다스리도록 하셨다." 그러나 루터는 하나님의 형상을 인간의 피조계를 다스리라는 능력에 제한시킨다. 최근에는 칼 바르트Karl Barth가 하나님의 형상이란 남자와 여자 사이의 관계 자체라고 주장하기도 했다(창 1:27).

그러나 이 특정한 해석 중에서 어느 것을 취하든지 간에, 인간이 하나님께 의존함과 이 세상에서 하나님의 형상을 지니고 산다는 것에서 나타나는 우리와 하나님의 관계는 우리 모두가 그 중심에서는 종교적인 존재들임을 밝힌다. 우리의 최고 목적과 우리의 포괄적인 최고선은 하나님을 영화롭게 하며, 그를 영원히 즐거워하는 것이라는 말이다. 도예베르트Dooyeweerd가 강조한 바와 같이, 이 '종교적인 핵심'은 인간의 행동과 이론적 사고의 밑바닥에도 있다. 즉, 삶의 모든 문제들이 이 핵심으로부터 나온다는 말이다. 의존적인 존재들로서 우리는 반드시 우리의 존재와 행위의 모든 점에 있어서 하나님을 찾아야만 한다. 또한 용기와 지혜가 충만한 하나님의 형상대로 창조된 책임 있는 존재로서 우리는 그 모든 우리의 삶에서 창조주를 나타내야 한다. 이것은 종교를, 흔히 생각하는 것보다 더 근본적이고 포괄적인 것으로 만든다. 예를 들어서 국가 종교Civil religion는 정치적 현상 유지의 근거를 제공하며 체제에 순응함으로써 사회 체제를 축복하는 모습을 보인다. 또한 신비 종교mystical religion는 우리가 이 세상과 갈등하지 않도록 도피하게 해준다. 많은 대중적 종교popular religion는 우리 자신과의 화목의 경험을 낭만화하며, 세속적인 삶을 구별시키면서까지 경건을 강조한다. 그러나 만일 우리 인간성의 본질과 그 모든 표현에서 우리가 하나님께 의존하며 그를 나타낸다면, 삶을 성과 속으로 나누는 것은 불가능하며 종교란 허식적이고 감동적인 경험보다 훨씬 더 근본적인 것임을 알게 될 것이다. 인간은 그 성질상 그의 전인적 존재로 하나님을 예배하며, 섬기게끔 창조된 하나님만을 추구하는 존재이기 때문이다. 이것이 인간됨이 의미 하는 첫째 되며 근본적인 것이다.

❷ 그러므로 우리는 다른 모든 관계에서 분리하여 하나님과의 관계에서 실존하는 것이 아니라, 다른 관계들 가운데서 하나님과 관계하는 것이다. 우리는 자연과의 관계에서도 하나님 앞에서 산다. 왜냐하면 우리는 땅의 흙으로 지음을 받았고, 우리의 기원과 가능성은 물리적인 것에 근거하고 있으며, 우리의 현재 의무도 여기에 있기 때문이다. 잉태될 때 수립 되는 유전적 동일성genetic identity도 물질적인 것이다. 또한 신체적-감정적-정신적 발달에 필요한 양분들도 그것으로서 충분한 것은 아니지만 물질적인 것이다. 우리의 신체적 정신적 활동도 물질적인 것에 대한 것이고 그것을 전개하는 것이다. 또한 예술과 공예는 물질에 풍부한 형상을 부여한다. 그뿐 아니라 과학과 과학기술도 물질(자연)을 개발하고 활용하는 것이다. 우리의 영원한 삶조차도 부활한 몸을 포함한다. 자연에 대한 이런 관계에서, 우리는 물리적인 것과 행동과학, 노동과 놀이, 그리고 예술에 대한 하나님의 명령을 발견할 수 있다.

그러므로 우리는 자연에 의존하며 그것에 대하여 책임이 있다. 그래서 하나님의 형상을 이런 책임이라고 해석하려는 이들도 있는 것이다(창 1:26-30). 아담의 죄는 우리들의 죄와 같이 자연의 조화를 깨뜨린 것이다 (창 3:17-19). 그러나 구속에 대한 이사야의 희망은 자연의 회복도 포함한다. 그리고 예수께서도 백합화와 참새에게까지 미치는 하나님의 관심을 상기시키셨던 것이다. 그래서 모울C. F. D. Moule은 우리가 그 한 부분을 이룬다는 '성경적 생태학'a biblical ecology에 대하여 언급한 것이다.[93]

---

93. C. F. D. Moule, *Man and Nature in the New Testament*(Philadelphia: Fortress, 1964).

또한 우리가 물질적인 존재들이지만 우리 안에는 영적인 것이 존재하며 활동하기 때문에, 우리는 자연에 의존하면서도 이를 책임 있게 활용할 수 있다. 이것은 성경에 나오는 용어들을 살펴볼 때에 명백히 나타난다. 그런데 이 용어들은 우리가 흔히 생각하는 '헬라적 이분법'dichotomy을 배제하고 있는 것이다. '영'soul(구약에서는 '네페쉬'nephesh, 신약에서는 '프쉬케'ψυχή, psychē)이란 말은 우리가 죽음 이후 생명의 가능성을 가지고 있다는 사실에도 불구하고, 육체에 갇힌 비물질적이며 영원한 신체에 대해 사용되지 않고, 살아있는 존재living being를 지칭하는 말로 사용되었다. '신spirit(구약에서는 '루아흐'רוח, rûach, 신약에서는 '프뉴마'πνευμα, pneuma이란 용어는 하나님께서 주신 생명을 부여하는 기운이란 개념을 전달하나, 이는 또한 '인간의 종교적인 삶'과 보이지 아니하시나 생명을 주시는 신이신, 살아계신 하나님 자신(즉, 성령)을 지칭하기도 한다. 인간의 신spirit 역시 단순히 물질적인 에너지로 환원 할 수 없는, 능동적이고도 생명을 통제하는 것이다. 그러나, '영'이나 '신' 모두 기본적으로는 전체로서의 인간의 삶 안에 있는 현상 전체를 의미하는 것이다. 이렇게 성경의 언어는 헬라 철학이 도입해 들인 형이상학적 구분을 가지지 않은 전-철학적prephilosophical인 것이었다.

때때로 이 '신'spirit은 '육'flesh(사르크스σαρξ, sarx)과 대조되어 나타난다. '육'이란 용어는 다음 두 가지의 서로 다른 의미로 사용되었다. 즉, 단순히 물리적인 신체(몸)를 의미하기도 하고, 죄인인 사람을 말하기도 하는 것이다. 그런데 신체를 가졌음corporeity이 죄는 아닌 것이다. 또한 자연과의 연관도 악의 원인은 아니다. 만일 그런 것 이라면, 인간 실존의 목적은 신체적인 것 안에서의 영적인 활동이라는 것까지도 부인될 것이다. 따라서 인간의 책임은 감소될 것이고, 고행주의가 나타나며 신체에서 벗어난 상태가 우리의 유일한 구원이 된다. 기독교적 이해는 우리로 하여금 마니교 적이거나 플라톤적인 또 다른 모습으로 이해되는 것이 허용하지 않는다. 마니교적 이원론은 물질을 영원한 것으로 보고, 우리의 몸이 악의 원인이라고 여긴다. 플라톤은 물질을 그 자체로 혼돈스러운 것 chaotic이라고 보며, 이것이 질서 있는 삶, 합리적인 이해, 그리고 도덕적인 덕에 대해 장애가 된다고 생각했다. 그러나 하나님께서는 창조시에 우리의 자연에 대한 참여가 '좋다'고 하셨다. 또한 구약의 (인간)저자들은 물리적인 아름다움을 즐기며, 그 장관에 놀랐던 것이다. 그들은 먹고 마시는 것과 보는 것, 듣는 것, 그리고 성sexuality을 즐긴다. 더구나 하나님께서는 그리스도 안에서 자신을 물리적인 몸으로 성육신하셨다. 그리고 그 이상인 the ideal man은 자연계를 귀중히 여기셨고, 자연스럽게 자연 안에서의 자신의 위치를 인정하셨다. 심지어 그는 목수이셨고 예술가이시기도 하셨다.

그러나 기독교적 관점은 이 세상 안this-worldliness에 머무를 수만은 없다. 그것은 인간을 단순히 자연의 한 부분, 혹은 그 산물로 환원시키고 인간의 영적인 본질을 부인하기 때문이다. 자연주의가 허용될 수 없음은 우리가 이 세상의 한 부분이요 그 산물이기도 하지만, 우리는 단순히 그것만이 아니고 우리의 존재는 단지 그런 인과적 법칙만으로서 모두 설명할 수 없기 때문이다. 분명히 우리는 우리를 과학적 탐구의 대상으로서 스스로를 생물학적으로, 행동과학적으로 연구할 수 있다. 그러나 우리에게는 자연적 연구 대상 이상의 것이 있는 것이다. 우리는 단지 하나님뿐만이 아니라, 다른 이들과의 관계라는 우리를 둘러싼 세계를 초월하는 내면성을 가진 주체들인 것이다.

그러므로 지난 장에서 다룬 자연주의와의 대조가 분명히 나타난다. 기독교적 관점에서 보면, 사람은 자연주의가 지적하는 물리적 영향력에 의해 좌우되기도 하지만 그것 이상의 존재들인 것이다. 또한 인간의 희망과 가치, 이념, 우리의 좌절, 자유, 그리고 어리석음 – 이들은 많은 문학과 예술의 주제가 되는 것인데 – 이와 같은 것도 중요한 것을 말해준다. 우리는 이론을 구성하고 그것을 비판한다. 심지어 우리는 잘못된 견해를 만들어 내서 그것의 옳고 그름을 판단한다. 또한 가치 추구에 있어서 우리는 단순히 예견될 수 있는 존재는 아니다. 자연주의가 이 모든 문제를 제대로 설명할 수 없는 것은 자연주의가 자유나 희망, 가치와 합리성이 모든 것들이 자연 안에서의 우리의 위치에만 근거한다고 여기기 때문이다.

또 다른 극단으로서, 우리가 자연에 대한 관계를 무시하게 되면, 우리는 우리의 실제 모습보다 더 자유롭고, 분명하게 책임 있는 존재로 나타나게 된다. 환경적 제한이 중요하게 여겨지지 않으면, 희생자들과 범죄자들은 자신들이 원하는 것은 무엇이든지 행할 수 있다고 말하게끔 된다. 그러나 심지어 미국의 개척적인 개인주의자들도 황량한 사막, 넘을 수 없는 산들, 그리고 심리학적인 제한들과 같은 명백한 사실들에 직면하였던 것이다. 이렇게 우리는 완전히 자유로운 존재들은 아닌 것이다. 유전적 조건은 우리가 되어야 할 것의 근거를 제공하고, 그 매개 변수를 수립하도록 하는 것이다. 환경은 가능성과 제한 모두를 제공한다. 이런 점에서, 생물학적이고 행동적인 과학에는 인간의 모습을 밝히는 한 측면이 있다.

❸ 사람들을 배제한 자연계가 있다면 그곳에서는 남녀가 그 생의 반려자 없이 각기 홀로 있을 것이나, 창조주께서는 "사람이 독처하는 것이 좋지 못하다"고 하셨다. 이는 인류의 독특성을 다시 한 번 강조해준다. 사람은 그들끼리만 어울릴 수 있으며, 다른 것들에서는 그 반려자를 찾을 수 없을 정도로 질적으로 다른 피조물이다. 그리고 이는 군집본능 이상의 것이다. 사람은 사랑을 주고받을 수 있는 친구를 필요로 하는 것이기 때문이다. 사람은 한 마리의 염소를 데리고, 하나님을 섬기며 살 수 있는 로빈슨 크루소Robinson Crusoe가 아닌 것이다. 데포Daniel Defoe의 계몽철학은 이와 같은 개인주의를 묘사한다. 즉, 인간관계란 이미 본성상 합리

적인 존재에게 덧붙여진 것이라고 보면서, 이는 인간의 본성과도 거리가 멀고 성경과도 잘 맞지 않는다는 것이다. 그러나 내가 여기 존재하고, 나에 대한 의식과 자기 정체성identity을 얻고, 나의 내면성을 발견하는 것은 고립해서가 아니라 다른 사람들과의 관계 가운데서이다. 한 여인이 나를 낳아 이름을 붙여주시고, 나를 양육하셨으며, 오늘의 나를 형성시켜 준 나의 친구들과 가족이 있으며, 선생님들과 고용자들도 각기 자기 몫의 일을 했으며, 지금까지 수년 동안 나의 아내와 가족, 그리고 친지들은 오늘의 나를 만드는데 큰 기여를 한 것이다. 이렇게 나는 필연적으로 다른 사람들과의 관계에서 실존하는 것이다.

그 누구도 독립적인 사람은 없다. 그러나 완전한 의존이나 일방적인 의존관계에 있는 이도 없다. 단지 상호의존만이 가득한 것이다. 성경적으로 보든지 경험적으로 보든지 간에 남녀관계는 그 대표적인 경우the paradigm case이다. 하나님께서는 우리들을 상호간에 충분히 인격적인 관계 안에서 상호의존적인 개인들로서 서로를 보완하도록 만드셨다. 혼인이란 인간 인격 사이에서만 가능한 생물학적-심리학적-경제적-도덕적, 그리고 종교적 통일체를 표현하는 것이다.

실존 사상가들은 인간 상호간의 '인격적인 관계'가 만들 수 있는 놀라운 차이를 명백히 보았다. 만일 내가 내 아내를 어떤 대상으로 취하여 관계 한다면, 즉 '나-그것'의 관계로만 관계한다면 나는 그녀를 주관하고 이용하며, 억압하고, 그녀가 스스로 될 수 있는 것에 대해서는 폐쇄적 일 것이다. 그러나 만일에 우리가 서로를 인격으로 여겨 관계하며 상호 신뢰와 개방성을 가지고 서로 복종한다면, 우정과 같은 소통의 관계가 발전한다. 이는 평등주의적이다. 서로를 균등하게 존경하며 균등하게 책임 있는 존재로 여기는 것이다. 이는 자기 자신을 위하여 갈망하며 때로는 이기적이기까지 하는 '에로스'ἔρως, eros가 아니라 다른 이를 섬기려고 기꺼이 자신을 주는 '아가페'ἀγάπη, agapē의 사랑을 유발한다. 상호 간의 이런 관계는 자유와 책임이 살아 움직이는 모형이다. 즉, 내가 내 형제를 지키는 자가 되고, 그는 나를 지키는 자가 되는 것이다.

인격 상호 간의 관계도 하나님이나 자연에 대한 관계와 같이 의존과 책임을 요구한다. 이상인理想人(가장 이상적인 인간)인 예수의 생애 역시 생물학적인 의존성 까지도 나타낸다. 왜냐하면 그도 여인에게 수태되고, 여인에게서 양육 받으셨기 때문이다. 다른 아이들과 같이 그는 신체적으로나 경제적으로나, 다른 이들에게 의존하셨던 것이다. 또한 그는 자신의 삶과 사역을 나누시기 위해서 제자들을 선택하시고 그들을 친구라 부르셨다. 그의 죽으심에서도 무덤 등에 있어서 다른 이들에게 의존하신 것이다. 그러므로 그의 삶에서나 죽음에서나 그도 의존하셨음이 명백하다. 그러나 그는 그의 가족과 친구들에 대한 책임도 받아들이고 감당하셨다. 특별히 병들고 가련하며, 배고프고 죄책에 있는 자들을 책임지셨던 것이다. 앞서서 혼인이 인격 간의 관계의 전형paradigm이라고 한 것같이 예수의 삶과 죽음도 최고의 '사랑의 예'가 된다.

야고보가 말한 바와 같이 순전한 종교와 순전함이란 이와 같은 것이다. 야고보서가 쓰여 질 때, 교회는 하나님의 사랑에 의해 생성되고 양육되었으며, 서로 연관된 백성들이 서로를 사랑 안에서 책임 있게 섬기는 이 땅위에 보여지는 모범이 되었었다. 이제 뒤에서 살펴볼 바와 같이 이는 기독교 윤리를 밝혀준다.

이런 상호 관계에 대한 강조는 기독교 사상 밖에서도 명백히 나타난다. 만일 상호 의존성이 참으로 인간 본성에 근거한 것이라면 이것은 당연한 것이다. 물론 그리스도인들은 비인간화와 싸우는 세상에서 이런 상호관계가 나타나는 것을 신적인 섭리에 돌리지만 말이다. 또 이는 유대-기독교적 유산의 역사적 영향력을 생각할 때에도 당연히 기대할 만한 것이다. 하나님 형상 개념에 함축된 모든 인격의 동등성이란 플라톤이나 아리스토텔레스에게는 알려져 있지 않던 것이었으며, 또한 예수께서 가르치시고 예증하신 '아가페' 사랑은 플라톤의 사랑론에나 아리스토텔레스의 확대된 우정론에 대한 설명에는 전혀 들어 있지 않은 것이기 때문이다.

현대인들은 이런 기독교적 가치관의 역사적인 영향력을 인정한다. 중요한 문제는 자연주의적 가정에 근거해서도 이런 관계가 계속해서 유지될 수 있을지의 여부이다. 비록 기독교 윤리라도 신적 은총의 작용이 없이는 의미 없을 것이기 때문이다.

❹ 그렇다면 개인을 어떻게 보며, 개인의 그 자신에 대한 관계는 무엇이라고 할 수 있는가? 근자에 들어서 개인의 안녕과 자아 성취가 인생의 최고목적이라고 보는 자기도취 주의narcissism의 물결이 쇄도하고 있다.[94] 또한 미국에 대한 지식에서 꾸며진 과격한 개인주의가 전체주의나 집단주의라는 극단에 대한 유일의 대안이라고 선포되며, 때로는 이것이 '기독교적'이라고도 명명된다.

이렇게 두 가지 극단이 있는데, 그 하나는 정치나 경제, 심지어는 가족의 억압석 체제로써 개성과 자유를 억압하는 것이고, 또 하나는 자기도취 주의나 극단의 개인주의에서처럼 자유를 '구주'와 '주인'으로 높이는 것이다. 물론 개인이 중요하고 우리는 우리가 배운 개인의 권리를 잘 받아들여야 한다. 그러나 개인의 가치는 우리가 각각 다르다는 것에서가 아니라 하나님을 알 수 있는 하나님의 피조물 됨, 즉 하나님의 형상 이라는 데서 비롯되는 것이다. 우리는 눈송이가 각기 독특한 모양을 이루고 있다는 것은 인정해도, 그렇다고 해서 눈송이를 사람들과 같이 대우하지는 않는다. 가치 있는 것은 하나님의 형상대로 피조함을 받은 인격이다. 그는 하나님에게서 자기 통제력을 부여받은 자이므로 그 은사를 행사함

---

94. Christopher Lasch, *The Culture of Narcissism*(New York: W. W. Norton, 1978), pp. 69f.를 보라.

에 있어서 자유로워야만 한다. 그러나 사르트르의 견해와는 달리, 인간의 자유는 그 자체로 절대적인 것이거나 무조건적인 것은 아니며, 존 스튜어트 밀John Stuart Mill의 견해와는 달리 한 사람이 다른 사람을 해치는 때에 가해지는 사회적 제한만도 아니고, 존 로크John Locke의 기대와는 달리 사회 제도는 결국 서로 대립하는 개인들에 근거하는 것도 아니다. 오히려 그 자체로 독립적인 것이고 하나님의 규례ordinance에만 근거하는 것이다. 이는 마치 혼인의 법이 그러한 것과 같다.

우리들의 자유의 제한성과 개성의 제한된 가치는 우리가 관계론적인 실존이라는 점에서 명백해진다. 나는 하나님의 법과 목적에 종속하는 하나님의 피조물이며, 나에게 유전적 자료와 상당한 환경을 공급하는 자연에 의존할 뿐만 아니라, 내가 그 한 부분을 이루는 사회와 그 안에 다른 이들도 나를 형성시키는 중요한 요소가 되는 것이다. 이 모든 관계 들은 개인으로서 내가 될 수 있는 것의 가능성과 규범을 제공한다. 그런 정도로 나는 여러 관계의 산물이며, 나의 자유는 제한되어 있고 나는 내가 원하는 것을 다 행하거나 원하는 대로 다 될 수도 없는 것이다.

그렇지만 나는 이런 관계들만의 결과물은 아니다. 나는 여러 가능성 중에서 내가 실현한 것으로 인해 지금의 나로서 존재하는 것이다. 그것은 내가 어떻게 하나님의 은혜에 의해 그 모든 관계를 연관시키고, 경험을 내면화하며, 받아들이고, 거부하며, 변화시키고, 재형성시키는가에 달려있다. 사람 안에 하나님의 형상이 영으로 하여금 삶을 형성 하게끔 하며, 따라서 내 모든 행위에서 내가 하나님 아래 있도록 하므로 사람의 개성은 실재적인 것이다.

개성의 핵심은 성경적 용어를 써서 말하자면 '마음'에 있다. 마음이란 흔히 생각하듯이 감정의 좌소seat가 아니라 개인의 삶과 풍성의 통합적인 핵심인 것이다. 그 마음에서 인생의 모든 문제가 나온다. 사람이 그 마음에 생각하는 대로 그는 되며, 또 믿고 안 믿고 하는 것도 이 마음으로 하는 것이다. 성경에서도 '영'soul이나 '신'spirit이란 말은 좀 다른 의미로 동물에게까지 적용되어 사용될 정도로 넓게 사용되지만, '마음'heart이라는 말은 내가 아는 한 그렇게 쓰여 진 적은 오직 한 번이고, 그 나머지는 모두 독특한 의미로 사용되었다. 사람의 개성은 의도, 태도, 그 나름의 가치, 그리고 그가 가진 독특한 가능성과 책임과 같은 것을 포함한 자기 의식적인 내면성이다. 그래서 그가 물러나 서서 생각하고, 선택하며, 자신의 삶을 살피고, 그 자신의 본성까지도 검토하는 것이다. 이렇게 자신의 삶을 살핌으로서 삶을 초월하고, 그 살핌 자체를 또 평가함으로써 그것을 또 초월할 수 있다. 그는 그 사고와 목적에 있어서 그 자신의 어떠함을 초월하며, 그 목적에 따라 행함으로써 변화될 수 있는 것이다. 인간 정신의 이런 내적 자유 때문에 하나님께서는 우리에게 개인과 사회를 형성시킬 가능성을 부여하셨다. 그러므로 우리는 개성의 진가를 인정해야 한다. 즉, 나는 내 개인의 가능성과 제한을 받아들일 수도 있고, 주어진 것에 대해 분개하고, 내가 할 수 없는 것, 해서는 안 되는 것을 이루려고 노력하거나 끊임없이 흘러갈 수도 있는 것이다.

그러나 자연주의적 세계관은 이런 입장을 결여하고 있다. 그래서 라인홀드 니버Reinhold Niebuhr는 자연주의가 개성을 말살하는 것이라고 하였다.[95] 모든 것이 다 한 종류의 것이고, 같은 인과적 과정에 종속 된다는 단일론Monism도 개성의 여지를 만들기 위해서 노력한다. 그러나 인간 정신의 자기초월성과 자유를 포함한 인간 정신의 생동성이 없이는 물리적 과정만 남게 되니, 이는 자유와 의미 있는 개성을 인정하지 못하게 되고야 만다. 그러므로 마르크스에게 있어서는 개인이란 역사의 사회 경제적 조건에 종속하게 되며, 니체에게 있어서는 강한 의지와 약한 의지의 차

---

95. Reinhold Niebuhr, *The Nature and Destiny of Man*(1941; New York: Scribner's, 1964), 제3장.

이가 생물학적인 근거에서 설명된다. 이렇게 자연주의는 개인을 너무 쉽게 대체 가능하고, 그 자체로서 가치가 없는 대상으로 만드는 결과를 낸다. 예를 들자면, 성적 동반자sexual partners도 그 개인적 가치는 생각하지 않고, 대체 가능한 필수품 정도로 여기게 되는 것이다. 또한 극단의 개인주의나 집단주의에서와 같이, 노동자들이나 구매자들을 그 자신으로서 가치 있는 인격으로 여기거나 그런 이들로서 평가하지 않고서, 경제적 기구의 한 부분으로서 대체 가능한 사람들로 여기게 되는 것이다. 기독교 인간관은 이런 극단을 중재하여 이것들과는 아주 다른 사랑의 윤리를 제시하는 것이다.

자신에 대한 개인의 관계에 또 다른 측면은 시간성temporality에 대한 관심이다. 즉, 나는 과거와 현재와 미래를 통해 나로서 존재하는 개인인 것이다. 비록 나의 품성은 변하더라도 나의 정체성identiy은 계속된다. 셰익스피어가 말한 바와 같이 한 사람이 여러 역할을 할 수가 있다. 그러나 인간됨이라는 것은 그 모든 것 – 즉, 그들의 약점·불안·승리·실패 등 – 을 포함하는 것이고, 나 자신과의 관계에서도 이 모든 것을 가지고 살아야만 하는 것이다. 이를 받아들인다는 것이 쉬운 일일 수는 없다. 죄책이 항상 억압될 수는 없고 자기 가치가 과장될 수도 있으며, 자아가 고통을 받을 수도 있기 때문이다.

또한 자신이 하이데거Heidegger가 말한 바, '죽음에 이르는 존재'being unto death임에 대한 인식은 삶의 불안을 가중시킬 수가 있다. 그것은 시간이 지남에 따라 더욱 성장하고, 성경에 나타나는 긴 족보에서도 강조되고 있는 것이다. 즉, '얼마간 살다가 죽었더라'는 말이 이를 명백히 보여 준다는 것이다. 이런 인식은 나의 현재 상황에 영향을 미치며, 내가 그것을 어떻게 내면화했는가도 개인으로서의 나를 형성하는 데 영향을 미친다. 즉, 죽음이 삶을 형성시키고 나의 죽음에 대한 견해가 나의 자아관을 형성시키는 것이다. 여기서 자연주의적 휴머니즘과의 차이가 명백히 드러난다. 이 삶이 궁극적인 것인가, 아닌가? 그것은 내 가치에 대해 무엇을 말해주는가?

기독교적 인간관은 시간성의 각 측면을 실재론적으로 다룬다. 그것은 어떤 도피적인 해답을 찾지 않는다. 다만 젊음과 늙음, 그리고 죽음을 받아들이도록 한다. 그러나 그 받아들임이 결정론적인 수납이 아니라 하나님의 섭리와 은혜로 인한 희망과 목적으로 가득 찬 수납인 것이다. 사람들에 대한 그리스도의 관계는 그리스도께서 인생의 각 단계에 있는 자들에게 부여하시는 가치를 드러내 준다. 또한 그리스도의 삶과 죽으심 역시 그 목적을 나타낸다. 그는 젊어서 죽으셨지만 그는 죽어서나 살아서나 그가 알고 계시는 목적과 희망을 다른 이들에게도 적용하셨기 때문이다. 그는 가장 큰 문제가 되는 것은 인간됨이라고 하는 것은 시간적인 것이 아니라 영원한 것임을 알고 계셨다. 그 무엇도 우리를 하나님의 사랑에서 분리시킬 수 없다. 시간이 흐름에 따라 일어나는 모든 것 역시 그러함은 하나님과의 관계는 계속되기 때문이다. 더구나 그리스도인들은 죽음으로부터의 부활에서 물질적인 것과의 계속적인 관계를 미리 보며, 영원한 왕국에서 다른 이들과의 관계를 성취하는 것이다. 이런 관계에서도 개인의 정체성은 유지되며 나는 나 자산을 수납하고, 그 결과로 기쁨과 책임을 가지고 현세의 삶을 잘 살아갈 수 있는 것이다.

책임적 존재로서의 인간

우리가 성경에서 발견할 수 있는 인간에 관한 가장 중요한 주제는 인간이 관계적인 존재relational being라는 성격이라면, 그와 같이 중요한 두 번째 주제는 하나님께서 우리를 책임 있는 존재responsible being로 여기신다는 것이다. 하나님께 대해 의무를 지니며 책임을 가진다는 사실은 아주 명백한 것이고 인간과 다른 피조물을 구별시키는 것이다. 우리는 물리적인 세계에서 하나님의 활동을 반영할 책임이 있다. 우리의 소명은 땅에 충만하고 정복하라는, 책임을 요구하는 창조 명령creation mandate으로 요약할 수 있다는 것이다. 우리는 이 점에 있어서 하나님의 지명을 받은 것이다.

인간의 책임 범위는 우리가 앞서 살펴본 모든 관계의 영역을 포함한다. 우리는 무엇보다도 먼저, 모든 일에서 하나님께 대해 의무와 책임을 지게 된다. 즉, 피조물답게 그에게 예배하며 사랑으로 순종함으로써 특정 지어지는 하나님께 대한 관계의 책임이 있다는 것이다. 따라서 우리가 하나님에 대해 어떻게 생각하고 어떻게 행위 하느냐에 대한 책임이 있다. 그뿐 아니라, 우리는 자연과의 관계에서도 하나님께 책임을 져야 한다. 즉 하나님께서 우리에게 맡기신 우리의 신체와 다른 물질, 그리고 자연자원을 잘 돌보며, 그것들은 경제적-심미적 목적 등을 위해 잘 사용하며 보존하고, 자기 몰입적인 착취나 남용이 없이 하나님의 선하심을 찬양하고, 그의 은혜에 반응하는 태도로서 그 모든 것들을 감사함으로 즐겨야 하는 것이다. 책임 있는 예술과 과학, 책임 있는 경제와 과학기술, 책임 있는 신체활동 및 신체적 향락 – 이 모든 것이 포함되는 것이다. 우리는 또한 다른 사람들에 대해서도 책임이 있다. 나는 항상 나의 형제들을 지키는 자인 것이다. 사회도덕은 이런 상호간에 대한 존중에서 발생하는 것이니, 다른 이들의 가치와 존엄성은 그들이 하나님의 형상으로 피조된 존재라는 것에 근거하는 것이기 때문이다. 그러나 인격에 대한 존중은 나 자신에게도 적용된다. 즉, 나는 나 자신에게 대해서도 책임이 있으며, 나의 현재와 미래 가능성에 대해서도 책임이 있다. 자기 존중과 인격의 발달도 기독교 청지기직Christian stewardship의 일부에 포함되는 것이다.

이 모든 점에 있어서 책임이 있다는 것은 내가 그 관계를 다르게 만들 수 있는 행위를 할 수 있다는 것을 함의한다. 자유와 책임은 분리 할 수 없기 때문이다. 우리는 하나님의 피조물로서 결코 완전히 자율적이거나 독립적인 존재가 아니고, 절대적이거나 무조건적으로 자유로울 수는 없는 것이다. 우리는 항상 하나님께서 부여하신 자유를 가지고 하나님께 대해 책임을 지면서 하나님과의 관계에서 실존한다는 말이다. 이렇게 책임이란 인간에게만 독특한 것이다. 즉, 사람은 목적과 생각을 가지고서 의도적으로 행동한다. 자연적 사건들은 고의적인 것도 아니고 자의식적인 것도 아니라, 일정한 원인에 의해서 되는 일이다. 사람들은 자신들이 행한 것과 달리 행동하는 일이 자주 있으나 사물들에게는 선택의 여지가 없다. 사건들은 단순히 일어나는 것이고, 행위는 수행되는 것이다. 물론 사람이 행하는 모든 것들이 모두 이런 의미에서 의도적이고, 충분한 이유를 가진 행위는 아니다. 사람은 내적으로 특정한 성향을 가진 존재일 뿐만 아니라 생물학적인 존재요 정서적인 존재이기도 하며, 선택을 하는 피조물로서 행위를 주재하기만 하는 존재가 아니라 자극에 반응하는 습관을 가진 존재이기도 하기 때문이다. 그러나 우리는 사건의 연쇄를 방관하거나 그저 스쳐 지나가는 것이 아니라 이에 대해 행위 하기도 하는 것이다. 우리가 그 사건에 반응하는 행동의 모습이 그 차이를 만들어 낸다. 그리고 관계의 세계에서 우리는 우리 자신에게만이 아니고 다른 이들에게도 책임이 있는 것이다.[96]

책임 있는 행위란 의식적인 사고와 도덕적인 결단을 요구한다. 그러므로 책임 있는 존재로서 우리는 반성적이며, 가치 평가적인 존재들인 것이다. 흔히 인간을 '합리적 존재'라고 하는 것은 너무 좁은 개념이다. 이것은 많은 이들에게, 우리가 전에 별로 찬성하지 않았던 헬라적-계몽주

---

96. 이런 구별에 대한 현대 철학자들의 논의에 대해서는, Lewis Beck, *The Actor and the Spectator*(New Haven: Yale University Press, 1975); Richard Taylor, *Action and Purpose*(Englewood Cliffs: Prentice Hall, 1966); Jerome Shaffer, *Philosophy of Mind*(Englewood Cliffs: Prentice Hall, 1968), 제 5장을 보라.

의적 이성의 지배를 말한다는 인상을 풍기며, 논리적으로 확실한 지식에 대한 끊임없는 요구라는 뉘앙스를 던진다. 그러나 반성reflection은 자기 자신이나 자기 자신에 대한 관계, 그리고 자신의 책임에 대한 언급을 포함하는 다양한 정신적 활동을 뜻하는 것이다. 그것은 지식뿐만이 아니라 신념도, 초연한 탐구만이 아니라 열정적인 참여도, 이론적인 성찰뿐만이 아니라 실천적인 관심도 포함할 수 있다. 예술가에게 있어서는 창의적인 상상력도 포함된다. 예술가에게 뿐 아니라 계획가나, 자신이 정확히 무엇인지는 모르지만 감지할 수 있는 가능성을 탐구하는 사상가에게도 이는 적용된다. 목적과 수단을 검토하고, 단어와 필요한 물질을 선택하며, 문제점을 생각하고, 여러 대안들을 평가하며, 인식하며, 또 의도하고, 논의하며, 해석하고, 회상하며, 삶의 의미를 추구하는 – 이 모든 것과 그 이상의 것들도 이 반성에 포함시킬 수가 있다. 인간이란 이렇게 넓은 의미에서 반성적인 존재이다.

그러나 그것이 뜻하는 바는 반성적인 능력만은 아니다. 즉 옛 스타일의 '이성'만을 뜻하는 것이 아니고, 사람을 책임 있는 존재로 만드는 어떤 요소인 것이다. 왜냐하면 우리는 이전에 한 번 일어났던 일이나, 우리가 책임 있는 행동하기로 결단하는 지금 일어나는 일만이 아니라, 미래에 무엇이 일어나기를 원하는가, 왜 그것을 원하는가, 우리가 무엇에 최고의 가치를 두는가에 대해서도 성찰하기 때문이다. 우리는 또한 그 가치에 대한 평가를 하는 존재들이기도 하다.

가치 평가를 한다는 것은 어떤 것을 칭찬하며 어떤 목표나 목적을 이상화한다는 것이다. 우리가 그것을 어떻게 가치 평가 하느냐는 것은 이에 대한 결정에 영향을 미친다. 우리가 어떻게 책임 있게 행동하느냐 하는 것은 우리의 가치 기준에 따라 달라진다. 성경은 우리가 무엇을 어떻게 사랑해야 하느냐에 대해 말하면서 이를 밝힌다. 왜냐하면 가치 평가를 한다는 것은 그 평가 대상을 사랑한다는 것이기 때문이다. 우리는 마땅히 우리가 해야만 하는 것 이상으로 우리 자신이나 이 세상의 것들이나 사람들의 칭찬을 사랑해서는 안 되고, 하나님을 사랑하고 정의를 사랑하며, 무엇보다 먼저 하나님의 나라와 그의 의를 사랑해야만 한다.

우리는 상당히 많은 것들과 온갖 종류의 가능성을 사랑하되, 우리가 마땅히 그래야 하는 것에 때로는 못 미치며, 때로는 그 이상으로 하고 있다. 또 어떤 것은 다른 것들보다 더 좋아하고 어떤 것은 덜 좋아한다. 그뿐 아니라 서로 대립하는 가치들에 의해서 다양한 방향으로 이끌림 받게 되기도 한다. 삶을 질서 있게 하고 통일 시키며, 총체적인 방향제시를 위해서 우리가 필요로 하는 것은 우리가 무엇보다도 높이 평가하고 제일 귀한 것으로 여기는 '통일적인 목적'이다. 왜냐하면 가치가 우리의 행동을 지시한다면, 우리의 최고 가치와 최고선은 서로 다른 가치를 지시하면서도, 우리의 행동에 영향을 미치기 때문이다. 이렇게 자유롭고도 책임 있는 행동은 단순히 가치를 요구하는 것이 아니라 '옳은 가치'를 요구한다. 옳은 가치란 최고선을 향상시키기 위해 바르게 질서 지어진 것이다.

책임 있는 존재로서 우리가 우리의 행위에 대해 책임이 있나녀, 반성적인 존재로서 우리는 우리의 사고와 상상에 대해서 책임이 있으며, 가치 평가적인 존재로서 우리는 우리의 가치에 대해 책임이 있는 것이다. 이것은 행위와 가치를 사회적-유전적 요인들의 탓으로 돌리는 휴머니스트적 경향에 반하는 것인데, 따라서 제 10계명은 잘못된 욕망과 의도에 가치를 부여하는 탐심의 죄에 대해 말한다. 예수께서도 그 마음에 간음한 자와 살인한 자가 죄 있다 하시며, 바울도 거듭거듭 강조해서 아주 명백히 어디에 관심을 두어야 할 것인지를 권고하고 있다. 우리는 무엇을 얼마나 사랑해야 하는지에 대해서도 책임이 있다는 것이다.

우리가 사람을 자유롭고 책임 있는 행동 주체라고 하였지만, 사실 이 문제는 인간됨에 대한 모든 논의 배후에 있는 형이상학적 문제를 제기한다. 즉, 우리들의 구성에 있어서 우리가 다른 피조물들과 다른 것이 무엇인가? 우리가 가진 것과 같은 자유의 종류와 정도를 가능하게 하는 것, 명백히 인격적 특성을 가능하게 하는 것은 무엇인가? 우리 안에 있는 어떤 것이 죽음 이후에도 계속하여 존재 하는가? 우리가 흔히 가정하듯이 자유롭고 비물질적인 영혼이 존재하는 것인가?

이 문제에 관한 기독교적 관점을 분명히 하기 위해 여러 철학적 대안이 제시되었다. 초대교회에서는 플라톤적인 입장이 가장 유력했는데, 그것은 영혼이란 비물질적인 실체로서 물리적으로 파멸될 수 없으며, 따라서 불사의 것이라는 견해이다. 그러나 물리적 불파멸성은 어떤 이유에도 불구하고 완전히 파멸할 수 없다는 것이 아니라, 단지 육체가 파멸한 후에도 살아남을 수 있는 가능성만을 보여줄 뿐이다. 모든 피조된 것들은 영혼까지도 항상 하나님의 창조력에 의존하며, 따라서 파멸될 수가 있기 때문이다. 지금까지의 수세기 동안 주의를 집중시켜 온 데카르트의 견해는, 육체와 영혼이란 서로 다른 성질의 실체들로서 서로가 서로를 발생케 하는 원인이 되나, 영혼은 자유의지를 부여받은 것이라는 것이다. 이 견해에는 두 가지 문제점이 있다. 첫째, 서로 질적으로 그렇게 다른 것들이 어떻게 상호작용을 하는가 하는 문제. 둘째, 인격의 본질적 통일성을 어떻게 설명할 것인가 하는 문제이다. 이보다 좀 더 나은 견해는 아리스토텔레스의 견해로서, 이는 영혼과 육체는 원래부터 연합된 것으로서, 그 각각은 그 나름의 기능을 가지며, 다른 것의 발전에 대해 본질적인 것이나, 영혼은 합리적인 의도와 자유로운 결단의 가능성을 이생에서 실현하는 것이라고 한다. 그런가 하면, 실존 안의 모든 것은 그 배후의 영적인 실재의 표현인데, 그 중에서 인간의 영혼은 우리가 이 세상에서 알고 있는 최고의 실현으로 나타난다는 점진적인 제안을 하는 관념론적 해답을 더 옳다고 보는 이들도 있다. 그러나 인간에 대하여 자연주의적인 견해를 가지고서, 우리들의 명백히 인간적인 기능들은 단지 고도로 복합한 물리적 과정에 의해 뒷받침되는 것이며, 부활된 몸으로서만 장래의 삶도 가능할 수 있다고 보는 입장도 있다.

우리가 수납할 만 한 인간관에 있어야만 하는 성경적 구성요소는 이런 것들과 비교할 때 아주 간단한 것인데, 이는 '영'이나 '신'이라는 성경적 개념이 형이상학적인 개념이기보다는 기능에 대한 묘사descriptive of functions라는 것을 기억할 때 분명하다. 가장 중요한 것은 실존의 모든 측면에서 우리는 피조물답게 하나님께 의존하는 것이다. 또한 하나님의 형상으로서의 인격의 독특성도 아주 중요하다. 이는 우리가 우리의 풍성과 선택, 사고와 행위에 있어서 하나님께 책임을 져야 한다는 것과 같이 살펴야만 한다. 또한 인간은 다른 피조계 에서는 찾을 수 없는 일종의 공동체를 이룰 수 있는 능력이 있는 것이다. 장래의 삶에 관한 한, 몸을 떠난다는 것이 하나님의 면전에 있음을 뜻한다는 바울의 진술 이상의 중간상태에 대한 언급을 성경에서 찾기란 어려울 것이다. 더 큰 강조와 충분한 진술은 죽은 자의 부활에 따르는 충분히 갖추어진(소위 말하는 '영'과 '육'이 다 구비된 -역자 주) 생명에 대한 것이다. 여기서, 적어도 기능적으로는 인격의 본질적인 통일성이 명백히 나타난다.

이런 기준 안에서 여러 가지 대안이 제시될 수는 있다. 물론 그 대안들 가운데서 어떤 것이 다른 것보다 더 나은 것일 수가 있다. 예를 들자면, 플라톤적인 것 이거나 자연주의적 제안은 그 자연적 형태에서 성경적 구성 요소들을 끌어내고 있음을 생각해보라. 또 우리들의 인공두뇌학 지식이나 다른 지식에 더 잘 맞는 대안들도 있을 수가 있다. 나 자신은 유기적인 통일성 안에서의 영과 육의 이원론을 지지하고 싶다. 즉, 육은 육대로 기능하고, 영은 영대로 가능 하는 것이라기보다는 전체적인 존재로서는 아니더라도 여러 방법으로 기능한다는 견해를 지지한다. 그러나 이런 나의 입장은 다른 견해를 취해서는 안 된다는 주장까지 나가는 것은 아니다. 우리는 그렇게 강하게 주장할 만큼 이에 대해 충분히 알지 못하기 때문이다.

죄와 은총의 영향을 받는 관계와 책임

    심리학자인 칼 메닝거Karl Menninger는 평범하게 옷을 입은 굳은 얼굴을 한 사람이 시카고 상가 중심지의 길 모퉁이에 서서 사람들을 손가락으로 지적하면서 오직 한 마디 말 - '죄인아!'Guilty를 외치는 이야기를 한 적이 있다. 사람들은 그가 어떻게 그것을 알았는지에 대해 놀라고 의아해 하며 그를 피해 빨리 도망가 버렸다는 것이다. 메닝거는 사회 내에서의 책임감의 결여를 강조하며 사회적으로 수납 받을 만한 행위란 사회적-정서적 갈등의 증상이고, 잘못된 사회적 조건화의 결과라고 주장하여, 누구도 비난받을 것이 없는 듯이 하는 그의 책,『죄는 어떻게 되었는가?』Whatever happened to Sin?에서 이 주제를 말하고 있다. 카터 대통령도 한번은 '죄 가운데서 사는 자들'이라고 말함으로써 그의 정부 각료들을 놀라게 하고 웃게끔 하였다. 이와 같이 도덕이 전도된 오늘날에는 '죄'를 이런 방식으로 말하기에는 너무 낡은 것이 되었다고 여겨지고 있다. 메닝거 조차도 사회는 개인에게 미쳐지는 나쁜 영향력을 상쇄할 어떤 것을 행할 책임을 받아들여야만 한다는 것 이상의 논의를 하지 않는다.

    분명히 사회는 많은 비난을 받아야 하고, 가변적인 도덕들은 도덕적 혼동을 낳는다. 개인의 자유가 있다는 것을 인정 한다면 이것은 그들의 가치와 의도, 사상과 그 행위에 대한 개인의 책임과 관계되지 않을 수 없는 것이다. 진화론적 개념과 연관된 과학적 휴머니스트들은 급변하는 세계에서 갈등으로 인해 일어나는 사회적-심리적 문제들을 강조하는 경향이 있다. 그런가 하면 낭만주의자들은 자연이나 본성, 우리들 자신의 성질뿐만 아니라 인간의 성질 일반을 강조하며, 우리 문화의 제도들을 비판하는 경향이 있다. 실존주의자들은 또 그들 나름대로 비인간화와 비실존화 배후의 원인을 찾으며, 마르크스주의자들은 계급투쟁과 반동 혁명적 행동을 지적한다. 이렇게 사람을 전적으로 자연의 한 부분이나 그 산물로 여기는 자연주의자들은 내적 주체의 개인적 책임을 주장하지 않고, 그 대신에 그를 여기에 있도록 하는 다른 영향력들에로 강조점을 옮기는 것이다.

교회 안에서도 죄에 대한 강조점이 약화되기 쉽고, 개인적 사회적 실패가 새로운 도덕성이라고 말하며, 시세의 탓으로 돌리는 - 그것들을 환경적인 조건이라고 부르며, 마치 그 '환경'이 우리의 죄를 충분히 설명해 준다고 생각하는 이들이 있기도 하다. 대개 이럴 경우의 강조점은 예수 안에서의 성취와 예수 안에서의 행복을 찾는 데에 주어진다. 마치 완전한 성취와 무조건적 행복이 죄 된 사람에 의해서도 이루어질 수 있으며, 구부러지고 왜곡된 세계 안의 제한된 수명을 사는 유한한 사람들에 의해서도 그럴 수 있다는 듯 이 말이다. 그러나 교회는 성취되고, 완전히 적응하는 사람들이 서로 조화 있게 살아가는 공동체가 아니라, 일종의 새로운 사회인 것이다. 즉, 마치 그리스도께서 그들을 용서하셨듯이 서로를 용서하는 자신의 죄를 고백하는 죄인들의 공동체요, 희망과 사랑의 공동체인 것이다.

인류의 가장 크고 가장 근본적인 문제는 환경도, 의존적인 관계도, 유한성도, 성취되지 못한 존재도 아니다. 우리의 가장 크고, 가장 근본적인 문제는 성경이 죄라고 부르는 것이다. 죄에 대한 부인은 유신론적 세계관에 대한 부인과 연결되며, 죄에 대한 피상적 관점은 유신론적 세계관에 대한 막연함과 관련된다. 이 이성과 감정에 대한 헬라적 유산에서 일종의 오류가 흘러들어온다. 이 헬라적 유산에 따르면 우리가 이성에 의해 옳게 지배된다면, 이성의 지배를 대신하는 죄는 육체적 필요에 의해 일어나는 감정의 영향력이라는 것이다. 따라서 고행주의가 구원이 된다. 또 우리가 이성에 의해 옳게 지배된다면 이성은 옳게 인도되어야 하며, 죄는 나쁜 예를 따라가는 것이 된다. 따라서 여기서는 '좋은 예'가 우리의 구원이 된다. 또 우리가 이성에 의해 지배된다면 말과 행위의 죄를 생성해 내는 것은 잘못된 사고이며, 따라서 죄는 단지 잘못된 말과 행위들로 구성 되는 것이 된다. 초대교회의 펠라기우스적인 이단은 이런 길로 나아갔다고 할 수 있다.

성경적 관점은 이런 것들과는 다르다. 왜냐하면 성경은 인간의 인격을 합리적인 존재 이상으로 보아서 더 깊이 있고 통일성 있는 존재로, 인격적 존재에서 뿐 아니라 그 죄에서도 개성이 나타나는 존재로 보기 때문이다. 죄를 단지 특정한 것들의 목록으로 설명하려는 것은 율법주의 legalism이다. 그러나 우리는 그것 이상으로 나아가야만 한다. 죄란 무엇보다도 죄인들과 같이 하나님 - 피조물의 차이와 그 관계에서 파악되어야만 한다. 사람의 마음에는 피조물의 하나님께 대한 관계가 있으나, 죄의 핵심은 이러한 피조성을 거부하는 것이다. 바울은 로마서 1장에서 창조주보다 피조물을 더 사랑하는 것을 죄라고 한다. 또한 우리는 창세기에서 유혹자가 아담에게 처음 제안한 것은 하나님과 같이 될 수 있다는 것이었음을 읽게 된다. 최근의 신학자들 기운데서 라인홀드 니버도 죄의 핵심을 피조물 된 입장을 거부하는 것, 우리의 의존성과 유한성을 받아들이기를 거부하는 것, 우리 실존의 핵심이 우리 밖에, 즉 창조주 하나님께 있음을 인정하기를 거부하는 것이라고 본다. 죄는 피조물로 하여금 그 스스로 존재 중심이 되게 하여, 그로 하여금 더 이상 창조주를 예배하거나 섬기도록 하게 하지 않고, 그 대신에 그 자신이나 다른 유한한 존재를 섬기며 예배하도록 하는 것이다. 자신의 자존심과 능력, 인류의 자존심과 능력, 또는 성 이나 소유가 이런 죄인의 유일한 관심이다. 니버는 죄란 우리를 독특한 하나님의 형상으로 만드는 자연과 영의 연합이 있다는 것을 거부하는 점이라고 시사한다. 이렇게 죄는 물질적인 것을 높여서 자연주의에로 돌아가거나, 인간의 정신을 높여서 합리적이거나 관념론적 극단의 낙관론으로 나아가는 것이다. 그 어떤 경우이든지, 그것은 인간의 목적이 신의 목적을 대신하며, 자기만족이 하나님을 기쁘시게 해드리려는 것을 대신하고, 개인 자신의 자아가 희생되어야 하는 사랑을 무시하도록 한다. 생명의 핵심에서 떨어진 삶의 결과는 덕과 의미, 내적인 자유, 그리고 희망을 잃는 것이다.

둘째로, 죄는 어떤 삶의 한 단편에만 제한되어 있는 것이 아니라 삶의 관계 전체에 미친다. 하나님께 대한 우리의 관계는 그 마음에 있으므로, 죄는 하나님에게 반하는 것이다. 그러나 하나님으로부터 분리된 우리는 자연을 나쁜 목적을 위해 착취하고, 우리 자신을 위해 사용하게 된다. 인간의 타락에 대한 창세기의 기록은 노동을 헛되게 하는 가시와 엉겅퀴, 그리고 낙원에서의 축출을 담담하면서도 의미심장하게 말하고 있다. 그런데 낭만주의자들은 항상 이 자연으로부터의 소외를 잊어버리고, 자연력이 항상 부드럽고, 우리가 자연을 항상 잘 지배하는 것처럼 생각한다. 그러나 우리가 우리들 자신에 대해 말하는 재난을 기억하라!

다른 이들에 대한 우리들의 관계 역시도 이런 소외의 영향을 받는다. 우리는 우리의 동료 인간들에게서 소외되어서 사회의 유대를 끊고 문화의 아름다움을 오염시키는 것이다. 또한 우리는 절제하지 못하는 자기 몰입, 또는 다른 이들에 대한 과도한 몰입 때문에도 고통받는다. 사람들은 모두 삐딱하게 보기 때문이다. 나 자신에 대한 나의 관계 역시 이런 영향을 받게 된다. 나의 정체성identity이 왜곡되고 파괴된 관계에 있다면, 나의 정체성 역시 그 영향을 받게 되기 때문이다. 나의 자아상도 소외됨을 인하여 수축되고, 따라서 그것을 보상하고자 또 과장하는 것이다. 또한 나는 하나님과는 상관없이 자연이나 사람들과만 관련해서 삶의 의미를 찾게 된다. 나의 노력이 실패하고 나 자신을 버린다는 것이 어렵다는 것을 알게 된다. 그렇지 않다면 내 심중에서의 나 자신과 분리되는 것이다. 모든 삶이 이렇게 고통 하는 것이다.

셋째로, 죄는 우리의 내적, 외적 삶에 만연해 나가는 것이다. 펠라기우스나 법적인 개념, 그리고 자연주의적 견해에 반하여, 죄는 특정한 사유나 행동을 넘어서서 우리 존재의 내적 핵심에까지 미친다. 성경의 용어에 의하면 마음이란 사악하고 아주 악독한 것이다. 자기 기만이나 가장, 그리고 위선 등의 현상은 심리학자들이나 사회학자들이나 철학자들에게도 잘 알려진 것이다. 우리는 우리에 관한 특정한 것에 대해서만 가장하는 것이 아니라, 우리 마음 자체에 있어서 위선적이다. 그러나 책임 있는 존재는 그 마음의 의도에 대해서도 책임이 있다. 그들이 상상하고 사랑하는 가능성과 가치는 표현되지 않기 때문이다. 하나님께서는 그 내면에서도 진리를 바라시는 분이시기 때문이다.

이 죄의 만연성은 우리가 항상 옳게 사고하고 행하며, 옳게 의도하고 말할 수 있는 능력을 빼앗는다. 죄는 삶의 모든 영역에 물드는 것이다. 또한 죄는 좋은 대안이 없다는 무시무시한 도덕적 딜레마에 우리를 빼뜨린다. 그러하여 삶은 뒤얽혀진 혼란이요, 무력함과 죄로 수수께끼처럼 얽혀진 것이 되었다.

이렇게 내적인 만연성은 그 죄를 외적으로도 만연시킨다. 죄는 어떤 개인이나 그의 특정한 일에만 한정되지 않는다. 또한 죄는 개인의 상태일 뿐만 아니라 사회의 만연한 상태이기도 한 것이다. 사람들 사이의 관계가 사회의 제도를 이루는 것이므로 죄로 만연된 관계는 역시 죄로 물든 제도를 만들어 낸다. 다윗과 밧세바의 간음이 그 좋은 예가 된다. 그는 혼인의 제도뿐만 아니라 국가의 제도를 부패시켰고, 정치력을 오용 하였으며, 자기의 종들과 군병들을 이에 연루시킴으로써 그들을 넘어지도록 했다. 오직 하나님의 말씀만이 그의 양성을 일깨울 수 있었던 것이다. 그러나 이미 이루어진 사회적 부패나 개인적 손상은 치유할 수 없었던 것이다.

한 제도institution란 개인들의 사적인 기능과는 분리된 그 나름의 생명을 가정하나, 그 제도의 구조나 목적은 그 날마다의 작용에서와 같이 죄에 의해 영향을 받는다. 그러므로 죄는 개인적인 것 이상의 사회적인 실재이다. 그러므로 구약성경은 개인의 책임뿐만 아니라 집단적인 책임도 말한다. 가족과 지파, 그 민족이 그 죄에 대해 책임이 있으며, 그들의 연대적 죄의 심판을 받았던 것이다.[97]

인간의 죄에 대한 이 설명은 창조 교리를 전제한다는 것을 기억해야만 한다. 법에 의해 지배되는 피조계는 인간의 소원이나 역사적 시작과는 상관없는 도덕적 절서를 가지고 있는 것이다. 관계를 왜곡시키는 죄는, 내면적으로는 사람의 마음에서부터 그 법을 파괴하는 것이다. 왜냐하면 하나님의 법은 제도들까지도 미치는 것이기 때문이다. 피조물 된 입장을 거부하는 죄는 불법이다.

여기서 두 가지 언급을 할 필요가 있다. 첫째로 객관적인 도덕적 질서라는 개념은 (항상 그런 것은 아니지만) 휴머니스트적 성향에 반하는 것이다. 참으로 어떤 형태의 자연주의는 도덕성에 대한 객관적 근거를 허용하지 않는다. 오히려 도덕성을 시-공간에 따라 변화하는 것으로 상대화시키며, 때로는 전혀 주관적인 것으로 만들기까지 하는 것이다. 우리는 세 10장에서 죄와 도덕적 책임이란 개념 배후에 있는 '가치의 유신론적 근거'에 대해 깊이 있게 생각해 볼 것이다.

둘째로, 죄가 만연했다는 것은 하등의 선한 행위도 이루어 질 수 없다는 뜻은 아니다. 창조주께서는 영원 속에 계시는 유일하신 하나님이시며, 죄에도 불구하고 이 세상에서 활동하시며, 지금도 선한 목적을 이루시려고 하시기 때문이다. 그리스도인들은 일반 은총을 말한다. 즉, 진노를 받을 만한 사람들의 행위로도 하나님을 찬양하도록 하려는 하나님의 선하심을 말하는 것이다. 이 때문에 인간관계와 사회, 그리고 문화가 어느 정도는 자비로울 수 있다는 것이다. 정부와 노동자들, 예술가와 교사

---

97. Russell Shedd, *Man in Community*(London: Epworth Press, 1958), Stephen Mott, "Biblical Faith and the Reality of Social Evil," *Christian Scholars Review* 9 (1980): 225-260을 보라.

들, 부모와 친구들 – 이 모두가 죄인 된 자들이지만, 그럼에도 불구하고 그들이 그것을 인정하건 인정하지 않건 간에 계속해서 하나님의 목적을 섬길 수 있다는 말이다. 창조명령이 명령하는 과제는 계속된다.

우리는 여기서 기독교 구원론을 자세히 논의할 수는 없지만 사람을 볼 때 하나님의 은총에 대하여 어느 정도의 언급을 하지 않고서는 그 관점이 불충분하다는 것은 기억해야만 한다. 그래서 그리스도인들은, 하나님께서는 죄인들을 용서하시며, 그리스도 안에 있는 새로운 생명은 죄만큼이나 포괄적이고 그보다 더 강력하다는 것을 주장하는 것이며, 이것은 이제까지 우리가 살펴본 바와 잘 연관된다. 왜냐하면 그 근본적인 관점은 "살아계신 하나님께서는 우리의 죄를 다루심에 있어서도 창조적으로 역사 하신다"는 데에 있기 때문이다. 죄가 파괴한 도덕법은 그 모든 점에 있어서 하나님의 법이며, 따라서 이 죄에 대해 용서하실 수 있는 것은 궁극적으로 하나님의 유일하신 권한이신 것이다. 또한 죄가 인간의 모든 관계에까지 미친다면 은총 역시도 그런 것이다. 따라서 하나님과의 화목은 사랑에 기초한 삶으로 다른 이들과의 화목을 유발하는 것이다. 모든 장벽이 사라지는 것이다. 민족적인 장벽 (유대인이나 헬라인이나), 성적인 차별(남자나 여자나), 사회경제적 차이(종이나 자유자나) 이 모든 것이 무너지는 것이다. 모든 사람이 그리스도 안에서 연합되었기 때문이다. 그리스도 안에 있는 새로운 생명도 죄와 같이 사회적 차원을 가진다. 다만 이는 예수께서 선포하시고 가져다주신, 그의 나라 안에 있는 사회적 차원이다. 또한 은총의 역사도 죄의 역사와 같이 사람의 마음과 그 마음의 하나님께 대한 관계에서 내면적으로 시작한다. 그러나 외면적으로 모든 다른 관계나 책임에까지 그 영향을 미치게 되는 것이다.

여기서 기독교적 자유 개념이 나타난다. 이 자유는 모든 이의 동등한 권리에 대한 존중 외에는 다른 사람에 대한 책임은 전혀 받아들이지 않는 개인주의적 자유가 아니다. 존 스튜어트 밀John Stuart Mill의 자유주의는, 자유란 다른 이들에게 손해를 끼치지 않으려고 하는 것에만 제한 될 수 있을 뿐이라는 그 근본적 원리와 함께, 하나님의 나라에는 미치지 못하는 것이다. 기독교적 관점에서는 자기 이익만을 높이는 것은 멍에가 된다. 기독교적 자유는 그런 멍에로부터의 자유이며, 마음으로부터 하나님의 법에 순종하려는 자유이고, 사랑 안에서 희생적으로 다른 이들을 섬길 수 있는 자유인 것이며 그것은 피조성이 상호 의존성과 상호 연관성에 대해 함의하고 있는 바에 제한된 자유이며, 하나님의 목적에 사로잡히는 자유이다. 그 자유는 개인을 새롭게 하며, 관계를 회복시키고, 하나님 나라가 창조 때에 어떻게 의도되었으며, 장래에는 어떻게 될 것인가에 대한 현재의 맛을 부여하는 것이다.

진리와 지식 : 신학적 논의

Contours of a World View
Studies in a Christian World View

　사람은 반성적이며 가치 평가를 하는 존재이다. 이것이 정확히 무엇을 의미하는지를 알기 위하여 우리는 두 장에 걸쳐서 진리와 지식의 의미를 알아보고, 그 다음 장에서는 가치의 근거를 찾아 볼 것이다. 이 두 영역 모두에서 하나님과 그의 창조라는 전반적인 주제가 우리 사고와 행동에 영향을 마친다. 기독교 유신론Christian theism은 이렇게 창조적인 세계관 creational world view이다. 먼저 이 장에서는 그 인식론적 의미를 다룰 것인데 이는 자연주의적 휴머니즘으로서는 풀 수 없는 인식론적 문제 몇 가지를 검토하는 것이 될 것이다.

　오늘날에 만연한 자연주의적 휴머니즘은 우리들의 진리와 지식관이 전반적인 세계관의 한 부분이며, 한 단편임을 분명히 보여준다. 예를 들어서, 제 2장에서 우리는 인간의 신념을 검토하고, 지식을 찾고, 생의 문제를 다루는 데에 있어서 과학적인 방법만을 사용하려는 과학적 휴머니즘에 주의를 기울였다. 이렇게 과학적인 방법만을 고집하는 것은 우리의 논의가 미칠 수 있는 범위를 축소시키고, 결국은 자연주의적인 방향으로 논의를 이끌어갈 것이다. 더구나 이 급변하는 세계 속에서는 자연주의가 불변하는 지식에 초점을 맞출 수가 없으므로, 여기서 상대주의와 주관주의가 발생한다. 그러므로 마르크스주의는 계급투쟁을 진리라고 하며, 자연주의적 지식 사회학(혹, 이해 사회학)은 특정한 시-공간 내의 역사적 조건에 지식을 연관시키는 일이 나타나게 되었다. 지식은 결코 상대적인 것을 초월할 수는 없는가? 불변하는 진리는 없는가?

또한 낭만주의적 실존주의적 휴머니스트들은 이 역사적 상대주의에다가 인간 주체에의 관심을 덧붙인다. 과학적 합리주의라는 일차원적 세계에서 실망하고, 보다 인간적이고 살아 있는 어떤 것을 갈구하자 그들은 인간 문화 내에 흐르는 다른 특성을 찾기에 이른 것이다. 사람은 이성보다는 비합리적인 충동에 의해서 지배되는 정의적인 존재라는 것이다. 그래서 진리와 지식, 특히 이론적 탐구가 평가 절하되고 반지성주의anti-intellectualism가 대두 되었다.

그것이 독단적인 합리주의에 대한 과신이든지, 주관적 상대주의이든지, 우리는 이런 증상에 관심을 기울여야 한다. 왜냐하면 그 어느 경우이든지를 막론하고, 하나님과 피조물의 차이와 관계가 인식론적인 고려의 대상이 되지 않기 때문이다. 하나님과 피조물의 차이란 그의 사상이 우리의 생각보다 훨씬 뛰어난 초월적이며 전지하신 분에 대해 말하는 것이다. 그 어떤 자의식적인 피조물이라도 그 지식에 있어서 하나님과 같아질 것 이라고는 전혀 생각할 수 없다(인식론적 겸손epistemic humility). 그러나 하나님과 피조물의 관계는 하나님께서 우리의 인식knowing안에서도 활동하신다는 것을 의미하기도 한다. 즉, 그는 우리에게 알 수 있는 희망을 주는, 자기를 계시하시는 하나님이신 것이다(인식론적 희망epistemic hope). 이렇게 창조론에서는 합리주의의 독단론과 상대주의의 비관론을 모두 극복할 수 있게끔 겸손과 희망이 함께 어우러져 간다.

창조 교리의 인식론적 함의는 제 4장에서 진술된 창조 교리의 구성요소들로부터 쉽게 이끌어 낼 수 있을 것이다.*

창조	인식론적 의미
(1) 초월적인 하나님께서 무로부터 창조하심	- 불변하는 진리의 근거
(2) 살아계신 하나님께서 창조적으로 활동하심	- 우리의 인식에 있어서 하나님이 '우리와 함께하심' - 계시의 가능성
(3) 유목적적인 창조	- 하나님의 목적에 상응하는, 우리가 필요로 하는 지식을 얻을 수 있음
(4) 위임된 능력	- 하나님께서 부여하신 우리의 인식능력
(5) 질서 있는 창조	- 지식과 지혜의 가능성 - 이성 자체도 법의 지배 아래 있음
(6) 가치 있는 창조	- 인간의 지식도 가치 있음 - 오류는 자연적인 결여나 도덕적 타락의 결과이다
(7) 창조적 과업	- 가능한 이해를 추구하고, 그에 따라 행동 하라는 명령

---

* 참고를 위해서 원문을 밝힌다.

Creation	Epistemological Consequences
(1) transcendent God, creating ex nihilo	- a locus of unchanging truth
(2) living God, creatively active	- "God with us" in our knowing - the possibility of revelation
(3) purposeful creation	- the knowledge we need in responding to God's purposes is accessible
(4) delegated powers	- our cognitive powers are God-given
(5) an ordered creation	- knowledge and wisdom are possible - reason itself is law-governed
(6) creation has value	- human knowledge has value - error is due to either natural lack or moral perversity
(7) creational tasks	- a mandate to seek and act on the understanding that is possible

이제 우리는 이 인식론적 의미들을 진리와 지식에 대한 체계적인 논의로 발전시켜야만 한다.[98]

진리의 초월적인 근거

유신론은 우리에게 진리에 대한 사고의 '준거점'a point of reference을 제공한다. 그 준거점은 '인간지식 일반'도 아니고 '특정한 과학'도 아니며, 피조계 내의 그 어떤 것도 아니다. 그것은 초월적이며 불변하신, 그리고 전지하신 하나님이시다. 그분은 자신과 그의 피조계와 가능하지만 결코 그가 창조하지 않으신 것들에 관해 인식 가능한 모든 것을 아신다. 그것도 모든 것을 철저히 과거와 현재의 모든 것, 가능한 미래의 모든 것을 아시는 것이다. 그는 우리의 모든 학문과 모든 창조적인 예술과 창의적인 사상과 인간들의 공학기술technology 등의 모든 것을 아신다. 그는 그 모든 것을 철저히 알되 그것들의 상호관계를 알며, 그들이 어떻게 자신의 목적을 이루게 되는지를 아신다. 포괄적이고 완전하며, 불변하는 하나님 자신의 이 지식이 진리의 궁극적인 근거가 되는 것이다. 그러므로 무엇이 참되다고 말하는 것은 하나님께서('그것이 그럴 것임'을) 아신다는 주장을 포함하는 것이다.

따라서 진리란 변하는 시간에 따라 상대적으로 변하는 것이 아니고 불

---

[98] 이 주제를 좀 더 깊이 알려고 하면, 기독교 인식론에 관한 필자의 이전 저작들을 참고할 수 있을 것이다. *Christian Philosophy in the Twentieth Century*(Grand Rapids: Craig Press, 1969); *Faith Seeks Understanding*(Grand Rapids: Eerdmans, 1971); *All Truth is God's Truth*(Grand Rapids: Eerdmans, 1977). 같은 입장에서의 다른 이들의 저작으로는, Jerry Gill, *The Possibility of Religious Knowledge*(Grand Rapids: Eerdmans, 1971), 그리고 E. J. Carnell, *Christian Commitment*(New York: Macmillan, 1957), 제 1부를 보라.

변하는 것이다. 그것은 우리의 감정이나 사고에 의해 투사된 주관적인 것이 아니라 우리 피조물들 모두에게 객관적인 것이다. 우리가 의미하는 지식이란 시간과 장소에 따라 다를 수 있고 주관적인 요인들에 의해서 왜곡될 수가 있다. 왜냐하면 우리는 '어두움의 안경을 끼고서 보기 때문이다'(죄성을 의미 함 -역자 주). 그러나 하나님의 진리는 결코 왜곡될 수 없으며 하나님의 알고 계시는 진리의 변화란 있을 수 없는 것이다.

바울은 골로새서에서 이를 명백히 지적한다. 진리의 초석에 대한 영지주의자들의 합리주의적 시각의 주장에 의해 혼동을 겪고 있는 교회는 창조주 그리스도 안에 지혜와 지식의 모든 보화가 있다는 바울의 가르침을 다시 기억할 필요가 있었던 것이다(골 2:3). 즉, 진리와 평가적 지식에 대한 사고에 있어서 인간의 지혜가 궁극적인 준거점point of reference(참고점)이 될 수 없다는 것이다. 결국 하나님과 피조물의 구분은, 다른 모든 것도 그의 것이듯이, 모든 진리는 하나님의 진리임을 함의한다.

이는 또한 진리란 마치 플라톤의 '선의 이데아'와 같이 자존하며 독립적인 것이 아님을 시사한다. 진리란 실재a thing라기보다는 한 속성a property으로서, 궁극적으로는 하나님의 지혜와 지식의 속성이므로 우리에게 있는 진리란 결국 파생적인 속성일 뿐이다.

진리의 유신론적 근거

무로부터의 창조Creatio ex nihilo란 하나님께서는 그가 만드신 모든 것을 초월하심을 의미한다. 즉, 그는 제한이나 유한성에서 벗어나신 분으로서 그의 모든 피조물의 궁극적인 희망이시다. 반면 우리의 지식 추구는 제한되어 있고 많은 문제를 내포한 것이니, 이는 우리 자신이 유한하고, 우리가 의존하는 변화하는 조건들을 완전히 초월할 수 없기 때문이다. 그러므로 어느 정도의 모호성, 무지, 그리고 불확실성은 언제나 남는 것 같다. 데카르트가 가정한 바와 같이, 세상이 우리를 속이지 않는다고, 어떤 심술궂은 악마가 우리를 가지고 장난하는 것이 아니라는 것을 어떻게 확신할 수 있는가? 오직 모든 피조물적인 제한과 공포를 초월하시는 하나님께서 만이 인식론적 확신과 희망의 원천이 되실 뿐 이다.

모든 면에서 완전한 지식을 가진 분이시며, 끊임없이 활동하시며, 자기를 계시하시는 하나님께서 우리의 '앎'에서도 우리와 함께 하시는 것이다. 스스로 자연의 신비와 싸우고, 시기하는 신들의 신비를 찾아보려 했던 헬라인들과는 달리, 그리스도인들은 이 우주를 일부러 질서 있게 만드시고, 사람에게 그 법칙을 찾아내도록 지성을 부여하신 분께서 인간에게 탐구를 명령하셨다고 본다. 알 수 있는 능력과 알려는 욕망에는 이렇게 선한 목적이 있으므로 성공할 희망도 있는 것이다. 이처럼 우리가 알 수 있고, 또 알게 될 모든 것은 하나님으로 말미암은 것이고, 지금도 그에게 달려 있다.

이런 '진리의 유신론적 근거'는 인간의 능력에만 의시하여 시식을 얻어 보려고 하는 휴머니스트들의 인간 중심주의 와는 아주 대조적인 것이다. 과학적인 휴머니스트는 자율적인 이성의 자충족성에 근거 하여 자신을 자랑하지만 그리스도인들의 희망은 하나님의 미쁘심reliability에 근거 한다. 이렇게 하나님은 진리의 원천locus of truth이시며, 또한 지식을 가능하게 하시는 분이시기도 한 것이다. 그러므로 인간 이성에 대한 신뢰는 하나님께 대한 신뢰일 수도 있다.(이성의 자충족성을 인정하지 아니할 때를 뜻함 -역자 주)

이 '미쁘심'reliability이란 개념은 성경적 진리개념의 핵심이다. 진리를 뜻하는 구약의 단어 '에메트'אמת, emeth는 주로 충성loyalty, 진실성veracity, 그리고 약속 지킴에 있어서의 신실성faithfulness과 같은 도덕적인 성질에 대하여 사용 되였던 것이다. 하나님의 백성들이 신실할 수 있다. 그러나 하나님 자신이 완전한 신뢰를 받으실 수 있을 만한 온전히 미쁘신 [신실하신] 분이시다. 그는 참되시다. 신약성경 역시도 같은 개념을 말한다. 우리는 신의에서 신실한 사람, 신실한 말, 그리고 순전한 (즉, 신설한) 포도주와 같은 구절들을 찾아 볼 수 있다. 말이 신실하고 참될 수가 있음은(계 21:5; 22:6), 참된 진술은 사물이 참으로 어떤가를 솔직하게 말해주는 것이기 때문이다. 사람은 확실한 것만을 참으로 믿게 된다. 그러므로 진리를 안다는 것은 우리가 마땅히 따라야 할 믿을 만한 지식을 가진다는 것이다. 바리새인들은 예수께 이렇게 말하였다. "우리가 아노니 당신은 참되시고 참으로써 하나님의 도를 가르치시며 … 그러면 당신의 생각에는 어떠한지 우리에게 이르소서"(마 22:16, 17). 그들의 회의 중에서도 그들은 참된 것을 듣고 따라야 한다는 것만은 분명히 한 것이다. 즉, 진리 안에 행한다는 것은 그것에 따라 행한다는 것을 말이다. 그러므로 말로 부인할 뿐 아니라 자신의 사악함으로 "진리를 막을 수"도 있는 것이다. (롬 1:18, 즉 말로 부인하지 아니한다 해도 진리를 억누를 수 있는 것이다. -역자 주)

신실함으로서의 진리는 이렇게 사람의 속성이며, 따라서 사람들의 주장과 가르침, 신념과 지식의 속성이기도 하다. 믿음과 행동을 보증 하는 것이 이 신실성trustworthiness이다. 그가 말하는 대로 행하라, 그것을 믿으라! 그것에 따라 행하라! 당신은 그를 믿을 수 있다! 이와 같은 말들이 진리를 나타내는 것이다. 이렇게 진리란 비인격적인 것이어서 순전히 이론적이거나 비실제적인 것이 아니다. 그것은 우리가 확실히 믿을 수 있기에 확신 있게 그것에 따라 살 수 있는 것이다.

지식은 주관적인 조건과 객관적인 조건을 가진다. 지식을 가능하게 하는 객관적인 조건은 하나님께서 만드셔서, 우리로 인식할 수 있도록 하신 사물의 질서an intelligible order of things이다. 또 그 주관적인 조건은 역시 하나님께서 우리에게 부여하시고 유지하시는 인식능력의 바른 사용이다. 그러므로 사고와 학습은 피조계의 다른 모든 것과 같이 일정한 질서의 지배를 받는다. 사고가 논리 법칙에 따르는 것임은 내가 나 자신에게 모순될 수 없으며, 명백한 논리를 세운 뒤에라야 자신의 견해가 담겨 있는 말을 할 수 있기 때문이다. 좋은 논리는 하나님의 선한 은사 중의 하나이며, 이는 사고에 있어서 본질적인 것이다. 결국 그런 논리는 사려 깊은 방법론과 사실을 존중하게 하며, 다른 사람의 견해와 비판에 대해 개방성을 갖게 한다. 성경을 이해하는 데 있어서도 좋은 논리는 조심스러운 주해exegesis와 좋은 해석학을 존중하게 하는 것이다. 그 외에는 건전한 추리의 방도가 달리 있을 수 없다. 그러므로 이는 우리를 그의 형상으로 만드신 하나님께 대한 책임이기도 한 것이다.

그러나 사고와 학습에는 심리학적인 조건도 작용한다. 왜냐하면 우리는 피곤하거나 굶주리거나 정서적으로 불안해서는 효과적으로 배우거나 명석하게 사고할 수 없기 때문이다. 정서적인 장애물도 마치 영적·도덕적 장애물과 같이 우리가 마땅히 보아야 할 것을 볼 수 없도록 하는 것이다. 이는 우리가 가치 평가적인 존재일 뿐만 아니라 정서적인 존재이기도 하기 때문이다. 신약성경은 이 세상 신이 믿지 아니하는 자들의 마음을 혼미케 하여 복음의 광채가 비춰지 못하게 한다(고후 4:4)는 것과 어떤 이들은 진리를 억누르고서 그들의 지식에 하나님 두기를 싫어한다(롬 1:18-32)는 것을 명백히 선언하고 있다. 또한 예수께서도 기꺼이 진리를 따라 행하려 함이 우리의 진리 인식의 주관적인 조건이 됨을 강조하셨다(요 7:17). 그런데 우리의 심리 안에는 신에 대한 갈구와 같은 어떤 요소가 있기도 하다. 그래서 아우구스티누스는 우리가 하나님 안에 안식하기까지는 우리 마음이 쉴 곳을 얻지 못한다고 말하며, 칼빈은 우리 안에는 자연이 시사하는,[99] 그러나 더 정확히 알 필요가 있는 미형성의 신 의식

---

99. 시편 8편, 19편과 같은 '자연시'(nature psalms)를 보라. 또한 욥기 38-41장, 사도행전 41:11-18, 17:22-31, 로마서 1:18-32을 보라.

unformed sense of the deity인 종교의 씨seed of religion가 있다고 하는 것이다. 이에 대해 제임스 오르James Orr는 말하기를, 우리가 인격적인 존재이기에 우리는 인격적인 하나님을, 유한한 존재이기에 무한한 하나님을, 윤리적인 존재이기에 윤리적인 하나님을, 지적인 존재이기에 지적인 하나님을 필요로 한다고 했다.[100] 하나님께서 우리로 그를 향하게 만드셨다는 것을 생각한다면, 우리의 신지식은 바로 하나님께서 부여하신 신지식인 것이다.

이렇게 유신론은 하나님의 자기 계시 가능성을 논리적으로 함축한다. 이는 살아계신 하나님이 그의 피조계에서 항상 능동적이시니 우리의 인식, 특히 신 인식에 있어서도 그가 능동적이시기 때문이다. 우리가 만들어진 방식과 함께 이 온 우주가 증언을 하니, 우리는 이를 가리켜 하나님의 일반계시general revelation라 칭할 수 있는 것이다. 그러나 하나님께서는 그의 구속사역, 특히 예수 그리스도 안에서 훨씬 더 명백하고도 충만히 자신을 계시하셨다. 이제는 그것이 성경에 기록되어 있는 바, 이는 우리가 믿고 신뢰할 만한 특별계시를 제공하는 것이다.

이렇게 우리의 인식에 있어서 객관적인 조건과 주관적인 조건이 작용하지만 우리는 이 모두에 있어서 하나님께 의존한다. 따라서 객관적인 조건은 역사적인 하나님의 행위, 성육신하신 그리스도, 그리고 읽어서 알 수 있고, 믿을 수 있는 성경의 기록 모두를 포함하게 된다. 하나님께서 알기를 원하시는 지식에 이르려면 이 모든 것이 필요하다. 또한 주관적인 조건에는 하나님께서 부여하신 독서능력과 이해력, 하나님과 그의 은혜에 관한 진리를 인식하는 것, 그리고 그리스도께 믿음으로 반응하는 것 등이 포함된다. 결국 이것은 우리의 가치관을 포함하는 것이다. 그것

---

100. Orr, *The Christian View of God and the World*, 5th ed.(Edinburgh: Andrew Elliot, 1897), 제 3강에 붙인 부록.

이 열린 마음과 정신을 나타내기 때문이다. 그리고 이것에 대해서도 우리는 역시 하나님의 선하심에 의지하는 것이다.

그러므로 성경은 단순히 보충적이고 부가적인 정보들이거나 우리의 자연지식knowledge of nature에 신학적 지식knowledge of theology을 더하는 것이 아니라 모든 인간 지식의 핵심인 것이다. 우리의 신 지식에서도 핵심이다. 여기서 우리는 살아 역사하시는 하나님을 만난다. 또한 여기서 우리는 살아있는 말씀l living Logos이신 그리스도를 만나, 우리의 창조주가 누구이신지 알게 되고, 그의 계획과 사랑에 대한 계시를 받는 것이다. 다른 일반적인 지식들은 이것에 의해 그 통일성과 의미가 나타난다. 이것은 성경이 그 안에서, 또 그것에 대해 말하는 무대가 되는 것이다. 즉, 하나님의 계획이 우리의 존재가 있는 성경 드라마의 배경이며, 인간 문화의 의미이고, 다른 이들에 대해 이해의 근거이며, 우리의 종교적 희망과 공허의 이유이다. 성경은 영광스런 자연의 창조주를 계시한다. 성경은 우리의 가치와 문화가 따라야 하는 그 창조주의 계획을 말하며, 옛 사람과 새 사람을 말하고, 다른 이들을 섬김으로써 그리스도를 섬기는 '더럽혀지지 않은 순수한 종교'에 대해 말하는 것이다. 또한 그리스도 안에서 하나님을 계시하심으로써 성경은 우리를 온전한 사상과 삶으로 이끌어 낸다. 여기서 다른 모든 것의 자리가 잡혀지게 된다.

그러므로 지식의 유신론적 근거는 유신론 자체에 함축된 하나님의 자기 계시의 가능성뿐만 아니라 그 현실성도 포함한다. 따라서 이는 그리스도를 하나님의 산 말씀the living word of God으로, 성경을 기록된 하나님의 말씀으로 말하는 것과 완전히 일치한다. 개신교 개혁자들은 성경을 신앙과 생활의 최종적이고도 충분한 규범으로 뿐만 아니라 우리가 설명할 수 있는 모든 것의 결정적이고도 불변하는 준거점point of reference으로 여겼다. 마치 그리스도 자신의 권위와 같이, 하나님의 말씀으로서 성경은 그 권위가 사고와 삶의 전 영역에 미치는 것이다.

진리 되신 그리스도 중심적 통일성

'모든 진리는 하나님의 진리'라고 교부들은 주장했다. 그들이 말하고자 했던 바는 하나님께서 전지하시다는 것일 뿐만 아니라, 진리는 그것이 하나님과 그의 피조계에 대한 목적과 맺는 관계에 의해서 조화되는 통일된 전체unified whole라는 것이었다. 하늘과 땅의 모든 것의 창조주로서 하나님은 진리의 초점이며 그 궁극적인 준거점이시므로 하나님께 대한 신앙은 우리가 필요로 하는 '통일된 관점'을 제공해 주는 것이다.

진리란 하나님에 관한 것이거나 그의 창조, 혹은 창조 가능성, 그것도 아니면 하나님께서 생각하셨으나 결코 창조하시지 않은 것들이다. 그러므로 모든 진리는 결국 하나님을 증거 하는 것이다. 그래서 전도서는 삶과 죽음, 부와 가난, 많은 배움과 인생의 좌절조차도 창조주와 관련해서만 의미를 가진다고 말하고 있다. 이런 세상에서는 흔히 말하는 성과 속의 구별이 근거 없는 것이다. 왜냐하면 하나님과 관련된 모든 것은 거룩한 것이기 때문이다.

성경은 우리로 하여금 일반적인 하나님 중심의 관점에서 진리의 '그리스도 중심적 통일성'Christocentric unity of truth에로 한 걸음 더 나아가게끔 한다. 성경의 통일된 주제는 그리스도에 대한 약속과 그의 임하심이기 때문이다. 다른 주제들은 모두 이 문맥 안에서 다루어진다. 그러므로 성경 전체는 그 빛 아래에서 읽어야만 바로 읽을 수 있는 것이다. 그런데 그 그리스도께서는 모든 것이 그에 의해 있으며, 그를 위해 있는 참된 '창조의 로고스'시라면 일반계시에도 같은 원칙이 적용된다. 이것이 요한복음서의 시작이며 골로새서의 주제이다. 그리고 이것은 성육신에 의해 아주 극적으로 강조되었다. 그리스도께서는 자연과 역사와 인간문화와 모든 인간적 상황의 결정 요소에로 자신을 성육신시키셨다. 신약성경의 종말론이 말하듯이 모든 피조계가 그의 승리를 향해 달려가고 있는 것이다.

현대 정신은 이 진리의 초점을 상실하고서 희망 없이 단편적인 진리를 찾아 헤매고, 그렇지 않으면 적합성과 일관성을 외면한 채 인위적인 통일성을 부여해 보려고 하고 있다.[101] 모든 진리는 하나님의 진리라고 말했던 교부들은 계속해서 이르기를, 교회는 이렇게 흩어진 조각들을 그 흩어진 곳에서 다시 모아서 잃어버린 전체whole를 회복해야 한다고 했다. 즉, 우리가 '속'되다고 하는 부분의 지식들이 다시 '성'과의 관련을 회복해야만 한다는 것이다. 과학과 종교, 철학과 종교, 윤리와 종교, 예술과 종교, 노동과 여가활동과 종교, 이 모든 것이 다시 '처음과 끝이 아우러지는 전체'a coherent whole가 되어야만 한다. 그러나 이것을 원칙으로만 주장하는 것으로는 충분하지 않고, 실제로 그렇게 될 수 있도록 해야 한다. 바로 이것이 그리스도인들이 사상과 행동에서 실천해야 할 명령이며, 이 세상 진리의 각 영역들이 모두 로고스이신 예수 그리스도의 영역이 되게끔 하는 세계관인 것이다.

인간인식의 성질

지식의 유전론적 근거 때문에 원칙상 인간 지식은 가능하고 통일된 것일 수 있다. 그러나 실제에 있어서 우리는 몇 가지 문제점을 가지고 있다. 즉, 우리는 명백성과 집중성을 결여하고 있으며, 필요한 정보가 부족하고, 시간도 부족하며, 객관성도 결여하고 있다. 이 모든 것은 인간의 유한성과 의존성의 문제이다. 예를 들어서, 집중성의 결여는 우리들의 정서적, 신체적, 사회적 유대와 제한을 반영한다. 또한 객관성의 결여는 우

---

101. Carl F. H. Henry, *God, Revelation and Authority*, vol. III(Waco: Word Books, 1976)의 제 12장인 "*The Living Logos and Defunct Counterfeits*"에서 Henry는 이 주제를 논의한다.

리의 개인적, 역사적 요구와 관여된 필연성에 기인한다. 그리고 언제나 처럼 우리의 유한한 한계성도 같이 나타난다. 우리는 부분적으로 알며 어두운 안경을 통해 보는 것과 같이 본다. 따라서 인간의 지식이란 기껏해야 진보과정의 보고서a progress report이며, 이런 제한성을 가지고 판단해야 하므로 항상 오류를 범할 수 있는 것이다. 우리의 정보는 시대에 뒤떨어지며, 우리의 논의는 명백하지 못할 수 있고, 우리의 이론과 해석은 틀릴 수가 있다.

그러나 인간의 유한성은 도덕적인 실패가 아니며 우리에게 불가피한 오류는 죄책을 동반하지 않는다.[102] 그것은 지적인 태만과 너무 성급한 판단, 조심성 없는 논리, 생각지도 않고 자연주의적 가정을 하는 것과는 문제가 다르다. 이것들은 단순한 유한성이라기보다는 우리의 타락성을 보여주는 것이기 때문이다. 그러므로 신약성경이 영적인 소경 됨이라고 말하는, 이 종교적-도덕적 장애들이 복음의 빛을 바로 보지 못하게 하는 것이다. 죄와 불신이 인간의 지식과 이해에 미치는 영향은 심각하다. 그것은 사상사와 현대 사상 곳곳에 흩어져 있다. 그것은 우리 문화의 정신을 물들이며, 그리스도인이나 비 그리스도인을 막론하고 그 사고에 영향을 미치는 것이다. 죄와 오류는 동일한 것은 아니지만 그 누구도 이 둘의 영향에서 벗어난 자는 없다. 최고의 기관에도 영향을 미치며 우리 모두를 오염시키는 것이다.

그러나 죄 자체가 자연과 그 법칙에 대한 우리의 지식에 직접적인 영향을 미치지는 않는다. 우리의 인식을 방해하는 것은 주로 우리의 유한성 때문이며, 인간의 타락성은 간접적으로 삶의 구석구석 모든 일상에 영향을 미친다. 즉, 우리로 하여금 에너지와 관심과 재정을 잘못 쓰게 하고, 비유신론적인(하나님께서 계시지 않다는 전제의) 가정에 익숙하게 하

---

102. 죄로 인한 유한성에 대한 책임과 죄책이 없다는 뜻은 아님. -역자 주

고, 과학주의scientism를 등장하게 하고, 과학적인 기술scientific technology을 지나치게 신뢰하게 함으로써 하나님께서 창조하신 것에 대한 의미를 흐리게 하는 것이다. 따라서 기독교적 관점의 핵심에 가까운 주제일수록 그 근접성에 비례하여 죄의 직접적인 영향이 모든 인식 과정knowing process에 집요하게 접근하는 것은 어쩌면 당연한 것이다. 에밀 브룬너 Emill Brunner는 '관계 밀접성의 법칙'law of the closeness of relation에서 이를 아주 잘 지적하였다.

그곳에서 우리가 전체the whole, 즉 하나님과 인격의 존재에 대한 사람의 관계와 관련을 맺는, '실존의 핵심'에 가까이 있는 것일수록 죄로 인한 지식의 혼란이 심하다. 이 핵심에서 멀리 있으면 있을수록 그 혼란은 덜 느껴지며, 신자들과 불신자들의 인식knowing 사이의 차이가 덜한 것이다.[103]

따라서 자연과학은 사회학보다, 사회학은 문학이나 윤리, 또는 신학 자체보다는 죄의 영향을 덜 받는다. 그러므로 아직도 많은 것에 대한 지식이 인간 일반에게 가능한 것이다.

우리는 이 모든 것에 대해 하나님의 선하심을 간과할 수 없다. 자연과 사회, 사람들에 대한 많은 지식은 질서 있고 선한 생활에, 특히 오늘날의 복잡한 세상에서는 더더욱 필요한 것이다. 모든 것에 대한 하나님의 선하심 - 그의 '일반 은총'Common Grace - 은 우리가 필요로 하는 것을 가능하게 해주시며, 예술과 학문, 그리고 의학과 사람에게 아주 유용한 다른 지식 들을 진흥시켜 주신다. 지난 수십 년 간에 많은 학문들이 급증했으며 여러 방면의 지식이 개발되었다. 그러나 이 모든 앎에서도 인간의

---

103. Brunner, *Revelation and Reason*, trans. Olive Wyan(Philadelphia: Westminster Press. 1946), p. 383. 아브라함 카이퍼도 인간 지식에 미치는 죄의 영향에 대해 아주 유용한 시사를 했다. Abraham Kuyper "Science and Sin;" in *Principles of Sacred Theology*(New York Scribners, 1898), II, ii.

(죄 된) 본성은 그대로 드러난다. 한편으로는 결함이 있고, 때로는 근시안적이며, 단편적이고, 잠정적이며, 오용되기도 하고, 때로는 재난을 가져오게까지 하며, 또 한편으로는 그 넓이와 깊이에 있어(죄 된 -역자 주) 마음의 수렁에 빠져 있는 것이다. 인간 자신과 같이 인간의 앎 역시 우주의 영광이며 동시에 수치이다.

이 애매성은 종교적 지식에도 나타남을 말해야 할 것이다. 최종적으로 다시는 번복할 수 있게끔 모든 증거가 수집되고, 그렇게 논의된 것은 거의 없으며, 다른 모든 신학을 종식시킨 특정한 신학도 없으니, 이는 인간의 지식이란 여전히 과정에 있고 수정되어야 하며, 변하고 성장하는 것이기 때문이다. 그러나 성경적 관점에서는 완전한 확실성의 결여가 놀라운 것도 아니고, 우려할 만한 것도 아니다. 인간 지식을 의심할 여지 없이 확실하고 아주 객관적인 것으로 보는 헬라적인 이상ideal은 성경과는 거리가 멀기 때문이다. 성경에서 말하는 지식이란 하나님께서 부여하신 '진리에 대한 확신'으로서 이는 그 인식에 나의 인격적인 관여가 포함되는 것이며, [즉, 좀 더 철학적인 '떼오레오'$\theta\varepsilon\omega\rho\acute{\varepsilon}\omega$, Theoreo나 '에피스타마이'$\acute{\varepsilon}\pi\acute{\iota}\sigma\tau\alpha\mu\alpha\iota$, epistamai이기보다는 '기노스코'$\gamma\iota\nu\acute{\omega}\sigma\kappa\omega$, ginōskō이며] 가르칠 수 있는 지혜이다. 그것은 인간과 그의 지식의 무오성을 요구하지 않고 오직 하나님과 그의 말씀의 무오성만을 요구하는 것이다.

그러나 이 애매성과 회의에도 한계가 있다. 지식의 객관적인 조건은 공적인 것이어서 모든 이에게 같은 것이며, 어느 정도의 주관적인 조건 (예를 들어, 우리의 인지능력cognitive abilities과 심리학적인 현상)은 정도의 차이만 있는 것이다. 그러므로 우리는 제3장에서 논의한 바와 같이 보편적인 것, 즉 보편적인 사유법칙, 기본 신념의 보편성, 보편적 범위universal scope 등에 호소할 수 있다. 그리고 성경 계시biblical revelation가 그 최종의 결말을 제공한다.

(결론적으로 말해서) 역사라는 시간의 흐름속에서 유한성과 타락성이

라는 인간의 본성은 나타난다. 우리는 부분적으로 알며, 어두운 안경을 통해서 본다. 우리의 주관성은 사실 지각과 해석을 왜곡시킬 수 있고, 비윤리적인 결단이나 편파적인 태도로 이론과 실천을 잘못 연결시킬 수도 있다(이에 관해서는 다음 장에서 좀 더 자세히 살펴볼 것이다). 그러나 참되시며 신설하신 하나님께 감사하게도, 우리가 필요로 하는 지식은 가능하다. 지식을 요구하는 창조 명령이 계속되며, 지혜와 이해를 찾을 것을 주장하는 책임은 여전하기 때문이다.

필자가 '찾아야 하는 책임'이라고 말한 이유는, '앎'에 나타나는 인간 본성의 다른 중요한 요소는 이 '합리적 추구'가 '인격적 관여'와 관련되기 때문이다. 실존주의자들과 합리주의자들은 이 둘 (즉, 지식과 인격적 관여personal commitment –역자 주)를 분리 시켜 보려 하지만, 기독교 인식론은 이런 분리가 불가능함을 말한다. 사실 인식론이 세계관에 의존한다는 것을 인정하고, 철학 이전의 신념과 태도, 가치 등의 영향을 살펴보면 '앎'(지식)과 '헌신'commitment을 분리한다는 것은 있을 수 없는 것이다.

여기서 '헌신'이라고 한 것은 그것이 세계관이나 종교석, 혹은 순 종교적 신앙을 수반하는 전심a whole - hearted의, 전생의 관여이기 때문이다. 이런 의미에서의 '헌신'은 '합리적 추구'와 뗄 수 없는 것이다. 추리reasoning란 인격적인 활동이므로 필연적으로 우리의 가장 기본적인 신념이나 가치의 영향을 받게 되기 때문이다. 이와 같이 기독교적 헌신은 사고에 영향을 미치고, 사고는 기독교적 헌신에 영향을 미친다는 것은 우리가 이제까지 살펴본 여러 측면에서 이미 명백하게 되었다. 그것을 정리하면 다음과 같다.

(1) 기독교적 헌신Christian commitment은 탐구를 유발 시킨다. 방대한 기독교 사상사를 보라.
(2) 기독교적 헌신은 탐구를 명한다.

(3) 기독교적 헌신은 선별 지각에 영향을 미친다.

(4) 기독교적 헌신은 참된 신념에 대한 동의를 포함하나, 그것 이상이다.

(5) 기독교적 헌신은 사상과 생활의 통일성을 가져온다.

(6) 기독교적 헌신은 '앎'을 확신할 수 있는 근거가 된다.

(7) 이성은 기독교적 헌신에 내재한 신념들을 이해한다.[104]

(8) 이성은 이들 신념들을 구체화하고 정교하게 한다.

(9) 이성은 기독교적 헌신에 의해서 명령되고, 밝혀지고, 알려진 문화 명령을 추구한다.

(10) 이 이성은 기독교적 헌신이 확증하는 것을 신뢰하는 것이 정당함을 보여준다.

요점은 두 가지이다. 첫째는, 기독교적 헌신이 아닌 다른 헌신(즉, 인격적인 관여)도 비슷한 방식으로 사상과 관련을 맺게 되므로, 이제까지 우리의 논의는 지식에 대한 인격주의적 접근personalistic approach(즉 인격 주의적 지식론 -역자 주) 개발의 근거를 제공한다. 이는 다음 장에서 구체화해 볼 것이다. 둘째로, 이 논의는 '진리 추구에 대한 인간의 책임'을 강조한다. 보편적인 인식의 객관적·주관적 전제조건이 주어졌으므로, 우리는 이 자료들을 현명하고도 유용하게 사용할 책임이 있는 것이다. 그러나 헌신은 개인적인 일이다. 그러므로 다 다를 수가 있다.[105] 따라서 우리는 우리의 헌신을 면밀히 검토하고서, 성경이 경계하고 있듯이 우리가 진리를 억누르지 않도록 해야만 한다. 검토되지 않은 인식의 삶은 살 가치가 없는 것이기 때문이다.

---

104. 이런 뜻에서는, 여기 Commitment는 '신앙'의 함의를 가진다. 결국 인식과 신앙의 차이를 말한 뒤, 그 상호 연관성을 논의하는 것이다. -역자 주
105. **이 말이 헌신의 양태가 천차만별인 것을 용인하는 말도, 헌신이 주관적 이라는 말도 아님에 유의 하라 -역자 주

진리와 지식 : 철학적 논의

Contours of a World View
Studies in a Christian World View

지난 장에서 우리는 기독교 유신론의 인식론적인 의미를 몇 가지 생각해 보았다. 특히 인간의 '앎'에 반영된 인간 본성에 관한 논의를 했는데, 이것들은 현대 철학의 세요소들과는 잘 어울리지는 않았다. 그러므로 여기서 발생하는 문제들을 생각해 보는 것이 중요하다. 그러나 실제에 있어서는 문제가 어디서 발생하든 간에 그것들은 기독교 유신론이 시사하는 것과 같은 인격주의적 인식론a personalist view of knowledge으로 바뀌고, 이에 의해 해결된다는 것을 알게 된다.

문제는 인간의 사고가 흔히 휘둘러대는 극단론 때문에 발생한다. 계몽 철학은 우리가 완전히 객관적이고 아주 명백한, 그리고 완전히 언어화된 명제들로 바뀔 수 있는 지식을 가질 수 있다는 견해를 촉진시켰다. 존 로크John Locke가 말한 대로 '계시'는 단지 몇몇 명제를 더할 뿐이라는 것이다.[106] 현대의 과학적 휴머니즘은 특정한 과학관에 모든 지식을 맞추어

---

106. John Locke, *Essays on Human Understanding*, IV. xviii.

넣는 합리주의의 연장이다.

조금 더 온화한 견해를 찾아보려고 하는 낭만주의자들이나 실존주의자들은 또 객관성보다는 주관성을, 이성보다는 감정을, 모든 논리적 필연성으로부터의 자유를 너무 강조했다. 그리하여 계시가 인정되어도 주관적이고 비인지적noncognitive인 경험이 되어 버리고 말았다. 그러므로 그들은 "계시의 길을 마련하기 위해서 이성을 치워버리는, 이런 행동은, 계시와 이성 그 둘 모두의 빛을 꺼버리는 것이다."라고 말한 로크의 말을 다시 상기할 필요가 있다.[107] 또한 마르크스주의적 휴머니스트들은 지식이란 사회경제적 조건에 의존해 있다고 함으로써 진리를 역사적 상대물로 만들어 버렸다.[108] 그러므로 계몽 철학적 인식론의 잘못은 좀 더 인간적인 인식의 성질을 제외하면서까지 논리적, 명제적인 면을 너무 강조한 데 있다. 또한 이에 대한 반발로서 등장한 견해들의 잘못은 논리적, 명제적 측면을 상실할 정도로 비합리적인 측면을 너무 강조한 데 있는 것이다. 현대 철학의 이런 분열증은 우리가 이제 살펴보려고 히는 다음 세 가지 문제점으로 표현된다고 할 수 있다.

지식과 신념 [믿음]

첫째 문제는 헬라 사상에서부터 시작되는 것으로서 지식과 신념을 너무 과도하게 구별한다는 점이다. 플라톤Platon은 그의 『국가론』Republic에서 지식과 신념(혹, 믿음)의 차이를 '분할된 선'을 사용하여 설명했다. 즉, 그 상반부는 '지식'을 나타내며, 그 하반부는 개인의 '의견'opinion을 나타

---

107. Ibid., IV. xix.
108. 이는 소위 '지식사회학'의 주창자들에 대한 언급임 -역자 주

내는 '분할된 선'으로 설명하려고 한 것이다.

```
A
B
C
D
```

'지식의 획득'은 (A) 진리를 직접 성찰하게끔 하기 위해 맞지 않거나, 공허한 개념들을 제거하는 조심스러운 개념 분석을 하는 변증법dialectic을 통해서나, (B) 변증법이 수립한 지식으로부터의 연역deduction에 의해 가능하다는 것이다. 그런데 지식이란 초월적이고 영원한 형상form이므로 감각 경험과는 상관이 없으며, 정신에 내재한 불변하는 개념들을 다시 생각하는 것이다. 이와는 달리 의견은 경험에 의존하는 것인데, 그에 따라서 경험과 같이 의견의 특징은 가변적인 것이다. (C) '특정한 사물에 대한 신념'은 실제적인 목적을 위해서는 확신 할 수 있으나 확실하고 객관적인 것과는 거리가 멀다. 또한 (D) 억측illusions은 더 가변적이며 진리를 결여한 것이라고 한다.[109]

그러므로 (플라톤에게 있어서) 지식은 완전한 확실성을 지닌 보편적 진

---

109. 실상, Plato의 인식론은 그의 Republic 제 6권 끝머리에서 지적인 생활이 최하의 무지로부터 최고의 인식에까지 발전하는 과정의 개요를 설명하는 데서 찾아볼 수 있다. 그는 여기서 소를 네 부분으로 구분하고, 그 네 부분이 각각 억측, 신념, 오성지, 이성지를 시한다고 했다. 억측은 선입관이나 피상적인 관찰이나 주관적 기분에 따라 내리는 불시의 판단이나 짐작이다. 그리고 신념은 현상의 여러 실제의 예가 여러 차례 쌓인 것을 토대로 하여 내린 판단이라고 한다. 이 둘의 차이는 그 체계화의 정도에만 있다. 그러므로 어떤 이데아나 원리의 인식에 도달할 수 있게 해 주지는 못한다는 것이다. 이에 반해 '인식'(episteme)에 속하는 '오성지(悟性知)'와 '이성지(理性知)'는 이데아(idea)에 대한 파악인데, '오성지'는 한 가지 이데아나, 몇 가지 이데아에 대한 직관인데 반해, '이성지'는 이를 넘어선 논리적 관계로 맺어진 이데아들의 통일적인 체계의 형성이라는 것이다. 이런 '이성지'에 도달한 사람은 '모든 시대와 모든 존재의 관찰자'가 될 것이라고까지 한다(Republic, 4869). 그러므로 Holms의 A와 B에 대한 설명이 재고될 필요가 있어 보인다. 즉, '오성지(悟性知)'가 '이성지(理性知)'로부터의 연역인가? -역자 주

리에 대한 불변하는 이해apprehension인 데 반해서, 신념이란 가변적인 세상의 다양하고 불완전한 경험들에 근거된 의견에 대한 불확실한 동의이다. 이런 플라톤의 구별은 계몽주의를 통하여 서양사상에 그 확고한 위치를 굳히게 되었으며, 실증과학empirical science의 성장과 함께 이것은 더 번져나갔다. 과학은 명백한 감각자료sense data로부터의 인과적 논의를 통해 지식을 얻는 반면, 신념이란 기껏해야 적은 확률의 지지를 받는 것이므로 잘못될 수 있다는 것이다.

이러한 계몽주의의 견해를 거절한 사람이 데이비드 흄David Hume이라고 할 수 있다. 지식은 선험적으로 얻은 것이거나 경험으로부터 인과적으로 추론한 것이다. 그런데 흄은 논의하기를, 우리가 가진 선험적 지식은 사실의 지식이 아니라 수학이나 '형제란 남자 동기 사이를 말한다.'와 같은 정의에서와 같은 경험적으로 파생된 개념들 간의 논리적인 관계에 대한 지식에 국한된다고 했다. 경험적인 것에 대해서는 우리가 확실한 인과관계를 가진 확실한 지식을 가질 수가 없으므로, 경험적 지식은 인과적 논의의 대상이 될 수 없다는 것이다. 따라서 흄은 회의주의적이었다. 즉, 우리는 단지 주관적인 습관이나 감정에 근거한 신념에 따라서 살며, 실제로 그렇게 사는 것만이 가능하다는 것이다. 여기에서는 플라톤이 말하는 (C) '신념'에 가까운 것이 중요한 것으로 대두된다.

흄이 합리주의적 이상을 개발했다고 한다면, 칸트Kant는 이를 온전히 정립했다고 할 수 있다. 인과론적 설명으로 인간의 자유와 종교적 믿음을 약화시킨 기계론적 과학에 반해서, 칸트는 '믿음의 자리를 예약하기 위해 지식을 치워버리려는' 시도를 하였다.[110] (he undertook to do away with knowledge in order to make room for belief). 객관적이고 확실한 지

---

110. 칸트의 『순수이성 비판』 제 2판의 서문 영역으로는 N. K. Smith가 옮긴 책(New York: St. Martin's Press, 1965), p. 29를 보라.

식에 대한 칸트의 비판은 (우리가 인식할 때) 사물자체에는 있지 않은 주관적인 지각의 형식과 사유의 범주가 개재되므로, 우리가 사물을 지각하고 이해하는 방식이 순전히 객관적이지 않고, 진리라고 할 만큼 확실히 알려질 수는 없다는 것을 지적한다. 기껏해야 우리는 우리의 이론적-실천적 요구를 만족시키며, 인식을 통일시키고 완결하기 위한 믿음을 요청할 뿐이라는 것이다.

그러므로 여기에 두 가지 극단이 있는 것이다. 한편에 있는 것은 완전히 객관적이며, 확실한 지식을 주장하는, 따라서 단순한 믿음은 경시하는 플라톤적-계몽주의적 합리주의이다. 그리고 또 한편에 있는 것은 칸트와 흄의 상속자들인 현대의 비판자들로서, 이들은 논리적으로 확실한 지식은 있을 수 없다고 하며, 그 대신에 주관적인 신념을 강조한다. 흄에서 좀 더 나아간 것이 윌리엄 제임스William James의 실용주의와 상대주의이고, 칸트에게서 좀 더 나아간 것이 낭만적, 실존주의적 저술가들의 주관주의라고 할 수 있다.

흥미 있는 것은 종교 사상에도 그와 같은 극단들이 나타난다는 점이다. 즉 한편에는, 실제적인 확실성을 지닌 진리를 수립해 보려고 순전히 객관적인 논리적 증거들을 제시하는 자연신학natural theology과 합리주의적 변증학이 있다. 그리고 또 한편에는 객관적인 것에 호소하는 것을 완전히 부정하며, 주관적인 신앙만을 받아들이는 종교적 실존주의자들이 있는 것이다.

이들 극단과는 다른 대안이 있는가? (이를 분명히 하기 위해 먼저 몇 가지를 지적해 보자 -역자 삽입) 첫째로, 지식과 신념의 구별은 무오와 유오의 구별일 수 없다. 단언하지만 인간의 인식에 오류가 없을 수는 없기 때문이다. 또한 '앎'(즉, 인식)은 완전히 합리적인 것이어서 정의적인 것은 전혀 없으며, '믿음'(즉, 신념)은 순전히 정의적인 것이어서 합리적인 근거가 전혀 없는 것처럼 생각하는, 합리의 정의의 구별일 수도 없다. 또한 믿음을, 확실한 것에 믿음만을 더 하는 단순한 추가라고 생각할 수도 없다. 어쨌든 이 둘(즉, 지식과 믿음 -역자 주)은 앞서 말한 것 이상으로 밀접하게 관련되고 서로 깊이 통합되어 있는 것이다.

여기서 성경은 지식과 신앙(혹, 신념)을 명백하게 구분하고 있지 않다는 점을 살펴보는 것이 중요하다고 생각된다. 지식은 자기 확신으로 나아가고, 이 내적인 자기 확신은 바로 신앙[믿음]이다. 그 둘 모두가 인격적인 확신을 가졌다고 주장된다. 바울은 플라톤적 인식론의 빛에서 볼 때 아주 흥미 있게 단어를 잘 섞어 사용하여, "내가 믿는 자whom I belived 를 내가 알고… 확신함이라"(딤후 1:12)고 했다.

지식 개념이 플라톤 때부터 계몽주의까지 논의의 초점이 되어 온 반면, 신앙(혹, 신념, 믿음)개념은 그 이후에야 관심의 대상이 되었다. 그 한 예가 존 헨리 뉴먼John Henry Newman의 『동의의 문법』Grammar of Assent이다. 여기서 그는 지식과 믿음 대신에 확실성certainty과 확신certitude을 구별해 볼 것을 제안한다. 확실성certainty이란 순전히 증거와 논의에 근거한 논리적인 것인 데 반해서, 확신certitude이란 증거에서 출발하기는 하지만 주로 심리적인 상태a psychological state of confidence and conviction를 의미 한다는 것이다. 윌리엄 제임스William James의 고전적인 논문인 〈믿으려는 의지〉The Will to Belive도 이것에 근접한다. 결정적인 증거는 없으나 여하튼 감정적인 결단을 내려야 할 때, 정상적으로 과학적이고 논리적인 논의가 허용하는 것보다는 더 개인적이고 실제적인 고려에 근거한 믿음이 작용한다는 것을 제임스는 지적하는 것이다.

뉴먼Newman이나 제임스James 모두가 믿음이란 초연하고, 순전히 논리적인 탐구라기보다는 인간 주체의 주관을 더 요구하는 전인격적 wholistically personal인 것임을 인정한다. 이것이 우리의 논의에 필요한 실마리가 될 수 있다. 그것은 인간의 믿음이 계몽주의나 플라톤적 인식론의 패러다임paradigm보다는 우리의 인격주의적 모델에 더 잘 어울리기 때문이다. 믿는 행위는 그 인격의 모든 것과 관련 되는 인격적인 행위이며 인격의 행위인 것이다. 플라톤적인 의미의 지식은 전혀 인지적인 것이므로 그 결과는 지적인 탐구일 뿐이다. 이는 부분적으로만 인격과 관련한다. 그러므로 지식과 믿음의 관계는 한 부분과 또 다른 부분의 관계라기보다는 부분과 전체의 관계이다.

키에르케고어는 이 점을 아주 강력하게 주장했다. 그는 이성의 시대, 즉 계몽철학의 시대는 열정passion, pathos이 없는 시대라고 불평했다. 열정pathos은 단지 지나가는 감정이 아니라 전심의 전인격적인 관심이요, 관여이다. 열정이 없는 시대는 가치 – 그것이 종교적인 가치이든, 윤리적인 가치이든, 경제적인 가치이든, 아니면 지적인 가치이든 그 모든 가치 – 를 결여한 시대라고 키에르케고어는 선언한다.

내가 진리를 믿고 전심으로 그 진리를 사랑하지 않는다면, 내가 무슨 지적인 가치를 가졌다고 할 것인가? 단지 아는 것에만 나 자신을 투신할 것인가?[111] 사람은 이성만으로는 살 수도 없고, 심지어 이성만으로는 생각조차도 할 수 없다. 그의 가슴에서 사고가 나오는 것이다. 지식과 신앙이 이렇게 서로 연관되는 것이라면, 신앙에도 증거와 논의, 그리고 확실성의 정도의 여지가 있을 수 있다. 최근의 인식론은 플라톤적인 구분을 계속하지 않고, 지식도 하나의 신념체제로 본다. 즉, 지식을 '정당화 된 참된 신념'justified true belief이라고 정의하는 것이다. 다만 전인격적 행동보다는 신념의 인지적 내용에 집중하여, 신념의 인지적 내용 중에서 증거를 가지고 믿음을 정당화할 수 있는 것만을 지식이라고 한다. 어떤 신념이 아주 명백히 옳다는 것을 증명하려는 것은 인간의 '앎'에 대해 너무 지나친 요구라고 할 수 있지만, 신념을 정당화한다는 것은 그렇지 않다.

---

111. Kierkegaard, *The Present Age*(New York : Harper & Row, Harper Tor chbooks, 1962). 임춘강 옮김.『현대의 비판』. 종로서적 .1980.

오류가 있을 수는 있지만, 신념을 정당화하는 데 있어서는 증거와 논의가 충분히 활용될 수 있다는 것이다.

전인격적인 것과 편중된 것을 구분하는 것과 신념(혹, 신앙이나 믿음)을 정당화하는 이 두 가지 발전은 합리주의적 극단과 회의주의적 극단을 벗어날 수 있는 대안을 제시한다. 이것이 창조론적인 관점과 더 잘 들어맞는 것은, 이것이 틀릴 수 있음을 인정하는 인식론적 겸손과 확신할 수 있음을 인정하는 인식론적 희망을 연결시키고 있기 때문이다.

이론과 실천

'지식과 신념(믿음)의 문제'와 아주 밀접히 연관된 문제가 바로 '이론과 실천의 문제'이다. 이 문제에 대해서도 우리의 사고는 플라톤과 그 계승자인 르네상스와 계몽주의 모델의 영향을 받고 있다. 플라톤에게 있어서 지식이란, 일상 경험의 가변적인 세계와 관여한 결과라기 보다는 영원한 형상을 그 자체로 이해하는, 불변하는 존재의 파악에 초연한 자세로 고요하게 살펴본 결과였다. '이론'theory이란 말의 영어 어원 역시 관조란 뜻의 헬라어 동사인 '떼오레오'Θεωρέω, thēoreō에서 온 것인데, 이는 관객spectators에 대해서도 사용된 말이다. 즉, 인식 자체는 적극적인 관여 없이 스포츠를 관람하는 것과 같다는 말이다. 물론 이 말은 구체적인 세계에 대해서도 사용되었으나 [왜냐하면, 이 구체적인 것들은 형상 (즉, 보편)에 의존하기 때문에] 인식 자체의 목적은 행동에 있었다기보다는 초연한 관조에 있었던 것이다.

아리스토텔레스 역시 이론과 실천을 명백히 구별했다. 단순한 감각보다는 경험이, 경험자보다는 예술가가 더 낫듯이, 사변적이고 이론적인 학문이 생산적인 활동보다 더 낫다는 것이다. 또한 인간이 다른 동물들과 구별되는 것은 그가 합리적이기 때문인데, 그 이성이 할 수 있는 최고의 일은 '이론적인 관조'라는 것이다.

데카르트의 '나는 생각한다. 고로 나는 존재한다.'는 말은 이를 아주 잘 요약한 것이다. 처음에는 사고를 의지, 의심, 이해 등의 여러 인지적인 상태로 넓게 정의하는 것 같지만 그의 철학은 명석, 판명한 개념을 생각하고 그 논리적 결론을 이끌어 내는 더 제한된 이성의 기능만을 인정히는 것이 된다. 결국은 이론적 사고능력만이 인간임을 나타내는 특성이 되기 때문이다.

흄과 칸트에 의해서 시작된 철학적 혁명은 관조적인 것보다는 적극적인 삶에, 이론보다는 실천에 우위를 두게 했다. 흄에게 있어서 신념이란 실제적 근거 위에 있는 것이었다. 그는 이렇게 말한다. "철학자가 되어라, 그러나 여전히 한 사람으로서 그리하라."[112] 칸트는 이론이성과 실천이성을 구별하였다. 그리고 이론이성의 무력성을 비판하고, 실천이성이 행동을 인도하고 신념 (신앙)을 정당화한다고 했다. 사람은 그 마음에서는 자유로운 도덕적 수체a free moral agent인데, 신념을 형성하는 것은 행동의 실천적 요구라는 것이다.

그러나 또 하나의 극단적인 흐름이 이 혁명을 따르기 시작했다. 존 듀이John Dewey는 관조적 지식론을 옳게 비판했음에도 불구하고, (지나치게 나아가서) 모든 지식은 실제적인 목적을 가지고 있으며, 특정한 문제 상황problem situations에서만 발생한다고 생각했던 것이다. 그는 이런 견해를 교육에 적용하여 말하기를, 탐구inquiry는 해결을 요하는 문제 상황에서 시작되며, 개념이란 영원한 진리라기보다는 문제를 다루는 실제적인 제안이라고 했다. 물론 이는 고전적 교육의 순전히 이론적인 접근에 대해서는 좋은 교정제 였지만 이것 역시 문제점을 가지고 있었다. 첫째로, 이

---

112. 5) Hume, *An Enquiry Concerning Human Understanding*, sec.

는 듀이에게 상대주의의 통로를 제공했다. 그에 의하면, 개념이란 실천되어서 예상한 결과가 나왔을 때만 참true이 되므로, 참된 신념과 참된 가치는 가변 하는 상황에 따라 달라지는 것이 된다. 이렇게 되면 진리란 전혀 초월적인 위치를 가질 수가 없다. 둘째로, 지식을 실용적으로 만듦으로써, 이는 '순수한 탐구와 이론' 그리고 '개념과 예술, 삶 일반을 깊이 관조함으로써 가치를 풍성히 하는 것'과 심지어는 '전반적인 세계관의 개발'과 '초월적 관점의 획득' 등의 근거를 제거하는 경향을 가지는 것이다. 상대주의와 실제주의practicalism는 창조론적 관점에서는 너무 인간 중심적이고 휴머니스틱 한 것이다.

또한 이론에서 실천으로 나아가서, 개념이란 실천의 요구에서 형성되며, 반드시 계급투쟁에 기여해야만 한다고 주장하는 마르크스주의가 오늘날에도 큰 영향력을 미치고 있다. 그들에 의하면 철학의 과제는 세상을 이론적으로 성찰하는 데 있는 것이 아니고 세상을 변화시키는 데 있다. 예술도 기존 질서를 반영하거나 심미적인 관조를 탐닉하는 것이어서는 안 되고, 사회변혁과 혁명의 촉진에 관심해야 한다. 이론이 아니라 실천이 중요하다는 말이다.

창조론적 관점에서 보았을 때 실천을 극단적으로 강조하는 것의 주된 문제점은 그 '인간중심주의'에 있다. 또 여기서 '상대주의'가 따라 나온다. 그러나 이론을 극단적으로 강조해도 문제는 있는데, '엘리트주의', '인식론적 겸손의 결여', '피조물과 그의 지식은 섬김을 위한 것임을 보지 못 한다는 문제; 그리고 '사람을 어느 한 면, 즉 합리적인 면만으로 축소하는 경향' 등이 그 문제점들이다. 여기서도 인간중심적 증상이 나타나는 것이다.

이 모두를 극복할 다른 대안은 가능한가? 어떻게 하면 이 둘이 더 잘 연관될 수 있을까?

첫째로, 우리는 플라톤적 모델의 강점, 즉 모든 변화를 초월하는 우주적 질서에서의 인식을 기억해야만 한다. 이는 가변적이고 구체적인 것들에 대한 불변하는 지식은 아닐지라도, 불변하는 질서에 대한 불변하는 지식은 원칙상 가능하다는 인식론적 확신을 제공한다. 유신론적 관점에서 보아도 이 세상은 법칙의 지배를 받는 질서 정연한 세상이다. 모든 것이 유전 하는 것은 아니며, 모든 옛 질서가 변화하여 새 것에 자리를 내어 주는 것도 아니다. 실천을 극단적으로 강조하는 사람들은 변화를 아주 다양하게 보며, 우리가 변화시킬 수 없는 질서는 거의 없다고까지 생각한다. 그러나 유신론자는 질서 안에서 변화가 일어나며, 그 안에서만 변화가 가능하며, 따라서 질서를 이해하는 이론적 지식이 유목적적인 행동을 위한 필수적인 전제조건이 된다고 생각한다. 즉, 그들은 질서와 변화, 창조의 질서 정연함과 구속적 변화 모두를 믿는 것이다. 따라서 이론적 지식과 실천적 지식 모두가 필요하며, 교육적으로 실천은 이론을 요구하고, 이론은 실천의 변화를 낳으며, 우리의 일상사에 따라다니는 '어떻게 하는가?'의 배후에는 이론적 학문이 있는 것이다.

둘째로, 인간이란 데카르트가 생각하는 대로 '합리적인 존재'rational being로만 생각할 수 없는 인격으로서, '책임 있는 행위의 주체'이다. 행위란 상황에서 사고와 이론이 생성되나, 듀이와 같이 이것들이 항상 상황적으로 결정되는 것은 아니니, 이는 이론적 사고 자체도 하나님의 피조계 내에서의 인간의 책임 있는 행위의 하나이기 때문이다. 우리는 하나님의 피조물들과 그들의 생성물을 합법적으로 개발하고 성찰할 수 있다. 비록 성찰이 행위의 준비가 되나, 우리는 성찰하면서 (신을) 경외하는 것이다. (즉, 성찰도 하나의 행위이다.)

여기서도 우리는 부분과 전체를 구별하게 된다. 18세기의 스코틀랜드의 실재론자들은 이를 인식했던 것 같다. 그들의 인식론은 우리가 그것 없이는 살 수도, 행위 할 수도 없을 정도로 우리 '삶의 행동'에 필수적인 '상식에 대한 신념'common sense beliefs에 집중하고 있기 때문이다. 그런 신념들은 합리적 증명에 의해서가 아니라 하나님께서 우리와 이 세상을 만드셨다는 사실에 근거하여 수립된 것이다.[113] 이론적 사고란 특정한 활동을 보고하거나, 하나님과 그의 피조계를 성찰함으로써, 생이라는 전체로서의 실제와 이에 대한 봉사에서 파생된 한 부분이다. 이렇게 신념(믿음)이란 생의 실제에서 파생된 전체적인 것으로서 행동에 필수적인 요소가 된다. 그러므로 지식과 이론은 각기 신념(믿음)과 실천에 의해 섬김을 받는 것들이다.

주관성과 객관성

앞서 논의한 두 가지 문제와 밀접히 관련된 것으로서 주관적 요소나 영향을 전혀 허용치 않는, 순전히 객관적인 지식에 합리주의적 추구가 있다. 이 이상ideal은 계몽주의에서 가장 분명하게 선언된 바로서, 계몽철학에서는 인식론에서조차 기계론적 모델을 적용하여 지식을 인과관계의 기계적 결과인 것처럼 여기게까지 되었다. 그 범례적인 경우가 물리적 지각이다. 물리적인 자극이 감각기관을 자극하여, 이에 수반하는 의식과 함께 두뇌 상태의 변화를 일으키면 감각 인상sense impression이 나타난다. 토마스 홉스Thomas Hobbes는 이런 인과적 설명을 우리의 개념과 추리reasoning, 그리고 언어에까지 확대하였다. 따라서 우리의 지식이란 개인의 내적 조건과는 거의 상관없이 특정한 메커니즘에 의해 생성되는 것이 되었다. 그를 따라 로크도 '타블 아 로자'tabul a rosa이론을 채용하여, 정신

---

113. 예를 들면, *The Works of Thomas Reid, D. D.*, ed. Sir Wm. Hamilton(James Thin, 1895), vol. I, pp. 108, 230, etc. 부분과 전체(the whole-part) 개념에 대해선 Macmurray's *The Self as Agent*(London: Faber &. Faber, 1957), 제 4장에 힘입은바 크다. 다른 접근을 위해선 N. Wolterstorff, "Theory and Praxis," *Christian Scholars Review* 9 (1890): 317을 보라.

mind이란 흰 밀랍판과 같아서 그 위에 감각 경험이 인상impression을 남기고, 그러면 우리는 그것을 잠재의식에서subconsciously, 특정한 연합의 법칙fixed laws of association을 따라 보다 큰 개념과 연관시켜서 지식을 형성시킨다고 하였다.

그 이후로 많은 경험론자들에게 있어서는 감각 인상sense impression은 그것을 취하여 그 위에 합리주의적 증명을 세울 수 있는, 감할 수 없고 객관적인 일련의 자료data가 되었다. 이로부터 과학의 실증적인 방법은 모든 논란을 벗어날 수 있다는 결론이 과학적 휴머니스트들로부터 나왔다. 경험에 의해서 주어진 것들이 객관적인 사실들이고, 이것들을 의심할 수 없는 것으로 만드는 것은 과학적으로 통제된 관찰이라는 것이다.

이 때문에 사실들뿐만 아니라 그에 대한 해석들도 잘못 증명된 것으로 간주되었다. 처음에는 앞선 것과 결과의 연관성에 대한 관찰 가능한 제일 처음이 인과관계를 증명한다는 가정에서 인과적 설명이 인정되었다. 그래서 과학적으로 정향(일정한 방향을 바라보는) 된 사상가들은 곧잘 인과적 결론을 내리곤 하였다. 그러다가 관찰가능한 제일성(혹, 연관성)만으로서는 인과관계가 있다는 증명이 못 된다는 흄Hume의 주장 덕분에, 철학자들은 이 문제에 대해 좀 더 주의하게 되었다. 철학적으로 세련된 이들은 이 인과성에 대한 강한 주장 대신 예언력predictive power을 지닌 적용적 일반화에 대한 실증주의적 주장을 하게 된 것이다. 그리하여 밀John Stuart Mill 이후에는 '개연성 있는 일반법칙'general covering laws 개념이 주장되었고, 과학적 사실이나 법칙은 '최대한도로 확실하고 객관적인 것'이라고 주장되었다.

그러나 흄이 신념(믿음)이란 객관적인 첫번째 원리가 아니라 주관적인 습관이라고 말한 후에, 모든 과학적 객관성을 무시하는 또 하나의 극단이 등장하였다. 칸트는 시공간이라는 지각의 형식과 인과관계와 같은 해석적 범주들이란 전혀 주관적이며, 아무런 기지의 객관적 대상물도 갖지 않는 것이라고 하였다. 우리가 사물을 지각하고 이해하는 것은 객관적인 전제data에 의해서가 아니라 인식지에 의한 것이라는 말이다. 독일의 관념론자들은 지식과 신념(믿음)을 구성하는 데 있어서의 인간 주체의 창조적인 역할을 더 강조했다. 여기서 심리학적, 사회학적 설명이 나왔다. 마르크스의 경제적 결정론은 그 중 하나에 불과하다. 쇼펜하우어Schopenhauer는 세상이란 나의 개념일 뿐이라고 하였고, 프리드리히 니체Friedrich Nietzsche는 철학을 객관적인 탐구라기보다는 주관적인 권력에의 의지의 투사로 여겼다. 또한 지그문트 프로이트Sigmund Freud는 종교적 신념에 대해 정신 분석학적인 설명을 가하였고, 모리스 라제로비츠Morris Lazerowitz는 이를 모든 형이상학에 확대 적용하였다.[114] 가장 최근의 예로는, 토마스 쿤Thomas Kuhn의 사회학적인 설명을 훨씬 앞지르는 과학 철학자 폴 페예라밴드Paul Feyeraband의 시도로서, 그는 모든 과학적인 논의를 주관적이고 상대적인 것으로 환원시켰다.[115] 이리하여 학문이 객관성을 상실하게 되었다 19세기의 발전론적, 상대주의적 모델이 기계론자들의 객관성을 대신하게 된 것이다.

성경 해석학에서도 이와 비슷한 일이 발생했다. 성경의 자료들은 완전히 명백하므로, 이로부터 전혀 객관적인 신학체계와 아주 명백한 결론들을 이끌어낼 수 있다는 견해가 한 극단에 있다. 여기서는 해석이란 전혀 객관적인 일이어서 주관성이 끼어들 여지가 없는 것이 된다. 그러나 또 한편 극단에는 성경에 문자적으로 기록된 객관적인 진리에 보다는 성경 증언에 의해 나타나는, 실존적인 자기 계시에 관심하는 실존론적 해석학 existential hermeneutic이 있다. 전자는 해석에 대해 기계론적인 접근을 시도하는 반면, 후자의 시도는 아주 주관적이다.

---

114. Lazerowitz, *The Structure of Metaphysics*(New York: Humanities Press, 1955).
115. I. Lakatos and A. Musgrave, eds., *Criticism and the Growth of Knowledge*(Cambridge: Cambridge Univ. Press, 1970)을 보라.

이런 양극단과 진리와 지식에 대한 우리들의 창조론적인 접근 사이에는 명백한 긴장이 있다. 한편으로는 여기에 지식과 믿음[신념]에 대한 헬라적 구별이 반영되고, 따라서 앞서 말한 인간의 오류가능성이 적용된다. 마찬가지로 이론과 실천의 문제는 우리가 이런 실천적인 관심에서 완전히 초연하여 객관적일 수는 없다는 사실을 함의한다. 인간 인식자 human knower는 그 나름의 내면성, 가치, 이해interests, 그리고 그가 인간이기를 그만두기 전에는 자신을 완전히 의식 하거나 포기할 수 없다는 가정을 태생적으로 가진 존재이다. 그러므로 완전한 객관성이란 환상에 불과하다.

또 한편으로는 완전한 주관성 역시 바람직스럽지도 않고, 논리적인 함의의 대상도 되지 않는다. 모든 면을 공정하게(충분히) 고려하고 정직한 판단을 하며, 증거를 면밀히 살피는 것은 도덕적인 의무이다. 인간의 능력이 닿는 데까지는 마땅히 그렇게 해야 한다. 이렇게 하여 개인적인 편견과 무지, 맹점을 어느 정도는 극복할 수 있지만 인간 주체에 대한 일반적인 관심은 항상 우리와 함께 한다. 그리고 이것은 키에르케고어가 언급한 바와 같이, 모호성의 그림자가 바뀔 때마다 끊임없이 반성만 하는 것에서 우리를 벗어날 수 있게 해 줄 수 있으므로 좋은 점이기도 하다. 그러나 우리의 주관성을 완전히 초월하는 것이 불가능하다고는 해도, 불신자들의 마음을 비추어서, 진리의 명확성을 확신시키는 일에 하나님의 은총조차도 무능력한 것은 아니다.

그러므로 완전한 객관성과 완전한 주관성이란 극단이 아닌, 인식론의 어떤 제 3의 대안이 필요하다. 우리는 이 일을 위한 첫 단계로서, 흔히 혼동되는 주관성과 객관성의 두 가지 의미, 즉 형이상학적인 것과 인식론적인 것의 구별을 시도해 보았었다.[116] 형이상학적인 객관성 이란 우리

---

116. 제 3장 참조.

가 그것을 인식하고 믿는 것과는 상관없이 독립해 있는 '사물의 상태'라는 객관적인 실재를 뜻한다. 막대기와 돌맹이, 양배추와 왕이 존재하듯이 그렇게 객관적으로 하나님도 존재하시는 것이다. 우리들 가사적可死的 (죽음을 향해 나아가는 존재) 존재들이 어떻게 생각하든지 간에 하나님께서는 이를 아신다. 그리고 그 하나님의 지식이 실재에 대한 모든 진리의 궁극적인 원천이 되는 것이다. 그러나 유니콘unicorn나 켄타우로스centaur는 적어도 양배추나 강아지와 같은 실재가 있다는 의미에서의 형이상학적인 객관성을 지닌 것이 아니다. 그것들은 우리가 그것들을 안다는 것과 관련하여 우리 정신 속에 상상력과 신화 내에서만 존재하는 것이다. 마치 딸을 가지고 있지 않은 사람이 자기 딸에 대해 생각하는 것과도 비슷한 것이다. 그런 딸은 그 사람의 정신에만 존재하는 형이상학적으로는 주관적인 자신의 관념속에서만 살아가는 상상적인 존재이기 때문이다. 과학적인 휴머니스트들은 하나님도 산타클로스나 켄타우로스와 같이, 신화와 상상 속에만 존재하는 형이상학적으로 주관적인 존재라고 생각한다. 어떤 막연한 공포와도 같이 하나님은 '마음속에만' 있지 독립적으로는 그 어느 곳에도 계시지 않는다는 것이다.

반면, 인식론적인 객관성은 탐구 대상에 대한 초연, 무관심, 관여하지 않음 등과 같은 인식자의 태도이다. 인식론적인 주관성은 자신이 아는 것에 대한 관여와 개인적인 관심이다. 이런 구별은 꼭 필요하다. 어떤 합리주의자들은 조금이라도 주관성을 용인하는 것은 형이상학적인 객관성과 인식론적 객관성 모두를 부인하는 것이라고 생각하기까지 한다. 그러나 이는 논리적인 결론도 아니고, 꼭 그런 것도 아니다. 독립적으로 실재하는 것에 대한 내 지식은 주관적인 영향을 받을 수도 있고, 나를 열정적으로 만들 수도 있다. 그러나 그것이 그것의 형이상학적인 위치에 영향을 미치는 것은 아니다. 형이상학적인 객관성과 인식론적인 주관성은 함께 있을 수 있고, 항상 섞여 있는 것이다. 그렇지 않을 수도 있지 않을까

하는 우려는 근거가 없다.

또한 이성이란 차갑고, 비인격적인 것이라고 불평하는 낭만주의자들 역시 근거 없는 주장을 하는 것이다. 계몽주의가 그런 종류의 인식론적인 객관성을 우상화했다고 할 수는 있다. 그러나 계몽주의의 이 주장이 꼭 옳은 것은 아니다. 왜냐하면 진리에 대한 참 사랑에서 나오는 진리 추구라면 열정적인 탐구가 되지 않을 수 없기 때문이다.

그러나 이렇게 주관성을 용인하게 되면 객관적인 통제가 전혀 불가능하다는 문제가 제기될 수도 있다. 물론 형이상학적인 의미에서의 객관성과 주관성은 상호 병립할 수 없고 서로 배타적이지만, 인식론적인 것은 그렇지 않다. 성향predisposition, 두려움, 소망 등과 같은 주관적인 것의 영향력이 있으면서 – 동시에 공적인 증거나 논리적 논리와 같은 객관적인 통제가 가능한 것이고, 또 그것이 우리의 마음을 바꾸고 두려움을 몰아내며, 소명을 버리게 할 수가 있는 것이다. 인식이란 항상 개인의 주관적인 요소들과 객관적인 요소들의 혼합이기 때문이다.

이는 피조물적인 의존과 유한성을 인정하는 창조본적인 견해와 잘 들어맞는다. 왜냐하면 우리로 하여금 인식에 주관적으로 관여하게 하는 것은 그렇게 간단한 의존성nature of dependence이 아니기 때문이다. 우리는 실존을 둘러싸고 우리에게 영향을 미치는 모든 것에 그저 놀라서 의존하는 것이 아니라, 그것을 알 필요를 느끼고, 묻고, 탐구하며, 생각하도록 하는 것은 무엇인가? 정서적으로 우리들은 의존적이고, 이 의존성이 우리로 탐구하도록 하는 것이다. 그뿐 아니라 우리의 의존성은 신체적, 경제적, 사회적 등 여러 방식으로 표현된다. '우리가 누구인가'하는 자기 정체성, 우리의 현재 안정, 미래의 희망과 가치 등 모든 것이 이와 관련 된다. 우리는 특정한 문화적·역사적 상황에서 필요를 느끼며, 가치판단을 하고, 희망하며, 모호하게 믿기조차 한다. 이 모든 것이 우리의 주관성이며, 이는 인격으로서의 우리가 생각하고 이는 방식과 내용에 영향을 미치는 것이다.

　창조론적 접근은 여기서도 유익하다. 왜냐하면 우리는 질서 있게 피조된 창조계의 한 부분이므로, 우리의 의존성과 필요는 전체의 균형과 목적을 반영하기 때문이다. 그러므로 주관성은 한 의무일 뿐만 아니라 자산이기도 하다. 모든 인간이 필연적으로 가지고 있으며, 우리의 주관성 모두에 보편적인 '필요와 가치의 영역'에는 의미와 목적이 있다. 그런데 철학자들은 육체적 실존에 대해 순전히 객관적 포지셔닝의 논의만을 하려고 시도했다. 그러나 이는 우리의 보편적인 육체적 요구는 주관적으로 우리 몸의 실재를 보여주며, 우리가 그 한 부분이며, 그것에 의존하는 물리적 세계가 실재함이 요청됨을 보여준다. 또 철학자들은 순전히 객관적이고 논리적인 증명을 하려고 하다가 다른 정신들의 실존에 대해 너무 많은 논의를 했다. 그러나 이는 인식론적으로 우리의 내적 존재가 다른 인격을 요청하며, '함께 함'과 '동감'이 서로를 향하여 우리가 진정 누구인지를 보여준다는 것을 설명해 준다. 또한 철학자들은 신의 존재와 성품에 관하여 객관적인 논의를 구성해 왔다. 그러나 이것 역시 인식론적으로는 마치 아우구스티누스가 말한 바와 같이, 우리가 신의 품 안에서 안식하기까지는 우리의 마음이 쉼을 얻지 못한다는 것을 보여주는 것이다. 이처럼 주관성은 인식에의 한 책무일 뿐만 아니라 한 유익이기도 한 것이다.[117] 그래서 필자는 신념[믿음]을 정당화하는 데 도움을 주는 보편적인 '주관적 고려 점들', 즉 가치 영역과 행동 영역을 시사 하였었다. (제 3장 참조)

　그렇다면 우리는 학문에서도 객관성이 주도적일 것을 기대하지 말아야하는가? 학문을 하는 이나 과학자에게 왜 학문을 하며, 그의 정서적-신체적 조건이 그의 작업에 어떤 영향을 미치며, 왜 그 특정한 분과를 연

---

117. C. S. Evans, *Subjectivity and Religious Belief*(Grand Rapids: Eerdmans, 1978)에서 이를 발전시키고 있음을 보라.

구하게 되었으며, 왜 지금 진행하고 있는 연구를 하게 되었으며, 어떻게 하여 그런 이론을 내게 되었는가 물어보라. 이러한 질문들을 해보면, 곧 주관성이 얼마나 중요한 역할을 했는지 드러날 것이다. 과학자에서 철학자로 전향한 마이클 폴라니Michael Polanyi는 학문과 지식에서의 묵시적인 차원과 개인적 요소에 대해 말하고 있다.[118] 그는 이렇게 말한다. 우리는 항상 (중심적인) 어떤 것으로부터 (지엽적인) 어떤 것을 생각한다. 그런데 그 중심적인 것은 지엽적인 것의 발생과 그것이 전달하는 의미, 그리고 그것이 다른 것과 맺는 관계에 영향을 미친다. 다시 말하자면, 주관적인 것과 지엽적인 것 모두가 완전한 객관성과 '현시-방식'의 초점에 영향을 미친다는 것이다. 필자는 철학에 대해 이와 비슷한 말을 한 적이 있다. 전제와 세계관이 철학적 방법과 과학적, 역사적, 윤리적 지식에 영향을 미친다고 말이다. 그런 의미에서는 지식이란 어느 정도는 모두 '관점적'perspectival인 것이다.[119] 물론 여기서도 세계관의 핵심에 가까운 것일수록 더 그 세계관에 영향을 많이 받게 된다는 브루너의 원칙이 적용된다. 그러므로 객관성의 정도가 각기 다르게 되는 것이다.

문학에서와 같이 성경 해석학에서도 객관적인 것과 주관적인 것이 결합해 있다. 한편에는 역사적, 문맥적, 언어학적인 것들, 즉 객관적인 것들이 해석을 주장한다. 그러나 또 한편, 우리는 각각의 전 이해pre-understandings와 기대를 가지고 본문을 접한다. 그리고 저자가 사고하고 느끼는 것에 대한 동감을 가지고 본문을 대하는 것이다. 그러므로 과학과 철학에서와 같이 해석학에서도 해석이란 순전히 객관적인 사실들로부터 논리적으로 귀결되는 것보다는, 크기와 치수를 어림짐작해 보는 가설에

---

118. Polanyi, *The Tacit Dimension*(New York: Doubleday, 1966)과 *Personal Knowledge*(Chicago : Univ. of Chicago Press, 1958).
119. 저자의 *Christian Philosophy in the Twentieth Century* 와 *Faith Seeks Understanding*을 보라.

서 인출되는 경우와 이미 알려진 것과의 정합coherence에 의해서 성립되는 경우가 더 많은 것이다. 따라서 주관적 요소와 전체로서의 방법이 결합된 옳은 판단이 필요하다. 이처럼 어떤 문학을 이해한다는 것은 전체적인 상상력을 요하는 것이다.

이 제 3의 대안을 '해석적 실재론'interpretive realism이라고 해보자 이는 사물의 객관적인 성질, 즉 그 형이상학적 객관성이 알려질 수 있음을 재확인한다는 점에서 '실재론적' 이다. 그러나 안다는 것은 항상 주어진 사실을 해석하는 것이므로 인식론적인 주관성이 작용하게 된다는 의미에서는 '해석학' 이다.

사실a fact이란 무엇인가? 형이상학적으로 사실이란 우리가 그것을 알고 있는가 아닌가에 상관없이, 일정한 시-공간을 점유하고 있고, 일정한 관계 속에 있는 사물의 객관적인 상태이다. 인식론적으로 사실이란, 그것이 그 한 부분을 형성하고 있는 우리의 내적-외적 경험의 복합 전체와 연관된 '경험된 사실'fact of experience이다. 여기서는 주관성이 개입하여 사실을 형성하게 된다. 그러므로 우리가 아는 사실들은 형이상학적 객관성이라는 원래의 옷만을 입은 사실 그 자체가 아니라, 사람의 경험과 관점의 습관으로 채색된, 인간에 의해 인식되고 이해된 '해석된 사실'interprefacts인 것이다.

이런 '해석된 사실'과 좀 더 크고 의도적인 '사물의 해석'은 우리가 누구인가에 따라 그 모습을 갖추게 되는 것으로며 우리의 세계관과 우리가 참으로 객관적인 실재라고 생각하는 것이 무엇인가에 의해 형성된다. 우리가 세상이 객관적으로 질서 있게 피조 되었음을 믿는가 믿지 않는가 하는 것은, 모든 것이 가치를 가지고, 신 중심적 초점을 가진다고 믿는 가 믿지 않는가와 마찬가지로 상당한 차이를 만든다. 즉, 이런 믿음이 있으면 이 세상은 단순한 인과법칙의 무조건적인 흐름으로 생각하기 보다는 목적론적인 우주로, 그리고 인격적인 하나님이 사랑을 가지고 관여하시는 우주로 보이는 것이다. 이렇게 내가 사물을 어떻게 지각 하는가 또 어떻게 해석 하는가 어떻게 생을 경험 하는가 무엇을 하는가 하는 이 모든 것이 영향을 미친다. 처음에 시사 하였듯이 세계관이 선택적이며 안내적인 기능을 한다면, 그것은 우리의 인식과 그 밖의 모든 활동에도 영향을 미치는 것이다.

어느 찬송가의 작사자는 이를 다음과 같이 표현했다.

위에 있는 하늘은 파랗게 빛나고
아래 있는 땅은 부드러운 녹색인데
모든 것은 각기 그 빛을 가지네
그러나 그리스도 없는 이의 눈은
그 어느 것도 결코 볼 수 없다네

이렇게 그리스도인들은 자연주의적 휴머니스트들과는 다르게 세상을 보며, 그것을 경험하며, 해석하는 것이다. 그러나 그리스도인들과 자연주의자들이 모두 그 사고에 있어서 중요하게 활용해야 할 상대적으로 객관적인 조건, 보편적 기본 신념, 논리법칙, 그리고 경험적 고려 사항들은 있다.

앞에서 보여준 것처럼 자연주의적 휴머니스트들의 지식에 대한 접근은 부분을 전체로 취급하는 오류에 빠진다. 과학적 지식이란 예를 들어서 다른 사람에 대한 지식과는 아주 다른 것이며, 계몽주의자들이 말하는 객관성이란 학문의 한 부분에 불과한 것이다. 또한 낭만주의자들의 주관적 경험 역시 자연 지식의 한 부분이며, 우리 주관성의 한 부분일 뿐이다. 이런 것 모두가 한 부분에서 또 다른 부분으로 옮겨가는 것이며, 따라서 인식자를 축소시키는 것이 된다. 마찬가지로 사회경제적 조건이 인식을 결정한다는 마르크스의 주장도 전체의 한 부분이며, 슬픈 오해의 하나이다. 부분을 전체로 여기는 것은 환원주의적 오류a reductionist mistake의 하나인 것이다.

인식론적 주관성은 그것으로부터 우리가 사고하고, 그것을 우리가 믿고, 이해하며, 알기를 추구하는 우리 존재 전체를 뜻한다. 인식론적인 객관성은 우리가 우리 자신과 자기주장과 미정인 우리 존재의 요구로부터 자신을 잠시 부분적으로 초연하게 하는 행동이다. 우리는 주관적이고 요구와 필요를 느끼며, 가치 평가를 하는 존재이므로 객관성을 찾는다. 이 주관성과 객관성 문제에 대해서도 지식과 믿음, 이론과 실천 문제와 같은 양식이 적용된다. 헬라적 시각과 계몽주의 전통에서 부당하게 높여진 이론과 객관성을 지닌 확신 있는 지식은 인식의 한 부분일 뿐이고 전체가 아닌 것이다. 우리 실존의 필요는 그 이상의 것을 요구한다. 왜냐하면 인간의 삶은 객관적인 것, 논리적으로 확실한 것으로만 구성되지는 않기 때문이며 주관성은 객관성보다 더 전체적이며 더 충분한 지식을 가능하게 한다. 합리주의자들은 낭만주의자들과 실존주의자들이 선언하듯이 의미 없는 것과 그들의 태어나면서부터 가지게 된 권리를 바꾸지는 않았다. 그러나 하나님에 의해서 피조 된 책임 있는 사람으로 살고 생각하는 것을 너무나도 제한된 가치와 바꾸어 버린 것이다.

몇 가지 결론들

이 전체-부분whole-part의 구별은 우리를 어떤 결론으로 이끌어 가는가? 이는 인간 삶에서의 이성의 바른 역할을 시사해 준다. 첫째로, 신념(믿음)은 이론적 이성만 근거하는 것 이 아니라, 때로는 전체로서의 삶의 요구에서 나오며 정당화 된다는 것이다. 둘째로, 이론적 이성 역시 오직 자율적 행동에 의해서가 아니라 전체로서의 삶의 요구에서 발생한다는 것이다.

인간의 삶과 행동은 신념(믿음)을 요구한다. 인간 존재의 일반적인 성질과 우리가 사는 세상의 질서 있는 성질은 우리가 '보편적 신념 믿음'이라고 부르는, 우리 모두 안에 있는 아주 비슷한 신념을 유발시키는 경향이 있다. 그것들은 동일률law of identity에의 집착, 질서 있는 과정을 지닌 외적 세계에 대한 믿음, 우리와 같은 세계관을 공유하고, 같이 의사를 소통하며, 함께 사는 다른 사람들의 실존에 대한 믿음, 그리고 우리가 결국은 인정해야 하는 어떤 궁극적 실재에 대한 믿음 등이다.[120] 이와 같은 것들에 대한 신념(믿음)은 우리가 사고하고 활동하기 위해서 반드시 필요한 실천적인 필연성a practical necessity이다. 그러나 이들이 아직은 궁극적으로 이론이성에 근거하지 않고 있으므로 이들은 우리로 하여금 과학과 철학을 포함한 이론적인 것에 대한 더 깊은 탐구를 하게끔 하는 것이다.

특정한 세계관의 보다 특수한 신념(믿음)에도 이와 유사한 점이 존재한다. 그것들 역시 특정한 경험과 가치가 관여되는 세상이라는 전체론적인 문맥에서 정당화되며 발생하는 것이다. 그것들 또한 실천적 필연성으로 나타나는 것이며 마르틴 루터Martin Luther는 "나는 여기에 섰다, 달리 어찌할 방도가 없다"Here I stand, I can do no other고 했다. 여기서 이런 신념을 설명하고 해설하기 위하여 이론적인 추리가 발생하는 것이다.

그러면 보편적인 것과 특수한 것은 어떻게 연관 되는가? 첫째로, 앞서 말한 아주 핵심적인 '보편적(필연적) 신념'universal necessary beliefs은 다양한 세계관과 개념적 모델의 영향 하에서 우리의 생활세계에 특정한 방식으로 구체화된다. 그것들은 그 모호성을 가지고 나타나는 경우가 거의

---

120. 개혁신학은 타락되지 않은 인간은 인격적인 하나님의 존재에 대한 온전한 개념을 가지고 있었으나, 타락 후 인간의 죄성이 이 개념조차 앗아 가버렸다고 가르친다. 그래서 그 후로 우리는 인간의 필요를 합리적으로, 충분히 충족시켜 줄 수 없는 특정한 '신의 대체물'을 만드는 것이다.

없다. 어떤 세계관의 옷을 입고 나타날지라도 전제가 없는 전혀 중립적인 세계관은 아닌 것이다. 그것은 특정한 역사적 형태로 표현되며, 보편적인 것을 구현하고 통일시키는 특정한 신념으로 나타나는 것이다.

둘째로, 보편적이고 필연적 신념은 특정한 신념들의 전제 조건이 되며, 그것들의 배경과 문맥을 제공한다. 그리스도께서 육신으로 오셨다는 것을 고백하는 사람은, 사물들과 사람들이 존재하는 외적인 세계가 있다고 하는 것을 믿어야만 한다. 물론 보편적인 신념이 구체적인 특정한 신념을 논리적으로 포함하는 것은 아니다. 그러나 그것이 충분조건은 되지 않는다고 해도 필요조건일 수는 있다. 그러므로 다른 모든 관점과 같이, 기독교는 특정한 방식으로 세상과 사람과 가치의 보편적 개념을 구체화하고 있는 것으로 볼 수 있다. 이렇게 보편적인 것은 그 보편적인 것을 더 완전하고 수미일관의 모습으로 구체화시키는 독특한 기독교적 신념의 배경과 문맥을 제공하는 것이다.

셋째로, 보편적 신념은 특정한 신념(믿음)을 숙고하는 데 도움이 된다. 보편적 신념들은 다음과 같은 몇 가지 점들을 배제한다. 예를 들어서, 자기-모순적인 것으로 나타난 것이 자신의 보편적 신념에 어긋나는 것처럼 보이는 것들을 배제하는 것이다. 버클리Berkeley의 정신주의mentalism가 처음 보기에도 어색하게 느껴지는 것은 바로 이것 때문이다. 또 내가 나 자신과 같은 다른 인격들에 대한 보편적 신념을 신중하게 여긴다면, 나는 이런 신념과 일치하기 위해서 나 자신을 인격으로 주장하는 만큼 다른 이의 인격도 인정해야 한다. 그리고 이는 특정한 정치적 극단에 반하는 것이다. 이처럼 보편적 신념들은 더 특정한 견해들을 숙고하고 개발하는 데 있어서의 불변하는 준거점(판단의 기준 점point of reference)을 지닌 이론적 사상을 제공한다.

넷째로, 그것에다가 더 특정한 신념들은 구체적인 상황에서 사고하고 행동하는 데 필요하다. 반성적이고 책임 있는 행동의 주체인 인간적 존재로서, 우리는 우리들의 가치판단의 근거를 마련하고, 우리 행동을 인도하는 신념을 필요로 한다. 결국 우리가 제3장에서 시도했던, 보편적인 인간의 요구와 가치영역에 대한 호소는 특정한 신념을 구체화하고, 정당화하는 근거가 된다. '마음은 이성이 알지 못하는 것의 이유를 안다'The heart has its reasons that reason does not know고 파스칼Pascal은 말했다. 이성은 항상 부분이고 전체가 아니다. 이성은 독립적인 것도 자율적인 것도 아니고, 단지 '생의 헌신'에 근거하고 있는 것일 뿐이다. 아리스토텔레스는 우리는 본질상by nature 알려고 한다고 했다. 우리는 또한 본질상 진리를 평가한다. 그러므로 이제는 가치의 근거를 논의해 보기로 하자.

유신론적 가치의 근거

Contours of a World View
Studies in a Christian World View

　인간은 반성적이며 가치 평가적인 존재이다. 우리는 지금까지 인간의 반성이 추구하는 지식과 진리에 대해서 논의해 왔다. 이제는 우리의 논의의 초점을 가치에로 옮겨가 보기로 하자. 인간의 모든 활동 영역에는 가치가 부여된다. 도덕적인 가치, 심미적인 가치, 경제적인 가치, 심리학적인 가치, 정치적인 가치, 지적인 가치, 종교적인 가치 등등의 여러 가치가 있다. 바로 이런 가치들이 우리의 삶과 사회와 문화를 조성한다. 그리고 이 세상에서 인간존재를 뚜렷이 구별시켜 주는 것은 바로 이런 가치의 추구이다. 그런데 우리들이 살고 있는 세계는 어떤 특정한 가치체계가 주도적이거나, 하나의 최고선이 그 모든 것을 통합하는 사회가 아닌 다원론적인 사회pluralistic society이다. 따라서 동의할 것도 있고 동의할 수 없는 것도 있다. 평화나 관용, 그리고 자유와 같은 가치들은 우리로 함께 살아갈 수 있도록 해준다. 그러나 가치에 대한 불일치는 때때로 기독교적인 이상과 현대의 자연주의적 휴머니스트들의 이상을 분리시킨다.

가치는 우리가 마땅히 추구해야만 하는 선한 목적이요, 이상이다.[121] 이 정의에 대해서는 기독교 유신론자도 자연주의적 휴머니스트들도 모두가 동의할 수 있을 것이다. 왜냐하면 그들은 모두가 가치란 인간과는 독립해 있는 객관적인 실재라고 하는 플라톤적인 관점을 거부하기 때문이다. 휴머니스트가 이런 플라톤주의를 거부하는 것은 그의 인간중심 주의 때문이다. 즉, 인간존재와 그 공동체를 위해 좋은 것만이 가치 있는 것이고 우리가 마땅히 추구해야 할 선한 목적이라는 것이다. 그리스도인들이 플라톤주의를 거부하는 이유는 그의 신중심주의에 있다. 궁극적으로는 인격적인 하나님과 그의 목적에 관련해서만 모든 것이 가치를 가지며, 따라서 하나님의 가치가 우리 인간이 마땅히 추구해야만 하는 선한 목적이 된다는 것이다. 이 둘 사이의 일치점은 가치가 가치다우려면, 가치 평가를 하는 존재에게 가치 있어야만 한다는 점에 있다. 그런데 차이점은 우리에게 있어 참으로 가치 있고 의무를 부과하는 것은 누구의 가치 평가이냐, 즉 그 가치 평가의 주체가 하나님인가, 사람인가에 있는 것이다.

그러나 우리가 낭만주의자라고 부르는 어떤 휴머니스트들은 이에 대해 반대 의견을 표할 것이다. 19세기의 낭만주의자들과 보조를 같이 해서 모든 자연을 일괄적으로 낭만화하면, 그들은 자연 그 자체가 가치를 가지는 것이지, 인간이나 신적인 인격에 관련해서 가치가 발생하는 것이 아니라고 할 것이기 때문이다. 그렇지 않으면 이기적이고, 실용적이며, 근시안적인 목적을 위해서 환경을 개발하고, 약탈하며, 그 자연 자원을 착취하는 문이 활짝 열렸다는 말을 듣게 될 것이다. 그러므로 낭만주의자들은 가치를 비인격화 시키거나 자연을 인격화시킨다. 즉, 그들은 가

---

121. 나는 윤리학자들이 내가 목적론적인 요소(선한 목적, good ends)와 법칙론적인 요소(당위, ought)를 연관시켜서 사용하고 있다고 인정하도록 의도적으로 이렇게 말한다.

치가 가치 있는 것은 가치 평가를 하는 인격 때문이라는 주장을 거부하고서 인격과는 독립해 있는 비인격적 가치를 주장하는 플라톤적인 입장으로 가버리거나, 아니면 모든 자연을 인격화하여 마치 그것들이 그 나름의 권리를 위해 반응하며, 관심을 보이며, 거의 가치 평가를 하는 것처럼 생각하는 활력론vitalism이나 범신론ㅊ전체를 아우르는pan-psychism 입장을 가지는 것이다. 그 어느 경우이든지 동식물과 땅 자체도 그 나름의 가치를 가진 것이 된다. 기독교 유신론자는 이 두 입장 모두 만족할 수 없다. 그 첫째에 대해서는 가치나 그 어떤 것도 모든 것의 창조주시요 주님Lord이신 하나님과 독립해서 있을 수는 없기 때문이다. 모든 것의 원천과 근거가 하나님과 그의 가치판단에 속한 것이기 때문이다. 또 둘째에 대해서는, 인간은 독특하게 하나님의 형상으로 피조되어 다른 지상적인 피조물과는 달리 책임 있고 가치 평가를 할 수 있는 존재이기 때문에, 모든 자연을 인격화하는 것은 이 인간 인격의 특이성을 모호하게 하는 것이 되기 때문이다. 그러나 기독교 유신론자가 낭만주의에 반한다고 해서 그가 가치를 전혀 인간 중심적으로 생각한다는 결론은 나오지 않는다. 왜냐하면 인간만이 가치 평가를 하는 인격이 아니기 때문이다. 하나님께서는 인간이 하는 것 이상으로 그의 피조물들을 돌아보신다. 그리고 우리들의 목적보다 더 궁극적이고 포괄적인 목적을 가지고 계신다. 그는 자신을 위해 자연의 영광과 풍부함을 높이 평가하시는 것이다. 그러므로 우리는 자연을 학대하거나 이기적인 목적으로 활용해서는 안 된다. 자연은 그것 이상의 잠재력을 가지고 있기 때문이다. 우리는 창조주를 더 영화롭게 하며, 그의 피조물을 더욱 높이려는 목적을 가져야만 하는 것이다. 그러므로 가치는 인격과 관련해서만 가치를 가진다고 하는 말은 자연을 무시하는 것도, 오용하자는 것도 아니다. 어떤 휴머니스트들이 환경을 학대하는 길을 열어 놓을지라도 유신론자는 그래서는 안 되는 것이다.

이렇게 그리스도인과 휴머니스트들의 가치 이해의 차이는 아주 심각한 것이다. 첫째로, 자연주의자들은 우리 자신보다는 특정한 가치를 추구하는 우리의 의무는, 그것이 개인적인 것이든 혼인이나 정부와 같은 사회기관의 맥락에서 되어 가는 것이든 간에, 단순히 인간의 이익에 근거한 것 이거나 역사과정에서 발생하는 사회 협약이나 사회계약에 근거한 것이라고 주장한다. 예를 들어서, 토마스 홉스Thomas Hobbes는 도덕적 의무란 계몽된 자기이익에 근거한 협약적인 것이라고 하였다. 하버드 대학의 윤리학자인 존 롤스John Rawls는 그의 저작에서 이런 견해를 좀 더 세련 된 형태로 제시하고 있다.[122] 그는 정의justice를 공정성fairness이라는 말로 정의하면서, 정의를 추구해야 하는 의무를 우리가 공정한 결과를 좋아하고 그것이 가장 합리적인 방안이라는 이유에서 채용되는 가설적인 협약hypothetical contract에 근거시키고 있는 것이다.

그러나 그렇다고 하면 의무란 전혀 자기 부과적인 것이 되는데, 개인이나 사회에 대한 이런 자기 부과적인 의무란, 마치 새해의 결심과 같아서 쉽게 잊고 번경할 수 있는 것이다. 그러므로 어떤 독자적인 기준이 없으면 항상 자기이익이 공동체의 이익을 압도하게 마련이다. 어떤 이들이 힘겹게 일반화하는 대로 인간이 본래 이타적인 성향을 가지고 있다 하더라도 이로부터 이타적인 의무를 추론해 낼 수 있을까? 사실is은 당위ought를 포함하는가? 만일 그렇다면 억제되지 않은 자기이익self-interest이 우리 모두를 특징짓는 것이 되지 않는가? 그렇다면 이 억제되지 않은 자기이익은 우리가 마땅히 추구해야만 하는 목적인가? 그렇다면 무엇이 의무를 만드는가? 만일 각각의 이해와 사회적 변화를 초월하는 독자적인 권위가 없다면 불변하는 도덕적 의무의 구속력은 어디서 오는 것인가? 휴머니스트들은 우리가 마땅히 추구해야 하는 가치에 대한 의무의

---

122. John Rawls. *A Theory of Justice*(Cambridge: Harvard University Press. 1971). pt. 1.

적절한 근거를 가지고 있는가?

데이비드 흄 이후의 윤리학자들은 이 '사실'is과 '당위'ought의 분리 문제와 씨름하였다. 엘리자베스 앤스콤Elizabeth Anscombe은 그 이유가 윤리학에서의 법 개념law conception의 결여에 기인한다고 하면서, 결국 우리가 신적 입법자divine law-giver를 믿지 아니하면 법 개념이란 있을 수 없다고 주장하였다.[123] 이런 점에서 보면, 20세기의 철학과 사회과학의 휴머니즘은 반기독교적 사상에 근거한 기존의 서구의 도덕적 전통과는 현격한 대조를 이루고 있다.[124]

둘째로, 휴머니즘이 기독교 유신론과 다른 점은 우리들의 모든 가치를 통합해 주는 최고의 목적이 인간 공동체 자체이며, 여기서 다른 모든 가치들이 파생된다고 하는 휴머니즘의 인간중심주의적 주장에 있다. 기독교 유신론자는 하나님이 최고선이며, 우리의 삶을 통합시키고, 다른 가치를 파생시키는 것은 우리의 피조물 된 활동에 있어서 그 하나님을 영화롭게 하고, 즐기며, 섬기는 것임을 주장하기 때문이다.

의무의 원천이 되시는 분은 출애굽기 20장에 기록된 대로, 우리에게 법을 주신 하나님 자신이신 것이다. 그리고 "내 앞에서 다른 신을 네게 두지 말라"하신 말의 뜻은 그분만이 우리의 최고선이시란 의미이다. 그러므로 우리는 하나님께서 의무의 궁극적 원천이시며, 최고선이시라는 개념을 발전시킬 필요가 있다. 이는 기독교적 세계관이 가치에 대해 어떤 기여를 하는가를 보다 분명히 하는 데 도움을 줄 것이다.[125]

---

123. Elizabeth Anscombe, Modern "Moral Philosophy," *Philosophy33* (1958): 1-19.
124. Alan Donagan, *The Theory of Morality*(Chicago: University of Chicago Press, 1977). 제 1장에서 그는 이 주제를 발천시키고 있다.
125. 기독교 세계관의 다른 측면에서와 같이 기독교 윤리에 대해서도 신학적인 차이는 각기 다른 접근을 하게 한다. 이런 차이에 대한 설명을 위해서는 James Gustafson, *Protestant and Catholics*(Chicago: University of Chicago Press, 1978)을 보라.

의무의 초월적인 원천

기독교 세계관의 다른 측면에 대한 논의에서와 같이 이 문제에 대한 논의도 하나님과 피조물의 차이와 그 관계로부터 시작해야만 한다.

❶ 영원한 하나님은 완전히 불변적으로 선하시다The eternal God is completely and unchangingly good. 그는 자존 하시며 그의 존재와 만족함에 있어서 다른 무엇을 필요로 하지 않으신다. 그러므로 하나님께서는 그분 나름의 목적과 그 누구와도 공유하지 않으실 자신의 영광을 위하여 창조의 일을 하셨다. 하나님이 최고 목적이신 것이다. 이 모든 점에서 하나님은 독특하시고 다른 모든 가치 판단적 존재들을 초월하신다.

하나님께서는 '무로부터'*ex nihilo* 창조하셨으므로 모든 피조물은 그 존재와 질서와 운명에 있어서 끊임없이 하나님께 의존해야만 하며, 하나님은 이렇게 피조계의 모든 것에서 최고 중요성을 가지신 분이다. 그가 모든 것을 가능하게 하시고, 가치 있게 하시는 것이다. 반면 우리들은 자존적 존재가 아니다. 우리들은 "그를 힘입어 살며 기동하며 있으므로"(행 17:28) 우리가 존재하고 만족을 얻기 위해서는 하나님을 필요로 하는 존재인 것이다. 우리는 우리 자신을 위하여 존재하는 것이 아니라 하나님의 선하신 목적을 위해 피조 되어, 그를 영원히 영광스럽게 하며 즐기는 것이다. 이것이 우리의 모든 삶을 통합시키며 각각의 목적을 가치 있게 한다. 이렇게 하나님께서 최고선이시고, 우리는 모든 점에서 하나님께 대해 의무를 가지는 것이므로 이 피조계에 대한 하나님의 목적은 우리가 마땅히 추구해야만 하는 선한 목적이 된다.

최근 도덕철학에 있어서 '신 명령설'divine command theories이 이 주제를 새롭게 하여 선과 옳음 등의 윤리적 개념을 하나님께서 우리를 위해 의도하신 것과 연관시키고, 악과 옳지 않은 것wrong을 하나님께서 금지하신 것과 연관시키고 있다.[126] 여기에는 두 가지 강조점이 있다. 첫째로는, 우리의 도덕적 의무의 내용은 하나님께서 우리를 위해 의도하신 것과 같은 타임라인을 coextensive 가진다는 점이다. 이는 온 피조계에 대한 하나님의 주권에서 나오는 결과이며, 따라서 유신론자는 이에 동의하게 된다. 둘째 강조점은, 하나님께서 우리의 도덕적 의무의 궁극적 원천이시라는 것이기에 이것은 오직 그만이 우리 모두에 대해 적법한 권위를 가지신 분이고, 그만이 우리 모두가 순종해야 하는 분야기 때문이다. 이점 역시 모든 유신론자들이 동의하는 점이다. 결과적으로, 나는 이 두 가지 점에서 '신 명령설'이 옳다고 본다.

그러나 쉽게 동의할 수 있다고 해서 이것이 무의미한 것은 아니다. 윤리학자들은 자연적 사실과 실증적 결과가 당위를 명하는 것은 아니라는 것을 지적하면서, 오래도록 도덕적 '당위'ought의 영원함의 근거는 어디인지를 물어왔다. '사실'is은 '당위'ought를 포함하지 않는다는 것이다. 그것은 우리에 대해 권위 있는 인격자가 그 '당위'를 계시하지 않으면 '당위'가 있을 수 없다는 것이다. 그러므로 신 명령설은 하나님의 권위를 지적하며, 하나님만이 도덕적 의무의 궁극적 원천이심을 주장하는 것이다. 우리가 앞서 사용했던 말을 써서 표현 하자면, 우리는 무엇보다도 먼저 하나님의 피조물로서 하나님 앞에 서 있다. 그러므로 그의 뜻을 행해야만 한다는 것은 논리적인 필연인 것이다.

그런데 이런 종류의 '신 명령설'은 우리의 도덕적 지식의 원천에 대해

---

126. 다음 저자들을 참고하라. Ian Ramsey, ed. *Christian Ethics and Contemporary Philosophy*(London: SCM Press, 1966); Philip Quinn, *Divine Commands and Moral Requirements*(Oxford: Clarendon Press, 1978); Robert Adams, "A Modified Divine Command Theory of Ethical Wrongness," in *Religion and Morality*, ed. Gene Outka and J. P. Reeder, Jr.(New York: Doubleday, 1973), pp. 318-347, 또한 다음의 선집들을 보라. J. M. ldziak, ed., *Divine Command Morality Historical and Contemporary Readings*(New York: Edwin Meller Press, 1979) Paul Helm, *Divine Commands and Morality*(New York: Oxford University Press, 1981)

서는 아무 말도 하지 않는다는 점을 강조할 필요가 있다. 8장에서 시사한 바와 같이, 결국에 있어서 우리가 가질 수 있는 온갖 종류의 지식을 가능하게 하시는 분은 하나님이시다. 그러나 이는 지식의 의미와 원천에 대한 인식론적인 질문을 미리 봉쇄해 버리는 말이 아니다. 그리스도인들은 성경이 지식과 행위의 최종적인 권위임을 믿는다. 그러나 이는 결코 지식의 다른 원천이 전혀 없다는 뜻은 아니다. 사실 성경 자체가 윤리 문제에 대한 일종의 일반적 지식을 추구할 책임을 촉구하고 있다(예를 들자면, 롬 1~2장). 이를 명백히 설명하기 위해 여러 사람이 노력해왔다. 예를 들어서 버틀러 감독이나 스코틀랜드의 실재론자들은 우리가 무엇이 옳은 것인지를 직접 파악할 수 있는 능력을 부여받았다고 주장함으로써 일종의 직관론적인 접근을 하고 있으며, 아우구스티누스 같은 이는 본유적 도덕지식innate moral knowledge이 있다고 믿는다. 또한 아퀴나스나 존 로크 같은 이는, 하나님께서 우리를 만드신 인류의 본성에서 도덕적 지식을 이끌어낼 수 있다는 자연법 이론을 발전시켰다. 그뿐 아니라 일종의 공리주의적 접근을 하는 이들도 있다. 후에 이 인식론적인 문제를 좀 더 자세히 다루어 보기로 하자.[127]

'신 명령설'이 늘 부딪치는 문제는 이 이론이 하나님의 뜻을 자의적인 것으로 만들어서, 우리의 모든 도덕감각을 파괴하게 할 수 있다는 반론이다. 그러나 적어도 다음 두 가지 이유에서 이 반론은 성립되지 않는다. 첫째로, 인격이 의도하는 바는 그의 가치와 품성을 반영한다는 점이며, 둘째로, 그 의지의 주체가 선하고 현명한 인격이라면 그의 의지는 다른 이들의 실재적 요구에 대한 그의 지식을 반영한다는 점이다. 그러므로 하나님의 법은 결코 자의적이거나 변덕스러운 것이 아니고, 그의 품성을

---

127. (그러나 Butler의 유비적 방법이 가지는 문제점을 간과할 수 있을 것인가? 자연 계시만으로 타락한 인간이 충분한 도덕적 규범을 가질 수 있을 것인가? 하는 문제점은 남아 있다 -역자 주)

반영하며 피조물에 대한 그의 사랑을 나타내 주는 것이다.

❷ **가치는 품성을 드러낸다**values reveal character. 하나님께서 가치 있게 보시는 것과 그의 법 가운데서 우리에게 요구하시는 것은 그분이 어떤 분이신가를 드러낸다. 성경 기록을 통해 볼 때, 두 가지 가장 포괄적인 도덕적 관심은 정의justice와 사랑love이다. 그리고 이 두 가지 관심은 하나님의 행위와 존재 모두의 성격을 특징짓는 요소이다. 바로 이것이 도덕법의 배후에 있는 것이고, 선지자들에 의해 반복적으로 강조되었고 복음에 나타나며, 예수 그리스도를 통해 실증examplified된 것이다. 그러므로 이 두 개념이 인류의 도덕성에 있어서 전반적인 원칙이 되어야만 한다. 그것이 개인 도덕에서든지, 공중도덕에서든지 사정은 동일하다. 그러므로 우리가 사업과 정치, 교육 등 모든 분야에서 마땅히 추구해야만 하는 선한 목적은 정의와 사랑이라는 목적이며, 이 역시도 정의와 사랑으로써 특징지어져야만 한다.

"여호와께서 공의로운 일을 행하시며 억압 당하는 모든 자를 위하여 심판하시는도다"The Lord works ... justice(시 103:6) 우리도 마땅히 그렇게 해야 한다. '의'와 '공의'가 그의 보좌의 기초이므로(시 89:14), 우리 역시 모든 사회관계와 사회적 기관에서의 인간의 통치와 권위 행사에 있어서도 '의'righteousness와 '공정'justice가 있도록 해야 한다. ㅡ"여호와께서 네게 구하시는 것이 오직 정의justice를 행하며"(미 6:8). 그러므로 공정한 법, 공의로운 통치, 공정한 경제(공정한 분배ㅡ공정한 임금 등), 그리고 남편과 아내의 평등한 관계는 우리가 마땅히 추구해야만 하는 선한 목적들인 것이다. 공의란 동등한 것을 동등하게 다루며, 모든 삶의 영역에 있어서 편애나 편견이나 차별대우 없이 균등하게 손익을 나누는 것을 의미한다.

그러나 이 공의의 하나님은 또한 "긍휼이 많으시고 은혜로우시며 노하기를 더디 하시고 인자하심이 풍부하시도다"(시 103:8)라고도 찬양받으셨다. 그러므로 여호와께서는 "공의justice를 행하며 인자kindness를 사랑하며," 겸손히 하나님과 함께 행하는 것을 우리에게 요구하시는 것이다(미 6:8). 이 겸손이 하나님과 함께 행하는 것이라는 마지막 구절은 하나님과 피조물의 관계에서도 공의와 사랑이 의무로서 부과된다는 것을 보여준다. 참 사람이신 예수께서는 이 모든 것을 실증하시고, 여기서 말하는 사랑이 어떤 성격의 것인지를 아주 극적으로 계시하셨다. - 아무 보답도 바라지 않는 동정적이고 끊임없는 자기희생의 그 사랑을 말이다!

이 사랑 '아가페'$\dot{\alpha}\gamma\dot{\alpha}\pi\eta$, agapē는 헬라적 이상ideal과는 다른 것이다. 예를 들어서 플라톤은 자신을 위해 좋은 것을 바라고 열망하는 넓은 의미에서 '에로스'$\ddot{\epsilon}\rho\omega\varsigma$, eros를 말하였으며, 아리스토텔레스는 우정이란 항상 상호 교환적이어야 한다고 생각했다. 그 누구도 사랑을 자기의 유익을 구하지 않고 오히려 남을 위하는 것이라고 생각하지는 못하는 것 같다. 그런데 예수님께서는 우리에게 그 '아가페'$\dot{\alpha}\gamma\dot{\alpha}\pi\eta$, agapē를 명령하셨다. 먼저는 우리의 존재와 소유 전체를 가지고 하나님을 사랑하라는 최고의 명령을, 그리고 둘째로는 네 이웃을 네 몸과 같이 사랑하라는 명령을 하신 것이다. 그러므로 우리는 경제적 공의를 실현하기 위해서만이 아니라 다른 이를 사랑으로 섬기기 위해 노동해야 하며, 이 사회가 요구하는 것 이상의 일을 하며, 심지어 원수까지도 사랑해야만 한다.

분명히 정의와 사랑은 함께 한다. 사랑으로 물든 정의는 항상 자신의 권리만을 주장하지 않으며, 사랑의 은사는 평등하게 배분되는 것이다. 정의는 삶의 외적 질서를 더 강조하는 반면, 사랑은 다른 이들의 유익을 위한 내적, 인격적인 관심이다. 이렇게 유신론적 가치의 근거는 우리로 하여금 정치, 교육, 예술, 그리고 사업 등의 영역에서 정의와 사랑을 겸한 하나님의 선한 목적을 추구하도록 하는 것이다.[128]

---

128. '정의'와 '사랑'의 관계에 대해서는 다음을 보라. Henry Stob, *Ethical Reflections*(Grand

❸ 하나님께서는 목적을 가지고서 창조하셨으며, 창조 후 그가 지으신 것을 보시니 보시기에 좋았다. 즉, 그에게 가치 있었던 것이다. 그러므로 사실과 당위, 사실과 가치 사이에는 어떤 연관이 있는 것이다. 물리적 세계는 목적이 없는 세계, 가치중립적인 세계이어서 우리가 원하는 대로 조작할 수 있는 세계, 전혀 상대적이고 인간 중심적인 세계가 아니다. 사실과 가치는 창조하신 하나님의 뜻에 의해 연관된다.

이 점에서 기독교 유신론은 가치중립적인 관점과 대조된다. 계몽주의의 기계론적인 과학은 물질을 그 나름의 내재적인 경향성을 지니지 못한 불활성의 것으로 보지 않고, 단지 외재적인 힘에 의해 맹목적으로 움직이는 것으로 보았었다. 그러므로 가치는 이런 사실의 세계와는 다른 곳에 존재하며, 인간의 감정이나 정조와 같은 주관적인 근거나 플라톤적으로, 인간이나 사물과는 상관없는 어떤 객관적인 근거에 의해 주어지는 것이었다. 이런 '사실과 가치의 분리'는 이것들을 자연과학에서나 사회적인 행동과학에서의 경험적인 연구의 대상이 되도록 하였다. 그리하여 심리학과 사회학은 무엇이 마땅히 보편적으로 존재해야 한다는 판단 없이 인간의 가치를 묘사하려는, 인간적 가치에 대한 가치-중립적 연구를 시도하게 되었고, 정치학이나 경제학도 이전과 같은 윤리학의 연장으로서의 성격을 포기하고 그런 방향을 따르게 되었다. 이런 가치-중립적인 학문의 세계에서는 이 세상을 도덕적인 세상이라고 한다거나, 옳거나 선한 자연법칙에 호소하는 것은 무의미한 일이다. 오히려 가치는 우리에게 있어서 상대적인, 인간 중심적인 것이 되었는데, 꽁트Comte와 밀Mill로부터 오늘날까지의 모든 실증적, 과학적 휴머니스트들은 이러한 길을 따른 것이다.

Rapids: Eerdmans, 1978), Ⅳ ; Emil Brunner, *Justice and the Social Order*(New York: Harper, 1945), Ⅰ; William Frankena, *Ethics*, 2nd ed.(Englewood Cliffs: Prentice-Hall, 1973), pp.43-59; Gene Outka, *Agape*(New Haven: Yale University Press, 1972), 제3장.

실존주의자들 역시 이 세상은 그 나름의 독자적인 가치나 의미가 없는 것이라고 하였다. 그들에게 있어서는 의미와 가치란 우리 스스로가 창조하는 것이었기 때문이다. 이렇게 가치-중립성이 만연하게 된 것이다.

이에 반해, 낙관론자들과 낭만적 관념주의자들은 모든 것이 이미 충만한 가치를 가지고 있어서, 생이란 마치 우리가 자연의 따뜻한 빛을 쪼이고 그것을 보존하며 즐길 수 있을 정도로 좋은 것인 양, 장미빛 색조로 모든 것을 바라본다.

그러나 유신론자는 가치-중립성을 주장하는 비관론이나 주관주의와 가치-현실성value-actuality을 주장하는 지나친 낙관주의나 낭만주의 모두를 거부한다. 전자는 피조계가 선하게 창조되었다는 성경의 주장을 무시하며, 후자는 자연적-도덕적 악의 현실성을 무시하기 때문이다. 하나님의 목적적인 행위에 내재한 가치는 이미 창조 때의 하나님의 가치 판단에 의해서 확증되었을 뿐만 아니라, 이 세상에 오신 그리스도의 성육신에서 재확인 되었다. 그러므로 피조계는 지금 이 상태에서도 잠재적인 가치value-potentiality를 가지고 있는 것이다. 하나님 나라가 임하여 이미 우리 가운데 있으나 그 절정은 후에 이를 것이다. 이 세상이 잠재적인 선을 가진 것은 하나님께서 그렇게 명령하셨고, 이 세상은 그의 선하신 목적을 이루기 위한 법에 의해 주관되고 있기 때문이다. 도덕법moral law은 하나님의 법이다. 그러나 이는 법 그 자체가 그 나름의 목적을 가진 것이란 의미에서가 아니라, 사람들과 사회가 하나님께서 의도하신 옳고도 사랑스러운 것이 되게끔 한다는 의미에서 하는 말이다. 그러므로 법의 배후에 깔려 있는 원칙들과 법이 지향하는 목적들은 우리에게 대한 창조주의 원칙과 목적이라고 할 수 있다. 그렇게 말할 수 있는 것은 하나님의 어떠하심과 그의 사물을 만드신 방도 때문이다. 도덕법과 자연법이 우리에게 명령을 발할 수 있음은 그 입법자가 하나님이시기 때문이다. 우리는 그의 피조물로서 그와 그의 권위, 그의 목적, 그리고 그의 법이 명령하는 잠재적 가치의 실현에 대한 의무를 가지고 있는 것이다.

물론 하나님의 선하신 목적이 이 피조계내에서 아직 다 성취되지 않았으므로 악evil이 있을 수도 있다. 이 세상은 아직 있을 수 있는 최선의 세계는 아니다. 여러 가지 방식으로 선의 성취가 있게 될 것이기 때문이다. 인간의 유한성과 죄를 인정하는 실재론은 이 사실을 강조한다. 그러나 가치 중 일부는 이미 인류 사회와 문화 속에 실현되었고, 또 일부는 아직 실현되지 않은 것이므로 잠재적인 가치는 있는 것이다. 그러므로 '사실'what is은 끊임없이 '당위'what ought to be를 지적할 것이고, 우리는 이것이 우리의 도덕적 지식에 공헌한다고 말할 수 있는 것이다.

❹ 하나님께서는 그분의 피조계에 대한 지배권을 부여하시면서 우리들에게 그의 뜻을 추구하고, 그의 의도하신 가치를 실현시키라는 '창조명령'a creation mandate을 내리셨다. 창세기에 의하면, 우리의 과제는 땅에 충만하고 땅을 정복하는 것이다. 이는 자연이 처음부터 많은 개발의 가능성을 가지고 있으며, 이에 대한 책임이 우리에게 부과되었다는 것을 함의한다. 그러므로 가치 추구는 하나님이나 동료 인간에 대한 관계뿐 아니라 자연에 대한 우리의 관계에도 적용된다. 모든 삶의 영역에서의 책임 있는 행동이 명령된 것이다.

이는 19세기 관념론자들이나 어떤 현대의 휴머니스트들의 진화론적인 낙관론이 아니다. 그들의 견해는 자연이 그 자체 내에 계급 없는 사회나 평화롭게 살 수 있는 합리적인 세상을 형성할 수 있는 힘을 가지고 있다는 하나의 '내재적인 목적론'immanent teleology이다. 물론 그리스도인들도 자연 안에서 역사하고 있는 내재적인 힘이 있음을 인정하지만, 그러나 그것으로서는 충분히 희망의 근거가 안 된다는 것과 이 왜곡되고 타락한 세상에서는 오히려 이런 힘들이 우리를 창조주의 목적에서 더 멀리 소외시킬 수 있음을 우리는 안다. 또 그리스도인들은 인간의 자유를 신뢰하는 낙관론자일 수도 없다. 물론 그리스도인들은 우리들이 자연의 과정을 어느 정도 초월할 수 있고, 우리들의 노력으로 어떤 자연력을 이용하거나 역사의 방향을 어느 정도 잡아 나갈 수는 있다고 생각한다. 그러나 이것으로 충분한 희망의 근거가 주어졌다고 생각지는 않는다. 우리는 무지 때문에 실수할 수도 있고, 자기 이익을 추구하다가 부패할 수도 있기 때문이다. 인간의 행위는 잠재적 가치를 실현하는 것이다. 긍정적인 방법으로 실현되는 것도 있으나 주로 부정적인 방법으로 실현되어, 우리가 악으로 선의 가능성을 부정하는 일이 많은 것이다.

그러므로 그리스도인들은 '내재적인 목적론'immanent teleology을 확언하기보다는 '초월적인 목적론'transcendent teleology을 주장하여, 항상 창조적으로 역사하시는 초월적인 하나님에 의해서 가치가 실현된다고 본다. 그의 섭리 가운데서 하나님께서는 가능성을 보존하시고 그 중 얼마를 실현하신다. 그의 판단으로써 왜곡된 것을 바로잡으시고 은혜로써 사라져 버릴 가능성을 회복시키신다. 하나님의 은혜는 사람들을 죄의 왜곡된 목적에서 해방하시어, 그들로 다시 자원을 관리하며, 공의를 추구하고, 인자kindness를 사랑하며, 우리로 하나님에게 가치 있는 모든 것을 이 땅에서 행하는 하나님의 대행자로서 행위 하게끔 하는 것이다. 여기에만 유력한 희망이 있다.

남미 해방신학의 자극체가 된 몰트만Moltmann의 '희망의 신학'도 이런 점들을 강조하고 있다. 그러나 그에게 있어서 희망이란 그리스도께서 부활하신 현 역사에 대한 혁명적 함의에 초점을 맞추고 있다. 이를 생각하는 것이 중요함은 성경적 희망이 하나님께서 지금, 현 역사 가운데서 하시려 하는 것만을 바라보고 있는 것이 아니라, 그가 미래에 이루시려고 하시는 그의 목적 성취를 바라보며 오히려 이 점을 더 확신하는 것이기 때문이다. 떼이아르 드 샤르댕Teihard de Chardin의 저작들이 미래를 바라보는 것은 사실이나, 그에게 있어서의 희망은 그리스도가 모든 피조물을 하나님과의 일치union로 이끄시는 과정의 내재적인 힘이라고 하면서, 그에 의한 '인간 진화의 과정'에 초점을 맞추고 있다. 그는 초월적인 하나님의 특별한 구속적 행위나 '역사적 인간 타락의 비극'의 명확한 여지를 마련하지 않는다. 그리고 그의 내재주의는, 19세기의 사고방식과 같이 만물의 완성은 하나님의 주권적 개재에 의해서 되는 것이기 보다는 시간만을 요하는 문제라고 보면서, 창조주와 피조물의 구별을 무너뜨린다.

그러나 의무의 (주권적) 원천이신 하나님은 존재하시며, 그가 또한 희망의 (주권적) 원천도 되신다. 그는 자연적 사건의 과정을 훨씬 초월하는 방식으로 계시하시며 구속하신다. 하나님 나라의 임재도 그런 것이다. 우리의 현재 노력은 이에 달려 있다. 하나님께서 우리 앞에 세우신 가치에 대한 현재의 의무는 그의 섭리와 은혜 가운데서의 희망과 잘 조화 되는 것이다.

이렇게 초월적인 하나님께서 모든 가치의 근거가 되시며, 우리의 의무와 희망의 원인이 되신다. 그리고 하나님과 피조물의 구별과 관계성은 우리가 마땅히 추구해야 하는 가치의 성격을 웅변적으로 말해준다. 이제까지의 논의를 종합하자면 다음과 같다.

(1) 창조주 하나님이 우리의 최고선이시며, 우리는 마땅히 그의 선하신 목적을 추구해야만 한다.
(2) 창조주 하나님은 공의로우시며 사랑하시므로, 우리 역시 우리가 추구하는 모든 목적에서 공의롭고 자애로워야 한다.
(3) 질서 있게 피조 된 세계는 하나님의 선하신 목적이 이루어질 가능성을 가지고 있다. 그러므로 '사실'과 '당위'와 관계되는 것이다.
(4) 하나님께서는 우리에게 우리의 희망이 되는 그의 섭리와 은총을 통해 이런 목적들에 대한 추구를 명령하셨다.

보편적 가치의 근거

유신론은 가치와 의무value-obligation의 초월적 근거를 제공하므로 이는 또한 보편적 가치의 근거를 제공한다. 즉, 시·공간과 조건을 초월하여 모든 인간에 대해 규범적인 것을 제시할 수 있는 것이다.

그러나 사람들은 인간의 최고 목적에 대해서만 의견이 다를 뿐만 아니라, 우리가 마땅히 추구해야만 하는 다른 목적들에 대해서도 서로 의견이 다르다. 그러므로 이런 의견의 차이는 모든 이가 유신론자가 아니기 때문에 일어나는 것은 아니다. 세계관이 다를 때는 가치관이 다르며, 세계관이 비슷할 때는 가치관도 서로 비슷하다. 기독교 유신론 내에서도 그 신학적, 철학적 차이에 따라서 약간의 상이점이 있을 수 있다. 그런데 상대주의자들은 불변하며, 보편적인 규제력을 가진 가치가 있다는 것을 부인한다. 모든 것이 그 사람과 사회가 처한 조건과 그들의 신념에 따라 달라지는 상대적인 것이라는 말이다.

그러므로 규범적 상대주의normative relativism와 기술적 상대주의descriptive relativism를 구별하는 것이 중요하다. 기술적인 상대주의는 그렇게 철저한 것이 아니다. 모든 사람이 상당히 같은 필요를 가지고 있으므로 같은 가치 영역과 행동 영역이 있다는 것이다. 인류학자들은 모두 문화에 공히 근친상간에 대한 금기를 가지고 있으며, 살인을 전쟁이나 사형과는 구별하며, 특정한 가족의 의무를 가지며, 생활의 경제적 필요와 관계되는 어떤 규범들을 가지고 있는 듯 하다는 것을 지적한다.

그러나 이것으로부터 서로 명백히 다른 가치체계가 있으며, 그 모두가 동일한 계몽된 사회(혹, 문명사회)라는 결론이 나오는 것은 아니다. 즉, 이로부터 '규범적 상대주의'가 자연히 도출되지는 않는다. 그리고 '완전한 규범적 상대주의'는 자기 모순적이다. 왜냐하면 보편적인 구속력이 있는 가치가 없다면 각각의 서로 대립하고 경쟁하는 가치만이 있게 되기 때문

이다. 그러므로 이보다는 좀 제한된 상대주의가 주장되는 것이다.[129]

그러나 자연주의자들의 다소 제한된 상대주의조차도 (가치란 개인과 문화에 따라 달라야만 한다는 뜻에서는) 가치란 개인과 문화적 조건에 의존하는 것이며, 인간 중심적이고, 어떤 초월적 근거를 가질 수 없는 것이라는 가정을 하고 있다. 기독교 유신론은 이를 얼마만큼이나 변화 시킬 수 있을까? 우리는 하나님의 율법과 목적에서 어떤 지식을 배워서 보편적으로 추구해야만 하는 선한 목적을 분명히 할 수 있을까?

❶ 하나님과 피조물을 구별하고 또 그 관계를 인정하면, '하나의 동일한 최고선'이 모든 인간에 대해 보편적으로 규범적임을 말할 수 있다. 성경은 이것을 다양한 방식으로 표현하고 있다. '다른 신'을 허용하지 않을 정도의 배타적인 심정으로 네 존재를 다해서 너희 주 여호와 하나님을 사랑하라. 먼저 하나님의 나라와 그의 의를 구하라(출 20:3; 마 6:33; 22:36-38). 웨스트민스터 소요리문답도 이와 비슷하게 말하고 있다. "하나님을 영화롭게 하며, 영원토록 그를 즐거워하는 것입니다."

바로 이것이 우리들의 피조성에 함의되어 있는 것이고 실제적으로 모든 유신론자들이 동의하는 것인 한, 이는 모든 자연주의적 · 인간 중심주의적 개념과는 대조된다. 우리의 최고 목적은 개인의 완성이나 행복이나 공동체 구성에 있는 것이 아니다. 이 모든 것이 가치 있는 것이지만 유신론에서의 최고 목적은 신 중심주의에 있다. 즉, 우리의 존재와 행위의 모든 일 안에서, 모든 일을 통하여 하나님을 영화롭게 하며 그를 섬기는 것이다. 이와 같이 말하는 것은 하나님의 지극히 높으신 지위를 분명히 하는 것이 된다. 이것은 무엇보다도 가장 큰 의무는 하나님께 대한 의무라

---

129. 이 논문에 대해서는 John Ladd, ed., *Ethical Relativism*(Belmont, CA: Wadsworth, 1973)을 보라. 또한 좀 더 간단한 논의를 위해서는 Paul W. Taylor, *Principles of Ethics*(Belmont, CA: Dickenson, 1975), 제 2장을 보라.

는 말이기 때문이다. 또 이것은 그보다 더 중요한 존재는 없다는 말이기 때문이다. 그리고 그는 하늘과 향을 지으신 분이기에 다른 모든 목적들- 심미적, 정치적, 경제적, 사회적, 그 밖의 모든 가치들은 그를 섬기는 것이다. 피조 된 모든 것은 하나님과 관련해서만 의미를 가진다.

❷ 이 세상에서, 우리가 하나님의 형상으로 피조 된 인격이라는 점은 우리를 다른 피조물과 구별시킨다. 하나님께서 인격에 부여하시는 이 가치는 성경의 법에서 아주 명백히 나타난다. 즉, 십계명은 먼저 하나님께 관한 명령을 한 뒤(첫 4계명), 그에 덧붙여서 인격에 대한 명령(나머지 6계명)을 하고 있다. 예수 그리스도의 성육신도 인간의 가치를 재확인하는 것인데, 그는 '둘째 아담'으로서 우리를 첫 아담의 마땅히 되어야 할 그 위치에로 부르신다. 또 우리가 하나님을 사랑하는 것 다음으로 중시해야 할 것은 이웃을 내 몸과 같이 사랑하는 일이다. 예수께서는 이 두 가지에 모든 율법과 선지자가 포함되어 있다고 말씀하셨다(마 22:37-40). 그러므로 아우구스티누스도 모든 이가 먼저 하나님과 그 뒤에는 이웃에 대해 마땅히 정의로 와야 한다고 하면서, 이보다는 사랑이 앞서야 한다고 말하는 것이다. 하나님 자신의 속성으로 표현되기도 하는 이 정의와 사랑은 우리가 인간 인격에 대해 마땅히 표현해야만 하는 필수적인 것이다. 이들은 도덕적인 가치들로서 보편적인 구속력을 가진다.

칸트는 그의 유명한 정언명법categorical imperative에서, 우리는 다른 이들을 항상 수단으로서가 아니라 그 자체에 가치를 가진 목적으로서 대우하여야만 한다는 것을 말했다. 그는 이 원칙 위에 윤리학에 관한 그의 전 구조를 세웠다. 즉, 인권에 대한 이론과 '영구 평화'에 대한 호소를 이 정언명법에 기초하여 한 것이다. 알란 도너간Alan Donagan이 최근에 지적한 바와 같이 유대-기독교 도덕의 주요한 특성은 이 인격에 대한 고려respect for persons에서 나왔다고 할 수 있다.¹³⁰ 성경의 문맥에서는 이 원칙이 참으로 기독교적인 휴머니즘의 근거가 되는 것이다.¹³¹

❸ 우리가 인간의 인격에 대해 말한 바는 다른 구체적인 가치들이 무엇인가를 보다 분명히 해 줄 수가 있다. 모든 합법적인 가치들이 보편적으로 구속력 있는 것이 아님은, (경제적 안정과 같은) 어떤 가치들은 문화에 따라서 상당히 다르기 때문이다. 그러나 하나님께서는 우리 모두를 하나님과 자연과 다른 사람과 자기 자신과의 관계에서 책임 있는 존재들로 만드셨다. 그런데 로스W. D. Ross가 지적하는 바와 같이 관계는 '그에 대한 의무'trailing obligation를 동반한다.¹³² 관계란 가치 부과적이므로, 우리는 관계에서 인간성의 본질적이며 보편적인 '가치의 영역'과 '행동의 영역'을 찾아낼 수가 있다. 그리고 이 행동의 영역 내에서 우리는 우리가 중요하다고 생각하는 가치들 – 지적, 심미적, 경제적, 사회적, 성적, 가족적, 그 밖의 모든 가치들을 실현할 수가 있다.

이 모든 것이 참으로 인간다운 '삶의 질'fully human quality of life에 본질적인 것 이지만 인간들이 추구하는 구체적인 가치들은 다양할 수가 있다. 첫째로는, 이해나 진리와 같은 지적인 가치, 미나 창의성과 같은 심미적 가치, 생명이나 건강과 같은 신체적 가치, 행복과 같은 심리적 가치, 의미 있는 활동과 부의 축적과 같은 경제적 가치, 우정이나 명예와 같은 사회적 가치, 정의나 자유, 권력과 같은 정치적 가치, 신 인식이나 현세의 삶의 의미 발견과 내세의 희망과 같은 종교적 가치 등을 말할 수 있다. 그런데 이 모든 것들은 참으로 인간 실존에 본질적이고, 모든 문화에

---

130. Donagan, Theory of Morality.
131. 저자는 Kant의 윤리학설이 유대-기독교적 근거를 가지고 있음을 인정하고 있다. 그러나 Kant의 윤리학설이 가지는 인식론적인 문제점을 간과할 수는 없다. -역자 주
132. Ross, *The Right and Good*(New York: Oxford Univ. Press. 1930), 제 2장.

서 보편적인 구속력을 갖는 것인가? 지적인 영역에서, 어떤 이들은 병적인 호기심을 만족시키거나 자신들의 자부심을 높이는 것을 더 좋아하지 않는가? 심미적인 영역에서, 창조된 모든 예술품이 아름다운 것은 아니며 예술에서 최고의 이상은 미라고 하는 것은 기독교적이기보다는 플라톤적인 것이 아닌가? 또 경제적인 영역에서, 의미 있는 활동이 본질적인 것일 수는 있으나 어떤 의미를 지닌 것인가? 그리고 다른 이들의 경제적 필요를 채워주기보다는 자신의 부를 축적하는 이유는 무엇인가? 또 사회적 가치 중에서, 사람들은 왜 명예를 얻으려 하는가? 정치적 가치에서, 참으로 정의가 권력에 우선해야만 하는가? 권력은 그 나름의 가치 때문에 추구되어야 하는 선한 목적인가, 아니면 다른 목적을 이루기 위한 수단인가? 이런 질문을 지닌 우리는 우리 모두가 마땅히 추구해야만 하는 보편적 가치가 어떤 것인가를 분명히 할 필요가 있다.

만일 보편적 가치가 하나님의 선한 목적God's good ends이라면 우리는 이를 찾기 위해서 두 가지 노력을 해야 한다. 첫째는, 성경은 인간 행동 영역의 원래 녹석에 대해 무엇이라고 시사하고 있는가를 보아야 하며 눌째는, 그런 행동 자체의 본성 안에 있는 도덕적 지표moral indicators를 찾아야 하는 것이다. 전자는 모든 인간 행동에 대한 세계관적 신학을 요구하는 것이다. 즉, 정치와 노동, 여가, 건강, 성, 학습, 그리고 환경에 대한 신학적 성찰을 요한다. 그리고 후자는 이들 인간의 행동 영역 중에서 찾을 수 있는 사실과 가치의 관계를 보다 명료히 할 것을 요구하는 것이다. 전자가 명백하고 결정적인 것이라면, 후자는 성경적 시계purview 밖에서 일어나는 문제들의 배후 원인과 이유를 찾도록 돕는 것이라고 할 수 있다.

윌리엄 오컴William of Occam같은 이는 도덕법을 이성보다는 하나님의 자유로운 선택에만 제한시키려고 한다. 오컴은 보편적인 것들의 실재란 하나님의 자유를' 제한한다는 이유에서 보편의 실재를 거부했던 유명론자였다. 따라서 그는 도덕적 논의의 어떤 객관적인 근거도 발견할 수 없었다. 문제는 흔히 진술되는 대로, 하나님께서는 선한 것을 미리 아시고 어떤 것을 의도하셨느냐, 아니면 하나님께서 그것을 의도하셨기에 선한 것이 되느냐 하는 것이다.

그러나 우리가 앞서 말한 바는 오컴의 견해를 지지하는 것이 된다. 그것은 이 세상이 참으로 질서 있고, 유 목적적인 세상이며, 그 질서와 가능성은 하나님께 달린 일이고, 그 어느 것도 창조하시는 그의 자유와 관계없는 것이란 말이기 때문이다. 또 우리가 사는 이 세상은 하나님께서 창조하실 수 있었던 많은 여러 가능성의 세상 중의 하나이지만, 이 세상을 창조하시려는 하나님의 선택은 본질적으로 가능성 있는 가치에 대한 선택이라는 말이기 때문이다.

물론 하나님이 전혀 자의적이고 변덕이 심해서 아무런 이유 없이 계획을 바꾸시는 분이라면, 성경적 신학도, 창조의 지표도 우리에게 아무런 의미가 되지 못할 것이다. 우리는 때때로 받게 되는 특별계시에만 의존하는 회의주의에 빠지고 말 것이다. 그러나 질서 있게 피조 된 세계에서는 모든 것이 가능한 것이 아니다. 예를 들어서 경제 관계에서는 도적질을 계속하게 허용하거나, 약속을 지키지 않아도 되게 하여 그 경제 관계가 무자비하고 불공정한 것같이 되게 한다는 것은(경제 관계란 말에) 스스로 모순되는 것이다.

더구나 성경 자체가(예를 들자면, 롬 1-2장) 창조계는 도덕법을 증언하고 있다는 것과 도덕적 실패의 궁극적 원인은 사람들이 창조주 하나님 대신에 피조물을 경배하고 섬긴 종교적인 측면에 있다는 것을 시사하고 있다. 그러므로 최고의 목적에 대해 잘못하는 것은 다른 목적에 대해서도 잘못하는 것이며, 하나님께서 우리를 만드신 목적을 무시하는 것이다. 사도는 특히 동성연애 행위는 본성에 거스르는 것이라고 예를 들고 있는데, 이는 이성간의 연애heterosexuality는 재생산의 가능성을 지닌 가치 있는 것이라는 내용을 포함하는 것이다. 이렇게 피조계는 하나님의 법에 따라 구조화 되었으며, 이에 대한 성경 법외에도 자연 스스로가 이를 증언하는 것이다.

어떤 원칙론적 윤리론자들은 이것이 우리가 일정한 조건에서는 적절한 행동을 판단하고 선악과 정사를 자연히 구별할 수 있는 어떤 도덕적 기능을 가지고 있다는 것을 함의한다고까지 한다. 버틀러 감독은 로마서 2:15의 말씀을 써서 이를 '양심'이라고 부른다. 그러나 도덕 감각은 문화에 따라, 심지어는 사람에 따라 상당히 다르며 변화될 수 있는 것이다. 그리고 성경의 '양심'이란 말은 본유적인 도덕 지식innate moral knowledge이나 무오한 도덕 감각infallible moral sense을 말한다기보다는 깨우침을 받고 지도받을 수 있는, 따라서 잘못 알 수도 있고 왜곡 되거나 흐려질 수도 있는 도덕적 감수성moral sensitivity을 뜻한다. 물론 '윤리적 직각론'이 상당한 '도덕적 지식의 이론'일 수는 있으나 이는 주해 적 근거 위에 설 수는 없는 것이다.

도덕법을 하나님-피조물의 관계와 연관시키며, 자연적 행동을 비자연적 행동과 구별시키는 로마서 1-2상의 자연스러운 의미는 도덕법이 피조계와 우리 마음과 존재의 근거에 새겨져 있다는 것이다. 이는 어떤 것들이 각각의 차이를 지니고 있어서 구별이 가능하다는 것이 아니라 하나님께서 우리를 만드신 의도에 따라서 모든 인류에게 보편적인 자연적인 것과 비자연적인 것의 구별 가능성을 뜻한다. 그러므로 도덕법은 인간의 생명과 경제적 필요(다른 이들이 필요로 하는 것을 앗아 가거나 도적질하는 것)와 인간의 성과 혼인, 그리고 사람들에 대한 진실에 대한 보편적 의무를 말하는 십계명의 둘째 부분에 잘 요약되어 있다.

토마스 아퀴나스Thomas Aquinas의 기독교 자연법 윤리는 이런 해석에 근거하고 있다. 이는 우리가 마땅히 추구해야만 히는 선한 목적(최종 근거)에 대한 지식을 모든 인류의 본질(형식적 근거)에서 이끌어 내고 있다. 자아 보존과 자녀 생산과 양육, 하나님을 앎, 정의롭고 질서 있는 사회를 건설하는 것이 아퀴나스가 들고 있는 보편적 목적의 대표적인 예들이다. 이들로부터 더 구체적인 윤리가 파생 된다는 것이다.

계몽주의의 자연법 개념은 고대 그리스의 아리스토텔레스보다는 로마 스토아학파에 더 의존하고 있다. 존 로크는 키케로를 따라서, 인간의 합리적 본성을 그의 출발점으로 삼고 있다. 합리적 존재는 자기 결정과 통치하는 능력을 가질 수 있으므로, 로크는 하나님께서 우리에게 생명과 자유와 인간적인 삶의 질을 유지하는데 필요한 재산에 대한 자연적 권리를 부여 하셨다고 추론했다. 이것들은 우리가 마땅히 추구해야만 하는 권리 들이고, 이들로부터 생명을 보존하고 자유를 확보하며, 재산을 얻고 정의롭게 사용하는 우리의 도덕적 의무가 파생된다는 것이다. 그리고 이 모든 것의 근거는 하나님의 형상으로 피조 된 합리적 존재로서의 인격의 분명한 가치라고 한다.

도덕적 지식에 대한 창조론적인 접근에 있어서는, 하나님의 법은 전혀 자의적인 것이 아니라 인간 인격의 본질을 직시하는 것이다. 합리적이고 책임 있는 존재들로서 우리는 그 본질적인 목적이 하나님께서 의도하신 보편적 가치를 증언하는 보편적인 가치와 행동의 영역을 공유하고 있는 것이다. 우리는 다음 장에서 사회제도와 연관하여 이것의 의미를 더 깊이 탐구해 볼 것이다. 그리고 다양한 활동영역에 대한 이것의 의미는 제3장을 참고하라. 여기서는 그 대표적인 예로서 인간의 성관계의 함의를 간단히 생각해 보려고 한다. 이 영역의 인간 활동에는 어떤 도덕적 지표가 있는가? 이는 어떻게 일반적인 도덕적 관심을 넘어서 성행위에 관해 발생하는 여러 구체적인 문제를 해결할 수 있는가?

그 생물학적 성질상, 성sex은 재생산 가능성이다. 또 그 심리학적인 성질에서 보면, 그것은 결합unitive 가능성이다. 내가 '가능성'potentiality이라고 말하는 것은 첫째로, 모든 성행위가 그 성질상 실제로 재 생산적이거나 그런 의도를 지닌 것이 아니며, 둘째로, 비록 전반적인 성생활이 그릴 수 있는 생리학적 가능성을 가지고는 있지만, 모든 성행위가 자연히 사랑과 헌신의 관계로 결합시켜 주는 것은 아니기 때문이다. 그러나 또한 셋째로, 이것들은 책임 있는 관계에서 실현될 수 있는 잠재적인 가치 value-potentials들이기 때문이다. 성의 결합적 가능성의 실현은 서로가 상대방을 인격적으로서 존경할 것을 요구한다. 즉, 공정한 대우와 상호 사랑의 봉사를 요구하는 것이다. 이런 상황에서만 성의 결합적 가치 - 가능성이 실현된다. 이것이 없이는 그 잠재적 가치는 좌절되고, 성은 그 본질적인 의미를 잃게 되며, 인격은 결합적 의미를 충분히 가진 '동반자'partners라기보다는 단순한 섹스 '대상'이 되고 만다. 그러므로 결합적 가능성은 - 두 인격간의 상호 사랑과 존경의 혼인 안에서의 성이란 합법적인 장을 지시하는 것이다.

재생산 가능성 역시 도덕적 의미를 가진다. 모든 성행위가 자연히 재생산적인 것은 아니므로 전적으로 이기적이거나 다른 책임 없는 행동은 나쁜 것이지만, 책임 있는 피임법의 사용이 반대 받을 이유는 없다. 재생산 가능성은 이성 간의 성관계는 적절한 것임을 시사한다. 이는 결합적인 의도와 연관하여 이성 간의 혼인이 성관계의 적절한 장으로 의도된 것이며, 참으로 결합적인 혼인 안에서는 재생산 가능성이란 피할 수 없는 의무라기보다는 향유할 수 있는 권리가 될 수 있음을 의미한다. 그러므로 성경은 혼인의 기쁨과 신실성을 말할 뿐만 아니라 거룩한 후손을 키우는 것도 말함으로써, 이것이 이 땅에 있는 하나님의 나라 안에서의 혼인과 가족관계의 큰 목적을 섬기는 것임을 시사하고 있다.[133]

성관계는 그것이 피조된 이런 목적과 연관되어야만 한다. 그러나 이는 또한 정의와 사랑으로 행해지기도 해야 한다. 이는 강간을 배제하는 것

---

133. 성 윤리에 대한 비슷한 접근을 위해서는 Lewis Smedes, *Sex for Christians*(Grand Rapids: Eerdmans, 1978)과 Peter Bertocci, *Sex, Love and the Person*(London: Sheed and Ward, 1967)을 보라.

일 뿐만 아니라 인격을 희생시키며, 심지어 자기만족을 위해 다른 이를 이용하는 다른 모든 행위를 배제하는 것이다. 그러므로 이는 음화淫畫와 같은 모습에 반대하는 것이기도 하다. 또한 이는 혼인의 동반자를 무시하는 혼인 외적 간음에 반대하는 말이다. 왜냐하면 인격에 대한 존경이나 인정은 정의롭고 사랑스런 관심의 배후에 있는 것이기 때문이다. 또한 자기중심적인 혼인도 옳지 못하다. 왜냐하면 마치 자기중심적인 개인과 같이, 그것은 우리의 삶과 소명을 이루는 다른 인간관계에서의 책임을 무시하기 때문이다. 자기중심주의란 휴머니스트적인 인간관의 인간중심주의의 한 형태인 것이다. 그리스도인들은 생명을 신 중심적 관점에서 본다. 그러므로 성관계를 포함한 생의 모든 가치는 하나님과의 관계에서 실현되어야만 하는 것이다.

성경은 성윤리에 대해 아주 명백하다. 그러므로 다른 도덕적 시사들은 성경이 말하는 바와 병행하거나 강조하는 것일 뿐이다. 또한 성경이 직접적으로 말하고 있지 않은 문제에 대해서는 우리가 주해적인 근거에서 배울 수 있는 것이다. 예를 들어서, 낙태의 도덕적 문제에 관해서는 성경이 명백하게 말하지 않는다.[134] 이 점에 대한 하나님의 뜻을 물으려면, 우리는 먼저 성에 대한 하나님의 뜻을 묻고, 그 재생산과의 관계를 생각해야 한다. 책임 있는 성관계는 이 하나님께서 부여 하신 가능성을 신중하게 여기고, 태아의 생명을 모든 관계자들이 정의와 사랑을 가지고 청지기다운 책임을 지니고 보살펴야 할 하나님의 선물이라고 여길 것이며, 인간이 만든 것이라거나 부모가 어떻게 할 수 있는 것이라고는 생각하지 않을 것이다. 우리가 우리 나름대로의 가치를 창조 한다고 보는 인간중

---

134. 출애굽기 21:22, 23은 의도적인 낙태보다는 우연한 낙태나 이른 출산을 유발케 하는 상해에 대해 언급하고 있다. 고대에도 유산을 위한 약이 사용되었다. 어떤 이는 신약성경에 나오는 '파르마케이아' øαρμαχéία(pharmakeia)란 말이 이를 뜻한다고 한다. 그러나 그럴지라도, 치유적인 낙태에 대한 논의는 없다.

심주의는 종교적 생명관이 자리 잡고 있는 한 번성 할 수 없다.

물론 태아는 합리적인 존재라거나 하나님과 의식적이고도 책임 있는 관계를 맺는다거나, 그 밖의 자연이나 다른 인간과 그런 관계를 맺는다는 의미에서의 온전한 인격이 아직은 아니다. 태아는 아직 반성하거나 가치 평가할 수 있는 존재가 아니다. 그러나 태아라도 인격이 되는 도상의 인간 생명이며, 잠재적인 인격이고, 따라서 이 잠재적 가치는 마땅히 인정받아야만 한다. 태아가 생물학적인 기능을 한다는 것보다는 그 실제적인 생물학적인 기능이 시사하는 인격에로의 가능성 때문에 태아는 가치를 가진다. 그러므로 기독교 윤리학자는 태아의 성장과 발달에 도덕적인 의미를 찾아야 하며, 수태와 임신, 감지할 수 있는 뇌의 활동과 생동성 등에 특별한 도덕적 의미를 부여해야 한다. 물론 수태 이후에 어떤 명백한 경계선을 그을 수는 없지만 그런 인격은 단순한 생산력 이상의 것임을 잊어서는 안 된다. 그러므로 수태 초기의 태아는 다 성장한 태아보다 도덕적인 의미를 덜 갖는다. 그러나 그때에도 도덕적인 의미는 있는 것이다. 그렇지만 임신 기간이 경과함에 따리 그 인격으로서의 실세적인 가능성은 더 커지고 낙태의 도덕적 책임도 더 커지는 것이다.

노동과 여가의 사용, 정치와 교육, 예술과 학문, 그리고 그 밖의 모든 인간 활동에 대해서도 이와 비슷한 접근이 있을 수 있다. 보편적인 가치의 근거는 하나님의 목적과 성품에 있는 것이다. 그러므로 다음과 같은 두 가지 질문을 끊임없이 해야 할 필요가 있다. ① 이런 활동 영역에서의 하나님의 뜻은 무엇이며, 피조계에서 이것이 지니는 잠재적 가치는 무엇인가? ② 이런 가치는 어떻게 정의와 사랑을 가지고 추구될 수 있을까? 첫 질문은 우리로 하여금 성경의 법biblical law, 특정한 활동에 대한 성경적 신학, 그리고 그것에 내재한 잠재적 가치의 자연적 지표를 찾도록 한다. 그리고 둘째 질문은 신적, 인간적 인격에 대한 존경과 고려를 주장하는 것이다. 우리는 우리의 마음과 영혼과 정신을 다해 하나님을 사랑하고 존경하며, 우리 이웃을 우리 몸과 같이 사랑하고 존경해야만 한다.

그러므로 우리 사고의 구조는 ① 신학적이고도 철학적인 근거(하나님과 그의 피조물)로부터 ② 인간이 책임을 가지는 모든 영역에 적용되는 포괄적인 원칙들(정의와 사랑)에로 나아가며, 또 여기서 ③ 그 각각의 영역이 의도된 선한 목적인 보편적 가치를 반영하는 영역의 규범area rules으로 나아가 결국은 ④ 위와 같은 것들이 구체적인 상황에서 어떻게 적용되는 지에 대한 개별적인 결단case decisions에로 나아가는 것이다. 이런 사고 구조는 성경적 가르침에서 찾을 수 있을 뿐만 아니라 - 사실 필자는 이런 근거에서 이를 찾아보려고 하였다 - 성경이 침묵하고 있는 문제에도 적용될 수 있는 것이다.

그러나 이 구조는 항상 논리적 확실성을 제공하는 것이 아니고, 상당한 부분을 현명한 판단에 맡긴다는 불평을 할 수도 있다. 그러나 앞서 우리가 진리와 지식에 대해 살펴보았던 바, 즉 참된 진술은 그 목적에 합당한 것이며, 참된 신념은 그것에 따라 행동하기에 충분하다는 것은 이 반론을 미리 처치했던 것이다. 이는 인간의 지식은 사실과 본질의 문제에서는 논리적 확실성을 부여하기에 부족하나 신념을 정당화하는 데 있어서는 충분한 근거를 제시한다는 것이므로 이를 도덕적인 문제에서 성경과 자연의 증언과 결부시켜 보면, 우리는 사도가 말한 바와 같이 '핑계할 수 없다'는 말을 하게 된다.

궁극적 관심

우리가 이제까지 해 본 바와 같이 가치의 근거와 보편성을 이론화한다는 것으로는 충분하지 않으며, 또 우리가 마땅히 추구해야만 하는 가치로 이끄는 주요한 질문들을 추구하는 것도, 삶의 모든 영역에는 어떤 가치가 있는지를 안다는 것조차도 충분하지가 않다. 가치 판단을 하는 존재들로서 우리는 가치들을 생각하고, 개념화할 뿐만 아니라 그것들을 가치 평가하기도 한다. 가치 있는 것의 가치를 평가한다는 것은 그것을 사랑한다는 것이며, 정의와 자비를 사랑하고, 의에 주리고 목마르며, 진리를 사랑하고 하나님께서 의도하신 모든 선한 목적을 추구한다는 것은, 유신론자들에게 있어서는 온 마음을 다하여 여호와 하나님을 사랑한다는 것이다. 그러므로 가치를 객관화하는 것으로는 충분하지 않고, 우리는 반드시 그것들을 내면화하고, 우리가 그대로 살아야 하는 것이다.

이렇게 가치 평가란 가치에 대한 지식 이상의 것이다. 지난 장에서 제안되었던 '부분과 전체 모델'whole and pan model은 여기서도 적용된다. 지난 장에서 우리는 신념과 지식, 실천과 이론, 그리고 주관성과 객관성의 관계란 전인격적인 관여와 그 한 부분의 관여와의 관계라는 시사를 하였다. 신념이나 실천, 주관성은 책임 있는 존재로서의 전인격을 함의하는 것이다. 이에 반해 지식이나 이론, 객관성은 전체론 적이라기보다는 반인격적part-personal인 것이다. 우리가 여기서 논의하고 있는 가치의 시식 역시 인간 책임의 전체가 아니라 부분일 뿐이다. 우리는 전심으로 가치 평가를 하고 사랑하고, 선한 일을 행해야 하는 것이다. 바로 이것이 사랑이 정의보다 더 앞선 것이란 이유이다. 왜냐하면 사람은 객관적인 공정성이 요구하는 것을 훨씬 넘어서는 전인격적인 관심이기 때문이다. 바로 여기에 우리가 정의를 실천하려면 정의를 사랑해야 하며, 하나님께서 그의 피조계 내에 감추어 두신 잠재적 가치들을 실현하려면 하나님께서 우리를 위해 가지고 계신 뜻을 사랑하여야만 하는 이유가 있다. 결국 인간의 최고 목적은 하나님을 영원히 섬기며 즐기면서 하나님을 사랑하는 것이다.

사회와 역사

Contours of a World View
Studies in a Christian World View

마르크스는 종교란 대중의 아편이라고 했다. 기독교는 지상적인 것에 대해서는 너무 초연하고, 천상적인 것에 대해서는 너무 깊이 몰두하기 때문이라는 것이다. 그러나 우리는 이미 이것이 신학적인 오류임을 살펴보았다. 성경에 나타난 하나님은 사랑하시며, 정의로우시고, 창조적으로 활동하시는 '살아계신 하나님'이시다. 그는 인간의 모습을 취하시고자 자신을 억압받는 백성들과 동일시하여 성육신하셨다. 그는 경멸당하시고, 거부당하시며, 죽임 당하신 고난 받는 종이 되었던 것이다. 결국 기독교는 타계적이거나 신비적 종교가 아니고 대중의 아편도 아니다. 하나님께서는 우리에게 우리의 이웃과 공동체의 생활에 참여하도록 명령하셨다. 명령은 이 사회의 제도적 구조에까지 영향을 미치며 그 변화를 요구하는 것이기도 하다.[135]

---

135. 이런 함의를 지닌 문제 들이 마르크스주의와 기독교 사이의 최근 논쟁의 흥미 있는 주제가 되고 있다. 예를 들면 Jose Miguez Bonino, *Christians and Marxists: The Mutual Challenge to Revolution* (Grand Rapids: Eerdmans, 1976); J. Andrew Kirk,

하나님 나라의 범위를 생각해 보라. 구약의 율법과 선지자들은 삶의 모든 측면에 대해 언급하되, 개인의 행동이나 사회의 상태에 대해서만이 아니라 사회제도에 대해서도 말했던 것이다. 또한 예수께서도 '가정 문제'나 '경제 문제'뿐 아니라 '정치 문제'에 대해서도 교회에 대한 것과 동일한 관심을 기울이셨다. 그는 '평화'*shaōm*라는 말로서 백성들의 생활을 축복하셨으며, 정의와 모든 이에 대한 사랑을 가지고서 '평화'를 기대하도록 하셨다. 또한 세례 요한이 그에게 그가 참 메시야 인가고 물었을 때, 그는 하나님 나라의 축복이 이미 주어졌다는 것을 지적하셨다(마 11:2-6). 또 사도들도 가정과 교회에 대해서 뿐만 아니라, 경제적-정치적 문제에 대해서도 우리의 책임이 있다고 했다. 따라서 초대교회는 공동체로서의 그들의 삶이 무엇을 의미하는지를 잘 이해했던 것이다. 마지막으로 성경 전체를 통하여 흐르고 있는 천년왕국의 희망은 정의와 평화의 희망이고, 종국에 완전히 성취될 사랑에 대한 희망이다. 이렇게 하나님 나라는 전 포괄적 인 개념이다.

사회는 단순한 개인으로서가 아니라 사회적 제도들(혹, 기관들)로서도 구성된다. 또한 우리는 이러한 제도에 대해 생각하지 않고서는 사회나 사회윤리에 대해 생각할 수도 없으며, 사회적 행위를 할 수도 없는 것이다. 또 어떤 의미에서는 그것들이 우리의 본질을 구성한다. 즉, 나는 나의 성으로 지칭되며, 내 나라 사람으로 인정되며, 나의 직업으로 알려지며, 나의 종교에 속한 자로 인정되는 것이다. 또 내가 가진 대부분의 문제는 이런 제도가 와해되거나 파괴되고, 분열될 경향이 있을 때의 그런 제도와 관련된 문제들이다. 그때에 사회적 제도나 기관은 그 기능을 하지 못하는 것이기 때문이다.

Liberation Theology: An Evangelical View from the Third World(Atlanta: John Knox, 1980), 전호진 옮김, 『해방신학』(정음출판사, 1983); Dale Vree, *On Synthesizing Marxism and Christianity*(New York: John Wiley, 1976)등을 보라.

낭만주의자들은 모든 제도화된 사회를 비난하고, 그 대신에 자신들의 분파적 경향을 더 높인다. 또 과학자 휴머니스트들은 이 문제에 대해 현대 경영학적 접근을 한다고 할 수 있다. 그리고 모든 사물의 구조에서 계급투쟁을 찾으려고 하는 마르크스주의자들은 사회 구조를 혁명적인 방법으로 바꾸어 보려고 한다. 그러나 이런 것들은 모두 자연주의적 해결들이고 인간 중심 주의적이다. 왜냐하면, 그들은 사회제도가 약속하는 가치의 초월적 근거에 대한 질문은 전혀 제기하지 않으며, 온전히 인간의 기술과 학문으로 이룰 수 있는 것만을 근거하여 희망을 제시하기 때문이다. 물론 그리스도인들도 피조물들의 힘씀과 수단이 가지는 역할을 축소하려고 하지는 않지만, 자연적인 과정이나 인간의 노력 이상의 것이 이 사회와 역사에 관여하고 있다는 것을 아는 것이다.

이 장에서 나는, 이런 문제를 설명하는 기독교 사회관을 제시하려고 한다. 이는 이미 우리가 앞서서 말한 인간과 가치, 그리고 모든 피조물에 대한 하나님께서 관여하심의 필연적인 결과이다.

우리는 순전히 개인주의적 방법으로서는 책임 있는 인격으로 살 수 없다.

개인주의란 어떤 이름 아래에서건 간에, 자기중심적이고 하나님의 의도에서 벗어나는 것이다. 다른 이들을 무시하고 개인적 완성을 추구하는 것, 또 특정한 '자기 자신의 일만을 하려는' 열망은, 오늘날의 나르시시즘narcissism(자기도취주의 -역자 주)과 같이 자기 자신에게 초점을 맞추기 때문이다. 다른 사람들은 무시하고서 자유 자체를 자기 자신의 자기이해를 추구하는 자유로 이해한다면 이것 역시 왜곡된 것이다. 계몽주의자들은 사회를 인간과 인간이 협약하여 만든 이성의 법아래서 같이 협동하는 독립적인 개인들, 고립된 분자들의 집합이라고 축소시켰다. 그들은, 다른 사람들과는 분리되어서 자가 염소와 함께 홀로 하나님을 섬기며, 외딴 섬에서 홀로 살아가는, 그리고 '프라이데이'Friday가 스스로 그 사회의 협약에 들어갈 수 있을 만큼 이성에 의해 통제될 수 있기 전까지는 '프라이데이'를 폭력으로 지배하는 로빈슨 크루소Robinson Crusoe와 같은 이들이다. 대니얼 디포Daniel Defoe는 한 사람의 사회철학자로서 이런 개인주의적 관점을 옹호했던 것이다. 이렇게 계몽주의의 사회 모델은 그 각 분자들이 외력에 의해서 결합되었다고 보는 '기계론적 모델'이므로 자연 상태에서는 사회제도social institutions가 설 곳이 없게 된다. 따라서 가족과 시민적 사회질서civil order는 본래적인 것이 아니라, 개인들의 자연적 결합 위에 인위적으로 부과된 것이다.[136]

물론 이런 견해는 가족의 장이나 국가의 우두머리, 영지의 영주나 교회의 교황에게 아주 절대적인 권위를 부여하였던 중세 절대주의에 대한 좋은 교정제로서 나타났다. 절대주의는 불변하는 존재의 위계hierarchy of being라는 헬라적 사상에 근거하여 세워진 '위계적 모델'을 채용했었다. 그러나 위계적 모델도 분자적 모델atomistic model도 모두 기독교적 기원을 가진 것이 아니며, 때때로 이런 모델들이 기독교 사상에 스며들기는 했었으나, 나는 그 어느 것도 성경적 인간관과 세계관에 충실한 것은 아니라고 생각한다. 또한 사물의 자연 상태가 위계적 이었는지 분자적이었는지를 확신할 수 없다.

한편으로 보면 성경의 기본적 이상은 위계적이고, 일방적이며, 계약적인 것이기보다는 독립적이고 상호 봉사적으로 서로 상대방에게 헌신하는 것이다. 또 한편으로 보면 하나님께서는 우리를 관계적인 존재로 만드셔서 우리로 하여금 하나님, 자연, 그리고 다른 인격과의 관계에서 존

---

136. 이런 개인주의적이고 협약주의적인 관점은 존 로크의 『시민정부 이론』Second Treatise on Civil Government에 명백하게 나타난다. 데포우(Defoe)의 견해에 대해서는, M. E. Novak, *Defoe and the Nature of Man*(New York: Oxford Univ. Press, 1963)을 보라. 이와 대조되는 성경적 사회관은 Russell Shedd, *Man in Community*(London: Epworth Press, 1958)에 명백히 나타나 있다.

재하며, 우리의 본질을 유지할 수 있게 하셨으므로 이런 관계는 우리의 필연적인 책임인 것이다. 라인홀드 니버Reinhold Niebuhr는 인간의 신체적 충동조차도 동물들의 충동보다 더 넓은 의미를 갖는다는 점을 지적한다. 예를 들어서, 인간에게 있어서의 성은 '종의 보존 가능성'이란 의미만이 아니라 '결합적인 가능성'이란 의미도 갖는다는 것이다. 그것은 창조를 돕는 것이며, 가족관계와 더 큰 인류 공동체를 확인하고 유지하도록 하는 것이란 의미이다.[137]

혼인을 사회적 협약(사회계약)의 하나로 설명함으로써 존 로크와 같은 계몽주의적 사상가들은, 혼인 제도를 우리가 창조함 받은 관계적인 유대에 근거한 신적 규례라기보다는 순전히 자발적인 인간의 고안물이라고 볼 수도 있게끔 했다. 그러나 사실 혼인은 우리의 개인주의를 고치고, 우리에게 이타주의적 삶을 살도록 교훈하기 위해 주어진 것이다. 그러므로 우리의 상호 의존성과 상호 섬김을 감축시키는 자유를 추구하는 개인주의는 어떤 것이건 간에 창조주의 의도를 왜곡하는 것이다.

기독교와 자연주의적 휴머니즘 사이의 대조는 여기서 그 극에 이른다. 혼인은 사람들이 그 뜻대로 바꿀 수 있게 만든 고안물인가, 아니면 하나님의 법에 의해 지배되는 피조계의 한 부분인가? (따라서 그 목적은 우리가 이루어야 하는 하나님의 선한 목적에 본질적인 한부분인가?) 정부는 전적으로 인간이 만든 고안품인가, 아니면 정부 역시도 그 근본적 목적에 있어서 하나님의 법에 의해 지배되는 피조계의 한 부분으로서 하나님께서 의도하신 가치 실현의 본질적인 한 부분인가? 또 인간의 노동과 이에 부응하는 제도(기관)는 어떠한가? 또 교회는 어떤 것인가? 이러한 것들은 우리 인간들이 부여한 것 외에 다른 목적은 가지지 않은 단순한 사회적 진화의 산물들인가? 만일 그렇다면 권위가 봉사의 수단이나 방도가 아

---

137. Reinhold Niebuhr, *Faith and History*(New York: Scribner's, 1949), p.17.

니라 자기중심적이고 전체적인 것이 된다는 것은 그리 놀랄 만한 일이 아니다. 따라서 우리는 경제적 착취, 정치적 부패, 혼인의 파괴, 사생아의 출생과 낙태, 종교적 개인숭배 등을 보게 되는 것이다. 또한 인간이 고안해낸 사회제도는 너무 쉽게 자기를 강화시키며, 자기를 만족시키며, 개인주의적 목적을 위해 권력을 남용하는 것이 된다. 그리고 모든 이들에 대한 동등한 존경을 무시하는 위계 주의적 권위 자체는 해방과 반역의 외침을 낳게 된다.

오늘날의 문제는 소피스트들이 도덕과 사회제도가 사회적 관습(노모스, nomos)에 근거한 것인가, 아니면 인간 본성(physis, Φισις)에 근거한 것인가를 논의하던 고대 헬라의 상황과 상당히 흡사하다. 플라톤과 아리스토텔레스는 인간의 본성을 영원하고 보편적인 이상과 연관시키면서, 도덕성이 인간 본성에 근거한 것임을 힘 있게 주장하였다. 아리스토텔레스는 인간이란 '본질상'by nature 사회-정치적 동물이라고 주장했다. 가족도 도시국가polis도 개인들의 자발적인 연합이 아니라는 것이다. 왜냐하면 그 각각은 그 나름의 유기적 단일성과 그 나름의 성질을 가지고 있기 때문이다. 유럽의 전통적 정치이론은 이런 유기적인 관점을 계속 유지해왔다. 때때로 헤겔이나 마르크스에게서처럼 이 전통이 무너지기도 했지만, 사회 제도란 인류 역사에 본래적인 것이며, 사회 단위는 개인들의 자의적인 선택에 의한 결합체가 아니라 그 나름의 생과 성격을 가진 것이라는 강조점은 계속되어 온 것이다. 성경적 관점에서는 사회 제도란 하나님에 의해 수립 되었고, 인간의 피조된 본성에 근거한 것이라고 주장 할 수 있다. 이런 기관들은 우리들의 개념이나 행동의 산물이 아니라 하나님께서 생각하시고 이룬 것이라는 말이다. 즉, 우리를 관계적인 존재로 만드셔서, 우리로 그런 장에서 삶을 살 수 있도록 하셨다는 것이다.

하나님께서 제정하신 네 가지 사회제도

각 문화에는 다양한 사회제도가 있지만 그 중에서 혼인, 노동, 정부, 종교의 네 가지 제도는 하나님께서 제정하셨고 인간의 본성에 근거한 것이라고 할 수 있다. 이들은 모두 그 시초적 형태를 에덴 공동체의 활동과 관계에 대한 창세기 기록에 두고 있는 것들이다. 에덴 공동체는 그 안에 혼인과 노동이 있었고, 신앙 공동체였으며, 법에 의해 지배되는 사회의 시작이었다. 인간의 악이 없었다 해도 인류의 증대는 일종의 규제를 필요로 했으며, 따라서 에덴에서도 발전하는 기술로 교통을 통제할 필요는 있었을 것이다. 또한 삶의 복합성은 배분적 정의의 시행을 위한 조직을 필요로 했다.

물론 조직의 특정한 형태는 각기 상당히 다르고, 역사의 산물이라고 할 수 있는 것이다. 그리고 다양한 인간의 이해와 과제를 구현시킬 다른 여러 종류의 제도도 발생한다. 교육과 예술, 학문이 그 대표적인 예가 된다. 현대 문화에서 제도화된 여가선용 recreation and play도 이에 포함될 수 있다. 이 모든 것은 인간의 행동영역을 나타내고, 인간의 필요를 위해 쓰여진다. 또 어떤 문화권에서는 그 제도들이 산업화된 사회에서 만큼 분화되지 않았을 수도 있다. 예를 들어서 아리스토텔레스는 가족을, 남편-아내-자녀들만이 아니라 노예와 종을 포함하는 일종의 경제제도a domestic economy로 취급한다. 확대된 가족과 씨족은 오늘날 서구의 핵가족보다도 더욱 중요한 역할을 할 수 있을 것이다. 또 사회의 계층분화와 계급 제도는 경제적 기대와 제한을 부여하며, 흔히 상당한 불평등을 지속시키게 하는 경향이 있다.

이렇게 많은 제도들은 죄로 인해 그 과제가 불분명해질 수가 있다. 가정 제도에서만 해도 횡포를 부리는 배우자들, 이혼, 탕아 등과 같은 문제들이 나타나는 것이다. 또한 가시와 엉겅퀴들이 우리 노동의 좋은 열매들을 방해한다. 쓸데없이 지나친 부와 극심한 빈곤(그 격차의 심화), 노동 문제, 불공정한 고용관계, 경제적 억압들도 그런 것의 일종이다. 따라서 우리는 사적인 폭력을 통제하고, 권력의 남용으로부터 인권을 보호하며, 죄악에 대해서는 시정적인 정의를 수행하고, 법으로 배분적 정의를 구현하는 정부 기능을 필요로 한다. 또한 교회도 예배와 전도(물론 이것도 죄와 상관없을 수는 없다)에만 힘쓰지 못하고, 교회의 분열에 대처하며, 가난한 이들을 섬겨야만 하는 것이다.

그러나 이 모든 제도들은 또한 하나님의 은총에 의해 구속적인 영향을 받기도 한다. 사실 교회사는, 고대 그리스-로마 시대와 비교하면 오늘날 여성의 지위에 상당한 변화가 있었음을 말해주고 있다. 예를 들어서, 여성들은 자신들을 합리적으로 통제할 수 있는 능력이 부족하므로 다른 이들(남성들)의 통제를 받아야만 한다는 아리스토텔레스의 주장을 (그리스도 안에서는) 남자나 여자나, 유대인이나 헬라인이나, 종이나 자유자의 차별이 없다는 신약성경의 차별 금지와 대조해 보라. 또한 노예제도와 오늘닐 고용 제도를 비교할 때 얼마나 큰 노동조건의 변화가 있있는지, 정부가 얼마나 기독교적 이상과 가치의 영향 하에서 계몽되었는지를 역사가 말해주고 있다.[138] 물론 사람들과 그들이 구성하는 기관이나 제도들은 선할 수도 있고 악할 수도 있는 가능성을 지니고 있으며, 교회조차도 부패할 수 있으므로 그것은 자연히 얼룩무늬를 가진 그림이 된다. 그래도 세상의 소금은 계속 그 역할을 해왔으며, 하나님 나라의 빛은 사라지지 않을 것이다. 우리는 지금도 여전히 가정과 노동, 정부와 교회, 예술과 과학기술, 그리고 교육에 대한 기독교적 사신messenger의 잠재적인 영

---

138. 라토렛은 그의 대작 『기독교 확장사』의 마지막 장에서 기독교의 역사적 영향을 잘 요약하고 있다. Kenneth Scott Latourette, *A History of the Expansion of Christianity*, vol. VII, *Advance Through Storm*(New York: Harper and Bros, 1945), pp. 490-505.

향력을 볼 수 있으며, 지금 임한 '평화'shaōm가 그 극치의 하나님 나라에서는 완전히 올 것이라고 말할 수 있다.

여기에 소명이라는 성경적 개념이 작용한다. 만일 사회제도가 창조의 질서에 근거한 것이라면, 창조 명령은 우리를 그런 구조에 세우고, 일하며, 살고, 섬기게 하는 것이기 때문이다. 신약성경의 용어로 말하자면, 하나님께서는 우리로 우리의 모든 행동 영역에서 하나님을 사랑하고, 섬기도록 하시려고 우리를 부르셨다. 그러므로 나의 소명은 단지 나의 먹고 사는 것을 위해 있는 직업만은 아니다. 물론 그것도 포함되지만 나의 소명은 나로 하여금 다양한 사회제도 안에서 움직일 수 있게 하는 '안전 역할 망'the entire network of roles이다. 그것은 남편과 아버지, 가장, 이웃, 세금 납부자, 시민, 교인, 교사, 학자 … 등등의 모든 것을 포함한다.

이 모든 것이 하나님에게서 받은 나의 소명이며, 정의와 사랑을 가지고 책임 있게 수행해야 하는 하나님 나라에 있어서의 역할이다. 그리고 사회 제도는 이 땅 위에서 하나님의 일을 하는 수단들이고, 책임 있는 인간 행위의 장인 것이다. 살아계신 하나님께서는 목적을 가지고 이 세상을 창조하셨으며, 지금도 여전히 자신이 세우신 제도들을 수단으로 하여 활동하신다.

모든 제도와 기관은 하나님과 자연, 그리고 다른 인격에 대한 우리의 관계를 구현한다.

가정의 경우를 예로 들자면, 그 안에서의 인격들 간의 상호관계는 아주 명확한 것이고, 그 생물학적인 근거나 경제적인 지지면에서 보면, 우리는 가정에서 자연에 대한 우리의 관계도 쉽게 찾아볼 수 있다. 휴머니스트들도 이 정도는 모두 인정한다. 그러나 '유신론적 혼인과 가정관'의 한 가지 특성이 있다면 이외에도 하나님과의 관계를 인정한다는 점이다.

유신론자들은 혼인이란 하나님께서 목적을 가지고 제정하신 것이며, 그의 백성에 대한 하나님의 사랑과 교회에 대한 그리스도의 사랑을 상정하는 것이라고 보는 것이다. 또한 유신론자들은 자녀들을 볼 때에도, 이들은 우리로 하여금 하나님의 '아버지로서의 사랑'을 생각하도록 하며, 그 가운데에서 우리로 자기희생적인 사랑으로 이웃을 섬기는 것을 배우도록 하며, 하나님과 서로를 영화롭게 하는 경건한 유산을 계속되게 하기 위한 장을 제공하시려고 주신 '여호와의 기업'a heritage from the Lord이라고 보는 것이다.

노동 역시 그 신체적 수고와 그 창조 가능성과 그 산물과 유익을 통하여 우리의 자연에 대한 관계를 나타낸다. 또한 노동은 고용하며 고용되고, 사고팔며, 용역을 제공하는 것들을 통하여 다른 사람들과 우리를 관계시킨다. 역시 이것까지는 휴머니스트들도 인정한다. 그들 역시도 '공정하고 인간적인 경제관계'의 수립을 원하는 것이다. 그러나 유신론자는 이것을 넘어서, 노동을 하나님의 소명으로까지 생각한다. 노동은 다른 이들을 섬기고, 거룩한 청지기직을 수행하며, 감사 행위를 함으로써 하나님을 섬기는 것이라고 생각하는 것이다.

또한 정부도 이런 관계들이 공공의 유익을 이루도록 '법의 구조'를 제공한다는 점에서 관계를 중심으로 한다. 모든 권리를 존중하는 사회정의, 자연이 우리들의 요구에 대해 제공하는 것들을 모두가 균등하고 평화적으로 누릴 수 있도록 기회를 제공하는 사회정의는 정부기능에 있어서 본질적인 것이다. 그것은 권력의 남용을 방지하고, 이를 침해하는 자들로 하여금 그들이 사회에 행한 잘못에 대해 책임지도록 하는 것을 의미한다. 그러므로 정부는 배분적 정의뿐만 아니라 인과적 정의retributive justice에도 같은 관심을 기울여야만 한다. 역시 여기까지는 휴머니스트들도 인정하는 것이다. 유신론자들은 이보다 한 걸음 더 나아가, 정치권력은 하나님께서 제정하신 것이며, 따라서 하나님께 종속되어 있으므로 우리는 정치생활의 영역에서도 하나님과 관계되어 있다는 것을 말한다. 그러므로 법에 의해 지배되는 사회를 하나님께서 지상에서 그의 선하신 목적을 이루시는 한 방법이라고 보는 것이다.

교회의 주된 관심은 역시 '하나님에 대한 우리의 관계'이다. 그러므로 교회는 신앙과 희망과 사랑의 공동체이며, 사도신경에 있는 대로 함께 예배하고 섬기는 '성도들의 교제'communion of saints이다. 그러나 교회는 물질적인 것의 사용을 통해 우리와 자연과의 관계를 나타내기도 한다. 즉 교회의 음악, 건축, 예술, 그 규례와 찬송가, 예전 의식 등을 통해서이다. 또한 교회의 중심적인 상징은 십자가라고 할 수 있는데, 이는 육체적으로 성육신하신 주님의 육체적 죽음과 부활과 연관되어 그 의미를 갖는 것이다. 그러므로 십자가란 상징은 자연계에서와 하나님의 활동 영역에서의 우리의 소명을 상기시키는 방식으로 초월적인 하나님과 그의 은총에 대해 말해주고 있다.

그렇다면 유신론자들은 휴머니스트들이 이미 본 것에 단지 다른 것을 덧붙이기만 하는 것인가? 물론 그리스도인들이 하나님과의 관계를 덧붙이는 것은 사실이지만, 그리스도인들이 '하나님께 대한 관계'에서 보는 것들은 그로 자연과 다른 인격에 대한 관계를 보는 눈을 바꾸고, 사회제도를 보는 눈도 바꾸도록 한다. 자연을 하나님의 피조물로 바라본다는 것은 우리가 자연을 사용하고, 대하는 방식에 있어서도 하나님께 책임을 져야 한다는 것이다. 또 사람들을 하나님의 형상으로 피조된 존재로 본다는 것은 그들을 우리 자신의 이익을 위해 주조하거나 조작하지 않고서, 하나님께서 만드신 그들의 모습을 인정하며 존경한다는 것이다. 또한 혼인을 하나님께서 제정하신 것으로 본다는 것은 그 고결함을 인정하고, 혼인에 대한 하나님의 뜻을 존중한다는 것이다. 그러므로 우리가 혼인 예식 문을 새롭게 쓸 수는 있지만 그 배후의 개념이나 목적은 마음대로 바꿀 수 없다. 마찬가지로 노동이나 정부의 권위를 하나님께서 재정한 것으로 보면, 우리는 노동의 신성함과 권력의 정당한 사용의 고귀함을 인정하게 된다. 이렇게 기독교 사회 제도관Christian view of social institutions은 하나님께 대한 우리의 관계가 모든 다른 관계와 이들 관계들이 작용하는 모든 제도와 기관에 영향을 미친다는 것이다.

물론 이는 '나 자신의 자신에 대한 관계'에도 영향을 미친다. 나는 이런 기관과 제도 내에서 나 자신의 만족을 얻고 성장하며 목적 있는 삶을 살 수 있는 의미의 장을 찾기 때문이다. 그러므로 하나님께서 만드신 자아를 평가적으로 바라볼 때에, 그것을 통해 내가 하나님의 뜻을 이루고 다른 이들에게 유익을 줄 수 있는 소명이 되는, 사회 내에서의 여러 역할을 내가 기꺼이 받아들일 수 있도록 하는 자아상과 존엄성을 인정할 충분한 이유가 있는 것이다.

각 제도와 기관에서 찾아볼 수 있는 세 가지 특성

그 세 가지란, 첫째로 하나님의 목적과 뜻, 둘째로 관계들의 도덕적 성질, 그리고 셋째로 조직적 권위 구조이다.

그 첫째는, 하나님께서 우리를 유목적적으로 창조하셨다는 사실로부터 나오는 논리적인 결론이다. 사회 제도에 대한 하나님의 선하신 목적은 우리가 그 제도적 기능 안에서 그 기능을 통하여 마땅히 추구해야만 하는 포괄적인 가치들이다. 네 가지 대표적인 제도들을 예로 들자면 가정적 가치, 경제적 가치, 정치적 가치, 그리고 종교적 가치 등이 하나님의 이 기관들에 대한 선한 목적과 뜻이다. 그러므로 기독교 가정은 그 독특한 잠재적 가치를 가지고 있는 것으로서 단순히 생물학적이거나 경제적인 것만은 아니다. 가정생활은 서로의 의존을 가능하게 하고, 사랑과 애정을 발생시키며, 성장과 상호봉사의 장을 제공해준다. 가정 안에서 우리 자신을 다른 이들에게 내어주기를 배우면서, 우리는 또한 우리 자신을 하나님께 드리기를 배우며, 또한 이 세상에서 하나님의 뜻을 이루는 거룩한 기업을 계속 유지하도록 하게 된다. 그러므로 성경에서도 하나님께 대한 우리의 관계를 가족관계로 표현하는 때가 많다. 즉, 우리를 그의 자녀라 하며, 그는 우리의 아버지라고 한다. 그리고 그의 사랑은 어머니의 사랑과 비교되어 표현되며, 우리를 신부라 하고 그를 사랑이라고 한다. 그러므로 가정의 가치는 가정 자체를 넘어서서 상호 사랑과 봉사 안에서의 성장을 포함한다. 그리고 이는 또 가정을 만드신 이를 증언하는 것이다. 그러나 죄가 인간의 실존을 상하게 했을 때, 그것은 가정도 그 목적에서 벗어나게 하고 가정생활의 왜곡을 이끄는 결과가 된다.

노동에 붙박여 있는 것도 고용주와 고용자 그들의 가족, 또 그들이 일부분을 형성하고 있는 전 사회에 유익을 주는 경제적 가치이다. 노동은 신체적 실존만이 아니라 교육과 예술, 공학기술, 정부를 통한 인간적인 '삶의 질'까지도 가능하게 하는 것이다. 노동은 다른 사람들을 섬기며, 따라서 '공공 선'을 섬기는 것인데, 특히 자연의 자원들을 청지기답게 관리함으로써 하는 것이다. 개인의 자기완성은 또 다른 잠재적 가치이기는 하지만, 그것을 노동의 궁극적 목적으로 삼는 것은 자기도취narcissistic인 것이다. 그러므로 노동은 다른 목적을 이루는 한 수단으로서의 가치를 가지는 것이다. 물론 노동은 그 자체로 자기유익을 구하는 것이기는 하지만, 이는 또 한 수단으로서 다른 이들을 섬기며, 우리가 그의 형상으로 만들어진 창조주를 증언하는 좀 더 인간적인 '삶의 질'을 제공하는 기여도 한다. 이렇게 노동은 처음부터 이런 목적을 가지고 하나님께서 제정하신 것이다. 그러나 죄는 인간을 오염시켜서 노동을 통해 섬기는 것으로 보다는 자가 유익을 구하며, 인간화하기보다는 비인간화하는 결과를 내게끔 바꾸어 버린다. 아주 힘겨운 노력은 죄의 저주인 것이다(창 3:17-19). 노동은 원래 즐거운 소명이며 기꺼이 하나님께 드리는 것이기 때문이다.

우리는 인간 정부를 내신 하나님의 목적에 대해서도 비슷한 말로서, 이는 평화와 정의, 하나님 나라를 위한 '샬롬'의 환경을 만드는 것이라고 말할 수 있다. 그렇지 못한 정부는 죄의 영향을 받은 것이다. 우리는 또한 교회를 내신 하나님의 목적이 모든 삶의 측면을 하나님께 기꺼이 드려서, 이 세상에서의 하나님의 목적을 이루는 예배와 교제에 있다고 말할 수 있다. 그러므로 예배에 어떤 다른 목적을 더하는 '국가 종교'Civil religion는 참된 종교적 가치에 못 미치는 것인 바, 이는 마치 사회적 불의를 문제로 여기지 않는 정치가 참된 정치적 가치에 못 미치며, 제재 없는 이익 추구가 참된 경제적 가치에 못 미치고, 자기중심적인 혼인이 참된 가정적 가치에 미치지 못하는 것과 같다. 이렇게 각각의 기관과 제도에 대한 하나님의 목적이 무엇보다 먼저 와야 하는 것이다.

그 둘째 특성은 정의와 사랑의 포괄적인 원칙이 지배적인 '제도적인 생활'안에는 '도덕적인(성질의) 관계'가 있다는 데에 있다. '아가페'$\alpha\gamma\alpha\pi\eta$, agapē에 의해서 변화되지 않은 '에로스'$\epsilon\rho\omega\varsigma$, eros의 혼인은 소유적인 혼인일 뿐이다. 또한 정의에 대한 관심이 없는 혼인은 각 배우자의 독자적인 이해나 필요를 고려하지 못할 것이며, 그 각각의 배우자를 동등하게 대우하지 못하게 될 것이다.

조직적인 구조에 가려서 인격간의 관계가 잘 보이지 않은 커다란 제도와 기관에서도 정의는 최고의 중요성을 가져야 한다. 공정한 고용관계, 공정한 가격제도, 정직한 광고, 비독점적인 매매, 사회에서의 개인의 노동이 미치는 큰 효과에 대한 관심, 그리고 모든 이의 권리를 존중하며, 자연환경을 보존하는 데에 대한 관심 - 이 모든 것들이 모두 본질적인 것이다. 그러므로 정치에서도, 공정한 사회justice society가 그 목적이어야 하고 공정한 법이 그 수단이어야만 한다. 언제나 도덕적인(성질의) 관계가 지켜져야만 하는 것이다.

나는 항상 나의 형제를 지키는 자이다. 왜냐하면 그는 내가 나 자신이 그렇게 대우받기를 원하는 대로 대우받아야 할 권리를 가진 존재이기 때문이다. 나는 그가 내게 해주기를 원하는 대로 그에게 해주어야만 한다. 그러므로 모세의 율법은 권력의 남용으로부터 '도움을 얻을 길 없는 자들'을 보호하려고 하였다. 즉, 항상 가난한 자들과 고아들, 여인들과 과부들, 고용자들과 노예들을 염두에 둔 것이다. 구약의 선지자들은 이를 잘 지키지 못한 국가에 대해 비난의 손길을 내뻗었다. 예를 들어서, 이스라엘의 통치자들은 공정한 심판(혹, 재판)으로 특징지어지므로 부나 권력을 부당하게 자신들을 위해 사용해서는 안 된다는 것이다.

16세기로부터 사회정의에 대한 이 관심은 유대 - 기독교적 성경과 로마법에 근거한 전통에 따라 인권을 동등하게 여기는 것으로 표현되었다. 인권human rights은 천부적인 권리이지 인간의 법이나 법령에 의해서, 또는 역사적 행운으로 얻어진 것이 아니다. 유신론적인 관점에서 볼 때, 인권은 하나님께서 우리 모두를 그의 형상으로 만드셨다는 사실에 근거하고 있는, 하나님께서 주신 권리이다. 이는 또한 인권은 누구에게도 양도할 수 없으며, 그 누구도 부인할 수 없는 것이란 의미이다. 자기결정을 할 수 있는 인간의 권리가 모든 특정한 정부 권위의 근거가 된다. 왜냐하면 정치적 권위란 원리상 하나님께서 제정하신 것이며, 이상적으로는 특정한 결정을 하는 백성이 그 권위를 수행하는 것이기 때문이다.

그러나 그 누구의 인권도 무한한 것은 아니다. 왜냐하면 우리는 항상 다른 이들과의 관계 가운데 살기 때문이다. 존 로크는 새로운 땅(가나안 -역자 주)에 정착하는 것과 관련해 이르기를 "그 땅은 이미 모든 이들에게 주어졌으므로 동등한 재산권은 우리로 하여금 다른 이들을 위해 충분히 남겨두게 하는 것이다"라고 한다(모든 곡식을 다 추수하거나, 남은 것을 다 주워 모으지 못하게 한 율법에 대한 언급 -역자 주). 그리고 이는 다른 많은 구체적인 것들을 지배하는 원칙이 되기도 한다고 말했다. 또한 개인의 인권도 그가 다른 이들의 인권을 유린할 때에는 제재를 받아야 하고

받을 수도 있다. 그러므로 재산권이나 자유권, 또 생명 자체라도 범죄에 대한 재판으로 박탈될 수가 있는 것이다(벌금형, 구금형, 사형). 그러나 이런 재판도 보복적이거나 그 범죄에 걸맞지 않는 것이어서는 안 되고 공정한 것이어야만 한다. 구약의 '탈리오 법칙'lex talionis(즉 눈은 눈으로 …)은 이런 점에서 제한적인 원칙이다. 즉, 그 범죄에 따라서 심판을 제한시키고 지나친 심판을 금지시킨 것이다. 평등한 공의equal justice는 항상 중요하다. 그러나 그것도 앙심적인 미움으로 수행되기보다는 사랑으로써 완화되어야만 한다. 이렇게 도덕적인 (성질의) 관계는 항상 중요하다.

모든 사회 제도의 셋째 특성은 앞의 두 가지 특성과는 다른 것이니, 하나님의 뜻과 도덕적 관계의 원칙은 향상 같은 것이고 변하지 않는 것이지만, 제도의 구조institutional structures는 각기 다 다를 수가 있는 것이다. 제도의 역사적 발전은 주로 인간이 책임을 가지고 그 창의성을 발휘하도록 맡겨졌다. 가정생활의 형태, 정부의 형태, 경제 제도, 교회 정치 - 이 모든 것은 변할 수 있는 것이다. 역사적으로 이것에 영향을 미치는 한 요소는 변화하는 '개념적 모델'이다. 중세의 위계적 모델의 실재관은 봉건 제도를 낳았고, 위계적 교회 제도와 확대 가족과 씨족의 권위 구조를 생성시킨 것이다. 권위의 원천은 최상부에 있다. 그래서 어떤 이는 이 사실에서부터 특정한 왕이나 교황은 하나님께서 임명하고 권위를 주셨다는 주장까지도 했다(왕권신수설 -역자 주). 이에 반해, 기계론적 과학의 원자주의atomism는 개인주의적이고, 협약적인 관점을 주장하여 민주주의적인 이상과 회중 정치제도의 교회, 그리고 협약적인 혼인 관을 낳은 것이다. 또한 진화론적 모델에 따른 역사주의적 접근법도 나타났다. 여기서 법이란 역사적 선행요소들에서 그 타당성을 얻고, 경제제도는 이에 앞서는 역사적 변증법에 의해 타당화 되며, 특정한 가족구조도 사회 안에서 그 타당성을 얻는 것이 된다. 예를 들자면 나치의 이데올로기는 아리안족의 생물학적인 진화를 전제했고, 공산주의는 인류사회의 경제적 진화에 의

존했던 것이다.

모든 구조가 그에 해당하는 가치를 온전히 가지고 있지 않다는 것은 명백하다. 우리는 '불변하는 목적'이나 '도덕적인 관계'에 관심하기보다는 제도적 구조에 대해 더 힘 있게 논의하는 경향이 있다. 우리는 혼인의 목적이나 혼인에서의 정의나 사랑의 구체적인 의미를 말하기보다는, 남편과 아버지의 권리나 평등한 혼인에 있어서의 성의 역할에 대해 법률가처럼 말하는 일이 더 많다. 또한 우리는 노동에 대한 하나님의 뜻과 경제관계에서의 정의와 사랑의 실천에 대해서는 충분한 주의를 기울이지 않고 우리의 경제체제를 교의화 한다. 그뿐 아니라 우리는 하나님 나라가 대의적 민주주의 체제도 아니라는 것을 잊고서, 정부에 대한 하나님의 목적과 권력 사용에 있어서의 정의와 사랑의 실현에 대해 너무나도 적은 주의를 기울이면서 하나의 정치체제를 너무 높이기까지 한다.

성경에서는 그 어떤 정부형태를 이루라고 명령한 일이 없다. 역사적으로 보면 족장들 다음에 사사들이 있었고, 그 뒤에 군주들이 나타나 전제 왕권을 가졌으나, 신약성경 시대에는 로마총독과 각 지역의 유대 관리들이 공존했었다. 바울이 로마서 13장에서 모든 권위는 하나님께서 세우신 것이므로 우리 모두는 그 권위에 복종해야만 한다고 말할 때, 그는 어떤 특별한 형태의 정부에 대해 말한 것이 아니고, 그 형태와 직책을 막론한 통치적 권위 일반에 대해 말하고 있는 것이다. 그러므로 우리가 어떤 정부형태 아래서 살든 간에, 우리는 더 높은 의무higher duties와 어긋나지 않는 한, 정부에 협조해야 하는 의무를 가진다.

이와 같이 경제적인 문제에 있어서도 어떤 특별한 경제제도가 성경에서 명령되지는 않았다. 토지를 상환하는 일이 구약 희년 제도에는 있었으나 신약성경에는 이에 대한 언급이 없다. 또 노예제도도 구약과 신약이 다른 형태를 가진다. 그 어디에도 현대적인 화폐제도는 언급된 일이 없다. 더구나 성경 기자들은 기존하는 경제 구조 안에서 협동할 것을 요구하면서, 동시에 그 경제 구조의 남용을 금지했다. 심지어 도망한 노예는 다시 그 주인에게 돌아가도록 교훈 받았다. 물론 주인도 그를 형제로서 대우해야 한다고 했지만 말이다.

종교 조직 역시 다양하다. 이스라엘의 많은 기관과 제도들은 초대교회와는 상당히 달랐고 초대교회 역시 지역마다 다양했다. 예를 들어서, 디도는 장로들만을 세웠는데 디모데는 장로와 집사를 세웠던 것이다.[139]

이와 비슷하게 성경 중에서는 어느 한 가족제도를 명백히 가르치거나 어느 한 제도로만 일관되게 시행되어 오지 않았다. 창세기 기록의 서두에는 일부일처제가 함축되었는데도 아브라함과 야곱은 일부다처제를 따랐고, 다윗과 솔로몬 역시 그러하였다. 또한 간음과 다른 많은 성적 죄악이 정죄되었을 때도 일부다처제는 명백하게 논의되지 않았다. 어떤 가정에서는 아버지가 주도적이고, 또 어떤 가정에서는 어머니가 주도적이다. 그리하여 혼인에서의 '머리 됨'이 무엇을 의미하는 것인가(엡 5:22-24)에 대해서는 학자들 사이에도 의견이 분분한 것이다.

이와 같은 것들은 우리가 어느 특정한 조직 형태에 집착할 것이 아니라 우리가 처한 역사적 형편의 특정한 조직 형태에 참여해야 함을 시사한다. 그렇다고 이는 모든 구조와 조직 형태가 동등한 선을 가진 것이라거나 선택의 여지가 없다는 의미는 아니다. 물론 문화의 다양성과 인간의 창의성이 모두 인정되는 것이기는 하지만, 성경적 관점에서 보면 모든 조직구조가 결국은 하나님의 심판 아래 있기 때문이다. 그러므로 거듭 되는 관심은 이 구조가 이 제도에 대한 하나님의 뜻을 이루는 것인가, 이 구조가 공정하고 사랑스러운 관계에 기여하는 것인가 하는 데에 있다. 바로 여기에 일부일처주의의 주장, 민주주의적 정부와 현대 자본주의 체제에 대한 지지와 반대, 특정한 교회 정치 형태에 대한 주장의 해결

---

139. H. J. A. Hort, *The Christian Ecclesia*(New York: Macmillan, 1914)을 보라.

점이 있는 것이다. 평등한 혼인은 서로 사랑하며 공정할 것이고, 그 유익이 모든 주변 세계에 미치는 사랑의 봉사를 하는 결합이 될 것이나, 평등치 못한 혼인은 '아가페'agapē의 의미와 혼인 자체의 목적을 부인하는 자기중심적인 개인주의를 영속화하게 될 것이다. 또한 대의적 정부 역시 서로 대립하는 자기이해 사이의 권력 투쟁이 될 것이다. 더구나 개인주의가 개인의 가치를 오해하는 것처럼, 집단주의도 공동체의 참된 의미를 잘못 해석한다. 이처럼 극단은 옳지 않은 것이다. 결국 아브라함 카이퍼 Abraham Kuyper가 면밀히 살핀 것처럼 한 형태와 다른 형태의 구조 사이에는 단지 '실제적 탁월성의 차이'a gradual difference in practical excellency만 있을 뿐이다.[140] 왜냐하면 그 스스로 최선의 것인 형태란 없고, 단지 도덕적인 방식으로 하나님의 뜻을 이루는데 사용되는 것일 때 그것이 선한 것이기 때문이다. 그러므로 사회제도에 대한 하나님의 뜻과 목적이 가장 중요하고, 그 다음에는 그 제도 내에서의 도덕적인 관계가 중요한 것이다.

특정한 제도적 구조가 선을 위할 수도 있고, 악을 위할 수도 있다는 것은 그리 놀라운 것이 아니다. 자연과 역사 자체가 그런 이중의 가능성을 가진 것이기 때문이다. 기독교는 아무리 법에 따르는 구조라도 외적 구조 만으로서는 덕을 이루지 못한다는 것을 명백히 주장한다. 다른 사회 구조를 형성하는 것이 도움을 줄 수도 있지만, 그것이 문제를 근본적으로 해결할 수는 없다. 혁명적인 것 역시 너무 이상주의적이다. 왜냐하면 구조가 바뀐다고 해서 사람들과 그 제도가 목적하는 실제적인 목적과 인간관계를 가능하게 하는 실제적인 성질이 변하는 것은 아니기 때문이다. 사람의 변화가 없는 구조의 변화는 사태를 좋게 하기 보다는 사태를 악화시킬 수가 있는 것이고, 구조의 변화 자체는 불행한 결과를 낳을 수도

---

140. Abraham Kuyper, *Lectures on calvinism*(1898; Grand Rapids: Eerdmans, 1931), p. 83. (박영남 옮김, 『칼빈주의』, 세종문화사)

있는 것이다. 혁명사는 이것을 증명하고 있다.

제도적인 삶에 있어서도 개인의 관계에서처럼 죄가 명백히 나타난다. 때로는 더 통제하기 어려운 것이 되는데, 이는 제도화 된 경직된 구조는 관행을 당연히 하는 태도를 굳히는 경향이 있기 때문이다. 제도는 그 나름의 생리와 그 구조와 방법에 의해 수립된 가능성의 척도를 가진다. 제도가 사람들의 삶을 떠맡고 우리의 가치를 형성하며, 우리의 운영에 영향을 미치고 역사를 이루어 나가기도 한다. 그래서 아이젠하워Eisenhower 대통령은 1950년대 후반기에 '군산복합체'the industrial-military complex에 대해 현명한 경고를 했던 것이다. 심지어 어떤 학자들은 신약성경의 악한 '세력'들을 사회의 제도적 구조 안에서 악마적 존재들이 수행하는 사회 정치적 역할들과 동일시하기도 한다.[141] 그러나 그리스도의 나라는 결국 이 '세력들'을 이길 것이다. 그 제도를 내신 '하나님의 뜻'을 주장함과 하나님께서 요구하시고 가능하게 하시는 '도덕적인 관계'를 통하여 그의 승리가 지금이라도 어느 정도는 나타날 수 있는 것이다.

문제는 힘의 문제이다. 우리의 삶 가운데 행사되는 사람들과 제도들의 악에 대한 힘의 문제이다. 한편에서 어떤 이는, 그리스도인들은 힘의 사용을 거부해야만 한다고 말할 것이다. 그러나 우리는 다양한 방법으로 힘을 행사하고 있다. 이에는 신문의 힘, 권유의 힘, 사랑의 힘도 있다. 그러므로 우리가 필요로 하는 것은 이 힘과 권력의 도덕적 한계를 짓고, 그 사용을 지도하는 힘의 윤리ethic of power이다. 그러나 또 한편에는 마키아벨리Machiavelli나 니체Nietzsche와 같이, 권력의 사용에 있어서 윤리에 대한 호소를 모두 거부하려는 사람들도 있다. 라인홀드 니버의 '기독교 실재

---

141. 엡 2:2; 6:11, 12. H. Berkhof, *Christ and the Powers*(Scottdale, PA: Herald Press, 1962); John H. Yoder, *The Politics of Jesus*(Grand Rapids: Eerdmans, 1976), pp. 85-116; S. C. Mott, "Biblical Faith and the Reality of Social Evil," *Christian Scholars Review* 9 (1980): 225-260을 보라. C. S. Lewis도 그의 책 *That Hideous Strength*에서 이 가능성을 시사 한 듯하다.

주의'Christian realism는 조금 더 온건한 수준에서 자유주의적 이상주의들이 가정하듯이 정의와 사랑만으로는 제도적인 힘을 통제할 수 없으므로, 정의와 사랑이 허용하는 것을 넘어서서 힘에 대해서는 실재론적으로 힘이 사용되어야 한다고 주장한다. 이는 칭의 받았으니 '담대하게 죄를 범하라'sin boldly는 루터의 수사적 표현을 반영하는 것이기는 하지만, 도덕적인 표준이 없이는 너무 원칙 없는 실용주의를 함의 할 수가 있는 것이다.

그러므로 권력과 힘은 명확히 정의된 도덕적 한계 내에서만 사용되어야 한다. 그래서 사도 바울도 원수 갚으려는데 관심하는 보복과 보수를 반대하며, 사랑과 평화를 강조하는 문맥에서 정부 권력과 이에 의한 검의 사용을 말하고 있다(롬 12:9~13:7). 따라서 권력을 제도적으로 제한할 필요가 있으며, 전쟁 규제나 '공의로운 전쟁' 윤리의 필요도 있는 것이다. 그러면 이런 제한은 어떤 원칙에서 주어져야 하는가? 이제까지 우리가 논의한 것에 비추어 보면 두 종류의 제한이 가능하다. 그 첫째는, 그 제도로 하여금 권력을. 행사하며 존재하도록 하신 하나님의 뜻과 목적에 대한 고려이고, 또 하나는 정의와 사랑 배후에 있는 인격에 대한 존중이다. 권력과 힘은 하나님이 세우신 바른 목적과 뜻 안에서만 사용되어야 하고, 항상 개인의 권리를 존중하면서 사용되어야만 한다. 권력은 이 범위를 벗어나는 권력과 힘을 제한해야 하고, 항상 권력을 찬탈하는 '제도의 구조'를 바꾸기도 해야 하는 것이다.

실제로 권력은 다음과 같은 여러 가지 방법으로 제한될 수 있다. 첫째는 '특정한 제도 내의 천제와 균형 체계'이다. 예를 들자면 미국 정부에서의 권력의 분립, 경영에 있어서의 책임 분산 양식, 정기적인 재정 감사와 같은 것이 이에 해당된다. 디맨트V. A. Demante는 사회주의에 반대하는 경제와 정치의 분리를 옹호하는 주장을 한다.[142] 권력의 특성을 생각해보

---

142. Demant, *Religion and the Decline of Capitalism*(New York: Scribners, 1952).

면, 가정에서 조차도 배우자들 간의 견제와 균형은 필요하다. 왜냐하면 하나님께서 남편과 아내로 짝지어주셨을 때에는 서로 균형을 이루며 서로가 하나님께 대한 책임을 지도록 하셨기 때문이다.

둘째 방법은 국제 문제에서 흔히 논의되는 자유 경쟁적 경제체제는 자기이해를 잘 조절하여 균형을 이루게 된다는 아담 스미스 Adam Smith의 주장에서 논의되는 '세력균형'이다. 도덕 원칙이나 제한된 목표라는 근거에서 보면 자기제한은 아주 바람직한 것이다. 왜냐하면 항상 세력의 대립이 야기되고 걷잡을 수 없게 되기 때문이다. 그러나 아주 비극적이게도 국가나 기업만이 아니라 한 제도 자체 내에서도 세력의 균형은 잘 이루어지지 않는다. 정치적 압력 단체의 전술은 원칙 없는 권력투쟁으로까지 나아가기도 하며, 가정과 교회 내에서조차도 생각만 해도 몸서리쳐지는 권력투쟁이 일어나는 것이다.

셋째 방법이 가장 하나님의 의도에 근접하는 것인데, 이는 그 존재에 있어서 서로 다른 제도들이 각기 자기 한계의 일만을 충실히 하는 것이다. 가정은 정부나 교회가 빼앗을 수 없는 독특한 기능을 하는 것이나. 이런 종류의 다원주의 pluralism는 모든 종류의 제도에 명확한 제한을 가하는 것이 된다.[143] 이는 상호 제한으로부터 상호 협동의 이상으로까지 나아갈 수 있다. 즉, 정부는 가정과 교회와 기업 활동을 존중하고, 그들의 순수성과 그 나름의 목적을 추구하는 자유로 보호할 수 있는 것이다. 또한 교회도 선지자적 음성과 구속적 역할 이외에도, 가정과 정부와 기업에 참여할 수 있는 것이다. 하나님 나라와 이와 함께 하는 기독교 휴머니즘은 모든 삶의 과제를 포괄하는 것이기 때문이다.

---

143. 이는 카이퍼의 법 영역 이론(the Kuyperian theory of law spheres)에 포함되어 있다. Gordon J. Spykman, "Pluralism : our last best hop?", *Christian Scholars Review* 10 (1981) : 99-115를 보라.

사회적 행동

이런 사회 제도 의식과 사회 변화의 필요성을 받아들인다는 것은 변화를 위한 권력의 도덕적 사용에 어떤 의미를 줄 수 있는가? 부분적으로 그 대답은 우리가 제 3장에서 살펴본 바, 기독교의 문화에 대한 관계에 대해 어떤 신학적 입장을 가지는가에 달려 있다.[144] 또 부분적으로는 율법과 선지자와 복음 각각에 주어진 역할을 중심으로 성경 역사를 볼 때, 이 문제에 대한 시사를 얻을 수 있으리라고 생각된다. 율법은 이중의 목적을 가진 것이었다. 즉, 사회 내에 최소한의 정의나 실현하고 양심을 형성하는 데 돕는 교사의 역할을 하는 것이었다. 하지만 현실적으로 오늘날과 같은 다원주의적 사회에서는 법이 특정한 집단의 특정한 도덕성을 강요할 수는 없다. 그러나 적어도 사회질서와 공공선을 위해서는 무엇이 필수적인가를 알려줄 수는 있는 것이다. 또 한 예를 들어서, 1950년대 이후에 미국에서 인종 문제에 대해 취해진 인권 법안들의 점진적인 효과 같은 데서 우리는 법의 교육적인 가치를 찾아볼 수 있는 것이다.

선지직의 역할은 도덕법을 재확인하고, 이를 약속된 땅에서의 삶에 적용하는 것이었다. 즉, 백성들의 회개를 촉구하고 정의의 시행과 자비의 실행을 촉구하는 것이였다. 이 율법과 선지자가 힘을 합하여 백성들을 '하나님께서 용서하시는 복음'에 합당하도록 준비시키는 것이다. 그런데 그 복음은 용서를 가르치며, 하나님께서 사랑하신 것같이 사랑하기를 가르치고, 다른 이를 위해 우리를 희생하도록 가르치는 것이다.

그러나 이 율법과 선지자와 복음이 성경 전체는 아니다. 우리에게 불변하는 목적인 '평화' *shaōm*를 제시하고, 그와 함께 온 세상에 미치는 온

---

144. Augustus Cerillo, Jr. "A Survey of Recent Evangelical Social Thought," *Christian Scholars Review* 5 (1975): 272를 보라.

전한 화평과 정의를 가져다주는 천년왕국의 희망도 있다. 이를 다 살펴볼 때 이 주제들은 하나님께서 우리 시대의 제도들 안에서 구속적으로 활동하시며, 그럼으로써 사물의 방향을 바꾸신 하나님 자신의 사회 내에서의 활동에 로 우리를 초대한다.[145]

노예 제도에 대한 성경의 입장이 그 대표적인 예시가 될 수 있다. 구약의 율법은 노예제도가 불의와 포학한 중에서 운영되어서는 안 된다고 하며, 영구한 속박을 금하고 있다. 율법은 물리적 억압을 반대하며, 노예들의 삶을 보호하며, 그들의 가족을 유지하며, 그들이 풀려날 때 보상을 하도록 한다. 또한 선지자들은 백성들로 하여금 율법의 조문뿐만 아니라 그 목적과 뜻을 이루도록 촉구한다. 그리고 바울은 복음의 정신에서 주인과 노예 간의 사랑과 존경 에 대해 말하며, 빌레몬으로 하여금 달아난 노예인 오네시모를 형제로서 받아들이도록 한다. 이처럼 정의와 사랑은 사회 안의 여러 악들을 점차 녹여가면서, 사람들로 서로 화목하게 하는 것이다.

전쟁의 악에 대한 성경의 입상도 이와 같은 분명한 예가 될 수 있다. 구약의 율법은 전쟁행위의 명백한 한계를 규정하여서, 먼저 상호 타협하기를 추구하고, 할 수 없는 경우에도 여인과 어린이들은 살려 남겨주도록 한다. 초토화하는 전술이 금지된 것은 이것이 농경사회에 오래도록 큰 지장을 초래하기 때문이다(신 20:10-20). 또한 선지자들은 지나친 폭

---

145. 엘룰(Jacques Ellul)은 그리스도인들이란 하나님 나라의 목표인 '종국'(eschaton)에 맞도록 행동함으로써 역사의 자살적인 방향을 변화시키도록 부름 받았다고 주장한다. 필자는 그의 인간관과 역사관이 너무 결정론적이고 너무 비관론적이며, 그의 윤리는 불변하는 도덕법을 가지지 않는 상황적인 것이라고 본다. 그러나 그는 그리스도인들의 과제에 대해서는 아주 옳은 관찰을 했다고 할 수 있다. 그의 *The Presence of the Kingdom*(New York : Seabury Press, 1948); *To Will and To Do*(New York: Pilgrim Press, 1969) 그리고 *Jacques Eulll : Interpretive Essays*, ed. Clifford G. Christians and Jay. M Van Hook(Champaign, IL: University of Illinois Press, 1981)을 보라.

력의 사용을 반대하며(예, 암 1-2장), 신약성경은 정부에게 정당한 검의 사용이 맡겨진 문맥에서도 원수까지도 사랑하라고 하신다. 이렇게 화목이 작용하는 것이다. 이런 성경의 패턴들 안에서 우리는 사태를 보다 좋게 변화시키기 위해서 무엇을 할 수 있을까? 오늘날 이 세상에서 사용할 수 있는 수단들은 상당히 많다. 다음 예들을 생각해 보라.

① 더 나은 길을 증언하는 공동체 생활
② 교회의 선포와 가르침
③ 사회사업social work
④ 교육
⑤ 광고와 광고 매체의 사용
⑥ 입법과 규제에 영향을 미치는 정치적 압력단체
⑦ 정책 결정자들에게 영향을 미치려는 캠페인
⑧ 사태를 그 내부로부터 변화시키려고 권력구조(즉, 공무담임-경영-주주총회 등)안에 들어가는 것
⑨ 선거직을 담당하거나 좋은 대표자들을 선출하는 것
⑩ 불매동맹boycotts
⑪ 동맹파업strike
⑫ 법정에서 법을 시험해 보기 위해 체포당하려는 의도로 사회적 불순종의 행위를 하는 것
⑬ 폭력의 위협
⑭ 중대한 불의에 대한 권력의 선별적 사용
⑮ 비폭력적인 혁명
⑯ 폭력적인 혁명

내가 이를 열거한 목적은 도덕적 판단에서의 신중함을 증대시키고, 도

덕의 모호성을 깊이 인식하도록 하려는 데에 있다. 물론 폭력의 사용과 위협을 일체 거부하는 기독교 전통도 있다. 그러나 이 모든 수단들은 한때 그리스도인들이 사용했던 것들이고 오늘날도 사용 가능한 것이나, 이 모든 힘의 행사는 도덕적인 기준에서 행사되어야만 한다는 것이 나의 주장이다.

예를 들어서, 오늘날에 유행하는 두 종류의 혁명관이 있다. 그 하나는 마르크스주의 변증법에 기초한 것이고 또 하나는 기독교 자연법 전통에 근거한 것이다. 전자는 변화시키며, 기존하는 제도를 파괴하는 데 있어서 대립이 아주 필수적인 것이라고 본다. 그런가 하면 후자는 혁명이란 다른 모든 수단을 사용해 본 결과 실패한 가장 극단적인 경우에만 호소할 수 있는 수단이라고 본다. 더구나 이런 전통에서는 '힘의 사용'이 아주 제한되어야만 한다. 힘의 사용은 사적인 정당에 속한 것이 아니라 정부의 권위에만 속한 것이다. 그래서 존 로크는 그의 유명한 『시민정부 이론』*Second Treatise on Civil Government*에서, 만일 어떤 군주가 정부의 정당한 목적을 거스려 자신에게 맡겨진 것을 유용하는 전제자가 된다면, 백성들은 그 전제적인 찬탈자에 대항하여 권위를 사용 할 수 있는 다른 정부를 수립할 수 있다고 했던 것이다. 이렇게 권력과 힘은 명백한 윤리적 한계 내에서만 사용될 수 있을 뿐이고, 도덕이 주도하는 혁명은 일반적으로 '정당한 전쟁 이론'just war theory으로 알려진 것과 유사하다.

시민적 불순종에 대해서도 같은 원칙이 적용될 수 있다. 윤리 이론들이 말하는 것과 마틴 루터 킹Martin Luther King, Jr.이나 다른 이들이 조심스럽게 실행한 바와 같이, 제 3의 길이 도저히 있을 수 없는 극단의 불의에 대해서만 '시민적 불순종'이 있을 수 있는 것이다. 불의한 법을 불순종하는 것 외에는 모든 면에서 법을 준수하면서 살아야만 한다. 이 불의한 법에 대한 불순종 때문에 우리는 어려움을 당하고, 체포될 수도 있다. 그러나 그것으로서 우리는 그 불의한 법을 고발하는 것이다. 그렇게 하여 공공의 동감을 얻음으로써 그 법을 고칠 수가 있다. 정당한 원인과 정당한 수단 모두가 정당한 목적과 동등하게 본질적인 것이다.

원래는 선하게 만들어졌으나 부패했고, 그러나 백성들을 구속시키고, 정의와 사랑의 나라를 가져오게 하시려 고난을 받으시고, 처형당하신 한 사람에 의해 이루어진 '법이 지배하는 피조계'에 있어서는 사랑과 정의라는 한계로 권력과 힘을 제한하는 것은, 어떤 대가를 무릅쓰고라도 있어야만 하는 본질적인 것이다. 대개는 폭력혁명이나 시민적 불순종보다는 좀 덜 과격한 방법이 사용되며 유효하게 쓰인다. 그러나 그 때라도 권력에 대한 도덕적 제한이 있어야 하고 수행되어야 한다. 문필의 힘, 매체의 영향력, 설교자의 말씀, 정치가의 수사rhetoric, 여러 가지 압력의 작용, 교육과정의 특성 – 이 모든 것은 항상 공정해야 하고, 사람들을 고려해야 하며, 도덕적으로 제한되어야만 한다.

기독교 역사관

라인홀드 니버는 서양의 세 가지 대표적인 역사관을 지적했다. 그 첫째는, 역사와 자연적 과정을 동일시하고 그 목적 없는 순환으로부터 벗어나려고 노력하는 고대 헬라의 역사관이고, 그 둘째는, 역사 안에서 인간은 선도 악도 택할 자유를 가졌다는 근거에서 자연과 역사를 명백히 구분하는 성경적 역사관이고, 마지막 셋째는, 인간의 힘과 자유의 역사적 발전을 모든 문제의 해결로 보는 현대적 역사관이다.[146]

이런 현대적 역사관은 휴머니스틱 한 세계관의 토대가 된다. 동양 사상은 그 진보에 대한 불신과 신비주의적 종교라는 면에서 헬라적 관점

---

146. Niebuhr, *Faith and History*, pp. 14 –15.

과 상당히 흡사하다. 그러나 서양 사상은 르네상스와 계몽주의적 낙관론의 산물이라고 할 수 있다. 르네상스의 유토피아 문학은 진보의 분위기를 마련했고, 18세기에 자연과 인간에 대한 이성의 우위에 대한 신뢰는 그 진보의 철학적 기반을 마련했으며, 19세기 진화론적 개념은 그 진보가 불가피한 것이 되게 했다고 할 수 있다. 루소Rousseau, 칸트Kant, 헤겔Hegel, 꽁트Comte, 밀Mill, 마르크스Marx – 이 모든 이들은 역사란 '인간의 보편적 일치'라는 목표를 향해 움직여 나가는 것으로 보았다. 오늘날의 과정 신학자들process theologians은 이 목표를 '하나님의 궁극적 성질'consequential nature of God이라고 한다. 결국 역사란 선을 이루고야 만다는 것이다.

이런 낙관론과 밀접한 관련을 가지고 따라다니며 초점이 되는 것은 '자유'라는 개념이다. 존 로크는 모든 이가 그들이 원하는 대로 행동할 수 있는 동등한 자유를 가졌다고 확인했다. 또한 칸트Kant는 이성의 통치는 우리를 자연적 충동과 경향의 인과적 결정론에서 자유롭게 한다고 했다. 헤겔Hegel 역시 국가의 주권은 자유로운 절대정신의 구현이라고 보았다. 이것이 히틀러에게 있어서는 인종의 주권이 되었고, 마르크스에게 있어서는 억압받는 사회 구조로부터의 해방이 되었다. 이렇게 자유는 역사의 목표이고, 역사는 필연적으로 그것을 성취하고야 만다는 것이다.

현대의 휴머니즘도 분명히 낭만주의적 휴머니즘과 마르크스주의적 휴머니즘과 함께 이 꿈을 공유하고 있다. 과학적인 휴머니스트들은 과학기술technology이 우리를 해방하고, 장래 세대에 물려줄 유전적 증여를 수정할 자유를 주며, 받아들일 수 없는 행동을 통제할 자유를 준다고 한다. 그러나 이 '싹트기 시작한 전능의 환상'illusion of budding omnipotence[147]은 무력한 섭리를 대신하고 나타나서는, 개인감정과 자유를 억압하는 비인

---

147. Ibid., p. 88.

간화하는 사회라는 끔찍한 전망을 제공한다. 특히 실존주의적 휴머니스트들은 이것을 지적한다. 그러나 실존주의자들도 역시 자유를 주장한다. 그렇지만 그들의 자유는 개별화되고 통제할 수 없는 것이어서 역사에서의 낙관론이 환상임을 나타내는 것이다.

에밀 브룬너는, 이런 현대의 역사관은 '낙관주의적 인간론과 기독교적 종말론의 결합에 의한 변종'이라고 했다.[148] 이 말과 같이 현대 역사관은 적어도 두 가지의 기독교적 특성을 가진다. 자연과 인간의 차이를 분명히 하고 역사는 의미를 가진다는 신념에서 그러하다. 이렇게 역사는 인간 자유의 역사이므로 아놀드 토인비Arnold Toynbee는 인과적 설명을 '도전과 응전'challenge and response이라는 주제로 바꾸었다. 그리고 고대 그리스의 개념과는 달리 역사란 희망의 영역이므로 다양한 메시아적 기대가 있는 것이다.[149] 그렇지만 현대의 역사관은 역시 기독교를 전도시킨 이단이라고 할 수 있다. 그것은 너무나 낙관론적이어서, 역사의 선에 대한 가능성은 악에 대한 가능성보다 훨씬 크다고 생각한다. 또한 그것은 너무 비관론적이어서, 역사의 악에로의 가능성은 역사 자체가 주장하는 것 이외의 모든 희망을 배제하도록 하는 것이다. 이렇게 현대 역사관은 자연주의적이고 인간 중심적이다. 인류와 역사는 그 나름의 가능성에만 갇히며, 희망의 외적 원천을 모두 부정하는 내재적 목적론에 빠지고 만다. 결국 인간 자신이 자신의 메시야가 되는 것이다.

그러나 자연주의가 어떻게 낙관론적일 수 있겠는가? 자연주의는 어떻게 우리가 마땅히 추구해야만 하는 선한 목적을 이루어간다고 가정할 수 있을까? 역사는 참으로 선한 자유를 생산해 내는가? 여기에 수많은 문제들이 제기된다. 만일 자연주의가 일어나는 모든 것의 원인은 물리적 과

---

148. Emil Brunner, *Christianity and Civilization*(London: Nisbet, 1948) p.55.
149. 라인홀드 니버는 『인간의 본성과 운명』에서 이 주제를 발전시키고 있다. *The Nature and Destiny of Man*(London: Nisbet, 1943), vol. II, I. II. VI장.

정이라고 가정하는 것이라면, 어떠한 의미에서 우리가 자유로울 수 있는가? 역사라는 것이 인간 행위 외에 어떤 다른 조건에 의해서도 형성되는 것이라면, 인간 행동이 가장 중심적인 것이라고 보장할 수 없지 않는가? 역사는 우리가 부과하기를 원하는 의미를 가지게 되는가? 자연주의자들이 메시아적인 기대를 가질 논리적 이유가 있는가?

그러나 역사에 대한 기독교적 접근은 논리적으로 의미와 희망을 기대하게끔 한다. 왜냐하면 기독교 역사관은 우리가 검토해본 바와 같은 구조와 형태를 지닌 포괄적인 세계관의 한 부분이기 때문이다. (그것은 다음과 같이 요약해 볼 수 있다)

❶ 역사의 하나님은 끊임없이 행동하시고, 목적을 가지고 움직이시며, 우리와 항상 함께 하시는 살아계신 하나님이신 창조의 하나님이다. 역사의 로고스는 모든 일을 자신의 선하신 목적을 위해 주관하시는 창조의 로고스이시다. 또한 성경의 역사는 주로 인간 자유의 역사가 아니라 사회-국가적 함의를 지닌 하나님의 행위의 역사인 것이다. 하나님께서는 이스라엘의 역사를 주관하셨으며, 구체적인 역사적 상황 속에 스스로를 성육신하시고, 그의 일을 계속하기 위해서 교회를 수립하셨다. 이런 하나님과 피조물의 관계는 역사의 전반적인 장이 되며, 그 문맥이 되는 것이다.

그러므로 역사는 고대 그리스인들이 보는 것처럼 순환적인 것도 아니고, 전적으로 내재적인 원인을 지닌 자기 나름의 과정을 가진 자연주의적인 것도 아니다. 역사 전체의 주도적인 주체 the leading actor는 하나님이시다. 그러므로 그를 돕는 조역들은 바뀌어가도 역사의 드라마는 계속되는 것이다. 그리고 이는 궁극에 실현될 희망을 시사한다. 그러므로 시편 기자들은 하나님의 전능하신 행위를 찬양하고, 선지자들은 역사적 변혁을 하나님의 목적의 빛 아래에서 보는 것이다. 그들에게 있어서 역사는 사람이나 국가의 주권이 아니라 하나님의 주권을 확언하는 것이었다.

❷ 역사는 인간이 자연이나 다른 인격에 대해서 뿐만 아니라, 하나님과의 관계에 있어서도 책임이 있음을 드러낸다. 구약성경의 역사는 족장들의 삶과 이스라엘 백성들의 삶에서 이를 그려내고 있다. 구약 역사는 사건을 정치-경제적으로 설명하기보다는 도덕적-종교적인 측면에서 설명하고 있다. 왜냐하면 이것이 '하나님의 뜻'의 초점이기 때문이다.

자유뿐만 아니라 인간의 죄성 또한 사건을 상당히 설명해 준다. 민족주의nationalism가 유럽 전역에서 한층 고조되었던 19세기 후반에, 화란의 정치가이자 신학자인 아브라함 카이퍼는 인류가 각각의 민족국가로 나누어진 것을 '죄'로까지 소급하여 설명하였다. 민족과 민족주의는 인류라는 유기적 단일체를 파괴하는 부자연스러운 원인들인 인종주의, 자기이익, 권력추구, 소외 등의 산물이라는 것이다.[150] 그것이 너무 지나친 말이라고 할 수는 있으나 주장하는 요점은 분명하다. 즉, 사람들을 서로 분리시키는 민족적 자기중심주의는 죄라는 것이다. 민족주의적 쇼비니즘 nationalistic chauvinism은 죄이다. 바벨탑에 대한 성경의 기록은 이것을 분명히 한다. 그처럼 하나님께서 의도하신 공동체를 파괴하는 것은 죄이다. 하나님께서는 이 지상에서 온 백성으로 하여금 하나로 살도록 만드신 것이기 때문이다(행 17:26).

❸ 역사는 인간 실존에 내재한 잠재적 가치를 실현한다. 성경은 이를 추수 때 까지는 알곡과 가라지가 함께 섞여 자라나는 과정이라고 묘사한다. 그의 유명한 저서인 『하나님의 도성』City of God에서, 아우구스티누스 Augustine는 천상적 도성과 지상적 도성, 예루살렘과 바벨론의 병행적 성

---

150. Kuyper, *Lectures*, pp. 79ff.

장에 대해 이와 비슷한 진술을 하고 있다. 알곡과 가라지가 같이 자라나듯이 역사는 선의 승리를 보장하지 않고, 오히려 최후에 하나님께서 심판하심으로써 그의 뜻을 이루시기 전까지는 선과 악이 동시에 자라나는 토양이 된다. 이 두 도성의 배후에는 두 종류의 사랑, 하나님과 이웃에 대한 두 종류의 관계, 즉 '카리타스'caritas, agapë와 '쿠피디타스'cupiditas(자기 사랑)가 있다. 왜냐하면 결국 백성들은 자신이 사랑하는 것과 사랑하는 방식에 의해 통치 받는 것이기 때문이다. 그러나 기독교의 사랑(아가페)은 어려움에 빠진 백성들을 돕는 데 있어서 정의를 넘어설 수 있게 해 준다.[151]

그러면 역사는 어떤 과정을 이루어가게 되는가? 역사란 선과 악이 혼합하며, 선과 악이 변증법적으로 대립하는 장이 된다. 여기에 마르크스주의와 헤겔적 관점의 주된 접촉점이 있다. 왜냐하면 그들은 모두 역사 내에서의 변증법을 인정하기 때문이다. 그러나 기독교적 관점에서는 이런 변증법을 헤겔에게서와 같이 자연 과정에 내재한 변증법으로서가 아니라 사물의 부패a corruption of things로 본다. 왜냐하면 이 변증법은 마르크스에게서와 같이 사회경제적인 변증법이기보다는 선과 악의 변증법이기 때문이다. 사실 변증법은 우리들 각각의 안에서와 우리가 만들어 내는 역사 가운데서 나타나는 죄 때문에 시작된 것이다.

그 누구도 그가 헤겔의 세계사적인 인물이든지 마르크스의 프롤레타리아든지를 막론하고, 선과 악의 내적 갈들에서 벗어나 자유 할 수 없다. 또한 이는 서로 대립하는 요소의 정반합적인 종합에 의해서 극복될 수 있는 것도 아니다. 오히려 성경의 희망은 최후의 승리란 하나님께서 역

---

151. 교회사가인 라토렛은 1949년 (미국 역사학회. American Historical Association) 회장 취임 연설에서, 사랑이 역사에 영향을 미친다는 이 주제를 발전 시켰다.; Kenneth Scott Latourette, "*The Christian Under standing of History,*" reprinted in C. T. McIntyre, ed., *God, History and Historians*(New York : Oxford University Press, 1977), pp. 46-67.

사에 개입하셔서 악을 극복하실 때에 있다고 한다. 그리스도께서 죽음으로부터 부활하신 것은 그의 영원한 나라에 대한 보증이 된다(고전 15장). 역사의 그리스도는 참으로 창조의 그리스도시며, 또한 알파요 오메가이신 것이다.

그러나 그 마지막까지의 과정은 의미를 지니는가? 그렇다. 예술과 심미적인 의미에서 우리의 삶을 더 풍성하게 해주는 새로운 형식과 감각의 발견, 그리고 학문, 과학기술, 의학, 그리고 인간적인 노동조건에 있어서 의미를 지닌다. 모든 영역에 있어서의 인간 노력의 역사는 이를 명백히 해준다. 상당히 많은 면에서 인간들의 노력의 정도는 한 세기 전보다 훨씬 진보한 것이다. 이런 잠재적 가치들은 하나님의 피조계에 내재한 것이지만, 하나님의 섭리와 은혜로서 계속되는 하나님의 창조적 행위에 의해 실현 된다. 그러나 악과 잘못된 것들 - 예를 들자면, 전제적 정부, 핵전쟁의 위협, 억압적인 사회체제, 환경오염, 자연자원의 착취, 도심지의 부패, 각종의 차별, 사람에 대한 모든 비인간화 등도 같이 성장하는 것이다. 인간의 타락과 무책임한 자기 추구는 하나님의 섭리적인 행동에 의해 제한되기는 하지만, 그래도 하나님의 피조계에 대한 잠재력을 왜곡시키는 것이다.

❹ 역사는 인간의 문화와 사회제도 등의 하나님의 뜻을 이루는 제도들에 대한 것이어서, 이상적으로는 선을 조장하고 악을 제한하는 것이다. 역사는 경제와 정치와 가정과 교회와 예술과 과학과 이상까지를 포함해야만 인간의 역사라고 할 수 있다.

이제까지 말한 바와 같은 관점은 우리의 역사 이해와 역사기록에 영향을 미친다. 앞서서 지식과 진리에 대해 말한 바는 이를 분명하게 한다. 역사란 다른 학문 이상으로 객관적이고 실증적인 학문도 아니지만, 다른 학문보다 객관적 실증성에서 부족한 학문도 아니다. 왜냐하면 역사는 역사를 읽고 쓰는 사람들의 신념과 가치와 밀접한 것이기 때문이다. 우리가 인간 실존과 사회제도를 보는 방식과 가치의 근거로 삼는 것은 역사적 자료(사료)의 선택과 해석에 영향을 미친다. 그래서 존 매킨타이어 John McIntyre는 역사를 다음과 같이 정의한다. "(역사란) … 의미 있는 사건들, 특히 필연성, 섭리, 성육신, 자유와 기억과 같은 몇 가지 범주들로 구성된 의미를 지닌 사건들이다."[152] 필연성 necessity이란 자연조건과 인간 본성상 가능한 것의 매개변수를 지칭한다. 섭리란 역사 안에서의 하나님의 뜻과 심판, 그의 자비까지를 포함하는 것이다. 그리고 자유란 계몽주의에서처럼 유일한 의미인 것은 아니고, 의미의 중요한 구성요소가 될 뿐이다. 기독교 역사관에서는 자유도, 민족이나 국가도 궁극적 '원칙'일 수는 없다. 만일 그렇다면, 하나님은 때때로 돕기 위해 필요할 때마다 끌려나오는 단순한 조력자 정도로만 되기 때문이다. 그런 종류의 하나님은 역사적 필연성에서 언제든지 쉽게 배제될 수 있다. 그러나 기독교적 관점에서는, 자유란 항상 '하나님 아래' 있는 것이고, 주권은 항상 하나님에 의해서 부여되는 것이나. 하나님의 엄위만이 원칙적인 것이고, 열방들은 통의 한 방울 물과 같고, 저울의 적은 티끌 같은 것이다(사 40:15).[153] 기독교 세계관 내의 다른 것과 같이 기독교 역사관도 처음부터 끝까지 하나님 중심적이다. 그리고 그 하나님이 우리와 함께 하신다.

---

152. John Mcintyre, *The Christian Doctrine of History*(Grand Rapids: Eerdmans, 1957). 역사의 의미를 밝혀주는 기독교적인 범주에 대한 비슷한 설명을 Herbert Butterfield, *Christianity and History*(New York: Scribner, 1950)와 J. V. L. Casserly, *Toward a theology of History*(New York: Holt, Rinehart & Winston, 1965)에서도 찾아볼 수 있다. 또한 헨드리쿠스 벌코프가 초안한 1960년 세계교회협의회의 문서도 보라; Hendrikus Berkhof, "*God in Nature and History*" reprinted in C. T. Mcintyre, *God, History and Historians*, pp. 292-328. 기독교적 역사관과 비기독교적 역사관의 비교를 위해서는 Reinhold Niebuhr, *Faith and History*와 D. W. Bebbington, *Patterns in History*(Downers Grove: Inter Varsity Press, 1979).

153. Kuyper, *Lectures*, p.81을 보라.

물론 이런 종류의 포괄적인 관점은 역사적 위기의 결과를 예언하거나, 왜 특정한 사건이 발생했는가를 설명할 수 있는 것은 아니다. 그러나 이것은 자기 기만을 드러내고 신화를 폭로할 수는 있다. 포괄적인 관점으로서 기독교 역사관은 우리가 과거를 볼 때 무엇을 관심해야 하며, 우리가 전개되는 역사를 보고 우리의 장래를 형성해 나가려 할 때에 무엇에 가장 큰 관심을 기울여야 하는지를 제시해 준다. 특정한 사회 제도에 대한 하나님의 뜻(목적)과 그 제도 내의 도덕적인 관계가 역사에서 중요한 것이라면, 그것이 우리의 사물에 대한 평가와 우리 자신의 관여의 근거가 되어야만 하는 것이다.

그러면 이제 제3부에서는, 이런 기독교 세계관의 전반적인 관점에서 우리는 어떻게 이 세상과 구체적인 관계를 맺어 나아가야 할 것인지를 논의해 보기로 하자.

제3부

세계관의 실천적 의미

Contours of A World View

Studies in a Christian World View

인간의 창의성

Contours of a World View
Studies in a Christian World View

이제까지 기독교 세계관의 형상을 살펴보았으니, 이제는 기독교 세계관이 다양한 문화 활동에 적용될 때는 어떤 결과를 보여 주는가 간단히 생각해 보기로 하자. 문화란 살아있고 성장하며, 개발되는 것이다. 따라서 이는 창의성을 요구한다. 생물학적인 필요를 넘어서서 노동과 여가선용, 예술과 학문, 교육과 정치 등을 통한 삶의 인간적 가치를 분명히 해주는 것이 문화인 것이다. 이 장에서는 먼저 창의성이란 말이 무엇을 뜻하는지 살피고, 이 창의성이 세계관에 있어서는 어떤 의미를 지니는지 논의한 후에 마지막으로 이것들을 기독교 세계관에 적용시켜 요약해 보고자 한다.

창의성이란 무엇인가

심리학자인 롤로 메이Rollo May는 "창의성creativity이란 고도로 의식적인 인간과 그의 환경과의 해후"라고 하였다.[154] 이는 상당히 의미 있는 조작적 정의로서 창의성에 포함되는 다음 세 가지 요소를 지적해 준다. 즉, 주체인 인간과 객체인 세계, 그리고 그 둘의 만남이 그것이다. 우리가 인간 존재를 어떻게 생각하며, 세계가 인간의 창의성에 따라 어떻게 변하는가를 설명하는 방식과 그 인간과 세계의 만남을 어떻게 묘사하는가 하는 이 세 가지 모두가 중요하다. 처음 두 가지는 세계관의 직접적인 영향을 받는 것이지만 세 번째 요소에 대한 우리의 해석에도 세계관은 큰 영향력이 있다.

이 독특한 조합의 특징은 어디에 있는가? 그것은 평범하고 피상적인 파악을 넘어서 사물을 새로운 빛의 시각에서 보고, 새로운 개념이나 지각을 가지며, 그 사물이 취할 수 있는 새로운 형태를 보며, 따라서 어떤 새로운 실재를 찾는 만남이다. 이런 해후는 무엇이 말하여지거나 외적으로 표현되기 전에는 대개 상상력imagination에 의해 시작되고, 결국에는 이전에는 실현되지 않았던 가능성의 실현이라는 결과로 인도 한다. 자크 마리탱Jacques Maritain은 이렇게 말한다. 예술이란 '새로운 피조물인 그 나름의 결과를 내기 위해서 자연의 은밀한 움직임을 붙잡아 내는 것이다.'[155]

그러나 창의성 모두가 이렇게 즉각적이고 직각적인 것만은 아니다. 창의성은 지각적인 눈과 소식들에 대한 민감성과 준비된 마음뿐만 아니라 배아적 사상이 싹트고 자라날 비옥한 소양이 될 경험을 필요로 한다. 그래서 일단 창의적인 아이디어가 생겨도 그것이 상당한 과정을 거쳐서 충분히 발전된 형태를 갖추게 되려면 좀 더 조심스럽게 발전 되어야 하고, 실증되어야 하며, 검토되어야만 한다. 고도로 의식적인 사람의 계획적인

---

154. Rollo May, *The Courage to Create*(New York: W. W. Norton, 1975). 제2장.
155. Jacques Maritain, *Creative Intuition in Art and Poetry*(New York: Pantheon Books, 1953), p. 65.

노력을 요하는 것이다.

그렇다고 해서 우리가 전통적으로 예술이라고 부르는 것에서만 창의성이 나타나는 것은 아니다. 창의성은 어떤 감정을 자아내는 빛과 소리와 말과 함께 나타나며, 또한 이론적 개념의 조작이나 과학적이거나 조선기술 공학의 발전, 혹은 어떤 기관이나 제도, 조직과 관계된 활동에서도 나타날 수 있다. 또 창의성이란 천재들만 가진 것도 아니다. 물론 모든 사람의 특성은 다 제각각이다. 그러나 누구든지 지금은 없으나 있을 수 있는 것을 상상하고, 그것의 실현을 위해 힘쓸 수는 있다. 이렇게 창의성이란 객관적 세계 내의 잠재적 가치를 찾고, 그것의 실현을 추구하는 것이다. 그것은 바로 인간의 본성이기도 하다.

창의성의 예는 모든 분야에서 나타난다.[156] 수학자, 신학자, 과학자, 운동선수, 그리고 기업가 그 누구에게서나 우리는 앞에서 묘사한 창의성을 찾아 볼 수 있다. 왜냐하면 창의성이란 예술가인 사람들만의 특색이 아니라 인격적 사람a person qua person들의 현저한 특색이기 때문이다. 일상 언어의 사용에서도 창의성이 발휘될 수 있다. 즉, 우리가 즐기는 농담이나 은유 등에서 그러하다. 또한 매일의 노동도 창의적일 수가 있다. 작업을 새롭게 조직할 방법을 찾고, 그렇게 함으로써 이는 창의성을 나타낸다. 사회생활과 사랑이나 증오도 창의적일 수 있음은 창의성이란 선 뿐만 아니라 악에 대해서도 발휘될 수 있기 때문이다. 결국 창의성이란 인간 주체와 다양한 가능성을 지닌 세계와의 만남이다.

그러므로 창의력을 어디에 기울여야 하는지에 대하여 도덕적인 질문이 발생할 수가 있다. 인간의 모든 활동은 완전히 가치중립적인 것도 아니고 도덕과는 전혀 상관이 없는 것도 아니다. 그러므로 인간의 모든 활

---

156. 예를 들어서, B. Ghiselin, ed. *The Creative Process*(Berkeley: University of California Press, 1952)의 설명을 참고하라.

동에서 우리는 하나님께서 그것을 피조하신 목적을 반영하는 선한 목적인 가치를 추구해야만 한다. 그렇게 되면 의미 있는 인간 실존에서의 창의성에 대한 정당한 위치가 뚜렷해진다.

창의성과 세계관

창의성이 처음으로 조심스러운 주목거리가 되었던 시대는 낭만주의 시대였다. 이는 어떻게 시작되었는가? 이미 살펴본 대로 르네상스는 기독교에서 독립하여 인간의 능력을 높이려는 경향이 있었고, 계몽주의는 르네상스의 이상을 인간의 최고 가치인 듯이 인간의 자유를 이상화하였다. 낭만주의는 이를 더욱 추켜세워서 창의적인 천재들의 온전한 자유를 추구했던 것일 뿐이다.

더구나 계몽주의는, 상상력이란 순전히 인지적인 기능이며 정신적 그림을 그리는 것이라고 보았고 예술은 정신의 관조적 활동이라고 보았다. 그러나 이 두 가지는 모두 이성의 시대의 관심거리였던 자유로운 이론적 사고와 논리적 탐구의 이웃이었고, 따라서 그 두 가지는 이론적 사고와 논리적 탐구와 관련시켜 볼 때에만 바르게 보고 이해 할 수가 있다. 따라서 계몽주의 시대는 시인들의 시대이기보다는 수필가들의 시대였다. 또한 조금 더 격렬하고 형식에서 벗어난 바그너Wagner의 음악보다는 모차르트Mozart와 같은 조밀하게 정형화된 음악이 나온 시대였던 것이다.

그러나 수필가였던 애디슨Addison은 정의적인 요소를 찾아보기 시작하였다. 심상을 그림으로써 상상력은 인간의 내적 요구를 만족시키며, 은유와 상상의 기쁨은 이 비인격적이고 기계적인 세상에서 우리로 우리 자신과의 접촉을 잃지 않게 해준다는 것이다. 그러나 그 상상력의 충분한 가치를 인정한 사람이 있었는데, 그는 임마누엘 칸트Immanuel Kant였다. 칸트는 세계를 유목적으로 통일 시키려는 내적 요구를 만족시키려고 상상적으로 구조화된 가능성을 투사함으로써, 인간 주체가 사물의 형태와 질서를 부여한다고 했던 것이다. 콜리지Coleridge도 이를 높이면서, 상상력이란 우리의 형상을 따라 만들어진 세상의 직접적인 전망 너머의 상징을 창조해낸다고 주장한다.[157] 이런 창의적 상징주의를 통한 자기표현의 자유는 곧 낭만주의 시대를 특징짓게 된 것이다.

이런 창의적 상상력과 이론적 이성의 명백한 구별은 예술에 있어서 참으로 가치 있는 업적이며, 인간 정신으로 자유롭게 탐구하며 개발할 수 있게 해주었다. 예술이란 우리가 이미 알고 있는 것들을 단순히 장식적으로 모방하는 것이 아니고, 또 탐구하고 개발하는 것 이상의 것이다. 그러나 만일 창의적 행위 자체가 지적이고 사려 깊은 행위를 요구 한다면, 상상력에서 이성을 분리시키는 것은 예술의 종국을 의미한다. 왜냐하면 우리는 무엇을 무로부터 창조할 수 없고 - 그것은 오직 하나님께서만 하실 수 있는 일이다. - 단지 하나님께서 이미 만드신 것 안에 내재한 가능성을 발견함으로써만 무엇을 만들어 낼 수가 있는 것이기 때문이다. 우리가 찾을 수 있는 가능성을 이해하는 것, 그리고 그것들을 실현하는 것은 이성과 상상력을 조화시킨 이해와 단계의 진행을 요구하는 것이다.

그러나 낭만주의의 중요한 문제는 이성에 대한 불신 이상의 것이다. 그것은 아주 뛰어난 창의적인 천재들을 높이며, 새로운 경험과 감정에 대한 자유를 허용하면서 인간의 창의성을 신격에로까지 높이는 경향을 갖는 데에 있다. 창의성을 위한 창의성은 인간 중심주의적인 것이다. 또한 창의적 에너지를 순전히 생물학적인 근거에서 설명하는 것은 자연주의적인 것이 된다. 또한 엘리트적 계급을 더하는 것은 나치 이데올로기

---

157. E. Tuveson, *The Imagination as a Means of Grace*(Berkeley: University of California Press, 1960) and Mary Warnock, *Imagination*(Berkeley: University of California Press, 1976)을 보라.

가 보여주는 것과 같은 인종주의, 민족주의가 된다. 즉, 자유를 이상화하는 것이 창의성의 이상화를 통하여 특권을 덜 받은 이라고 생각되는 이들을 억압하는 데에까지 나아가기 때문이다. 다시 말해서, 내가 창의적이면 창의성이 최고선이며, 내가 하는 모든 창의적인 일이 선한 것이 된다. 창의성이 악일 수는 없으며, 도덕적 구별이 있을 수도 없다. 그러나 창의성을 높이는 것은 하나님과 피조물의 차이를 망각하게 만드는 자아의 신격화가 된다. 프로메테우스Prometheus는 오늘도 있을 수 있는 것이다.

그러므로 낭만주의자들 중에서 범신론적인 이야기를 하는 이들이 있는 것은 별로 놀라운 것이 아니다. 에밀 브룬너가 상기시켜 주는 대로, 셸링Schelling은 "신성과도 같은 자연의 놀라운 창의성divine creativity은 창의력 있는 사람과 천재의 활동 중에서 그 극에 이르게 된다"고 한다.[158] 낭만주의 이후의 이런 범신론적인 성향에 아브라함 카이퍼Abraham Kuyper는 종교개혁과 같은 가치를 주장하는 19세기 심미주의에 대해 경고한 바 있다.[159]

예술만이 창조성의 표현인 것은 아니다. 노동이나 학문, 기술공학이나 여가선용까지도 그런 것이다. 그러므로 이런 것들도 종교의 대체물이 될 수 있는 것이다. 예를 들자면 여가의 선용은 비인간화로부터 우리를 구원하며, 기술공학technology은 세속적 천년왕국을 가져다 줄 것이라고 생각될 수 있다는 말이다.[160] 이렇게 심미주의가 낭만주의적 휴머니즘의 종교이듯이, 기술과학주의technologism는 과학적 휴머니즘의 종교가 되므로 마땅히 거부되어야만 한다. 그 배후에 있는 질문은 결국 인간 실존에 영

---

158. Emil Brunner, *Christianity and Civilization*(London: Nisbet, 1948), P.149. '창의성의 문제'라는 제목의 제 10장은 이 주제에 관해 쓰여 진 가장 좋은 논문의 하나이다. 또한 Reinhold Niebuhr, *The Nature and Destiny of Man*(1941: New York: Scribner's, 1964), 제 2장 '인간 본성에서의 생동성과 정형의 문제'도 보라.
159. Kuyper, *Lectures Calvinism*(1898: Grand Rapids: Eerdmans, 1931), p.143.
160. '여가선용'(제 15장)과 '과학과 기술'(제 13장)에 관한 논의를 참조하라.

구한 의미와 통일성과 희망을 주는 것이 하나님이신가 아니면 인간의 창의성인가 하는 것이다. 창의성에 대한 기독교적 관점은 기독교 지식관과 같이 겸손과 확신을 같이 가지고 있어야만 한다. 즉, 우리는 피조물이고 유한한 창의성의 주체이므로 겸손해야하고, 우리 안에 있는 하나님 형상은 하나님께서 세상을 지으신 목적과 연관된 가능성을 탐구할 수 있도록 하므로 확신할 수 있다.

이제까지 우리는 창의성이란 인간 주체와 객관 세계와의 예측되지 못한 만남이라는 점을 강조하였다. 그러면 이제 인간 주체와 객관세계에 대한 우리의 이해가 세계관에 대해 어떤 의미를 지니는지를 직접적으로 논의해 보기로 하자.

창조 교리는 이에 대한 전반적인 이해의 근거를 제시한다. 왜냐하면 우리는 피조물이며, 바로 그 이유 때문에 우리는 기껏해야 피조된 '창의성의 주체'인 것이다. 그러므로 엘리자베스 오코너Elizabeth O'connor는 『제8일의 창조』Eighth Day of Creation라는 제목 하에서 인간의 창의성을 논의하였다.[161] 마치 우리를 창조하신 하나님께서 우리에게 하도록 하신 바를 실천할 시간까지도 주셨다는 것처럼 말이다. 우리가 그것을 자료로 하여서 활동하는 객관 세계는 하나님에 의해서 피조된 것이며, 우리가 상상하는 것들이 가능한 것은 세계의 질서 정연함과 새로운 형태로 바뀔 수 있는 유연성 때문이다. 또 그것들은 추상적인 개념에 구체적인 형태를 부여할 능력을 가지고 있다. 이는 심미적 관심을 유용성과 연관시키기 위한 것이다. 창조에는 벌써 심미적 가치와 기술 과학적technological가치가 함의되어 있으므로, 우리는 우리의 창의적 활동의 대상이 되는, 우리가 이끌어 낼 온갖 가능성을 가진 세계에 대해서 하나님께 감사해야 한다. 바로 이런 기본적인 입장에서부터 기독교적 창의성관은 자연주의적

---

161. Elizabeth O'Connor, *Eighth Day of Creation* (Waco: Word Books, 1971).

관점과는 분리된다.

그러나 인간 주체는 어떤 존재인가? 하나님의 창의성과 우리 인간의 창의성의 어떤 유사성 때문에, 하나님의 형상에서부터 논의하는 것이 일반적인 관례이다.[162] 창의성이란 우리의 자유와 부분적이지만 자기 초월의 표현이다. 이렇게 말하는 이유는 일단 우리가 무엇을 창의적으로 표현하면 그것은 우리에 대해 상당한 정도로 독립적이고 우리 역시 그렇기 때문이다. 하나님께서 우리에게 창의적 능력을 부여하신 것처럼 우리도 어떤 의미에서는 우리가 대상으로 하여 활동하는 자료들에 창의성을 부여해야 한다. 이렇게 우리의 창의적 표현은 명확한 방향성이 있어야 한다. 그런데 그 목적은 하나님과 같이 우리 자신의 유익을 위해서 하는 것일 수도 있고, 다른 이들의 필요를 채워주려는 것일 수도 있고, 우리의 창조주께 바치기 위한 것일 수도 있다. 그리고 우리는 인류 공동체 – 특히 창의적인 공동체의 한 부분으로 있을지라도, 우리의 책임은 상당히 개인적이고 우리 자신의 특성에 맞는 것이 된다.

그러나 하나님의 창조성과 우리의 창의성은 우리가 생각하듯이 그렇게 큰 유사성을 갖는 것은 아니다. 하나님께서는 '무로부터 창조'reatio ex nihilo하셨기 때문이다. 그래서 우리가 하는 활동에 대해서는 '창조'라는 말보다는 '만든다'는 말을 사용하는 이들이 있다. 그러나 무엇을 만드는 일은 상상력과는 별로 상관없이 정해진 지시에 따라서도 할 수 있는 것이다. 또 마치 조각상이란 그 조각 자료인 대리석 안에, 그림이 팔레트 안에, 조직이 혼돈 안에 이미 존재하고 있으므로, 우리는 그것들을 발견하기만 하면 된다는 의미에서 '발견'discovery이란 말을 즐겨 쓰는 이들도 있다. 그러나 이것도 아주 옳은 것은 아니다. 왜냐하면 그 형상이 이

---

162. Dorothy Sayers, *The Mind of the Maker*(London: Methuen, 1941)에서는 삼위일체 하나님의 창의적 사역과 유비를 발전시키고 있다.

미 그 자료 안에 존재하는 것이 아니라 그 가능성만이 있기 때문이다. 그것도 상당히 많은 다른 가능성과 함께 있는 것이다. 그러므로 여러 가지 선택 가능한 대안을 생각하고 그것들의 실현 가능성을 이해하며, 그 중에서 우리 목적에 맞는 바를 하나 선택하고, 그 실현 방도를 찾는 것에는 창의성이 요구된다. 하나님의 무로부터의 창조와 비교하면, 우리의 활동은 발견에 가깝다. 그러나 우리의 창작활동도 그저 찾아내는 것 이상의 일이다. 즉, 다른 과정으로써는 이룰 수 없는 것이므로 기계적으로 일어나는 것이기보다는 하나님께서 하시는 일에 더 가까운 것이다.

그러나 낭만주의자들의 극단적 주장에 대해서는, 하나님께서만이 무로부터 창조하시며, 그의 상상력만이 무제한하고, 오직 그분만이 이 모든 자료를 사용하실 수 있으며, 오직 그만이 그의 뜻을 이루시는 데 있어서 절대적으로 자유 하시다는 것을 유념해야 한다. 하나님께서는 그 영광을 그 누구와도 공유하시지 않으신다. 그렇지만 그럼에도 불구하고 하나님께서는 우리를 그의 형상으로 만드셨으며, 예술과 학문, 사회제도의 확립 등이 모든 가능성을 지닌 문화의 창조자가 되게 하신 것이다.

자연주의자들은 이를 유전적, 환경적 조건으로 설명하려는 경향을 가진다. 왜냐하면 그들은 이런 조건들과 창의적 인격의 형성 사이의 연관을 찾기 때문이다. 그러나 이런 조건들이 충분한 설명이 된다고 해도, 그것은 창의적인 사람이 사용하는 자료들의 잠재적 가치 중에서 언급 가능한 것만을 설명한 것일 뿐이다. 이런 유전적이고 환경적인 조건들이 아무리 필요하고, 창조적인 환경과 유전적인 요소들이 된다고는 해도, (이신론자들과는 달리) 유신론자들은 그것으로서는 불충분하다고 생각한다. 인간의 창의성이 발휘될 수 있는 세상과 인간의 창의성 자체는 그 창조주를 증언한다. 그러므로 이것들은 인간사 가운데서 계속되는 하나님의 창의성의 증거이며 살아계신 하나님의 선한 은사들이다.

그러므로 인간들에게 있어서의 창의성은 우리의 하나님께 대한 관계

뿐만 아니라 자연과 우리 자신에 대한 관계, 그리고 다른 이들에 대한 우리의 관계와도 연관을 가진다. 니콜라스 월터스토프Nicholas Wolterstorff)는 예술에 대해 그리스도인들이 무엇보다 먼저 고려할 것은 우리의 창의성이 아니라(물론, 이것이 중요한 것이긴 하지만) 우리가 책임 있는 주체라는 것이어야 한다고 말한다. 예술과 다른 창조적 행위는 자연을 지배하라는 창조 명령의 한부분이며, 우리의 청지기로서의 삶의 한 부분이기 때문이다. 우리에 대한 하나님의 전반적 목적은 하나님의 피조계 내에서 기쁨을 동반한 공정한 평화인 '샬롬'shaōm이고, 심미적 만족과 기쁨까지도 포함하는 '샬롬'인 것이다.[163]

이렇게 인간의 책임이 인격에 대한 포괄적인 성경의 주제라면, 창의성에도 이 책임이 적용될 수 있다. 창의성이란 우리 안에 있는 하나님의 형상의 한 부분일 수 있다. 그러나 이는 우리가 우리의 모든 행동에 있어서 하나님께 책임을 져야만 한다는 것까지를 포함한다. 창의성이 전부가 아닌 것이다.

더욱 불행한 것은 죄에 대한 창의성도 있다는 것이다. 그것은 피조성을 초월해 보려는 것이다. 하나님께서 의도하지 않은 다른 것에 우리의 창의성을 질주시키는 것은 죄이다. 또한 인류에게 해로운 것을 위해 무책임하게 창의성을 발휘하는 것도 죄이다. 우리는 이렇게 창의성도 악용하고 다른 이들도 악용할 수 있는 것이다. 그것은 다른 이들을 위축 시키는 일이 된다. 창의성을 자연주의적으로 해석하거나 너무 낭만주의적으로 강조 하는 것은 진리를 왜곡시키는 것이다.

그러나 우리가 하나님의 창의성을 반영하는 유한한 창의성의 주체임을 생각했다면, 우리는 그의 용서하시고 구속하신 사랑의 창의성도 고려해야만 한다. 피터 베르토치Peter Bertocci는 이 주제를 발전시켜서, 하나님

---

163. Wolterstorff, *Art in Action*(Grand Rapids: Eerdmans, 1980), 제 3 장.

께서는 우리의 죄에 대한 창의성을 허용하셨다가 이를 창조적으로 활용하신다는 지적을 했다. 아무리 문제가 많더라도 창의성 없는 기계적인 것보다는 낫기 때문에, 즉 온갖 어려움에도 불구하고 창의성은 인간을 비인간화하는 것보다는 창의성을 둔 자아적 존재로 창조하는 편이 좋기 때문에 하나님께서는 이를 허용하셨다는 것이 '베르토치'의 생각이다. 그러므로 위험을 무릅쓰고 어려움에 빠진 이들을 도우려는 구속적 사랑의 창의성을 참으로 성숙한 사람에게 부여하신 것이 하나님의 은혜라는 것이다.[164] 하나님의 형상 안에 있는 창의성을 보는 기독교적 관점은 이렇게 인간의 천재성을 높이려 하기 보다는 하나님의 은혜를 창의성을 소유한 존재와 그에 걸맞는 행동의 근거로 인정하는 것이다.

이렇게 보면 신학적 강조점의 차이가 창의성에 대한 태도에 영향을 미친다는 것은 전혀 놀라운 일이 아니다. 로마 가톨릭 신학이나 영국 국교회(성공회)에서처럼, 창조와 성육신과 성례에서 물질적인 것에 강조점을 두는 전통에서는 일반적으로 예술에 있어서 생산적이다. 개혁 교회처럼 법에 의해 지배되는 피조계 임을 강조하는 전통에서는 정부와 노동 분야에 창의성이 크게 나타났다. 그런가 하면, 인간의 필요에 대한 하나님의 준비하심을 아주 강조하는 재세례파의 전통은 자선과 치유 분야에서의 창의성을 나타내었던 것이다. 또한 죄와 은총에 초점을 맞춘 미국 복음주의 신학은 전도와 선교에서 단연 두각을 나타낸 것이다.[165] 이렇게 신학은 자연히 창의성의 향방과 의미를 부여한다. 그러므로 온전하고 균형 잡힌 신학은 예술, 학문, 사회, 교회의 모든 책임의 영역에 관심을 기울여야만 할 것이다.

---

164. Peter Bertocci, *Religion as Creative Insecurity*(Westport, CT: Greenwood Press, 1973).
165. 나는 이 부분에 대한 논의에 있어서 사학자인 Mark Noll의 관찰에 의존하였다.

그러면 마지막으로, 창의성에 대한 기독교적 입장을 몇 가지 체제로 정리해 보기로 하자.

① 인간의 창의성은 하나님의 창의성에서 그 가치를 부여받았으며, 하나님의 창조는 우리에게 창의성의 명령을 부과한다. 그러므로 나는 하나님의 창의성(창조성)에 대한 계시와 나의 창의성을 관련시켜 반응해야만 한다.
② 인간의 창의성은 우리의 인간성에 있는 하나님의 형상을 반영한다. 창의적 상상력은 물질세계뿐만 아니라 감각 능력과 지적, 정의적 기쁨까지 미쳐야만 한다.
③ 창의성의 발휘와 문화 창조는 하나님께서 부여하신 가능성과 능력을 겸손히 신뢰하는 피조물 된 겸손과 신뢰를 요구한다.
④ 창의성은 어떤 엘리트만이 아니라 모든 사람에게서 개발될 수 있는 창조적 능력(역량)이다. 그러나 다른 이들보다 더 많은 은사를 받은 이는 있을 수 있다. 그러나 창의성 에는 유전적 조건과 환경적 조건 모두가 관련되므로, 창의적이라는 것 자체가 공로거리가 되는 것은 아니다.
⑤ 창의성은 또한 법에 의해 지배되는 피조계 안에 널리 퍼져있는 객관적 가능성. 즉 우리가 구현해 내야만 하는 가치의 실현에 의존하기도 한다.
⑥ 그러므로 창의성은 학문과 예술. 노동과 여가 선용, 사상과 행동 등 전 문화 활동에서 나타나야만 하는 것이다.
⑦ 창의성은 억압되거나 너무 강조될 수도 있고, 무책임하게 발휘될 수도 있다.
⑧ 그러므로 창의적 공동체는 창의성을 공급해야만 한다. 그러나 이 창의적 공동체도 자기중심적이고, 엘리트주의적이며, 학자인 체하

려는 억압적 기능을 발휘할 수도 있다.
⑨ 창의성과 문화는 인간됨과 분리하여 정의하기가 어렵다. 또한 좋은 예술, 좋은 학문, 좋은 노동, 좋은 여가선용, 좋은 사고라고 규정하는 선도 정의하기가 어렵다.
⑩ 그러나 창의성을 개발한다는 것은 그것을 가치 있게 평가하고, 우리의 창의적 역량을 받아들이며, 자료와 기술을 잘 사용해서 자유롭게 생각하며 행동하고, 그것을 선한 목적을 위해 사용 할 수는 있다.
⑪ 인간의 창의성은 하나님의 영광과 모든 사람의 평화$shaōm$를 위해 존재한다. 또한 창의성은 그것이 얻으려고 하는 성격과 그것의 결과에 대한 책임도 가진다.

과학과 과학 기술

Contours of a World View
Studies in a Christian World View

문화는 인간 창의성의 발휘로 건설된다. 오늘날에 있어서 주의를 집중시키는 최고의 문화적 업적은 역시 과학과 과학기술 science and technology이라고 할 수 있다. 물론 이는 이전에도 단순한 형태로 있어 왔지만, '르네상스의 과학혁명'과 산업혁명에 의하여 촉진되어서, 지난 50년간을 지식의 팽창에 따른 과학기술의 시대라는, 이전 세대는 결코 경험해 보지 못한 시대로 특정 지을 수 있을 정도이다.

이 장에서 나는 기독교 세계관의 입장에서 과학과 과학기술을 성찰할 수 있는 요목을 제시하려고 한다. 특히 과학에 대한 우리의 태도, 과학의 성질, 과학과 과학기술의 윤리 – 주로 이 세 가지에 초점을 맞추어 논의해 나갈 것이다.

과학에 대한 태도

과학적 휴머니즘은 제 2장에서 본 바와 같이, 과학에 대하여 아주 낙관적인 태도를 취한다. '아는 것이 힘이다'라는 프란시스 베이컨Francis Bacon의 말과 과학에 의해 지배되는 사회라는 오귀스트 꽁트Auguste Comte의 인도주의적 제안을 반영하면서, 과학적 휴머니즘은 계몽주의 시대에서 부터 내려왔던 '이성에 의한 지배'를 '과학에 의한 지배'로 바꾸어 버렸다. 과학만이 믿을 만한 지식을 제공하며, 과학만이 고통과 재난을 극복한 미래를 확실히 보장해 줄 것이라고 그들은 주장한다. 이렇게 일단 과학기술 정신이 자리 잡게 되면, 과학기술은 그 어떤 것이라도 할 수 있다고 사람들은 믿게 된다. 결국은 과학이 구주savior와 주lord가 되는 것이다.

낭만주의자들과 실존주의적 휴머니스트들이 이런 현대의 과학기술에 도전하지만, 아이러니하게도 오늘날 대부분의 인류는 과학기술 이전 시대의 단순성에서 벗어나기가 어려워졌다. 우리는 과학기술을 벗어날 수도 없고 그것 없이 살 수도 없다. 그러므로 문제는 우리가 과학기술의 주인이 될 것인가, 종이 될 것인가. 즉, 과학기술이 우리의 가치와 미래를 규정할 것인가, 아니면 우리의 가치가 과학기술과 우리의 장래를 규정할 것인가 하는 것이다. 성경적 관점에서 보았을 때, 과학기술을 '구주와 주'로 보는 태도는 우상숭배적인 것이다. 앞서 살펴본 바와 같이, 창세기의 창조기사와 출애굽기의 재앙 이야기는 사람들이 하늘과 땅의 창조주 대신에 피조물을 섬기고 경배하는 신화적 우상숭배를 반박한다. 20세기 말의 과학주의scientism와 과학기술주의technologism도 반드시 반박되어야만 하는 신화들이다.[166] 즉, 과학을 구주savior로 보는 과학주의, 진보된 과학

---

166. 이 주제에 대해서는 Alasdair Macintyre의 논문인, "Scientific Theories and

기술이 우리의 삶을 주관하리라고 하는 과학기술주의는 우상숭배라는 말이다. 루이스C. S. Lewis는 이를 '그 끔찍한 힘'That Hideous Strength이라고 적절하게 묘사했다.

그러나 우리가 과학과 기술을 비신화화하여 주인으로보다는 종으로 보게 될 때, 우리는 과학과 기술을 문화적 활동의 하나로서의 그 바른 위치에 놓는 것이다. 하나님의 형상인 사람이 자연에 내재한 고귀한 가능성을 실현할 수 있는 상상력과 행위 능력을 부여받았기 때문에, 다른 창의적 활동과 함께 과학과 기술의 개발도 가능하다. 그것이 가능한 이유는 주관적으로는 인간의 독특성 때문이고, 객관적으로는 이 세상이 법칙에 의해서 지배되는 질서 있는 피조계이고, 하나님에 의해서 세상을 주관할 능력이 위임된 세계이기 때문이다. 과학과 과학기술도 인류 역사의 시작부터 인간에게 명령된, 신적 로고스에 의해 주어진 문화명령의 한 부분으로서 참으로 가치 있는 활동이다.

근대과학은 원래 이것을 인정하고, 이를 활용하는 문화 기운데서 시작되었다. 하나님을 창조주로 보는 유대-기독교적 관점이 과학기술적 진보를 가능하게 했다고 주장하는 학자들이 있다. 즉, 유대-기독교적 관점은 세상이 신적인 것도 악마적인 것도 아니라고 주장함으로써, 사람들을, 자연을 개발하고 발전시키는 데에 대한 미신적인 두려움에서 벗어나도록 했다는 것이다. 그러므로 사람들은 악마의 보복에 대한 두려움 없이도 자유롭게 실험할 수 있게 되었다. 잘 알려진 일련의 논문에서 마이클 포스터Michael Foster는, 자연법칙이란 고대 그리스 과학에서와 같이 독자적이고 논리적인 필연성이라기보다는, 하나님의 뜻에 의한 것이라고 보는 기독교적 관점은 근대과학으로 하여금 실증적 연구를 할 수 있게

Scientific Myths;' in *Metaphysical Beliefs*(London: SCM Press, 1957), pp. 13-81을 보라.

했다고 논의한다. 사물에 있는 그대로의 논리적 위치를 유지하고 있지 않으면, 그것의 실제를 검토하고 그 경우를 조사해야만 했기 때문이다.[167]

그러나 성경적 관점은 과학과 과학기술의 가능성만 강조할 뿐만 아니라 그것들의 가치도 인정하도록 한다. 창조 자체가 우리로 하여금 창조된 자료의 가치를 높이 보도록 하는 것이다. 모든 자연은 하나님의 참으로 선하심을 증언하며 그를 찬양한다. 그리고 우리의 청지기 됨은 우리가 인류에게 유익이 될 수 있는 방향으로 봉사해야 한다는 것을 뜻하는 것이다. 사실 프란시스 베이컨Francis Bacon도 과학을 죄로 인하여 부패된 자연을 책임 있게 돌보게끔 하는 하나님의 방법으로 여겼던 것이다.

여기에 과학주의의 우상숭배를 거부하며 과학의 가치를 인정하면서, 동시에 낭만주의자들의 반기술주의적 정신을 피하면서 과학기술의 가치를 인정하는 태도가 있다. 인식론적 문제에 있어, 우리는 '인식론적 겸손'과 '인식론적 희망'을 연관시키는 태도를 시사했었다. 그런데 과학에 대한 기독교적인 접근은 이를 잘 나타내 준다. 즉, 우리의 유한성을 인정하며 과학과 과학기술에서의 제한된 희망을 인정하는 '겸손'과, 사랑하시는 창조주께서 과학기술을 통해 우리에게 제공하시는 가치의 가능성에 대한 '희망'을 모두 가졌다는 말이다. 결국 과학과 과학기술은 인간의 지식과 인간의 창의성 모두의 기능을 하는 것이다.

---

167. M. B. Foster, "The Christian Doctrine of Creation and the Rise of Modern Natural Science," *Mind* 43(1934): 446; 44 (1935):439; 45 (1936); 1. 또한 R. Hooykaas, *Christian Faith and the Freedom of Science*(Grand Rapids: Eerdmans, 1972), Ian Barbour, *Issues in Science and Religion*(Englewood Cliffs: Prentice-Hall, 1966), 제 2장. Stanley L. Jaki, *The Road to Science and The Ways to God*(Chicago: University of Chicago Press, 1978), 제 3장을 보라. 화이트헤드(A. N. Whitehead)도 *Science and the Modern World*(New York: Macmillan, 1925) 제 1장에서 비슷한 방식으로 논의한다.

과학의 성질

인간 정신에 대해 너무 과신한 데서 기인한 과학주의와 과학기술주의의 과도한 주장은 계몽주의적 인식론에까지 거슬러 올라갈 수 있다. 과학주의scientism는 계몽주의적 합리주의의 현대판이며, 따라서 과학의 인식론적 근거가 우리 논의의 출발점이 되어야만 한다. 계몽주의적 합리주의는 모든 탐구의 영역에 적용될 수 있는 순전히 객관적인 방법만을 지식이라고 주장할 수 있는 근거를 남겨 주었다. 자연뿐만 아니라 사람이나 하나님도 그런 접근의 대안이 될 수 있을 뿐이란 말이다. 이는 이미 칸트의 『이성의 한계 내에서의 종교』Religion Within the Bounds of Reason Alone에서 증언된 바 있다. 19세기와 20세기의 과학주의는, 과학 자체로서는 할 수 없는 다음과 같은 주장을 하였다.

① 과학의 배타성, 즉 과학만이 신뢰할 만한 지식의 유일한 근거라는 주장.
② 과학의 통일성, 즉 물리학의 방법론이 모든 탐구의 영역에 동일하게 적용될 수 있다는 주장.
③ 전제 없는 과학, 즉 비과학적인 주장을 전혀 허용하지 않는, 완전히 객관적인 과학이라는 주장.

그러나 아주 이상하게도, 이런 주장들은 과학 자체에서 나온 결론이 아니라 과학에 대한 선험적인 주장이고, 따라서 과학적으로 실증하기가 어려운 것들이다. 과학의 배타성은 인문학과 상식적 지식, 도덕적 지식과 다른 이들에 대한 지식, 그리고 종교의 주장에 의해 도전받지 않을 수 없다. 이 모든 반대 주장들이 과학적인 검증에 의해서 무효화될 것인가? 또한 과학의 통일성은 물리적 변수들에 의해 조작되거나, 예측될 수 없는 사람들과 사회를 다루는 인문(사회)과학에 의해 도전된다. 그리고 전제 없는 과학이라는 (형이상학적) 무전제성presuppositionlessness의 주장도 주관적 영향력과 사회학적 영향력을 고조시키며, 이론과 실험에서의 모델이나 범례paradigm의 역할을 강조하는 과학사와 과학철학philosophy of science의 최근 경향에 의해 도전 받는다.[168]

바로 이런 것들이 과학주의scientism에 대한 대표적인 철학적 반론들이다. 그러나 우리는 유대 - 기독교적 입장에서 반론을 제기할 수 있다. 자신을 계시하신 하나님께 대한 우리의 지식은 과학의 배타성에 대한 주장이 거짓임을 드러낸다. 또한 다른 피조물에 비교한 우리 인격의 독특성에 대한 지식은 과학의 통일성을 거부하게 한다. 그리고 우리들의 피조성과 진리의 유신론적 통일성에 대한 인식은 과학의 무전제성이 불가능함을 드러낸다. 사실 그리스도인들은 하나님의 피조물의 풍부한 다양성을 받아들이고, 그것을 자유롭게 인정한다. 인간의 지식은 자연과 하나님, 그리고 사람에 대해 여러 가지를 전제하므로 그것은 결코 완전히 자율적일 수 없기 때문이다.

그러므로 과학은 과학주의가 주장하는 것과 같은 것이 아니다. 그러나 이는 또 하나의 극단을 주장하는 것일 수는 없다. 즉, 이는 과학주의에서 신앙 지상주의로, 과학의 통일성에서 낭만주의로, 과학의 무전제성에 대한 주장에서 상대주의로 나아가는 것이 아니다. 과학은 하나의 해석적인 활동이다. 그러므로 과학도 모든 인간 지식과 같이 어느 정도는 잠정적이고 틀릴 수 있는 것이다. 그러나 과학이 신뢰할 만한 예언력을 가진, 시종일관 직접적인 일단의 이론적 이해를 나타내는 한, 과학은 하나님께

---

168. 예를 들어서, T. B. Kuhn, *The Structure of Scientific Revolutions*(Chicago: University of Chicago Press, 1962); Michael Polanyi, *Personal Knowledge*(Chicago: University of Chicago Press, 1958); 그리고 Stephen Toulmin, *Foresight and Understanding*(London: Hutchinson University Library, 1961)을 보라.

감사드려야 할 신중하고도 아주 가치 있는 희망을 제공할 수는 있다.

윤리, 과학, 그리고 과학기술

현대 과학과 과학기술의 성장은 한편으로는 축복이면서, 또 한편으로는 해악이기도 하다.[169] 의학적 진보는 상당한 고통을 경감시키고 수명을 연장시켰으며, 자동화automation와 공정의 자동 제어 시스템cybernation은 사람들의 노고를 완화시키고 노동의 단조로움을 어느 정도 제거했다. 또한 현대의 대중매체는 여행의 품격을 업그레이드 했으며, 과거 어느 때보다 더 학문과 예술을 빨리, 넓게 보급시킬 수 있었다. 그러나 생명공학biomedical technology은 생명과 죽음, 그리고 유전genetic heritage에 대해서 하나님과 동등해지려는 위험한 가능성을 낳았고, 과학기술 협회의 재생 가능한 에너지를 찾으려는 시도는 우리 문명의 미래를 위협하며, 정치적 과학기술과 현대의 대중전달은 여론과 투표의 조작을 통해서 국가의 운영을 좌지우지하고, 군사적 과학기술은 인류의 생존 자체를 위협한다. 그뿐 아니라 일상적 수준에서도 우리는 낙태와 안락사, 공정한 분배와 소비, 환경오염과 환경 통제 등의 여러 문제들에 직면하게 되는데, 이것들이 모두 과학과 과학기술의 진보에서 제기되는 문제들이다. 결국 현대에 와서는 과학기술이 힘이 되었으니, 이는 조작력이고, 근절력이고,

---

169. Ian Barbour, *Science and Secularity*(New York: Harper &. Row, 1970), 특히 제 3장, David Ehrenfeld, *The Arrogance of Humanism*(New York: Oxford University Press, 1978), 그리고 F. Ferre, *Shaping the Future*(New York: Harper & Row, 1976)을 보라. 자끄 엘룰(Jacques Ellul)은 가장 현저한 비판가였다. 그의 *The Technological Society*(New York: Knopf, 1964)을 보라. 엘빈 토플러(Alvin Toffler)는 그의 『미래의 충격』*Future Shock*(New York: William House, 1970)과 『제 3의 물결』*The Third Wave*(New York: William Morrow &. Co., 1980)에서 과학 기술의 유익과 해악의 가능성을 잘 설명하고 있다.

증식력이고, 비인간화된 미래를 창조하고, 우리 자신을 파멸할 수도 있는 힘이다.

과학기술이 가져다주는 축복과 해악은 환경에 대한 관심에서 명백히 찾아볼 수 있다. 이에 대해 가장 대표적인 두 가지 관점을 말할 수 있는데, 그 하나는, 그 문제를 자연자원의 유한성에로 이끌고 가서 과학기술도 결국은 무력하다고 보는 파울 에를리히Paul Ehrlich의 견해이고 또 하나는, 이 문제를 사물에 대한 인간의 오용 문제로 취급하는 배리 커머너 Barry Commoner의 주장이다. 자연자원의 유한성이란 결국 이 어려운 현실에 맞는 가치를 선택하여 물질적 진보를 제한시키고, 인구의 성장을 제한하며, 지상에서의 기술 공학적 천년왕국에 대한 동경을 버리라는 것이다. 그러나 자연을 인간이 오용했다는 것은 우리가 우리의 사고방식을 바꾸어야만 한다는 것을 뜻한다. 즉 우리는 자연에 속하지 않고, 자연에서부터 독립적인 존재라고 생각할 것이 아니라 우리도 자연의 한 부분으로서 그것의 제한을 같이 받고 있다고 생각해야 한다는 것이다. 또한 과학기술은 이런 목적을 이루기 위해서 사용되어야만 한다는 것이다.

이런 두 가지 주장과 함께 두 가지 철학적 관점이 나타난다. 즉, 하나는 사람을 자연과 연합시키는 낭만주의적 단일론으로서, 찰스 하트숀 Charles Hartshorne과 같은 과정 철학자들이나 동양 종교에서 찾아 볼 수 있는 것이고, 또 하나는 인간과 자연을 나누어 보는 이원론으로서, 플라톤이나 마니교에서 찾아볼 수 있으며, 데카르트에게서 연원하는 것이다. 이원론자들은 자연을 통치하기 위해서 자연을 착취하고, 단일론자들은 자연을 자기 자신과 같이 존중한다고들 한다. 이렇게 한 사람의 철학은 그의 환경관에도 영향을 미치는 것이다.[170]

---

170. Kurt Baier 와 Nicholas Rescher, eds., *Values and future*(New York: Free Press, 1969); 그리고 W. T. Blackstone, ed., *Philosophy and Environmental Crisis*(Athens, GA: University of Georgia, 1974)을 보라. 기독교적 접근에 대해서

그러나 성경적 환경관은 이 둘의 그 어느 것과도 맞지 않는다. 즉, 성경적 환경관은 이원론도 단일론도 아니라는 말이다. 인격에 대한 기독교적 이해는 인격이 자연의 한 부분이지만 그것을 초월하며, 이원론적이기보다는 단일론적인, 책임 있는 주체라는 것이다. 여기서는 우리의 목적을 위하여 자연을 주관하려는 인간 중심적 주장이 없어지고, 오히려 인간의 유한성과 상호의존성에 대한 인정만 있다. 자연에 대한 우리의 관계는 우리의 존재와 책임성의 내적인 부분의 하나이므로, 이는 자연의 착취를 반대하고 또한 자연자원에 대한 지나친 의존을 반대하며, 따라서 과학기술에 대한 무조건적인 의존에도 반대한다. 결국 문제는 과학기술에 있다기보다는 우리에게 있다는 것이다. 우리는 우리 자신의 의존성이나 자연의 유한성을 실재적으로 인정하지 못하고 이성과 과학의 지배에 의해 오도되어서, 우리는 이것들을 통해 무엇이나 할 수 있다고 주장하기 때문이다. 그러나 죄에 대한 기독교의 가르침과 기독교 종말론은 우리의 능력을 부인하도록 한다. 죄는 우주적 결과를 도출하기에 전 피조계가 지금 이 죄의 결과 아래에서 신음하고 있다(롬 8:18-23). 그러나 죄의 결과뿐만 아니라 구속의 결과 또한 우주적인 결과를 낸다. 따라서 성경은 몸의 부활과 새 땅을 말하고 있는 것이다. 결국 우리의 희망은 과학기술에 있는 것이 아니라 온 피조물의 로고스이신 살아계신 하나님께 있다. 자연은 우리의 것이 아니라 하나님의 것이며, 과학과 과학기술도 궁극에는 하나님의 선하신 목적을 이루는 수단으로서의 기능을 해야 하기 때문이다.

과학기술이란 적용된 지식이다. 그러므로 과학기술도 지식과 같이 힘

는 Ian Barbour, *Western Man and Environmental Ethics*(Reading, MA: Addison-Wesley Publishing Co., 1973); Eric Rust, *Nature: Garden or Desert?* (Waco: Word Books, 1971); 그리고 특히 Lauren Wilkinson, ed., *Earthkeeping*(Grand Rapids: Eerdmans, 1980을 보라)

일 수가 있다. 그러므로 과학기술에도 '힘에 적용되는 윤리'가 적용되어야만 한다. 유신론적 가치의 근거(제 10장 참조)에서 출발한 우리는, 자연이란 결국 우리의 목적을 위한 가치가 아니라 하나님의 선하신 목적을 위한 가치임을 주장할 필요가 있다. 이런 근거에서 우리는 다음과 같은 것들을 포함하는 책임 있는 과학 기술력의 윤리를 개발할 책임이 있는 것이다.

① **모든 피조계의 가치**the value of all creation. 우리는 피조적 질서, 그것의 미와 생산력, 그리고 그것의 유용성 모두를 인정할 책임이 있다. 우리는 부나 권력, 또는 명예를 얻기 위한 헛된 목적을 위해서 자연 자원을 유용해서는 안 되는 것이다.

② **모든 생명의 가치**the value of all life. 이는 모든 생명체를 낭만주의적으로 인격화하는 것도 아니고, 우리의 목적을 위해서라면 모든 생명을 다 희생할 수도 있다는 순전히 공리주의적 접근에 찬동하는 것도 아니다. 우리는 살균에서나 방사선 폐기물의 처리에서나 유선적 조작에 있어서, 과학기술을 무책임하게 사용해서는 안 된다. 우리는 생명체를 하나님께서 만드신 전 체계의 본질적인 것으로 여겨야만 하는 것이다.

③ **인간 인격의 가치**the value of human persons. 즉, 모든 인격이 동등한 권리를 가지고 있으며, 상호 서로에 대한 의무를 가지고 있다. 힘에 적용되는 윤리는 제한된 자원을 분배하는 문제에서나 우리의 관상용이거나, 휴양적 용도로 자연 의존을 생각하게 하는 문제에 있어서, 과학기술이 일정한 한계 내에 있도록 한다. 과학기술은 비인간화 되어서는 안 되며, 공정한 분배에 의해서 우리의 지상적 실존의 인간적 수준을 유지하도록 해야만 한다.

④ **희망의 윤리**an ethics of hope. 초월적인 하나님은 자연 자원과만 연관

되신 분이 아니시고, 이 세상에서 아주 자유롭게 창조적으로 활동하시며, 일반적인 사건의 흐름을 변화시키기도 하신다. 그러나 일반적으로는 과학과 과학기술을 포함하는 인간의 창의성을 통하여야 일을 하신다. 우리가 역사의 방향을 바꾸며, 악을 어느 정도 막을 수 있기 때문이다. 그러므로 우리는 책임 있는 인간의 창의성을 키워야만 한다. 이것과 다른 수단들을 통해서 하늘과 땅을 만드신 그분, 물로 포도주를 만드신 그분이 우리의 희망을 새롭게 하시는 것이다.

노동

Contours of a World View
Studies in a Christian World View

———

　우리 시대의 과학기술적 정신 상태는 과학적 영역에서 뿐만 아니라 경제적 영역에서도 작용하는데, 이 경제 영역에서의 작용은 사람들에게 더 직접적인 영향을 미친다. 생산과 경영, 광고와 판매에서도 과학기술은 아주 영향력이 있고 생산력이 있는 것이다. 전산화된 회계처리 정교화된 경영기술, 체제분석, 현대적인 광고와 선전, 그리고 배분을 위한 조직망이 모든 것이 과학기술과 관련된다. 그러나 이와 함께 공리주의적 고려가 다른 모든 가치들을 지배해야만 한다는 것을 포함하는 비도덕적인 정신 상태가 자리를 잡게 되면 여러 가지 문제가 제기된다. 이익, 생산성, 유효성, 또는 법인의 성장 등이 단지 중요한 요소일 뿐만 아니라 고려될 수 있는 제일 중요한 목적이 될 수 있기 때문이다.

　이런 정신 상태는 산업혁명을 특정 짓는 것이었다. 이전의 노동윤리는 경제의 세속화에서 그 종교적 근거를 잃었고, 공리주의가 성행하게 되었다. 많은 제국주의 아래의 산업들은 노동자들을 착취했고, 자연 자원을 유용하고, 환경을 오염시키고, 수백만의 사람들의 운명을 비인간화시켰다. 이성의 지배에 대한 확신은 오히려 거대한 악몽을 몰고 왔다. 그리하여 휴머니스트인 마르크스는 아주 부담스럽게 고통당하며, 자신들의 이익을 부당하게 착취당하고, 노동자 자신이 마땅히 즐겨야만 하는 '노동의 결과에 대한 향유'를 빼앗기고 있는 소외당한 노동자들을 위한 호소를 하기에 이르렀다.

그리고 그 호소의 결과로 노동에 대한 고대 그리스적 사고가 다시 우리의 사고에 스며들었다. 아리스토텔레스는 비자연적 돈벌이와 자연적인 돈벌이를 구별하였고, 인간적인 '삶의 질'을 유지하는 데 필요한 제한된 이익만을 인정했다. 즉 이익 자체를 위한 탐욕과 무한정한 유익추구는 옳지 않다고 했다. 그것은 노동과 교역의 자연적 목적에 반대되는 것이기 때문이다. 그러나 이런 윤리는 종이나 노예에게는 노동을 요구하면서 자유인은 여가를 즐기는 귀족주의적 태도에서 파생 된 것이다. 고대 그리스에서는 흔히 물리적인 것이 상대적으로 평가 절하 되었다. 따라서 정치활동은 고귀한 활동으로 여겨진 데 반하여, 좀 더 세속적인 과제들은 대개 정치적 행동보다는 천박하게 여겨졌다.

르네상스의 휴머니스트들은 이런 고전적 견해를 다시 되살렸고, 우리는 아직까지도 이를 벗어나지 못하고 있다. 우리는 손으로 하는 노동보다는 전문적이고 정치적인 생활을 더 높이 보며, 노동시간을 단축하고, 일찍 은퇴함으로써 여가를 최대한으로 확보하려고 한다. 심지어 노동 자체의 본질적 의미까지도 그 의미와 가치가 물음표가 그려지는 모호한 것이 되어버렸다. 이제 와서는 '직업' 개념의 현저한 다양성을 누구라도 찾아 볼 수 있게 된 것이다. 부분적으로, 그것은 우리를 둘러싸고 있는 물질적인 자기이해와 공리주의에 대한 반동이다. 그러나 또 한 면으로, 그것은 노동이란 여가선용을 가능하게 하는 것이라고 보며, 인간 노동의 본래적 가치를 인정하지 않는 '노동과 여가의 고대 그리스적 이분법'을 반영하는 것이다.

그러므로 프랜시스 코넬Frances Connell신부가 노동의 목적이란 하나님의 은사와 소명으로서의 인간 삶의 전반적 목적에서 이끌어내야 하며, 따라서 우리는 신학을 직업교육에도 적용해야 한다고 주장한 것은 이해할 만한 것이다.[171] 문학교수인 조이스 에릭슨Joyce Erickson은 노동의 의미 이해를 교양교육의 목적의 하나로 삼아야 한다고까지 제안했다. 왜냐하면, 노동의 의미 이해는 가치와 개인의 동일성과 인격적 관계 같은 다양한 시각을 가진 문제까지도 아우르기 때문이다.[172]

노동에 대한 세계관적 이해는 대학 졸업자들로 하여금 어떤 직업을 가지라고 말하거나, 고용주들로 하여금 어떻게 기업을 해 나아가라고 충고하는 것은 아니다. 그러나 이것은 노동 시장에서 반드시 구현되어야만 하는 직업이해와 가치들을 제공할 수 있으며, 경제적 활동의 바른 목적을 말할 수 있고, 이런 목적들과 갈등하는 다른 목적들과 공정하지 못한 관계를 지적하여 고치도록 할 수는 있다.

노동의 신학적 근거

기독교적 세계관에서, 노동은 궁극적 관심거리와의 관계 속에서만 그 의미를 찾을 수 있다. 하나님과 피조물의 관계가 우리 기독교인들의 가치의 근거이므로, 우리는 모든 피조물 - 정치적인 것과 물리적인 모든 피조물들이 가치 있는 것이라고 확신할 수 있다. 우리들의 노동은 피조물의 가능성을 실현하도록 하는 것이다. 시편 기자는 말하기를 "땅과 거

---

171. Connell, *Business and the Liberal Arts*, ed. J. J. Clark and B. J. Opulenta(Jamaica, NY: St. John's University Press, 1962), pp. 81-98.
172. Joyce Erickson, "Career Education in a Christian Liberal Arts Setting," *Christian Scholars Review* 6 (1976): 167.

기 충만한 것이 다 주의 것이니이다"라고 했다. 땅과 거기에 충만한 모든 것은 다 하나님께 가치 있는 것이다. 그러므로 우리는 우리들의 노동을 그를 위해 사용하며, 그에 대한 책임이라고 보며, 우리를 통하여 피조 계 내에서 활동하시는 살아계신 하나님의 활동이라고 보아야만 한다. 우리는 경제적 영역에서도 그의 종이며 그의 동역자인 것이다.

이런 이해에 의하면 자충족적인 개인주의자들의 신화가 배제된다. 만일 노동이 우리의 존재 구조 자체에 암묵리에 포함된 신적 소명이라면, 경제 활동의 자율성 역시 신비적인 것이기 때문이다. 생산 활동도 다른 창의성 일반과도 같이, 자연자원을 우리의 이해와 필요에 따라 사용할 때만 가능한 것이다.

창조 교리가 의미 있는 노동의 객관적 가능성을 말하는 것이라면, 인간론은 노동이 요구하는 주관적 조건을 말하는 것이다. 우리들은 하나님의 형상대로 지은 바 된 피조물이며, 하나님께서 생각하신 가능성들을 실현하는 유한한 피조물이다. 노동은 그 이상형에 있어서는 창조적인 것이며, 적어도 그 전반적 성격과 사람들과 그들의 삶에 대한 영향력에 있어서 그래야만 하는 것이다. 그러나 이것은 산업혁명이 완료된 곳에서만 그러하다. 왜냐하면 산업혁명이 이끌어낸 물질적 진보 때문에 산업혁명은 틀에 박힌 노동을 요구하고, 상상력과 창의성을 배제하고, 때로는 창의성과 자유로움을 거부하는 기계적인 과업으로만 한정해서 노동의 가치를 축소시키는 일이 많기 때문이다. 과학기술은 이 틀에 박힌 노동을 극복하고서 좀 더 창의적인 문화를 가능하게 해주는 일이 종종 있다. 그러나 모든 작업을 좀 더 창의적인 것으로 만듦으로써 인간화할 필요는 산업혁명 이후에도 여전히 남아 있는 것이다.

우리는 관계적인 존재인데, 내 생각으로는 노동에서도 이것이 나타난다. 즉, 노동은 자연과 그 자원, 다른 사람들과 그들의 '삶의 질'quality of life, 우리 자신과 우리들의 능력, 그리고 결국은 하나님과 우리를 창의적으로 연관시키는 것이다. 과업 자체가 창의적이든지 틀에 박힌 것이든지를 막론하고 노동은 다른 사람을 섬기며, '삶의 질'을 풍요한 것으로 하며, 건설적인 사회관계를 개발하고, 하나님을 섬기는 일에서 창의적으로 활동할 수 있는 기회를 제공한다.

우리는 순전히 개인주의적인 방식으로는 노동할 수 없고, 살 수도 없다. 그러므로 우리는 사회적 존재이며, 그것이 합법적인 것이라 해도 모든 '돈벌이'getting가 옳은 것은 아니라고 말한 아리스토텔레스의 관찰은 옳은 것이라 생각한다. 또한 재산권이란 무조건적인 것이 아니니, 그것은 자연자원을 개발해야 하는 우리의 노동과 관계되기 때문이라는 존 로크의 관찰도 옳다. 로크에 의하면, 이런 자원들은 하나님께서 모든 사람에게 주신 것이니, 다른 사람이 개발할 수 있는 여분을 남겨두어야만 한다고 말한다. 이렇게, '관계'는 재산, 이익, 그리고 부를 적절히 과하지 않은 자신의 영역에 한정시키도록 하는 것이다.

노동은 하나님께서 제정하신 것이다. 그러나 인간의 다른 활동과 다른 제도와 같이, 죄는 이 노동의 원래 모습을 왜곡시키고 그 원 목저에서 벗어나도록 하였다. 플라톤Plato은 그의 『국가편』Republic에서 사람의 탐심을 통제할 사회적, 정부적 구조와 교육 프로그램을 제시함으로써 인간 탐심의 문제를 해결해 보려고 했다. 그러나 노예제도의 역사는 경제적인 죄의 대표적인 예인데, 노동의 궁극적인 의미를 생각지 않고 부당하게 노동을 요구하거나 관계된 모든 이들을 공정하게 대우하지 못하는 것은 그 이름이야 어떠하든지 노예제도인 것이다. 그러므로 노예제도는 모든 경제체제 내에 존재할 수 있다. 자본주의 경제는 기업의 자유경쟁이 무제한 한 이익을 추구하는 한, 공정함을 얻을 수가 없다. 아담 스미스가 칭송하듯이, 무제한 한 자유경쟁이 자연적으로 상호간의 균형을 가져올 수 없음은 경쟁이 힘의 행사이기 때문이다. 더구나 이제는 과학기술에 의해 한층 강화된 힘이 행사되는데, 이것에는 윤리가 적용되지 않으면 재난을 가져오게 되기 때문이다. 그리스도인들은 경제적인 법을 포함하여 그 어떤 법이든지, 법으로만은 사람을 옳게 만들 수 없다는 것을 알아야만 한다.

그러나 그렇다고 해서 재산의 공공 소유나 전적인 정부의 규제가 해결일 수는 없다. 부패는 항상 그 추함을 드러내는 것이므로 권력은 공공기관에 의해서도 오용될 수가 있기 때문이다. 정치에서는 각 통치기관의 견제가 권력을 분배한다. 정치질서와 경제질서 간에도 비슷한 권력의 분배가 필요함은 그래야만 서로가 서로의 실패와 결정을 상쇄할 수 있기 때문이다.[173] 사실 하나님께서 다양한 사회기관을 제정하셨음은 가정과 교육, 기업, 그리고 정부 등 각각의 기관이 각자 다양한 모습의 자기만의 영역 주권을 가지고 있다는 다원주의적 사회철학을 주장할 수 있게끔 한다.[174] 그 어떤 경제체제나 그 어떤 사회 구조도 자기 이익 추구와 권력의 문제를 회피할 수는 없는 것이다.

우리가 11장에서 살펴본 바와 같이 성경의 '율법'과 '선지자'와 '복음'에는 이런 실재론이 그 배후에 깔려 있다. 예를 들어서 "도적질하지 말지니라"는 계명은 전체 경제 영역에서의 일반적인 도덕규범으로 서 있다. 즉, 이는 재산권과 노동의 특수한 것뿐만 아니라 경제권에도 적용될 수 있는 계명이다. 모세 율법에서는 이것이 다음과 같이 상당히 넓은 범위에 적용된다.

① 다른 이의 소유에 대하여 - 도적질한 것(출 22:1, 4), 손상(출 22:5, 6; 21:33-36), 빌린 것(출 22:7-14), 잃은 것과 발견한 것(신 22:1-4)

---

173. 이 점은 V. A. Demant의 *Religion and the Decline of Capitalism*(New York: Scribners, 1952)에서 논의되고 있다.
174. 이는 카이퍼 식의 영역주권이론을 지지하는 말이다. 또한 Gordon J. Spykman, "Pluralism : our last best hope?", *Christian Scholars Review* 10(1981): 99에서 제시된 것이다.

② 경제생활에 대하여 – 계약과 교역(레 19:11-15; 신 25:13-16), 임금 (신 15:12-14; 24:14, 15)
③ 소외된 자들에 대한 관심에 대하여 가난한 자들에 대한 대여(출 22:25-27), 노예의 권리(출 21장), 가난한 자들과 객들의 권리(출 23:6-9), 그리고 희년 제도는 노동과 자원에 대한 무차별적인 독점에 반하여, 평등한 기회를 회복하도록 토지를 반환하게 한다.

(구약의) 지혜문학은 돈을 사랑하는 자는 언제나 족한 줄을 알지 못한다는 것과 부와 재산보다는 행복한 가정과 지혜와 명성이 더 귀하다는 것을 거듭 강조한다. 또한 복음서는 부당하게 재산을 모은 삭게오의 회개를 기록하고 있으며, 자신의 소유를 너무 사랑해서 예수를 따르지 못한 부유한 젊은 관원에 대해 말하고 있다. 부가 노동 자체보다는 덜 중요한 것이며, 노동은 자신만을 위해서가 아니라 다른 이들을 돕기 위하여 제정된 것임은 이 모든 것을 살펴볼 때 명백하다. 더구나 주인과 노예에 대한 바울의 권고(엡 6:5-9; 골 3:22-4:1)는 이를 더욱 분명히 하는데, 그는 무엇보다도 정의와 공평한 대우가 먼저 와야 한다고 주장하기 때문이다.

기독교 윤리 역사에도 이와 비슷한 양상이 나타난다. 초대 교회에는 사유재산이란 타락에서 결과한 것이라고 주장하면서, 사유재산을 전적으로 거부한 이들이 있었다. 그리고 두 가지 소명에 관한 교리, 즉 '영적인 소명'과 '지상적인 소명'이 있어서 영적인 소명을 받은 이들은 전쟁이나 정부에 참여 하거나 부를 축적해서는 안 된다는 이론도 나왔다. 중세 교회는 이 영적인 소명을 종교적인 것에만 한정시키고, 세속적인 노동을 하는 이들을 지상적 소명을 받은 이들이라고 하였다. 그러나 상업과 고리대금과 탐욕에 대해서는 도덕적 비난이 계속 되었다.

이에 대해서 개혁자들은 이 성과 속의 이분법을 거부함으로써, 탁발수도회the mendicant orders와 자기 몰입적인 사치를 모두 공격했다. 개혁자들은 모든 노동과 모든 삶의 계층에로까지 신적 소명의 개념을 확대하여서, 자기 유익 때문에 이리저리 옮기는 것보다는 자신들의 현재 직업을 계속하도록 그리스도인들을 격려했다. 노동은 노동 자체 이상의 목적을 가진 것이란 말이다.

청교도의 뉴잉글랜드인 매사추세츠Massachusetts는 가격과 이자율을 규제하고, 최소 임금을 규정함으로써 자기이익 추구를 규제하였다. 그리고 어떤 보스턴의 목사는 오늘날의 기업세계에서는 당연한 것으로 받아들이는 다음과 같은 가정들을 잘못된 것이라고 선언한 일이 있다.

① 할 수 있는 대로 싸게 사서, 할 수 있는 대로 비싸게 팔 수 있다.
② 해상의 사고로 그의 상품 중 얼마를 잃었으면 나머지 상품의 가격을 올릴 수 있다.
③ 자신이 너무 비싸게 샀으면, 그 상품의 가격이 떨어졌어도 자신이 산 가격으로는 팔 수 있다.
④ 자신의 기술이나 능력을 이용할 수 있다면 다른 사람의 이익이나 필요도 이용할 수 있다.[175]

이렇게 신학적-역사적 검토 배후의 원칙은 명백한데, 그것은 이 땅은 우리의 것이 아니라 주님의 것이므로, 우리 자신의 '노동'뿐 아니라 노동이 관련된 '관계'의 도덕적인 성질에 대해서도 우리는 하나님께 책임이 있다는 것이다.

---

175. R. L. Tawney, *Religion and the Rise of Capitalism*(New York: Harcourt, Brace, 1926), p. 131.

노동의 의미

그러면 기독교적 관점에서는 노동의 목적이 무엇이라고 말할 수 있을까? 첫째로, 소외된 노동에서의 의미와 목적의 상실은 성경적 견해의 상실과 관련된다는 것부터 말해야만 하겠다. 하나님과 피조물의 관계, 그리고 하나님의 형상으로 피조된 인격의 관계적 성질이 없다면, 노동은 그 종교적 의미와 참 인간적 의미를 상실하고, 단지 자기 유익 추구의 경쟁으로 변질되고 만다. 물론 노동이 추구하는 것은 개인의 이익일 수도 있고 집단이나 계급의 이익일 수 있다. 그러나 그 어떤 경우이든지 노동이 그 바른 의미를 찾고 노동자들이 그들의 바른 지위를 회복하려면, 보다 더 큰 이상의 의미 안에서 존재해야만 하고 그렇게 회복되어야만 한다. 그리고 도덕적 자기통제의 결여는 너무 쉽게 상황을 혼동하고 창의성을 억누르는 외적 통제를 초래한다.

둘째로, 노동의 의미와 목적은 하나님께서 일하게 하신 것, 피조계를 지배하게 하신 것에서 찾아볼 수 있다. 이는 사유재산과 재산의 공유라는 문제, 단순한 생활 스타일a simple life-style에 대한 주장, 직업 선택의 문제 이전에 오는 것이다. 우리가 일하는 목적은 창조주의 목적과 명백히 관련되어야만 하기 때문이다.

나는 노동의 목적은 다른 이들과 나의 필요를 채우며 참으로 인간다운 '삶의 질'을 향상시키는 것이라고 정의하고 싶다. 이는 성경 배후의 의도를 찾은 것이며, 하나님의 피조계에서의 사람과 사회의 자리에 대해 말한 것으로부터 이끌어낸 것이다. 그러므로 노동은 하나님께서 이런 목적을 위하여 우리에게 주신 소명이기 때문이다. 그리고 노동의 만족은 이 소명을 받아들이는 데서 시작되며, 하나님께 대한 우리의 노동을 통한 헌신에서 계속되는 것이다. 우리는 하나님의 소명에 대한 반응으로 일하는 것뿐이다.

우리와 다른 이들의 필요, 가족의 필요, 스스로 도울 수 없는 자들의 필요, 여러 가지 방식으로 우리를 돕는 자들의 필요를 채우는 것은 명백한 하나님의 뜻이며 또한 인간다운 '삶의 질'을 높이고 마련하려는 것 역시 우리에게 본질적인 것이다. 하나님의 형상대로 지은 바 된 피조물로서 우리는 스스로 개발하고, 바른 보양을 필요로 하는 역량을 가지고 있기 때문이다. 우리의 노동은 직접 간접으로 문화의 발전과 예술과 학문의 발전, 정부와 휴양과 교육, 그리고 다른 풍성한 것들의 발전에 기여 하는 것이다.

이런 목적은 노동 자체에 영향을 미친다. 가족의 필요를 충분히 충족시키기 못하고 인간적인 '삶의 질'의 향상에 반하는 노동은 하나님의 의도를 오해하는 것이며 잘못된 것이다. 사실 노동 자체는 직접적으로 하나님의 뜻을 이루는 것이며(그렇다고 해서 경제적으로 하나님의 뜻을 이룬다는 것은 아니다), 도덕적으로도 승화시키는 것이 되어야만 한다.

토마스 아퀴나스Thomas Aquinas는 아주 흥미롭게도 네 가지 노동의 목적을 말했다. 그것은 ① 먹을 것을 얻고 ② 게으름과 그것이 만들어내는 문제들을 없애고 ③ 힘을 들여 노동을 함으로써 정욕을 억제하고 ④ 다른 이들에게 자선을 베풀기 위해서라는 것이다.[176] 이 중 첫째와 마지막 넷째는 기본적인 인간의 필요에 관한 것이고, 둘째와 셋째는 인간적인 '삶의 질'을 유지하도록 하는 데 필요한 것이다. 이와 함께 다음과 같은 칼빈의 말을 들어보자.

(우리가 소명이라고 할 수 있는 것 중에는) 하나님의 눈으로 볼 때, 참으로 존경할 만하고, 아주 중요하다고 여겨지지 않을 만큼 비열하고 더러운 직업이란 있을 수 없다.[177]

---

176. Thomas Aquinas, *Summa Theologica*, II, 2. Q. 187. Art. 3.
177. John Calvin, *Institutes, trans. John Allen*(Philadelphia: Westminster Press, 1949), Book III, ch. 10, p. 791.

가치의 근거는 하나님 자신의 가치 평가이므로 그 이상 더 궁극적인 무엇을 필요로 할 것인가?

우리는 이 소명 개념을 회복시킬 필요가 있다. 노동은 단지 생산성과 관계된 문제만은 아니다. 그러므로 허버트 마르쿠제Herbert Marcuse는 그의 『해방론』Essay on Liberation에서 건설적인 대안 제시는 하지 못했더라도 무조건적인 생산성 원칙의 위험은 아주 강조했던 것이다. 사실 생산성이란 그 자체가 궁극적인 목적이 아니라 우리가 위해서 일하는 목적의 수단에 불과한 것이다. 이익이나 이윤도 목적 자체는 아니다. 물론 우리의 경제 질서와 기업의 존속, 연구나 발전, 그리고 고용주와 고용인, 투자자를 위한 공정한 보상 제도를 위해서 이윤이란 아주 필요한 것이다. 그러나 그것도 보다 바른 목적을 위한 수단이다. 궁극의 목적에 있어서는 노동이란 봉사이다. 그것은 하나님을 섬기는 것이며 우리들의 동료 인간인 이웃들을 섬기는 것이다. 그러므로 우리가 도덕성을 가지고 노동 문제에 관심하려면 이윤을 목적으로 하는 동기를 다른 이들을 위해 책임 있는 봉사로 바꾸어야만 한다.

노동과 윤리

그렇다면 노동관계가 도덕적인 성질을 가지려면 어떠해야 하는가? 인간적 가치와 사랑과 정의의 실천에 대해 말할 때는 인격존중이 가장 기본적인 관심이어야 한다. 공정한 가격제도와 정의로운 임금제도의 실현은 시작에 불과한 것이다. 데니스 먼비Dennis Munby가 지적한 바와 같이, 노동자의 자유와 위엄이란 협약 하에서의 정당한 과정으로 대우받는 것과 과업과 복지에 대한 태도에 영향을 미치는 고용조건들과 다른 것들을

고려 받는 것을 의미한다.[178]

모든 노동이 그 자체로 창의적이고, 자기 성취적이고, 만족할 만한 것은 아니다. 물론 그런 노동도 있다. 그러나 언제나 다른 이들을 위하여 자기를 희생할 것을 요구하는 불쾌하고 좌절을 유발 시키는 작업도 있는 것이다. 타락한 인류의 노동의 저주거리인 가시와 엉겅퀴가 아주 근절 될 수는 없다. 그러나 그런 노동도 필요하고, 그런 노동이 우리의 소명의 한 부분이라면, 우리는 그 소명적 노동에 대한 자신의 희생도 기꺼이 받아들여야만 한다. 노동 자체가 개인적인 성장과 만족을 방해한다 해도 노동과 관련된 다른 만족 – 즉 부차적인 유익, 진보의 기회, 현직교육, 교육받을 기회, 건설적인 사회활동 등은 거기서 얻을 수 있는 것이다.

노동은 우리를 다른 이들과 연관시킨다. 일이란 사회적 활동이기 때문이다. 과거의 가내공업과 길드에서는 오늘날의 분산된 기업과 교외 생활 방식보다는 이것이 더 명백하다. 과학기술과 산업혁명이 많은 것을 변화시켰지만 노동은 대부분의 성인에게 있어서 가장 많은 시간을 요하는 활동으로 남아 있다. 노동은 풍요한 사회생활과 문화생활의 본질 자체는 아니라고 해도 여전히 그 서곡이요 중요한 부분으로 남아 있는 것이다.[179] 노동은 우리를 우리 자신이나 다른 사람과만 연결시켜줄 뿐 아니라 자연과도 연관시켜준다. 그러므로 이런 측면에서도 도덕적인 책임이 요구된다. 그러나 기독교적 관점에서 더 중요하고 가장 중요한 것은 우리가 하나님 앞에서 일한다는 것, 그 앞에서 노동과 관련된 다른 관계에 참여한다는 것이다. 그러므로 사도는 하나님을 기쁘게 하고 그를 섬기기

---

178. Munby, *Christianity and Economic Problems*(New York: Macmillan, 1956), pp.252-255.
179. Alvin Toffler는 그의 책 『제3의 물결』, 제16~17장에서 컴퓨터 체제가 더 많이 보급됨에 따라서 상당히 많은 양의 일을 가정에서 할 수 있게 됨으로 가족관계가 더 풍요해질 것이라고 말하고 있다.

위해 일하라고 말하고 있다. 바로 이것이 다른 모든 것의 의미를 가능하게 하는 것이다. 만일에 우리의 일에서 하나님이 우리와 함께 하신다면 일은 고귀하고도 고귀하게 하는 것이 되고, 우리가 여가 선용을 통해 찾을 수 있는 그 어떤 즐거움보다도 그 이상의 것이 되기 때문이다.

전 켄터베리의 대감독이었던 윌리엄 템플William Temple은 수년 전에 선언하기를, 그리스도인들은 경제 질서를 가능한 한 기독교적 원칙에 가깝게 변화시킬 책임이 있다고 했다.[180] 적어도 그리스도인들 자신의 경제 활동은 새로운 사회, 아직 충분히 임해 오지 않은 정의와 '샬롬'shaōm의 왕국의 새로운 질서의 모델이 되어야만 하는 것이다.

---

180. William Temple, *Christianity and the social Order*(Harmondsworth: Penguin Books, 1942), p. 47.

놀이(여가 선용)의 문제[181]

Contours of a World View
Studies in a Christian World View

───

세바스찬 드 그라치아Sebastian de Grazia가 고대 스파르타에 대해 말한 바와 같이, 여가 선용에 대한 시민적 준비가 없으면 번성과 번영의 때에 (그 사회는) 타락하게 된다.[182] 우리가 살고 있는 이 시대는 한때 노동자들의 막연하고도 엉뚱한 꿈에 불과하였던 일주일에 4일만 일하면 되는 것이 실현되어 가고 있는, 점점 더 여가가 많고 쉼을 향유하는 사회이다. 이제는 아직도 일할 수 있는 나이에 일찍 은퇴하는 것이 일반화되었고, 어떤 이들은 은퇴 후에 다른 일을 해보지만, 대부분의 사람들은 낚시질이나 하고 TV나 시청하는 게으름으로 빠져 들어간다. 젊은이들의 경우에도, 수십 년 전에는 부유한 이들의 사치품으로 여겨졌던 스키나 고성능의 스테레오 음악을 즐기는 일이 일반적인 기대와 사회적 필연성의 하나

---

181. 이 장의 내용은 원래 Christian Scholars Review II (1981): 41-48에 실렸던 것이다. 편집자의 허락을 받아 여기에 옮겨 놓았다.
182. Sebastian de Grazia, *Of Time, Work and Leisure*(New York: Twentieth Century Fund, 1962), pp. 11-14, 426.

로 되어 버렸다. 또한 1960년대 이후에는 왜곡된 노동윤리의 하나인 생산성 원칙productivity principle이 아직 명백한 윤리로 구체화되지는 않은 놀이(여가 선용)의 개념에 의해 도전받기 시작하였다. 따라서 이제는 방종과 자아도취주의narcissism가 사람들이 즐기는 놀이의 특정을 짓기에 이른 것이다.

이에 반해서, 또 한편에서는 노동이 전체라는 입장workaholism이 가정과 직장과 삶 자체를 메마르게 한다. 그러므로 우리는 휴식recreation과 삶을 즐기는 역량을 필요로 한다. 이렇게 우리는 자기 무절제한 놀이와 강제노동의 두 극단에 사로잡혀서 우리가 서야 할 바른 입장을 잘 찾지 못한다. (그러므로 이 장에서는 기독교적 세계관에 입각해서 이 노동과 쉼의 문제를 바르게 다루어 보려고 한다. -역자 주)

놀이(여가 선용)에 대한 기독교적 이해는 하나님께서 우리를 지으셨다는 기독교적 인간관에 근거해야만 한다. 그러므로 나는 이를 염두에 두고서, 먼저 여가 선용(쉼)이 포함하는 여러 가지 다른 종류의 활동을 지적함으로써 여가선용이 얼마나 포괄적인 것인가를 살핀 후에, 인격의 본성과 관련하여서 여가선용의 바른 위치를 논의하고서, 마지막으로 이 놀이의 신학a theology of play에 필요한 요소들을 지적해 보려고 한다.

놀이(여가 선용)는 대개 비생산적인 활동이라고 정의한다. 하지만 이런 정의가 항상 옳은 것은 아니다. 왜냐하면 놀이도 이를 전문적으로 하는 이들, 예를 들자면 퀴즈 쇼에 참여하는 이들과 그 밖의 어떤 이들에게는 경제적으로 유용한 것이 되기도 하기 때문이다. 이 정의가 뜻하는 바는 놀이의 목적은 노동과 같이 그 활동 외적인 요소에서 찾아야 하는 것이 아니라 놀이의 활동 자체와 그것의 향유에서 찾아야 한다는 것이다. 그러나 이것조차도 만족스러운 설명은 되지 못한다. 왜냐하면 이 설명은 노동의 목적은 외적 보상에 있다고 가정하는데, 사실 기독교적 노동관은 노동 자체의 본래적 가치와 지위를 강조하는 것이기 때문이다. 또한 우리가 부과된 노동의 필연성에 반하여 놀이를 자유롭고 자발적인 활동이라고 정의한다면, 우리는 강제적으로나, 살기 위해서 억지로 노동하지 않고 자의적으로 일하거나, 놀이를 생계로 하는 사람들을 고려하지 않는 것이 된다. 내가 말하고자 하는 바는 전통적으로 해 온 바와 같이 노동과 놀이를 서로 대립시키는 것은 우리의 사고에 별 도움이 되지 않는다는 것이다. 어떤 이들은 일을 할 때에 더 열심인가 하면, 어떤 이들은 놀이에 더 열심이기 때문이다.

그러므로 나의 논지는 놀이를 다른 종류의 활동으로 보기보다는 하나의 다른 태도, 또는 마음의 상태로 보는 것이 더 타당하다는 것이며, 노동과 놀이를 분리시키는 것은 인간의 본래적 지위로부터 더 타락한 역사적 결과의 하나라는 것이다.

놀이(여가 선용)의 포괄성

이 놀이play와 관련하여 말장난을 해보면 우리의 관점이 보다 분명 해질 수 있다.[183] 우리는 말을 가지고 놀며play with words 말의 약점을 교묘하게 이용하는 말장난을 한다play on words. 개념적 놀음도 하고play with ideas, 음악을 연주하며play music, 야구를 시작하며play ball, 무언가를 들려주기도 한다play back. 어리석은 이들을 놀리는 장난도 하고play the fool, 플레이보이play boys도 있고, 연극 포스터나 프로그램을 말하는 플레이빌play bills도 있으며, 놀이 학교play schools도 있고, 운동복play suits도 있는

---

183. 이하의 내용은 '놀이'(play)의 개념규정을 위해서, 놀이란 말이 영어의 일상용법(ordinary use)에서 어떻게 사용되고 있는지를 분석하기 위한 용례의 나열이다. 그러므로 우리말로서는 그 말의 미묘한 성격이 잘 드러나지 않는다. 그러나 일단은 그 뜻을 옮겨놓고, 영어를 명기함으로써 이 저자의 의도를 살펴보았다. -역자 주

것이다. 또한 우리는 속임수도 쓰고play act, 얕보기도 하며play down, 분투하기도 하고play up, 창피를 주기도 하며play off, 역할놀이Role play도 활용한다. 다 써버리고 끝까지 연기하기도 하며played out, 다른 이들에게 지기도 하는out played 것이다.

이 놀이와 관련된 긴 나열에는 두 종류의 놀이 개념이 나타난다. 첫째는, 게임과 스포츠, 운동을 포함하는 것이다(즉, 말장난, 공놀이, 놀이 학교 등). 그러나 이것들 중의 대다수는 놀이 이외의 다른 목적을 위한 것이다(즉, 놀이 학교, 놀이에 의한 치료법play therapy, 개념적 놀이play with ideas 등과 같은 것들). 둘째는, 예술과 상상력, 그리고 환상을 포함하는 것이다(즉, 음악을 연주하며, 연극을 하며, 역할극을 하는 것 등). 여기서 놀이는 심미적인 활동이 된다. 그러나 이 둘 중 그 어느 범주에도 속하지 않으면서, 은유적으로 거의 모든 생활 영역에서 사용 되는 용법들도 있다. (예를 들자면, 얕보며play down, 녹음재생을 하는play back 것과 같은 것)

그런데 이와 연관된 개념들, 이의 자매 격에 해당하는 개념들은 상당히 많이 있다. 예를 들자면 여가leisure, 자유 시간, 휴식recreation, 쉼relaxation, 게임, 스포츠, 유머, 농담, 희롱과 유희, 장난과 말 재롱, 경기와 시합, 기쁨, 모험, 구경pageant, 축제, 축하연, 의식ritual, 상상imagination, 명상, 환상, 신화, 연극, 예술, 창의성 등을 들어 볼 수 있다. 또한 이와 연관되지만 그 타락한 형태요 탕아라고 할 수 있는 것들로서는 허송세월하는 것sheer frivolity, 아주 완전한 허비utter waste, 게으름과 나태 등이 있다. '휴가'vacation란 용어조차도 문자적으로는 '빔, 공석'emptiness을 뜻하는 것이므로 '축제일'holiday의 문자적 의미와 명백한 대조를 이룬다. (holiday는 그 어원이 holyday이다. 그러므로 공휴일로 옮기지 않았다. 휴가, 공휴일이란 우리 말 역시 이런 대조의 좋은 예가 된다. -역자 주)

그러나 이렇게 놀이와 연관 관계를 가지고 있는 것들도 몇 가지 그룹으로 나눌 수가 있다. 즉, 게임과 예술, 그리고 축제, 의식ritual등이다. 그러므로 놀이는 적어도 세 가지 문화적 방향을 갖는다. 첫째는, 게임과 스포츠, 운동을 포함하며(이 세 가지는 조직화, 기술, 그리고 전문화로 특징지어진다), 둘째는 예술과 연극, 그리고 환상을 포함하고(여기서는 요점이 창의성과 상상력의 발휘에 강조점이 주어진다). 셋째는 축제와 의식ritual을 포함하는 것이다(이 셋째 부문에 속하는 것들은 과거를 재현하되, 어떻게 상당히 구조화 된 방식으로 하느냐 하는 데에 강조점이 있다). 이 세 가지 부면이 모두 서로 배타적인 것은 아니다. 스포츠에도 예술성이 있으며, 의식에도 역시 예술성이 있는 것이기 때문이다. 그러나 우리의 요점은 현재를 즐기며(게임), 새로운 경험의 세계를 창조하고(예술), 과거를 상기하기(기념과 축하)위하여 놀이한다는 것이다.

다양한 학문 분야에서도 이에 대해서 비슷한 부분을 확인할 수 있다. 예를 들자면 다음과 같다.

- 인간학에서는, 호이징가Huizinga의 『유희 하는 인간』*Homo Ludens*
- 사회학에서는, 고프먼Goffman의 역할담당에 관한 연출 이론dramaturgical theory of the roles과 스포츠 사회학
- 경제학에서는, 돈놀이money game와 증권 따위의 투자playing the market
- 정치학에서는, 대통령 선거전presidential race과 선거의 선두주자
- 심리학에서는 꿈과 유희에 대한 프로이드의 이론
- 교육학에서는 놀이를 통한 학습방법
- 역사에서는 헌정 대상자를 놀리는 제목인 에라스무스Erasmus의 『우신예찬』*In Praise of Folly*과 토마스 무어 경(라틴어로 '모로르'moror는 어리석은 이가 된다는 뜻이다)의 상상력에 충만한 『유토피아』*Utopia*
- 문학에서는, 헤르만 헤세의 『유리알 유희』*Magister Ludi*와 사무엘 베케트의 『종반전』*Endgame*, 그리고 사르트르의 『연극은 끝났다』*les jeux sont faits*

- 철학에서는, 비트겐슈타인Wittgenstein이 창시한 '언어 게임'Language games
- 수학에서는, 게임이론game theory
- 종교에서는, 놀이의 신학theology of play

등이 이에 해당한다고 할 수 있다.

여기서 우리는 놀이-활동보다는 놀이에 대한 연구, 놀이에 대한 유비, 심지어는 놀이의 연장extension이 모든 탐구의 영역에 있음을 발견한다. 어떤 이는 놀이란 우리 삶의 전반적인 의미를 부여하는 근거가 되는 '은유'라고 말하기도 한다. 셰익스피어는 "이 세상은 무대이고, 모든 사람은 그 안에서 움직이는 연기자players 들이다. 그러므로 한 사람이 여러 역할을 하기도 한다."고 말했다. 이렇게 놀이는 모든 삶의 영역에 파고드는 것이지, 결코 삶의 어느 한 끝에 머무르는 것은 아니다. 사람은 그가 행하는 모든 일에서 유희적으로 활동하는 것이다.[184]

이렇게 놀이play란 전 포괄적인 것이며 어떤 특정한 활동에만 적용 될 수 있는 것이 아니다. 우리들의 일상의 주된 업무는 따로 있고 게임은 그것과는 상관없이 존재하는 것처럼, 놀이는 우리 삶의 한 끝에 존재 하는 것만은 아니다. 오히려 우리는 유희적으로 활동하며work playfully, 동료와 환담하기도 하고, (내가 그랬던 것처럼) 독자들을 희롱하기도 하는 것이다. 일과 놀이를 구분하는 옛 구분은 이제 더 이상 의미 없는 것이 되어 버렸다.

---

184. Cf. Nicholas Wolterstorff는 그의 *Art in Action*(Grand Rapids: Eerdmans,. 1980), 제 1부에서 "사람은 예술적으로 행동한다."(artistically man acts)고 했다.

놀이와 인간의 본성

이런 놀이의 보편성의 빛에서 볼 때 우리는 우리의 삶에서의 놀이의 정당한 위치와 목적에 대해 무엇이라고 말할 수 있을까? 이에 대해서는 두 가지 대립적인 태도가 존재한다. 어떤 이는 놀이란 인간성의 본질적인 요소요, 심지어는 우리를 특징짓는 특성이라고까지 말한다. 즉, 사람은 '유희하는 인간'Homo Ludens이고 이 인간적인 유희에서 그는 다른 모든 피조물과 구별된다는 것이다. 요셉 피퍼Joseph Pieper는 여가가 문화의 근거라고 하였고, 사회학자인 세바스찬 드 그라치아Sebastian de Gracia는 이를 더 길게 논의하였다.[185] 또한 피아제Piaget는 놀이가 어린이들의 인지발달cognitive development에 있어서 아주 본질적인 역할을 한다고 말한다.[186] 하비 콕스Harvey Cox는 우리의 인간성을 보존해 주는 본질적인 것은 우리를 과거와 연관시키는 축제festivity이고, 우리를 미래와 연관시키는 환상fantasy이라고 주장한다.[187] 물론 때론 이런 주장 이상의 과격한 주장을 하는 이들도 있다. 니체Nietzsche는 우리의 모든 삶과 사유를 놀이의 한 양태로 환원시키고, 권력에의 의지 즉, 승리하리라는 의지 - 외에는 다른 모든 것을 무시해 버림으로써 모든 삶이란 생물학적인 충동력에 의한 놀이라고 하는 데에까지 나아갔다. 60년대의 히피족은 이를 더 반어적ironical으로 표현했으며, 오늘날에는 자신에게 심취한 '나르시시즘'narcissism이 이를 말하고 있다. 그들의 견해에 의하면, 모든 것은 유희,

---

185. Pieper, Leisure, *The Basic of Culture*(London: Faber and Faber, 1952), 그리고 Sebastian de Grazia, Of Time.
186. Piaget, Play, *Dreams and Imitation in Childhood*(New York: W. W. Norton, 1962), 제 2부. David L. Miller, *Gods & Games*(New York: Harper and Row, 1970), p. 122에서 재인용.
187. 이것이 Harvey Cox의 *The Feast of Fools*(New York: Harper and Row, 1969)의 논지이다.

즉 자기중심적인 놀이일 뿐이고 놀이의 윤리play ethic는 아직도 존재하지 않는다는 것이다.

이에 반하여 인간을 '호모 파베르'homo faber - 도구를 만드는 존재, 제작자로 정의하는 이들도 있다. 즉, 놀이가 아니라 일(노동)이 삶의 의미라는 것이다. 놀이란 단지 우리가 책임에서 벗어나 쉴 수 있는 휴가시간(즉, 공허한 시간 … vacation의 어의에 따른 풍자 임 -역자 주)이 끝나고 나면 더욱 열심히 일할 수 있도록 도와주는 휴식과 기분 전환recreation을 제공하는 도피처라는 것이다. 따라서 비생산적인 놀이는 그 자체가 목적일 수 없다. 따라서 우리는 스포츠를 상품화하고, 운동능력을 증대시키기 위해 최신의 의학적 기술을 동원시키므로, 결국은 의사와 트레이너의 기술이 놀이의 인간적인 의미를 상실시키도록 한다. 브루스 헤일리Bruce Haley는 '도덕적 자아향상moral self improvement을 위해서' 학교에서 스포츠를 해야 한다고 요구한 19세기 빅토리아 왕조에 살던 이들에게서 이런 경향을 찾아내었다. 워털루의 전투는 이튼의 운동장에서 이겼다는 말은 바로 그것을 나타낸다. 왜냐하면 이는 열심히 운동한 학생들은 전쟁이나 교역에도 운동장에서와 같이 열심히 단호하게 참가하기 때문이라는 뜻이기 때문이다. 더 많은 부의 축적은 '전혀 목적이 없는' 게임이었다고 러스킨Ruskin은 말했다. 영국 금융과 교역의 중심지인 런던은 "대 환락가, 매우 비열하고 엄청난 놀이의 도시가 되어서 … 심연과도 같은 깊은 포켓을 가진 커다란 당구대와 같이 되었다"[188] 그들은 놀이를 일(노동)로 바꾸었고, 일을 무제한한 경쟁의 최악의 놀이로 바꾸었던 것이다.

놀이다운 놀이의 결여는 '승리란 단순히 중요한 것이 아니다. 그것은 유일한 것이다'라는 빈스 롬바르디Vince Lombardi의 슬로건에서 명백히

---

188. Bruce Haley, *The Healthy Body & Victorian Culture*(Cambridge: Harvard University Press, 1978), p.253.

나타난다. 이는 한때 축구에서 뿐만 아니라 정치계와 기업계에서도 참된 것으로 여겨졌던 것이다. 제도화된 놀이는 더 이상 흥겨운 것이나 자유로운 것이 아니라 커다란 일거리로 화하고 만다. 놀이 자체를 위한 놀이는 무의미한 것처럼 보인다. 마치 버나드 쇼Bernard Shaw가 '날마다 계속되는 휴일은 지옥이다. 그것은 마치 무한한 돈은 있으되 아무 것도 할 일이 없는 것과 마찬가지이다"라고 말한 것과 같다.[189] 그러므로 오직 노동만이 가치를 가진다는 것이다.

이런 태도는 모든 삶의 영역에서의 엄격한 이성의 지배를 강조하던 계몽주의에 대한 반발로서 일어난 낭만주의의 범유희주의에 대한 반발로서 형성된 것이라고 할 수 있다. 그러나 '호모 파베르'homo faber – 제작자로서의 인간은 (과학)기술주의, 과학주의, 실증주의, 공리주의와 밀접한 관계를 지닌 산업혁명의 산물이다. 이런 모든 '주의'ism는 오직 과학기술, 과학, 실증, 공리만이 유일한 가치라고 판단하는 것들이다. 그러므로 오늘날의 '호모 파베르'homo faber는 상상적 놀이와 축제적 정신을 결여하기에까지 이르는 이런 극단적 환원주의자들을 상속한 것이다. 그래서 예술은 재정적 투자이지 유희적 노동이나 놀이다운 놀이라고 보지 않는 것이다. 노동이 놀이를 삼켜버렸기 때문이다.

샘 킨Sam Keen은 '제작자로서의 인간'homo faber과 '유희하는 인간'homo ludens을 아폴로적 인생관과 디오니소스적 인생관으로 대비시켰다.[190] 아폴로적 인생관에서는 삶이란 이성과 법, 그리고 질서에 의해서 통제되는 노동(일)일 뿐이고, 놀이는 오직 이 노동이라는 목적을 위한 수단이 된다. 이에 반해 디오니소스적 인생관에서는 삶이란 지각과 감정으로서 지배되며, 인생의 즐거움을 위한 놀이일 뿐이라고 여겨진다.

---

189. Robert Lee, *Religion & Leisure in America*(Nashville: Abingdon, 1964), p.25에서 재인용.
190. Sam Keen, *Apology for Wonder*(New York: Harper & Row, 1969).

그러나 기독교적 관점에서는 인간됨의 의미는 노동(일)이나 놀이(?) 그 어느 것에서도 발견할 수 있는 것이 아니다. 결국 인간은 '제작자'homo faber도 아니고 '유희자'homo ludens도 아니다. 따라서 노동을 다시 인간화시키는 것은 놀이가 아니라 그것보다 더 근본적인 것이다. '놀이의 윤리'a play ethic의 과제는 아리스토텔레스의 비생산적인 활동에로 되돌아가게 하거나 노예들은 일하는 데 반해서 부유한 이들은 비생산적인 여가를 향유할 수 있는 귀족주의적 사회에서처럼 노동과 놀이를 구별하는 것도 아니다. 놀이가 인간됨의 핵심이 아니라 오히려 인간됨이 놀이의 핵심이기 때문이다.

사람은 그의 심정 깊은 곳에서, 종교적인 존재homo religious로서 그의 삶을 하나님께 대해 책임 있는 존재로서 살아야 하는 존재이기에, 그의 가장 특정적인 활동은 노동도 놀이도 아닌 예배이다. 예배에도 놀이의 요소가 있으나 더 근본적으로는 노동과 놀이 모두에 목적과 의미를 부여하는 것은 삶의 종교적 의미인 것이다. 이것이 우리의 '놀이의 윤리'의 근거가 되어야만 한다. 하나님께 대한 책임성 있는 관계란 놀이도 포함하기 때문이다. 그러므로 우리는 놀이의 신학적 의미를 찾아야 한다. 그래서 하나님과의 관계에서의 놀이의 깊은 목적을 더 깊이 볼 수 있어야만 하는 것이다.

신학과 놀이

나는 놀이의 신학적 의미를 구성하는 세 가지 요소를 제시하고자 한다. 물론 더 많은 것들을 검토할 필요가 있다. 예를 들자면, 조직 신학의 많은 고전적 주제들 각각이 놀이에 대해 어떤 의미를 지니며, 구약 이스라엘의 사회가 이 문제에 대해 어떤 빛을 비추어 주는가를 검토해 볼 필요가 있다. 그러므로 지금 여기서 내가 제시하고자 하는 세 가지 요소들이란 단지 시작에 불과한 것이다.[191]

(1) **놀이에서의 '하나님의 형상'** The image of God in play. 놀이는 강요되어서는 안 된다. 놀이가 놀이다우려면 자발적이고 자유로운 심령으로 해야 한다. 이것은 하나님의 활동을 특징짓는 모습이다. 창조 전에 영원하신 상위 하나님께서는, '제작자로서의 인간' homo faber의 관점에서 보면 아주 비생산적인 상태에 계셨다. 하나님은 창조되지 않은, 그러나 가능한 세계를 생각하시는 무한한 여가를 즐기고 계셨기 때문이다. 창조 사역 자체도 필연적인 것이 아니었고, 논리적으로 연구된 것도 아니었으며, 도덕적으로 당위적인 것이었거나 경제적으로 필요한 것도 아니었고, 내적인 충동에 따라 일어난 것도 아니라, 온전히 그의 자발적이고 전혀 자유로운 활동이었다. 하나님께서는 무엇을 소재로 하여 창조 하신 것이 아니고, 스스로 현존하는 모든 것을 창조하셨다. 그는 자신의 선하신 뜻을 위해 사물을 창조하셨다는 것이다. 그리고 제 7일에 그는 안식하셨으며, 그 창조의 선함을 즐기셨다. 구속 사역 역시 하나님의 자발적이고 자유로운 관여에 의한 것이지, 통제에서 벗어난 경륜에 의해서 하나님께 강요된 것은 아니다. 어떤 내적-외적 필연성이 하나님께 요구되어 하나님을 움직이도록 한 것도 아니다. 하나님께서는 자신의 영광과 기쁨을 위해서 구속하신 것이기 때문이다.

---

191. 이 부분의 논의는 (위에서 언급한 바 있는) David Miller 와 Sam Keen, 그리고 다음의 여러 사람들의 개념과 도전에 힘입은 바 크다; Hugh Rahner, *Man At Play*(London: Herder and Herder, 1972); Jorgen Moltmann, *Theology of PLay*(New York: Harper and Row, 1972); Lewis Smedes, "*Theology and Playful Life*," in Orlebeke and L. Smedes, *God and the Good*(Grand Rapids: Ee rdmans, 1975). 대부분의 '인간의 노력에서와 같이, 이 장의 내용은 거의가 옛것과 남에게서 빌려온 것들이고 새로운 것은 극히 적다.

칼빈은 이 세상을 하나님의 영광을 나타내는 극장(무대)이라고 하였다. 그러므로 셰익스피어의 말이 옳을 것이다. 우리들 모두는 하나님의 영광과 즐거움을 위하여 각기 자기의 역할을 하는 연기자들이기 때문이다. 웨스트민스터 신앙고백에 따르면, 우리의 궁극적 목적은 하나님을 영화롭게 하며 그를 영원토록 즐기는 것이다. 그러므로 삶 자체가 찬양이다.

이 주제는 전도서에도 나타난다. 삶의 좌절과 명백한 공허 중에서도 삶을 즐길 수 있는 것은 하나님의 은사라는 것이다. "사람이 먹고 마시며 수고하는 가운데서 심령으로 낙을 누리게 하는 것보다 나은 것이 없나니 … 이것도 본즉 하나님의 손에서 나는 것 이로다"(2:24), "이에 내가 희락을 칭찬하노니 이는 사람이 먹고 마시고 즐거워하는 것보다 해 아래서 나은 것이 없음이라(8:15 상). 신약성경도 이와 마찬가지로 삶과 노동의 기쁨, 기쁨으로 섬기는 삶에 대해 말하고 있다. 신약성경이 말하는 종 됨의 개념은 생산성을 극대화하는 것이 아니고 기쁨으로 자유롭게 섬기도록, 심지어는 심령으로부터 기쁘게 섬기도록 하려는 것이다.

(2) **안식**The Sabbath. 하나님의 백성들은 일주일에 하루는 일을 잊고서 하나님의 은혜로운 준비 안에 안식하도록 명령 받았다. 그것이 사라지기 전에 만나를 모아서 생계를 유지해야만 했던 광야에서조차도 안식일이 적용되었다. 이 날은 휴일vacation이 아니라 하나님 앞에서 거룩한 '거룩한 날'holiday이었다. 하나님의 창조와 그의 구속을 기념하면서 그들은 과거를 상기하며, 안식일이 예견하는 미래를 선취하기 위해서 함께 모여서 축제를 벌였던 것이다. 하나님께서 준비하신 것이 있기 때문에 안식일에는 노동을 할 필요가 없다. 궁극적으로, 삶이란 우리의 노동에 의존하는 것이 아니라 하나님께 의존하는 것이다. 안식일은 바로 하나님에 대한 의존의 상징이며, 우리가 그것에 의존한다고 할 수 있는 하나님과 피조

물의 관계의 상징이다.

이와 마찬가지로, 7년에 한 번은 땅도 경작하기를 쉬어야만 한다. 이는 생산성이 없는 것 같아 보이지만 하나님의 준비하심에 의존하며 안식 하는 것이고, 하나님의 나라를 선취하는 것이다. 이처럼 안식일은 창조와 종말이라는 시간의 틀 사이에 있는 삶, 하나님에 의해서 사로잡힌 삶을 묘사하는 것이다. 그러므로 경배를 시간낭비라고 걱정할 필요도 없고, 너무 심각하게 빠져들 필요도 없다.

모든 것이 잃어진 듯하고, 모든 노력의 결과가 사라진 듯 보이는 상태에서 하나님께서 욥에게 주신 말씀에도 이와 같은 개념이 나타난다.

> 이제 소같이 풀을 먹는 베헤못을 볼지어다 내가 너를 지은 것같이 그것도 지었느니라 … 그것은 하나님이 만드신 것 중에 으뜸이라 … 모든 들 짐승들이 뛰노는 산은 그것을 위하여 먹이를 내느니라 그것이 연 잎 아래에나 갈대 그늘에서나 늪 속에 엎드리니 … 강물이 소용돌이칠지라도 그것이 놀라지 않고 (욥 40:15-23)

그것은 우리가 일하지 않으면 어떻게 될까 하는 두려움과 걱정을 대신하는 여가와 놀이를 그려내고 있다. 이는 산상수훈의 수고도 않고 길쌈도 하지 않는 공중 나는 새나 들의 백합화에 의해서도 그려진 것과 같은 모습 이다. '종교적 존재'homo religious는 일(노동)에 초점을 맞추고서 의미와 희망을 찾지 않기 때문이다. 따라서 우리는 쉬고 놀 수도 있다.

내가 학생시절에 배웠던 시인 중 하나인 윌리엄 헨리 데이비스William Henry Davies는 의도적으로, 또는 비의도적으로 같은 개념을 그의 다음과 같은 시에서 시사하고 있다.

> 우리가 조심스레 서서 관찰할 시간이 없다면,

나무 아래 서서

양과 소를 바라보며

그들의 눈에 미소가 떠오르기까지

찬찬히 그들의 입의 움직임을

관찰할 수 있는 시간이 없다면,

우리의 이 삶은 도대체 무엇이란 말인가?

(3) **하나님의 나라**The Kingdom of God. "그 성읍 거리에 소년과 소녀가 가득하여 거기에서 장난하리라"playing(슥 8:5). 하나님 나라에 대한 약속은 루이스 스메데스Lewis Smedes가 관찰하는 대로 놀이와 충만한 상태로의 회복에 대한 약속이다. 희년 제도는 경제적 공평과 기쁨의 자유, 그리고 평화를 동반한 그 하나의 예표였다. 여기서도 구약의 '평화'shaōm개념이 작용한다. 시편 기자는 이렇게 확신하고 있다.

주께서 생명의 길을 내게 보이시리니 주의 앞에는 충만한 기쁨이 있고
주의 오른쪽에는 영원한 즐거움이 있나이다 (시 16:11)

따라서 하이델베르크 요리문답도, "하나님께서는 나를 그에게로, 하늘 기쁨과 영광에로 이끄실 것 입니다"(XIX)라고 가르친다.

그러므로 놀이와 이에 상당하는 것들은 하나님 나라에서 그들을 위해 준비된 것들 안에서만 그 의미와 목적을 찾을 수가 있다. 웃을 때, 춤출 때, 안을 때가 있는 것이다(전 3:1-8). 〈지붕 위의 바이올린〉Fiddler on the Roof에 나오는 테비에Tevye처럼 우리는 낯선 땅에서도 즐거워하며 노래할 수가 있다. 성경은 낙원에서의 삶으로 시작하여 즐거움에 찬성으로 끝마쳐진다. 그러므로 예술과 축제, 기쁨과 게임, 희락의 마음이 모든 것을 포함하는 '놀이'play는 우리의 소명의 한 부분이며, 창조 명령의 한 부

분이기도 한 것이다. 그것은 자기 몰입적인 놀이이거나 책임을 무시하는 것이 아니라, 하나님께 대한 책임 있는 관계 가운데에서 기쁨과 축제를 누리는 것이다. '놀이'는 '자유로운 시간'이란 의미보다는 자유로운 정신을 요구한다. 이는 마치 생 자체가 전적으로 나에게만 종속해 있는 것같이 사고하고 행동하는 것으로부터 벗어난 정신(마음)을 뜻한다. 그리스도인들에게는 이러한 '놀이'의 자유가 있는 것이다.

그러므로 나는 놀이를 첫째로 마음의 태도라고 하였다. 그리고 둘째로는 다양한 여러 활동이라고 할 수 있다. 그것은 하나님께서 이 세상에서 우리를 위하여 준비해 두신 가능성들로 인해서 누릴 수 있는 자유로운 정신과 축제, 그리고 상상력이다. 그것은 모든 생의 영역에 적용할 수 있는 태도로서, 그것이 생산적인 것이든 아니든 간에 우리가 하는 모든 것에서 기쁨의 표현을 찾아 볼 수 있는 태도이다.

놀이(여가 선용)의 윤리

기독교 윤리는 놀이의 의미와 목적에 대한 이런 신학적 이해를 포함해야만 하고, 어떻게 정의와 사랑을 가지고 그 의미를 나타내며 그 목적을 성취할 수 있는가를 물어야만 한다. 죄를 지은 이유로 인하여 노동은 고된 것이 되었고, 노동자들은 착취 받고 여러 가지 경제생활의 왜곡들도 나타나게 되었다. 또 죄를 지은 것 때문에 여가는 게으름이 되고, 놀이도 자기 몰입적인 것이 되고, 놀이를 하는 이들이 혹사되고 착취되며, 놀이 생활도 왜곡되게 되었다. 우리는 일과 놀이에 있어서 하나님께 대해 책임 있는 관계를 맺고 살거나, 그렇지 못하거나 할 뿐이다. 죄와 은총은 모두 이 창조의 명령에 그 영향을 미치는 것이다.

토마스 아퀴나스Thomas Aquinas는 이 점에 대해서 오늘날도 주의해 보아야 할 세 가지 주의사항을 지적한 일이 있다. 그것은 첫째로, 바르지 못하고 부정한 놀이에서는 기쁨을 찾지 말고, 둘째로, 정신적-정서적 균형과 자기통제를 잃지 말고, 셋째로, 시기나 인격에 맞지 않는 놀이를 해서는 안 된다는 것이다.[192] 이를 긍정적인 형태로 바꾸어 말하자면, 놀이는 긍정적인 도덕적 결과를 가져야 하며, 바르게 통지되어야 하며, 시기에 적절하고, 인격적인 것이어야 한다는 것이다.

기독교적 '놀이의 윤리'Christian play ethic를 개발하는 한 방법은 하나님과의 책임 있는 관계에서 어떻게 해야 하는지, 어떻게 정의와 사랑을 조화시킬 것인지, 다른 삶의 관계에 놀이가 어떤 의미를 가져야 하는지를 개발하는 것이다. 자연과 그 자원에 대한 관계에서는 청지기직과 하나님의 피조물에 대한 존중의 문제가 반드시 일어나야 한다. 우리는 이런 것과의 관계에서도 책임 있게 여가선용의 활동을 할 수 있고, 자연 자원을 방탕한 생활을 하는 데 사용함으로써 파괴적으로 방탕하게 놀이를 즐길 수도 있기 때문이다. 나는 부족한 에너지 자원을 자동차 경주에 소비할 수 있을 것인지에 대해 의문을 표한다. 또한 나는 유해한 연기를 방출하는, 가스를 마구 소비해대는 모터보트가 조용한 호수를 헤집고 다니도록 하는 것이 청지기직을 바르게 감당하는 것인지 의문스럽다. 그리고 나는 소싸움이나 닭싸움, 식용을 위해서나 다른 의미 있는 목적이 없는 '스포츠로서'의 동물사냥에 대해서도 의문을 제기하고 싶다. 그뿐 아니라 자연미를 파괴하거나, 자연의 생태계를 '파괴하는 주의 없는 놀이도 의문시되지 않을 수 없다. 이런 게임들은 청지기다운 목적을 무시한 것이며, 인간의 자연 지배의 한계를 무시하는 것이기 때문이다.

놀이란 사회적 활동이다. 혼자만의 놀이는 자기도취적인 것이 될 수 있다. 그러나 함께 하는 놀이는 공동체를 세우는 것일 수 있다. 그러므로

---

192. Thomas Aquinas. *Summa Theologica* II. ii. Q. 168. Art. 2.

'하나님과의 관계 가운데 있는 놀이행위'는 하나님의 형상으로 피조 된 사람들을 비인간화하는 경향을 가지는 게임이나 농담을 금하는 것이다. 따라서 바르지 못하고 부정한 놀이에 대한 아퀴나스의 말은 아주 옳은 것이다. 초대교회는 로마인들의 서커스를 분명하게 반대했으며, 그 이후로 그리스도인들은 난폭한 스포츠나 결투, 그리고 새디스트적인 게임에 반대하였다.

〈롤러볼〉(Rollerball, 스포츠를 이용한 데스 게임이 주요 내용과 같은 영화)는 우리 시대에 관한 서글픈 일상의 하나인 것이다. 그리스도인들은 포르노 사진에 대해 반대하고, 극장과 연예 세계에 대해 비난한다. 모든 것이 예술의 이름으로, 또 놀이의 이름으로 정당화될 수는 없기 때문이다. 사람이 아닌 다른 대상과 성 관계를 맺는 일, 스스로의 품격을 떨어트리는 놀이, 성장을 막는 놀이, 사랑이 없고, 정의롭지 못하며, 공평하지 않고, 폭력적인 놀이는 마땅히 금해져야만 하는 것이다. 스포츠로서의 권투에 대해 나는 반대하며, 럭비에 대해서도 도덕적인 판단을 유보하고 싶다(또한 대학과 고등학교에서 이런 것이 상당한 위치를 차지하고 있다는 것에 대해서도 경제적-교육적 유보를 하고 싶다). 우리는 예술이나 축제, 스포츠 등에서 그 사회가 마땅히 가져야만 하는 가치들을 강조할 필요가 있다. 그리고 우리는 경쟁에서 기독교적인 종 됨이 어떤 의미를 지니는가를 물을 필요가 있다. 우리가 일상에서 표어처럼 쓰는 말 가운데 '함께 즐기는 가족은 함께 거한다.'는 말이 있다. 이 말의 요점은 놀이는 거북한 감정을 풀어주고, 함께함을 향유하게 하며, 우리가 아주 필요로 하는 공동체로서의 존재감을 가져다주는 것이라는 데에 있다. 놀이는 참으로 그런 역할을 한다 그러나 그것은 자동적으로 이루어지는 것이 아니다.

자기 자신과의 관계에서 흔히들 놀이를 심리학적, 생리적, 재생산을 위한 휴가적 가치를 말하는 것이 관례적인 것이다. 그러므로 우리는 이것을 인정해야만 한다. 그리고 놀이는 또한 심미적-지적 가능성을 가지며, 여가는 예술과 과학, 그리고 사회 개념을 배태하고 있는 것이다. 그러므로 놀이는 우리를 사회화시킬 수 있다. 그것은 가르쳐지고 훈련될 수 있으며, 정교하게 발전되고, 심미적인 기쁨을 가져다 줄 수 있다. 놀이는 협동과 지속과 자기 부인을 가능하게 해준다. 그러나 또한 새디스트적이고, 자기몰입적이고, 자기선양적이며, 자기학대적이고, 심지어는 완전히 다른 이해를 거부하는 마조히스트적인 사람을 만들 수도 있다. 플라톤plato은, 다른 것이 없는 너무 많은 신체활동과 운동은 사람을 원시적인 야수로 만들고, 또한 신체적 운동이 너무 적은 것은 사람을 유약하게 만들 수 있다고 말한다.[193] 그러나 그 어떤 종류의 놀이도 그 자체로서는 인격을 바르게 구성하게 할 수 없다 그리스도인들은 그럴 수 있다고 주장할 수 있을 것인가? 놀이 그 자체는 개인의 발전을 위한 선악간의 가능성의 활동 무대를 제공할 수 있을 뿐이다.

경쟁자들을 굴복시키는 것을 즐기며, 무슨 수단을 써서라도 이기려는 목적을 가진 격렬한 경쟁적 스포츠에 대해서는 바른 비판을 제기해야만 한다. 그 목적에 있어서 사랑이 없으며, 그 방법에 있어서 공정하지 않은 그런 경쟁성은 흔히 기업과 전문직의 활동도 나타 날 수 있다. 인간적 발전보다는 과학기술의 발전을 강조하는 것은 놀이를 비인간화시킬 수 가 있다. 감정적인 스트레스는 너무 쉽게 폭력으로 분출될 수가 있다. 상업화는 창의적 기술이나 능력보다는 승리를 더 부각시킨다. 그러므로 경쟁을 전적으로 반대하고, 경쟁적 스포츠를 거부하는 사람들이 있다는 것도 이해할 만하다. 그러나 더 적절한 것은 경쟁적 정신을 제어하려는 시도를 하고, 그 힘을 건설적으로 사용할 수 있도록 하는 것이라고 생각된다. 또한 모든 참가자들이 그가 할 수 있는 최대한의 적절한 노력, 즉 자기 자신과의 투쟁과 노력을 하는 '우호적인 경쟁'friendly competition은 규

---

193. Plato, *Republic*, 410 D.

칙과 도덕 원칙 내에서 항상 요구되는 것이고, 인간의 창의성에 대해 가장 적절한 것이다.

그렇지만 그것으로 충분한 것은 아니다. 놀이는 인간됨에 기여해야 하며, 건강과 복지와 노동에 기여해야 한다. 그러나 인생의 다른 모든 것들과 함께 놀이도 종교적 의미를 가지는 것이다. 놀이가 하나님을 즐기는 것이며, 우리가 그가 준비하신 것 안에서 안식할 수 있음을 상기시키는 것이며, 하나님 나라의 '평화'shaōm를 표현하는 것이라면, 나는 더 이상 나 자신을 가장 중요하게 생각하지 않을 수 있으며, 놀이에 대한 나의 이론조차도 그렇게 여길 수 있게 되는 것이다. 놀이가 그런 성격을 지닌 것이라면, 그 놀이에서 내가 이기든 지든 간에 나는 나의 자리에 머무를 수가 있는 것이다. 그러므로 이는 생명과 나의 생명의 하나님께 대한 관계에 대한 바른 관점을 제시하는 것이 된다. 승리만이 최선의 것은 아니며, 그것이 주된 것일 수도 없는 것이다. 오히려 신자들의 '놀이적 태도'playful attitude가 훨씬 더 중요한 것이다.

우리는 하나님의 세계에서 여가의 놀이를 즐길 수 있다. 우리는 명령한playfully 태도로 일하며, 놀고, 가르치며, 배우고, 살며, 사랑할 수가 있는 것이다. 디즈니가 그린 난장이들처럼 우리는 휘파람을 불면서 일 할 수 있다. 지금이라도 우리는 분명히 오고야 말 '평화'shaōm의 나라를 선취anticipate하여 살고, 즐길 수가 있는 것이다.

결론

Contours of a World View
Studies in a Christian World View

우리는 이제까지 기독교 세계관의 구조를 살피고, 인간의 창의성과 관심의 몇 가지 영역에서 그것이 어떻게 적용될 수 있는지를 살펴보았다. 다른 문제들도 이와 비슷한 방식으로 논의될 수가 있을 것이다. 나는 다른 곳에서 교육과 전쟁에 대한 기독교적 태도를 길게 논술한 일이 있다. 그 결과 생각하게 되는 가장 중요한 것은 늘 동일한 것이다. 즉, 기독교 세계관의 수미일관성coherence, 생동성vitality, 그리고 그 타당성relevance이다.

그러나 세속적 휴머니즘의 가정assumption과 그것이 우리를 이끌어가는 방향에 대해서는 언제나 심각한 의문이 일어난다. 자연주의와 인간중심주의는 나아갈 방향을 찾아 헤매는 세상에 불변하는 가치의 근거를 제공하기가 어렵고, 불확실성의 어둡고 휘몰아치는 바다 가운데서 확고한 소망을 부여할 수가 없기 때문이다. 결국 그것은 마음 내키지 않는 것이며 때로는 비인간화하는 것이다. 그러나 예수 그리스도 안에서 계시되신 살아계신 하나님과의 관계 속에서 살며, 사고하지 않으려고 하는 사람들의 최후 근거가 된다.

그 대조는 이제 아주 명백하다. 우리는 지금 여기서도 그 결과를 먼저 확인하며 볼 수가 있는 것이다. 물론 기독교 유신론은 참되고, 자연주의적 휴머니즘은 거짓되다는 것은 논리적으로 증명된 결론은 아니다. 그러나 우리는 그 결과가 그럴 것임을 분명히 믿는다. 그러므로 이 논의는 기독교적 사고와 삶이 마땅히 가져야만 형태를 제시하는 것이며, 독자들에게 기독교 세계관의 지적인 신뢰성과 인간적인 매력을 알고서 그것의 적극적인 적용에로 나아가라고 초대하는 것이다.

시몬 베드로가 예수께 고백한 바와 같이, 우리도 다음과 같이 고백할 수 있는 것이다. "주여 영생의 말씀이 주께 있사오니 우리가 누구에게로 가오리이까"(요 6:68)

| 역자 후기 |

  이 책은 미국 휘튼 대학의 철학과 과장인 Arthur F. Holmes 교수의 'Contours of a World View'(Grand Rapids: Eerdmans, 1983)를 완역한 것이다. 기독교 학문진흥협회 Institute for Advanced Christian Studies의 주관 하에서, 칼 헨리 Carl F. H. Henry가 편집하고 있는 『기독교 세계관 연구』 Studies in a Christian World View라는 일련의 시리즈의 서론적인 이 책은 각 학문 분과 내에서 기독교적인 관점이 어떤 의미를 가지고 있는지를 밝히는 기반 구실을 하고 있다.
  이 책에서 홈즈 교수는 기독교 세계관의 필요성을 밝힌 후에 하나님과 피조계의 차이, 인간 인격의 특이성, 진리론과 지식관, 기독교적 가치의 근거, 기독교 역사철학을 논함으로써 기독교 세계관의 형상을 다른 자연주의적 휴머니즘과 대비시켜 분명히 한 후에, 이런 기독교적 관점이 어떻게 우리의 창조활동과 학문, 노동, 그리고 놀이의 영역에서도 유용하게 적용될 수 있을는지를 논의하고 있다. 이런 논의 자체의 성격상 그것이 필요한 것인지는 모르지만, 홈즈 교수는 상당히 포괄적인 입장에서 이 논의를 진행시키고 있다. 그러나 그 자신은 개혁신학적인 논의이지 못한

것에 대해 불만을 느끼면서도, 전 포괄적인 논의와 세속적 학문과 가치의 개혁이라는 점에서 우리는 홈즈 교수의 역할을 무시할 수는 없다.

역자는 특히 8장과 9장에서의 홈즈 교수가 밝히고 있는 '인격주의적 진리론'을 흥미 있게 생각한다. 물론 이는 1977년에 발간된 All Truth Is God's Truth(Grand Rapids: Eerdmans, 1977), 1971년의 Faith Seek Understanding(Grand Rapids: Eerdmans, 1971) 등에서 보다 명백히 제시된 관점이다.

특별히 주관주의subjectivism에 대한 논의에서 형이상학적 주관주의와 인식론적 주관주의를 구분해 본 그의 시도는 높이 평가해 볼 만한 것이라고 생각된다. 그에게 있어서는 형이상학적으로는 객관주의의 입장을 가지고 있으면서도 인식론적으로는 주관주의적 태도를 가질 수 있다. 그리고 이것만이 진리에 대한 바른 태도라는 것이다. 역자는 개인적으로 실존철학의 시작이 되는 키에르케고어의 사상을 논하면서 키에르케고어의 입장이 이렇게 해석될 수 있는 것일 수 있다는 논의를 한 바 있거니와, 진리란 역시 객관적인 사실에 대한 주관적인 찬성이라는 입장을 높이 사게 된다. 여기서만이 싸늘한 죽은 정통dead-orthodox과 냉혹한 객관주의의 문제점이 극복된다고 생각한다. 그러나 이것은 수많은 논의를 위한 한 지침이요, 문제의 제기일 뿐이다.

부디 바라기는 이 책을 통해서 저자가 전달하고자 하는 바가 성실한 독지들의 행간을 읽는 독서를 통해서 전달되었으면 한다. 역자의 우둔함이 그렇게라도 극복되기를 바라는 마음으로 이 책을 우리말로 옮겼다.

1984년 7월 25일
옮긴이

| 기독교 세계관 개정역에 붙이는 말 |

여기 아더 홈즈 교수님의 『기독교 세계관』 개정역이 있습니다. 이 책은 기독교 세계관을 잘 정리한 책으로 이 책이 미국에서 발간된(1983) 그 다음 해에 우리말로 번역하여 제시했던 책입니다(1984). 그러므로 이 책이 나온 지가 30년이 더 되었습니다. 그 동안 이 책은 우리나라에서도 기독교 세계관을 정리하는 데 큰 기여를 했었습니다.

그런데 지난 10여년 이 책은 절판 되어 있었으니 이 책을 내었던 엠마오가 출판 일을 계속하지 않았고, 이 책의 개정에 다들 게을렀기 때문입니다. 또한 그 동안 여러 다른 세계관 책이 쓰여졌고, 우리나라 저자들에 의해서도 여러 책들이 쓰여 졌기에 저 그런 대로 세월을 보내는 일이 계속되었습니다. 도서출판 솔로몬에 박준혁 목사님께서 학창 시절 이 책을 읽고 숙제 하던 것을 생각하면서 이 책의 개정을 시도하였고, 그 열매로 다시 우리들의 손에 이 책이 들려지게 되었습니다. 이 일을 이루신 박준혁 목사님께 감사를 드립니다. 출판사에 의식 있는 분들이 사역하는 것이 얼마나 중요한지를 잘 생각하게 하는 대목입니다.

그 동안 이 책의 저자이신 아더 홈즈 교수님은 1994년에 휘튼 대학교를 은퇴하시고서 때때로 가르치시다가 2011년 10월 8일 87세의 연세를 하나님 품에 안기셨고, 그에게서 공부한 많은 분들이 다른 기독교 철학자들과 함께 미국에서 기독교 철학적 작업을 계속하고 있습니다. 1978년도에 결성된 기독교 철학자들의 협회the Society of Christian Philosophers가 그 활동을 계속하고 있는 것은 물론이거니와 출중한 신학자, 역사학자, 철학자로서 활동하고 계시는 분들이 많이 있습니다.

이제 홈즈 교수 사후에 나온 이 개정역이 우리에게 다시 기독교 세계관에 대한 열심을 불러 일으켰으면 합니다. 기독교 세계관에 대해서 아는 듯하면서도 잘 모르고, 그런 상황에서 기독교 세계관을 거부하기도 하는 이 세대 속에서 이 개정역이 다시 큰 힘을 발휘하기를 바랍니다. 역자가 2003년에 낸 『기독교 세계관이란 무엇인가?』(서울: SFC, 2003, 개정판의 최근판, 2016)와 함께 읽으면 기독교 세계관에 대한 참으로 온전한 이해를 하게 될 것입니다. 우리들의 기독교 세계관적 실천을 기대하면서….

2017년 5월 22일
합동신학대학원대학교 연구실에서
이 책의 번역을 하던 때인 합신 M. Div. 2학년 때를 회고하면서

| 색인 |

C. S. 루이스(C. S. Lewis) 17, 75, 159, 316
갈렌 존스(Galen Johns) 10
게데스 맥그레고르(Geddes MacGregor) 35
고든 클락(Gordon H. Clark) 30
니콜라스 월터스토프(Nicholas Wolterstorff) 15, 15n, 310, 321n, 343n
달라스 윌라드(Dallas Willard) 10
데미우르고스(Demiourgos) 114
디오게네스(Diogenes) 44
떼이아르 드 샤르댕(Teihard de Chardin) 30, 72, 249
라인홀드 니버(Reinhold Niebuhr) 30, 64, 151, 151n, 177, 177n, 268, 268n, 297n, 306n
렘프레흐트(S. P. Lemprecht) 51
랜달(J. H. Randall) 39, 40, 58
로체(Lotze) 68
루드비히 비트겐슈타인(Ludwig Wittgenstein) 43, 43n, 343
루이스 스메데스(Lewis Smedes) 138n, 259n, 348n, 351
마리땡(Jacques Maritain) 29, 35, 35n, 302, 302n
마이클 폴라니(Michael Polanyi) 74, 74n, 229, 229n, 319n
매튜 아놀드(Matthew Arnold) 26
모리스 라제로비츠(Morris Lazerowitz) 76, 76n, 224, 224n
바바라 우튼(Babara Wooton) 158
바운(Bowne) 68, 128
버트란드 러셀(Bertrand Russell) 28, 28n, 83, 191n
브라이트만(E. S. Brightman) 68, 128
빈스 롬바르디(Vince Lombardi) 17, 345
빌헬름 딜타이(Wilhelm Dilthey) 57
사무엘 베케트(Samuel Beckett) 28
소로우(Thoreau) 44
슐라이어마흐(Schleiermacher) 120
시드니 훅(Sidney Hook) 39, 53, 54n
시지윅(Sidgwick) 53
아놀드 내쉬(Arnold Nash) 7, 7n
아담 샤프(Adam Schaff) 49, 49n, 50, 153, 153n
아브라함 매슬로우(Abraham Maslow) 44, 45n, 51
아브라함 카이퍼(Abraham Kuyper) 29, 207n, 282, 282n, 285, 294, 297n, 306, 306n
안티스테네스(Antisthenes) 44
알란 도너간(Alan Donagan) 240, 253, 254n
알베르 카뮈(Albert Camus) 47, 162
알프레드 테니슨(Alfred Tennyson) 25
암스트롱(D. M. Armstrong) 42, 43n
앙드레 지드(Andre Gide) 47
에드문드 훗설(Edmund Husserl) 78
에머슨(Ermerson) 120
에밀 브룬너(Emil Brunner) 18, 18n, 24,

30, 94, 106, 106n, 132, 207, 207n, 246n, 292n, 306n

엘리자베스 안스콤(Elizabeth Anscombe) 53, 53n, 133, 133n, 240, 240n

오귀스트 꽁트(Auguste Comte) 41, 246, 291, 315

워즈워드(Wordsworth) 44

윌리엄 오캄(Willian of Occam) 117, 255

윌리엄 템플 대감독(Archbishop William Temple) 30, 72, 336n, 337

윌프레드 셀라스(Wilfred Sellars) 42, 42n, 58

자크 마리탱(Jacques Maritain) 29, 35, 35n, 302, 302n

자크 엘륄(Jacques Ellul) 17, 64, 287n, 320n

장 폴 사르트르(Jean Paul Sartre) 28, 47, 131, 151, 161

제임스 오르(James Orr) 29, 29n, 202, 202n

제임스 패커(James I. Packer) 10

조지 마버디이스(George Mavrodes) 84, 141, 141n

존 듀이(John Dewey) 39, 41, 52, 52n, 219

존 롤스(John Rawls) 239, 239n

존 커트니 머레이(John Courtney Murray) 7, 93, 93n, 100

존 헨리 뉴먼(John Henry Newman) 216

지그문트 프로이트(Sigmund Freud) 76, 224

찰스 말릭(Charles Malik) 31, 31n

찰스 하트손(Charles Hartshorne) 121, 124, 127, 321

체스터튼(G. K. Chesterton) 157, 157n

카이 닐센(Kai Nielsen) 52, 53, 53n

칼 메닝거(Karl Menninger) 158, 186

칼 헨리(Carl F. H. Henry) 10, 30, 95n, 105n, 205n, 359

케이트 얀델(Keith Yandell) 10

콜리스 라몬트(Corliss Lamont) 38, 38n, 40

콜리지(Coleridge) 150, 350

크리코리언(Y. H. Krikorian) 39, 39n

토마스 만(Thomas. Mann) 46

토마스 차스(Thomas Szasz) 158, 158n

토마스 쿤(Thomas Kuhn) 71, 71n, 73, 224

포이어바흐(Feuerbach) 51

폴 램지(Paul Ramsey) 54, 54n

폴 페예라밴드(Paul Feyeraband) 224

폴 커즈(Paul Kurtz) 35n, 36, 36n, 37, 38, 40

프란시스 베이컨(Francis Bacon) 37, 40, 315, 317

프리드리히 니체(Friedrich Nietzsche) 46, 47n, 77, 151, 160, 224, 283, 344

피터 베르토치(Peter Bertocci) 128, 128n, 129, 154, 259n, 310, 311

허버트 마르쿠제(Herbert Marcuse) 17, 18, 49, 49n, 50, 335

허버트 슈나이더(Herbert Schneider) 39

헤다 가블러(Hedda Gabler) 28

헤라클리투스(Heraclitus) 105

헤르만 도예베르트(Herman Dooyeweerd) 58, 104m 104n, 168

헤르만 헤세(Herman Hesse) 47